货车维修从入门到精通全图解

HUOCHE WEIXIU
CONG RUMEN DAO JINGTONG
QUANTUJIE

杨智勇　李厚林　主编

化学工业出版社
·北京·

图书在版编目（CIP）数据

货车维修从入门到精通全图解/杨智勇，李厚林主编.
—北京：化学工业出版社，2019.10（2022.10重印）
ISBN 978-7-122-35117-3

Ⅰ.①货… Ⅱ.①杨…②李… Ⅲ.①货车-车辆修理-图解 Ⅳ.①U469.207-64

中国版本图书馆CIP数据核字（2019）第188174号

责任编辑：周　红　　文字编辑：张燕文
责任校对：王鹏飞　　装帧设计：王晓宇

出版发行：化学工业出版社（北京市东城区青年湖南街13号　邮政编码100011）
印　　装：北京虎彩文化传播有限公司
787mm×1092mm　1/16　印张14½　字数371千字　2022年10月北京第1版第4次印刷

购书咨询：010-64518888　　售后服务：010-64518899
网　　址：http://www.cip.com.cn
凡购买本书，如有缺损质量问题，本社销售中心负责调换。

定　　价：78.00元

前言

随着解放、东风、斯太尔、依维柯等国产货车社会保有量的增加，广大用户迫切需要深入了解车辆的结构特点和维修方法，同时也为了响应国家做好新型职业农民培养的号召，全面提高农村人员的综合素质和职业技能，满足亿万农村劳动力转岗就业的需求，使广大初学货车修理的人员和驾驶人员全面系统地了解货车的基础知识，增强排除故障的实际能力，掌握货车维修等知识，特编写此书。

本书以农民工、城市务工人员为目标读者群，围绕初学货车修理的人员所关心的问题，以图解的形式，全面、系统地介绍了解放、东风、斯太尔、依维柯等国产货车的维修，着重分析了国产货车各大总成、系统可能出现的各种故障，阐明了排除故障的途径、判断故障及维护保养和修理的方法，重点介绍了发动机高压共轨系统及柴油机 SCR 系统的结构与维修方法，包括维修注意事项、重要部位的拆装检修、故障诊断方法、故障排除等内容。

全书内容简明实用、可读性强，可作为初学货车修理的人员的入门指导，也可供热爱汽车维修、立志自学成才的社会青年，以及职业技术院校汽车运用与维修专业的师生阅读和参考。

本书由杨智勇、李厚林担任主编，金艳秋、翟静、朱尚功、许光君担任副主编，参加编写的还有季成久、惠怀策、田立加等。

由于水平所限，书中不足之处在所难免，敬请读者批评指正。

编　者

目录

第一章 货车基本知识

第一节　车型的识别与排放标准

一、货车的类型

货车又称载货汽车、卡车，是指用来运输货物的汽车，是相对客车来说的，属于商用车的一种。一般可依车的质量分为重型和轻型两种。绝大部分货车都以柴油发动机作为动力来源，但有部分轻型货车使用汽油、石油气或者天然气。

目前，国内对货车的分类有按总质量分类的，有用发动机的排气量分类的，新的国家标准《汽车和挂车类型术语及定义》将货车归入商用车大类，并将货车细分为普通货车、多用途货车、全挂牵引车、越野货车、专用货车等。

1. 按总质量的不同分类

按总质量的不同，货车可分为四类，见表1-1。

表1-1　货车的分类

货车分类	微型	轻型	中型	重型
总质量 T/t	≤1.8	1.8<T≤6.0	6.0<T≤14.0	>14.0

2. 按驾驶室与发动机的相对位置不同分类

货车驾驶室多采用非承载式无骨架的全金属壳体结构，用薄钢板冲压件焊接而成。

如图1-1所示，货车按驾驶室与发动机的相对位置不同分为三大类。

① 平头式：发动机完全伸进驾驶室的内部，故可大大缩短整车长度，驾驶员视野开阔，结构刚度好，但底板较高，上下不便，驾驶室内闷热，维修发动机较难，这种驾驶室通常设计成能向前倾翻的。

② 长头式：驾驶室位于发动机之后，这种结构可使驾驶室底板布置得较低，座椅也较

宽敞，但整车面积利用较差。

③ 短头式：驾驶室部分位于发动机之上，这种驾驶室可缩短整车长度，底板也不太高，但驾驶室内发动机占去一部分空间，较拥挤。

(a) 平头式　　(b) 短头式　　(c) 长头式

图 1-1　货车按驾驶室与发动机的相对位置不同分类

二、国产汽车产品型号

1. 国产汽车产品型号组成

汽车产品型号应能表明其厂牌、类型和主要特征参数等，根据 GB/T 9417—1988《汽车产品型号编制规则》（该规则于 2002 年作废，目前企业仍沿用），产品型号由字母和阿拉伯数字组成，包括首部、中部和尾部三部分。首部和中部为国家规定代号，尾部为企业自定代号。

（1）国产汽车产品型号中的首部特点

国产汽车产品型号中的首部由两个或三个字母组成，是识别企业的代号。例如，CA 代表“一汽”，EQ 代表“二汽”（DFL 代表“东风汽车有限公司”），SX 代表“陕汽”等。

（2）国产汽车产品型号中的中部特点

国产汽车产品型号中的中部由四位数字或字母组成，分为首位、中间两位和末位三部分。

国产汽车产品型号中部四位数字或字母的含义见表 1-2。

表 1-2　国产汽车产品型号中部四位数字或字母的含义

首位数字(表示汽车类型)		中间两位数字(表示汽车的主要特征参数)	末位数字或字母
载货车	1	表示汽车的总质量(单位:t)	企业自定的产品序号
越野车	2		
自卸车	3		
牵引车	4		
专用车	5		
客车	6	表示汽车的总长度(单位:0.1m)	
轿车	7	表示发动机的工作容积(单位:0.1L)	
挂车	9	表示汽车的总质量(单位:t)	

注：当汽车总质量大于 100t 时，允许用 3 位数字；当客车总长度大于 10m 时，单位为 m。

（3）国产汽车产品型号中的尾部特点

国产汽车产品型号中的尾部由数字或字母组成，是企业自定代号，可表示专用汽车的分类或变型车与基本型的区别。

例如，解放 CA1122 表示中国第一汽车集团公司生产的载货车，总质量为 12t，是第 3 代产品；东风 DFL1311A3 表示东风汽车有限公司生产的载货车，总质量为 31t，是第 2 代产品，A3 是企业自定代号。

2. 中国重型汽车集团公司汽车产品型号

(1) 型号构成

中国重型汽车集团公司汽车产品的型号，最初采用斯太尔公司的编制方法，现已采用新型编制方法。新的汽车型号的编制按 GB/T 9417—1988《汽车产品型号编制规则》（该规则于 2002 年作废，目前企业仍沿用）执行，其产品型号构成如图 1-2 和图 1-3 所示。

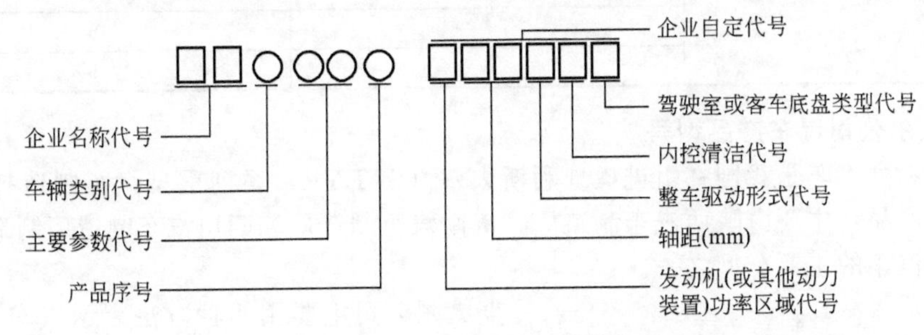

图 1-2　一般汽车产品型号的构成

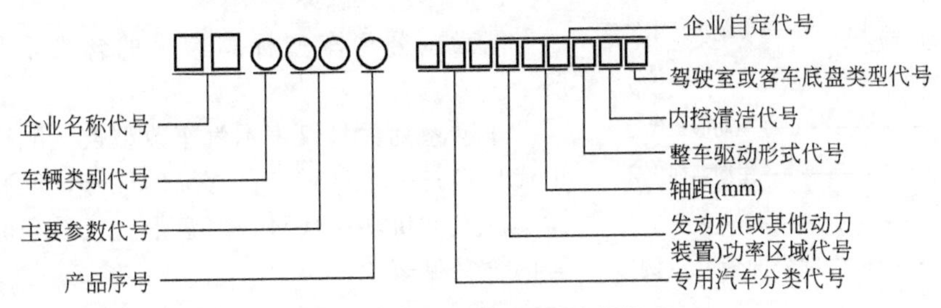

图 1-3　专用汽车产品型号的构成

(2) 型号含义

中国重型汽车集团公司汽车产品型号的含义见表 1-3。

表 1-3　中国重型汽车集团公司汽车产品型号的含义

项目	含　义
企业名称代号	企业名称代号为“ZZ”，是采用“中国重型汽车集团公司”的“中重”两字拼音的首字母
车辆类别代号	按 GB/T 9417—1988 执行
主要参数代号	主要参数代号为车辆总质量的修约数
产品序号	“0”为原引进汽车系列产品（即原型号中带“・”的车型）；“1”为第一次改进的系列产品（即原型号中带“H”的车型）；“2”为第二次改进装新款驾驶室的系列产品
企业自定代号	是重型汽车集团公司自定代号（表 1-4）
轴距	对二轴和三轴汽车指一、二轴中心线距离；对四轴汽车指二、三轴中心线距离

表 1-4　企业自定代号含义

项目	代号	含义
驾驶室或客车底盘类型代号	B	斯太尔标准驾驶室
	C	城市客车底盘
	D	城市电车底盘
	L	斯太尔加长驾驶室
	S	斯太尔四开门驾驶室
发动机功率区域代号	K	169～184kW
	L	184～198kW
	M	198～213kW
	N	213～228kW

续表

项目	代号	含义
整体驱动形式代号	1	4×2
	2	4×4
	3	6×2
	4	6×4
	5	6×6
	6	8×4

3. 斯太尔公司汽车产品型号

斯太尔系列汽车是我国在引进奥地利斯太尔（STEYR）系列重型汽车制造技术基础上开发的系列产品，主要由陕西汽车制造厂、济南汽车制造厂和四川汽车制造厂制造，它是我国国产重型汽车的主要车型之一。

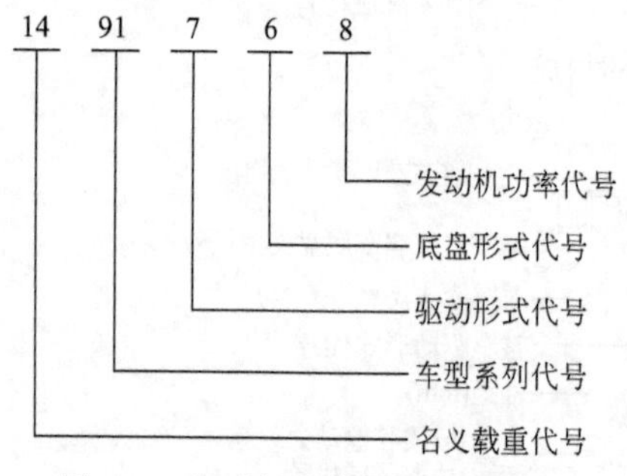

图 1-4　车型标志编号的含义示例

斯太尔公司主要用两种方法表示汽车产品型号：一是车型标志编号；二是销售标记代号。

（1）车型标志编号

斯太尔公司车型标志编号的含义示例如图 1-4 所示。

车型系列代号仅表示汽车改型换代顺序，名义载重代号仅是一个载重吨位等级的代号，没有什么实用意义。发动机功率代号、底盘形式代号和驱动形式代号的含义见表 1-5。

表 1-5　斯太尔公司汽车产品各代号的含义

项目	代号	含义
发动机功率代号	1	184kW
	2	175kW
	3	106kW
	4	125kW
	5	148kW
	6	191kW
	7	206kW
	8	235kW
底盘形式代号	0	标准厢式货车
	1	长轴距
	2	超长轴距
	3	自卸车
	4	短轴距自卸车
	5	鞍式牵引车
	6	长轴距自卸车
	7	超长轴距自卸车
	8	超长轴距消防车
	9	水泥搅拌车
驱动形式代号	0	4×2
	1	4×2
	2	4×2
	3	6×2
	4	6×4
	5	8×4
	6	4×4
	7	6×6

（2）销售标记代号

斯太尔公司汽车产品销售标记代号的含义示例如图 1-5 所示。

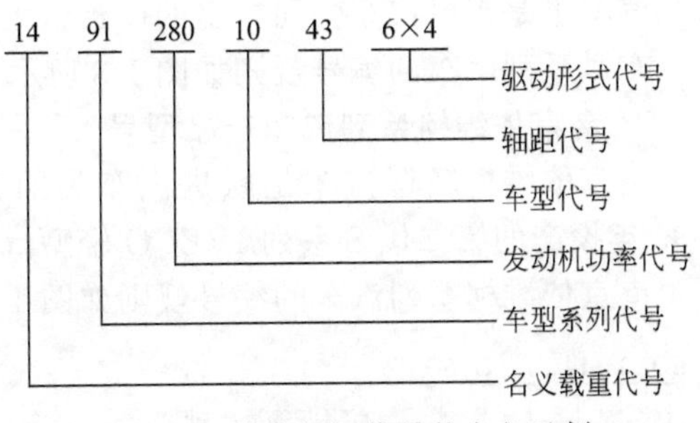

图 1-5　销售标记代号的含义示例

斯太尔公司汽车产品销售标记代号中的名义载重代号、车型系列代号的含义与车型标志编号相同。发动机功率代号、驱动形式代号直接表示了发动机的功率和该车的驱动形式。轴距代号表示汽车前轴到第一后轴之间的中心距。

4. 陕西汽车制造厂汽车产品型号

陕西汽车制造厂汽车产品型号的编制按 GB/T 9417—1988《汽车产品型号编制规则》执行，其构成如图 1-6 所示。

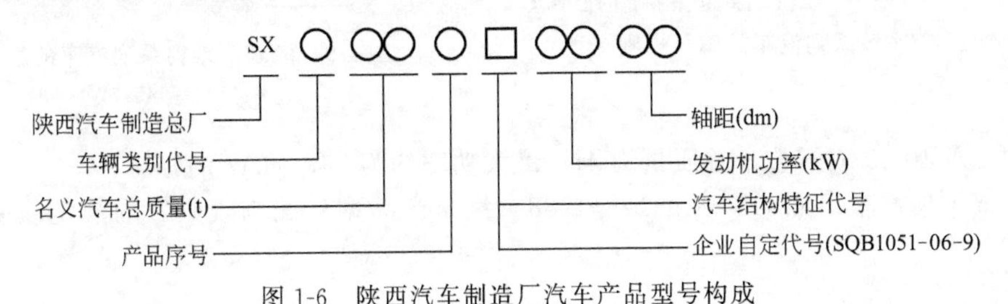

图 1-6　陕西汽车制造厂汽车产品型号构成

5. 解放系列汽车产品型号

（1）型号组成

解放系列汽车产品型号由以下三部分组成：首部由 2～3 个汉语拼音字母组成，是识别企业名称的代号；中部由 4 位阿拉伯数字组成，左起首位数字表示车辆类别代号，中间两位数字表示汽车的主要特征参数，最末位是由企业自定的产品序号；尾部由汉语拼音字母或阿拉伯数字组成，是企业自定代号，也称特征代号。

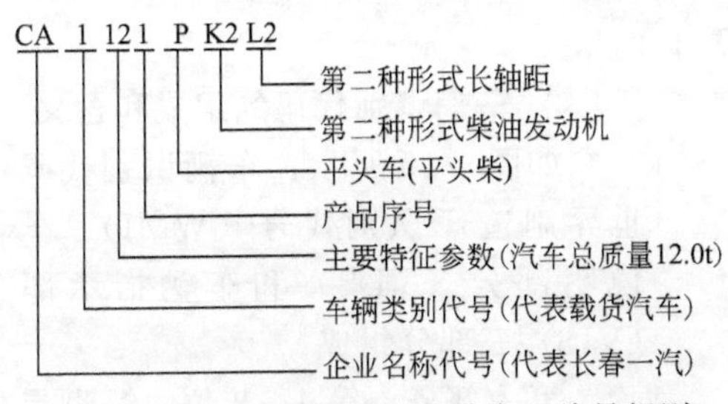

图 1-7　解放系列汽车（柴油车）编号规则

（2）解放系列汽车（柴油车）编号规则

解放系列汽车（柴油车）编号规则如图 1-7 所示。

在编号规则中，凡是出现字母 P 的即代表平头车，字母 P 后面无数字代表六平柴，P2 代表九平柴。

目前，解放系列柴油车已由最初的不足十个车型发展到目前的几百个型号，还可根据用户需求进行生产。从载重吨位方面看，有载重 1t、1.5t 的轻型载货车（简称轻卡），还有载重（或牵引）达几十吨的重型载货车（简称重卡）；从发动机输出功率看，有几十千瓦的小型发动机，还有二三百千瓦的大功率柴油机；从产品类型看，有单纯的载重汽车，还有各种具有特殊用途的特种车。

6. 东风系列汽车产品型号

东风汽车公司于 20 世纪 90 年代引进美国、日本、德国等国外先进技术，开发生产了以配备康明斯柴油发动机为主的柴油载货汽车。经过近十几年的努力和不断改进，东风汽车公司柴油发动机汽车形成了载重量为 5～15t 的系列。目前康明斯发动机已基本实现国产化，这些汽车也是东风汽车公司推出的产量最大、品种最多的新型中、重型汽车。

东风系列汽车的编号规则如图1-8所示。

7. 南京依维柯系列汽车产品型号

南京依维柯轻型汽车是跃进汽车集团公司引进生产的意大利菲亚特集团依维柯公司1989年投产的第二代S系列IVECO轻型汽车，本车型结构先进、新颖，性能优越。

南京依维柯系列汽车的编号规则如图1-9所示。

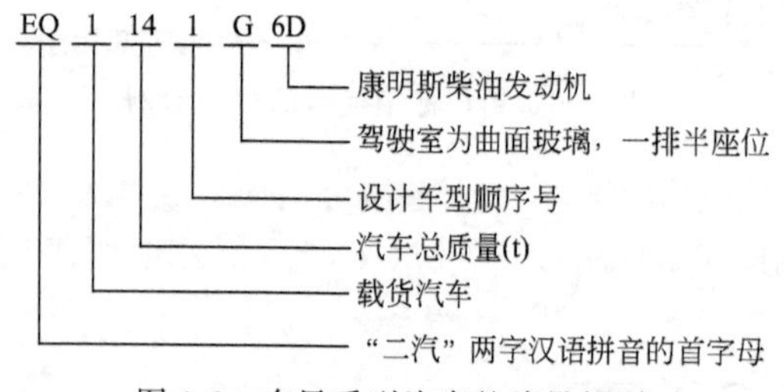

图1-8 东风系列汽车的编号规则

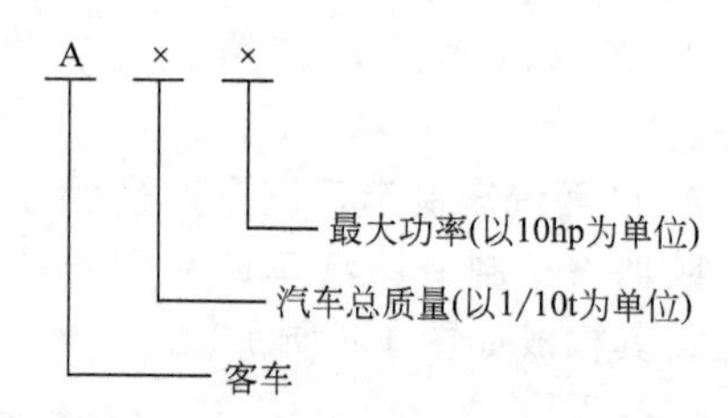

图1-9 南京依维柯系列汽车的编号规则（1hp=745.7W）

例如，A 40 10表示整车总质量为4t、最大功率约为74.57kW的轻型客车。

军用依维柯汽车参照GB/T 9417—1988《汽车产品型号编制规则》的规定编制汽车产品型号。

三、车辆识别代码

1. 车辆识别代码的定义

车辆识别代码（VIN码），是国际上通行的标识机动车辆的代码，代码中含有车辆的制造厂家、生产年代、车型、车身形式、发动机以及其他装备的信息，它由三部分共17位字母和阿拉伯数字组成，也称17位编码或车架号。车辆识别代码是制造厂给每一辆车指定的一组字码，一车一码，故称为“汽车身份证”，具有法律效力，这些字码经过排列组合，30年内不会重号。

车辆识别代码一般刻印在纵梁比较醒目的位置上。

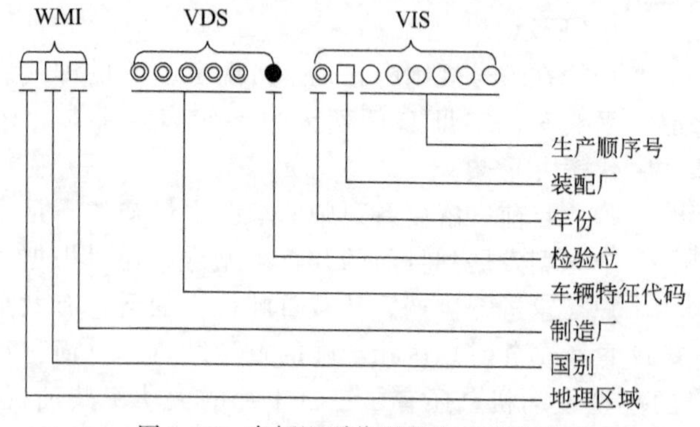

图1-10 车辆识别代码的组成及含义

2. 车辆识别代码的组成和含义

如图1-10所示，车辆识别代码由世界制造厂识别代号（WMI）、车辆说明部分（VDS）和车辆指示部分（VIS）三部分组成。

第一部分：第1～3位，是世界各汽车制造厂家识别代号（WMI），由3个英文字母组成。

第二部分：第4～9位，是车辆说明部分（VDS），表示车辆的类型和配置。

第三部分：第10～17位，是车辆指示部分（VIS），是制造厂为了区别每辆车而指定的一组字符。

如果制造厂生产的某种类型的车辆产量大于500辆，VIS的第3～8位表示生产顺序号；如果制造厂的产量小于500辆，则此部分的第3、4、5位与WMI中的第3个字码一起来表示一个车辆制造厂。

车辆识别代码中第一部分由国际标准化组织按地理区域分配给各国，各国再分配给本国的制造厂，所有的WMI代号由美国汽车工程师协会（SAE）保存并核对。中国由天津汽研中心标准所代理并经备案。其组成含义如下：第一个字码，地理区域代码，如1～5代表北美洲，S～Z代表欧洲，6、7代表大洋洲，A～H代表非洲，J～R代表亚洲，8、9代表南美洲等；第二个字码，标明一个特定地区内的一个国家的字码，由美国汽车工程师协会（SAE）分配；第三个字码，由国家机构指定一个字码来标明某个特定的制造厂。

车辆识别代码中第二部分一般包含以下信息：车系、动力系统的发动机型号、变速器形式、车身形式、气囊、安全带等约束系统配置，第9位校验位为0～9或X。

车辆识别代码中第三部分一般包含以下信息：车型年代（第10位，数字或字母，但数字不能为0，字母不能为I、O、Q、Z）、装配厂（第11位，字母或数字）、生产顺序号（最后6位，一般为数字）。

3. 车辆识别代码举例

某东风EQ1118GA载货车的识别代码为“LGHGBG1H953015283”，各部分的具体含义见表1-6。

表1-6　车辆识别代码的含义

VIN码的组成部分	位置	代码	含义
WMI	1～3	LGH	东风汽车公司制造
VDS	4	G	平头单排座驾驶室
	5	B	直列6缸柴油发动机
	6	G	最大总质量10t
	7	1	驱动形式4×2
	8	H	轴距代码
	9	9	检验位，为数字0～9或字母X
VIS	10	5	制造年份，2005年
	11	3	装配厂代码
	12～17	015283	车辆生产顺序号，即生产的第15283辆

注意：

车辆识别代码（VIN码）允许采用阿拉伯数字和大写的英文字母包括：1、2、3、4、5、6、7、8、9、0、A、B、C、D、E、F、G、H、J、K、L、M、N、P、R、S、T、U、V、W、X、Y、Z。不能使用I、O、Q。

2010年开始，车辆识别代码中的年份代码循环使用到英文字母A，即年份代码A代表2010年。

四、排放标准

自2017年7月1日起，我国开始在全国范围内实施国五排放标准，而随着时间的推移以及环境保护政策的收紧，国六排放标准也开始不断地被讨论。根据国家计划，拟定在2020年7月1日实施国六排放标准，但也有可能提前实施。

国×汽车排放标准，是我国借鉴欧洲汽车排放标准所制定出的汽车尾气排放标准，该标准对汽车尾气中排放的一氧化碳、氮氧化物、微尘、碳烟等有害物质的排放量有明确的限制，旨在控制汽车污染物排放，提高环境质量。

自20世纪80年代以来，我国逐步分阶段地实施了国一、国二、国三、国四、国五这五个排放标准。每一个阶段都比上一个阶段的要求更加严格。

20 世纪 80 年代初，我国颁布了一系列机动车尾气污染控制排放标准，包括《汽油车怠速污染物排放标准》《柴油车自由加速烟度排放标准》《汽车柴油机全负荷烟度排放标准》以及其测量标准，至此，我国汽车排放标准才开始一步一步建立。直到 2001 年 7 月 1 日，国一标准才在全国范围内全面实施。

在这一阶段我国已经形成了比较完整的汽车尾气排放标准以及检测体系，北京率先开始实施国二排放标准。国二排放标准中对于各种污染物排放标准的要求进一步提高，至 2004 年 7 月 1 日全国实施。

2005 年 12 月 30 日，北京开始实施国三排放标准，也正是在这个时候，OBD（车载诊断）设备开始被大量使用。

2008 年元旦国四燃油在北京上市，随后北京、上海、广州等多地开始实行国四标准。

2017 年 7 月 1 日开始全国范围全面实施国五排放标准，其中氮氧化物排放量比国四标准降低了 25%，并且新增了 PM（颗粒物）的排放限制，更加严格。

国六标准是对国五标准的升级，它会成为全球最严格的标准之一。与国五标准相比，国六标准将严格控制污染物的排放限值，在排除工况和测试影响的情况下，汽油车的一氧化碳排放限值降低 50%，总碳氢化合物和非甲烷总烃排放限值下降 50%，氮氧化物排放限值下降 42%。总体来说，国六标准是基于国际标准制定的，与之前的国三、国四、国五标准完全不同。

国六标准的实施时间分为两个阶段，自 2020 年 7 月 1 日起，所有销售和注册登记的轻型汽车应符合国六标准 6a 限值要求；自 2023 年 7 月 1 日起，所有销售和注册登记的轻型汽车应符合国六标准 6b 限值要求。6a 阶段应该是标准实施的过渡期。

在国六标准正式实施后，国三车面临强制报废，国四车慢慢不允许上牌，国五新车可能贬值加快。

2019 年 3 月，东风华神打造推出新款东风 T7 牵引车，驱动方式为 6×4，该车最大的特点在于搭载了 WP10H400E62 和 WP12.490E62 两款潍柴的国六发动机，最大功率分别为 294kW 和 360kW，转矩分别为 1900N·m 和 2300N·m，并均满足最新的国六尾气排放标准。

在每一个新旧更替阶段，主要通过这些方式进行调整：先重点区域实施，再全国范围实施；先提高油品标准，再提高车辆标准；先易后难，这点主要体现在先针对汽油车实施，再针对柴油车实施，分区域、分阶段地逐步实施。

实施更高的汽车排放标准，其出发点是为了减少污染物排放，保护环境。目前，世界多个国家都在实施汽车排放标准，我国的汽车排放标准起步晚于一些发达国家，但是我们欣喜地看到，我国汽车排放标准不断地提高，甚至可能赶超发达国家。

第二节　货车的基本结构

货车由发动机、底盘、电气系统和车身四部分组成，如图 1-11 所示。

一、发动机

发动机是汽车的动力装置，其功用是使燃料燃烧而发出动力。货车大部分使用柴油发动机。四冲程水冷式柴油发动机由两大机构、四大系统组成，两大机构指曲柄连杆机构和配气机构，四大系统指燃料供给系统、冷却系统、润滑系统、启动系统。常见的柴油发动机如图1-12所示。

图1-11 货车的组成

图1-12 朝柴CYQD80-E4柴油发动机

曲柄连杆机构是发动机实现热能与机械能相互转换的核心机构，其功用是将燃料燃烧所放出的热能通过活塞、连杆、曲轴等转变成能够驱动汽车行驶的机械能。曲柄连杆机构主要由气缸体、气缸盖、活塞、连杆、曲轴和飞轮等机件组成。

配气机构的功用是根据发动机的工作需要，适时地打开进气通道或排气通道，以便使可燃混合气（燃料与空气的混合物）及时地进入气缸，或使废气及时地从气缸内排出；而在发动机不需要进气或排气时，则利用气门将进气通道或排气通道关闭，以保持气缸密封。配气机构主要由气门、气门弹簧、凸轮轴、挺杆、凸轮轴传动机构等零部件组成。

汽油机燃料供给系统的功用是根据发动机的工作需要，配制出一定数量和浓度的可燃混合气并送入气缸。柴油机的燃料供给系统通常利用高压油泵将柴油压力提高后，再利用喷油器将高压柴油直接喷入气缸。按对供（喷）油量等的控制方式不同，柴油机的燃料供给系统也可分为传统燃料供给系统和电子控制燃料供给系统。柴油机传统燃料供给系统通常由油箱、柴油滤清器、输油泵、高压油泵、喷油器等组成。早期的柴油机电子控制燃料供给系统只是在传统燃料供给系统的基础上增加了一些电控元件，目前的柴油机电子控制燃料供给系统取消了高压油泵（但有些装用高压输油泵），并用共轨取代了各缸喷油器的高压油管，电子控制燃料供给系统的功能更强大、精度更高。

冷却系统的功用是帮助发动机散热，以保证发动机在最适宜的温度下工作。发动机的冷却系统可分为水冷式和风冷式两种。水冷式冷却系统通常由水套、水泵、散热器、风扇、节温器等组成。风冷式冷却系统主要由风扇、散热片组成。

润滑系统的功用是向作相对运动的零件表面输送清洁的润滑油，以减小摩擦和磨损，并对摩擦表面进行清洗和冷却。润滑系统一般由机油泵、集滤器、限压阀、油道、机油滤清器等组成。

启动系统的功用是使发动机由静止状态进入到正常工作状态。启动系统包括起动机及其附属装置。

四冲程柴油机与汽油机一样，每个工作循环同样包括进气、压缩、做功和排气四个行程。但由于柴油机使用的是柴油，其黏度比汽油大，不易蒸发，自燃温度比汽油低，因此柴油机在混合气形成和着火方式上不同于汽油机。图 1-13 所示为四冲程柴油机工作原理。

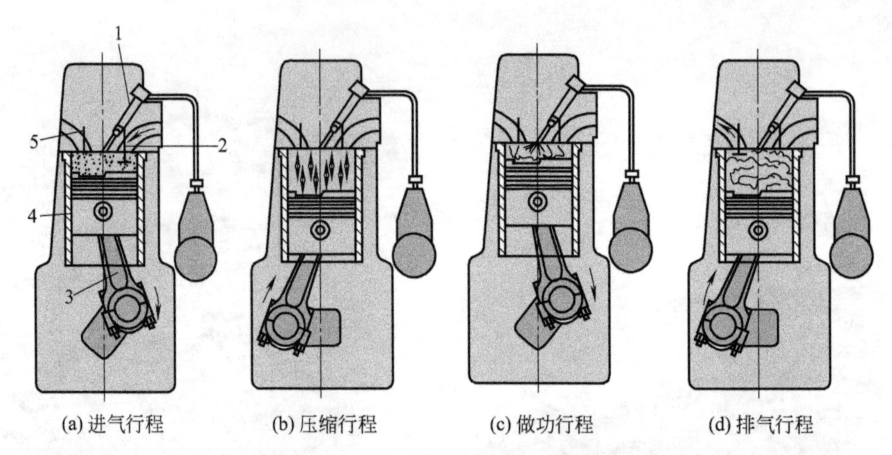

图 1-13 四冲程柴油机工作原理

1—喷油器；2—进气门；3—连杆；4—气缸；5—排气门

四冲程柴油机工作原理见表 1-7。

表 1-7 四冲程柴油机工作原理

行程	工作原理
进气行程	柴油机进入气缸的不是可燃混合气,而是纯空气。与汽油机相比,进气阻力小,残留的废气温度低,进气行程终了的压力为 75～95kPa,温度为 50～80℃
压缩行程	此行程柴油机压缩的是纯空气,且由于柴油机压缩比大(为 15～22),压缩终了的压力和温度都比汽油机高,压力可达 3～5MPa,最高温度可达 525～725℃。大大超过了柴油的自燃温度(330℃)。因此柴油机的可燃混合气压缩后是自燃着火的,不需要点火
做功行程	此行程与汽油机差别很大,柴油机压缩行程接近终了时,喷油泵将高压柴油经喷油器呈雾状喷入燃烧室中,高压柴油在气缸内迅速蒸发并与空气混合形成混合气,由于此时缸内的温度远高于柴油的自燃温度,所以混合气会立即自行着火燃烧,气缸内压力急剧上升到 6～9MPa,温度升到 1700～2200℃。在高压气体推动下活塞向下运动并带动曲轴旋转而做功
排气行程	此行程与汽油机基本相同。排气终了时的气缸压力为 105～125kPa,温度为 525～725℃

由于柴油机的燃烧过程与混合气形成同时进行，所以柴油机比汽油机更复杂。其燃烧过程一般在压缩行程上止点附近的几十度曲轴转角内完成。

柴油机燃烧过程的有害排放物主要是碳烟和噪声。其碳烟的排量是汽油机的 20～60 倍，而排气中的 CO、HC 和 NO_x 的含量比汽油机低。

总之，柴油机与汽油机相比，其压缩比高，热效率高，燃油效率低，同时柴油价格较低，因此柴油机的燃料经济性好，而且柴油机的排气污染少，排放性能好。其主要缺点是与汽油机相比转速低、重量大、噪声大、振动大、制造和维修费用高。

二、底盘

货车运行主要由发动机和底盘参加工作，其中底盘包括传动系统、行驶系统、转向系统和制动系统。

货车运行的基本原理：当启动发动机后，发动机会产生动力，并将动力传给离合器和变速器，发动机的动力经过变速器齿轮将高转速小转矩动力转化为低转速大转矩的动力，再通过传动轴传到驱动桥，驱动桥带动驱动轮转动，于是车辆就能够正常行驶了。

货车底盘主要部件安装位置如图 1-14 所示。

1. 传动系统

传动系统是指从发动机到驱动车轮之间所有动力传递装置的总称。

（1）功用

传动系统的功用是将发动机的动力传给驱动车轮。

（2）组成

传动系统一般由离合器、变速器（手动变速器）、万向传动装置（万向节、传动轴）、驱动桥（主减速器、差速器、半轴）等组成，如图 1-15 所示。

（3）传动系统主要部件的功用

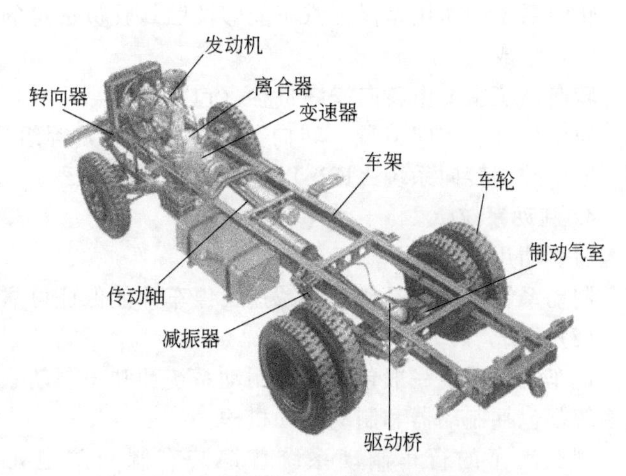

图 1-14　货车底盘主要部件安装位置

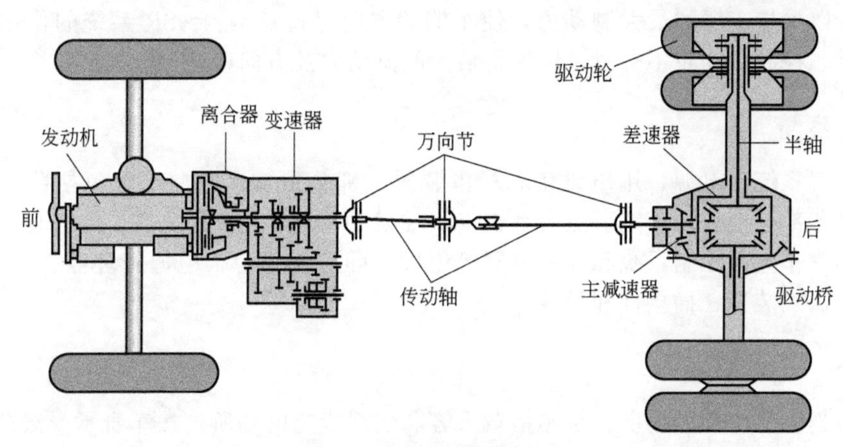

图 1-15　传动系统的组成

① 离合器：保证变速器换挡平顺，必要时中断发动机的动力传递。

② 变速器：变速、变矩、变向、中断发动机传给驱动车轮的动力传递。

③ 万向传动装置：实现有夹角和相对位置经常发生变化的两轴之间的动力传递。

④ 主减速器：将动力传给差速器，并实现降速增矩、改变传动方向。

⑤ 差速器：将动力传给半轴，并允许左、右半轴以不同的转速旋转。

⑥ 半轴：将差速器的动力传给驱动车轮。

2. 行驶系统

（1）功用

行驶系统的功用是支承、安装汽车的各总成，传递和承受车上、车下各种载荷的作用，缓和冲击、减少振动，以保证汽车的平稳行驶。

（2）组成

行驶系统主要由车架（车身）、车桥、悬架、车轮等组成，如图 1-16 所示。

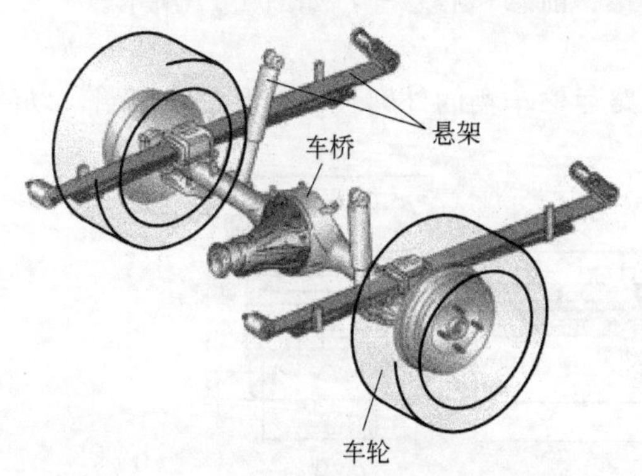

图 1-16　行驶系统的组成

3. 转向系统

（1）功用

转向系统的功用是保证汽车能够按照驾驶员选定的方向行驶。

（2）组成

转向系统主要由转向操纵机构（包括转向盘、转向轴等）、转向器和转向传动机构（包括转向横拉杆、转向节臂、转向节、转向轮等）等组成。现在的汽车普遍采用动力转向装置，电子控制转向系统（EPS）应用也越来越广泛。

4. 制动系统

（1）功用

制动系统的功用是使汽车减速、停车并能保证可靠地驻停。

（2）组成

汽车制动系统一般包括行车制动系统和驻车制动系统两套相互独立的制动系统，每套制动系统都包括制动器和制动传动机构。

现在汽车的行车制动系统普遍装有制动防抱死系统（ABS）及驱动防滑控制系统（ASR）。ABS系统的作用是无论车辆在任何情况下制动时，即使在滑溜路面，也能保持车辆不抱死，以保持车辆的最大制动力，使车辆的方向保持稳定；ASR系统的作用是在车辆起步加速时，控制驱动轮不打滑，以保持最大的驱动力及方向稳定性。

三、电气系统

汽车电气系统由电源、用电设备和配电装置三部分组成。电源部分包括蓄电池和发电机。用电设备部分由启动系统、点火系统（汽油发动机用）、照明设备、信号装置、仪表及报警装置、汽车电子控制系统和辅助电器等组成。配电装置包括电源管理器、中央接线盒、电路开关、保险装置、插接件和导线。

四、车身

车身是驾驶员工作的场所，也是搭载乘客和装载货物的场所。按车身承受载荷的方式不同，可分为非承载式、承载式和半承载式三种。

第三节　货车基本参数

货车基本参数包括主要尺寸参数与质量参数等。

一、主要尺寸参数

主要尺寸参数包括长、宽、高、轴距、前轮距、前悬和后悬等，如图1-17所示。

（1）外廓尺寸

外廓尺寸是指车辆的长、宽和高。各国对公路运输车辆的外廓尺寸都有法规限制，以便

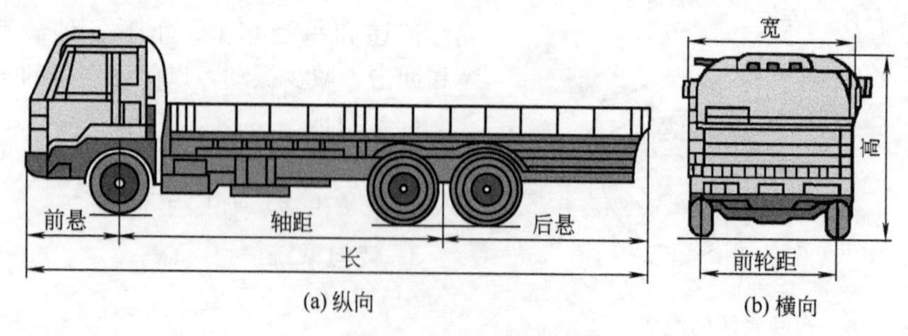

(a) 纵向　　(b) 横向

图1-17　主要尺寸参数

使其适应该国的公路、桥梁、涵洞和铁路运输的有关标准。

我国对公路载货车辆的限制尺寸是：总高不大于4m，总宽（不包括后视镜）不大于2.5m，左、右后视镜等凸出部分的侧向尺寸总共不大于250mm，载货车总长不大于12m。

(2) 轮距

轮距是指汽车横向两侧车轮的距离。汽车轮距对总宽、总质量、横向稳定性和机动性都有较大影响。轮距越大，则悬架的角度越大，汽车的横向稳定性越好。但是，轮距过大会使汽车的总宽和总质量过大。

(3) 轴距

轴距指车轴之间的距离。对双轴汽车，轴距就是前、后轴之间的距离；对三轴汽车，轴距是指前轴和中轴之间的距离与前轴和后轴之间的距离的平均值。

① 汽车轴距短，汽车总长就短，总质量就小，最小转弯半径和纵向通过半径也小，机动灵活。

② 汽车轴距过短会导致车厢长度不足或后悬过长，汽车行驶时纵向振动过大，汽车加速、制动或上坡时轴荷转移过大而导致其制动性和操纵稳定性变差，以及万向节传动的夹角过大等问题。

(4) 前悬

前悬是指汽车前端至前轮中心的悬置部分。

① 前悬处要布置发动机、钢板弹簧前支架、车身前部、保险杠和转向器等，要有足够的纵向布置空间。

② 前悬不宜过长，以免使汽车的接近角过小而影响通过性。

(5) 后悬

后悬是指汽车后端至汽车后轮中心的悬置部分。

① 汽车的后悬长度主要与货厢长度、轴距及轴荷分配有关。

② 后悬也不宜过长，以免使汽车的离去角过小而引起上、下坡时刮地，同时转弯也不灵活。

二、质量参数

质量参数主要包含汽车的装载质量、整备质量、总质量、整备质量利用系数和轴荷分配等。

(1) 装载质量

装载质量是指载货车（简称货车）以其在良好的硬路面上行驶时所装载货物质量（t）的最大限额计。

超载将导致车辆早期损坏，制动距离变长，甚至造成交通事故。

(2) 整备质量

汽车整备质量是指汽车在加满燃料、润滑油、工作液（如制动液）及发动机冷却液并装备（随车工具及备胎等）齐全但未载人、载货时的总质量。

整备质量越小的汽车，燃油消耗越少，经济性越好。

(3) 总质量

汽车总质量是指已整备完好、装备齐全并按规定载满客、货时的汽车质量，即整备质量与满载客、货质量之和。

(4) 整备质量利用系数

整备质量利用系数是指货车的装载质量与其整备质量之比，即单位汽车整备质量所承受的汽车装载质量。此系数越大表明该车型的材料利用率及设计与工艺水平越高。

(5) 轴荷分配

轴荷分配是指汽车空载和满载时的整车质量分配到各个车轴上的百分比。

轴荷分配是汽车的重要质量参数，将影响汽车的牵引性、通过性、制动性、操纵性和稳定性等主要性能以及轮胎的寿命。对于常在较差路面上行驶的货车，为了保证其在泥泞路面上的通过能力，常将满载时前轴负荷控制在26%～27%内，以减小前轮滚动阻力并增大后驱动轮的附着力。

三、主要性能指标

主要性能指标包含汽车的动力性能（最高车速、加速时间、爬坡性能）、经济性能（燃料消耗量）、制动性能（制动距离）、通过性能（最小转弯半径、最小离地间隙、接近角、离去角、纵向通过角）、操纵稳定性和汽车有害气体排放等。

（1）最高车速

最高车速是指在水平良好路面（混凝土或沥青）上和规定载重量条件下汽车所能达到的最高车速（km/h），它是汽车的一个重要动力指标。

（2）加速时间

加速时间是指汽车加速到一定车速所需要的时间，常用原地起步加速时间与超车加速时间表示，它也是汽车动力性能的重要指标。

（3）爬坡性能

爬坡性能是指汽车满载在良好路面等速行驶的最大爬坡度，一般要求在30%（即16.7°）左右。

（4）燃料消耗量

燃料消耗量通常以百公里油耗衡量，即汽车在良好的水平硬路面上以一定载荷（货车满载）及最高挡等速行驶时的百公里燃料消耗量，单位为L/100km，它是汽车的燃料经济性常用的评价指标。

（5）制动距离

制动距离是指在良好的试验跑道上，在规定的车速下紧急制动（对于载货车，要求紧急制动时踏板力不大于700N）时，由踩制动踏板起到完全停车时汽车行驶的距离。我国通常以30km/h和50km/h车速下的最小制动距离来评价汽车的制动效能。

（6）最小转弯半径

最小转弯半径是指当转向盘转到极限位置、汽车以最低稳定车速转向行驶时，外侧转向轮的中心平面在支承平面上滚过的轨迹圆半径，它表征了汽车能够通过狭窄、弯曲地面的能力。最小转弯半径越小，汽车的机动性越好。

（7）最小离地间隙

最小离地间隙是指汽车满载、静止时，平直地面与汽车中间区域最低点之间的距离 h（图1-18）。它反映了汽车无碰撞地通过地面凸起部位的能力。

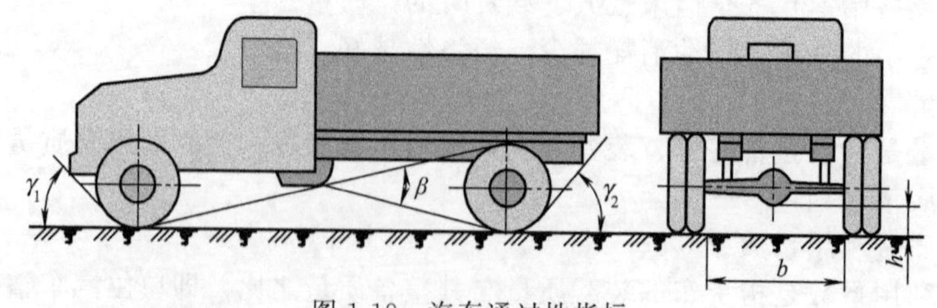

图1-18 汽车通过性指标

h—最小离地间隙；b—两侧轮胎内缘间距；γ_1—接近角；γ_2—离去角；β—纵向通过角

(8) 纵向通过角

纵向通过角是指当汽车满载、静止时，垂直于汽车纵向中心平面，分别与前、后车轮轮胎相切和相交，并与车辆底盘刚性部件（除车轮）接触的两个平面形成的最小锐角 β（图 1-18）。它决定了车辆所能通过的最陡坡道，β 越大，汽车通过性越好。

(9) 接近角

接近角是指汽车满载、静止时，前端凸出点向前轮所引切线与地面间的夹角 γ_1（图 1-18）。γ_1 越大，越不易发生汽车前端触及地面的情况，通过性越好。

(10) 离去角

离去角是指汽车满载、静止时，后端凸出点向后轮所引切线与地面间的夹角 γ_2（图 1-18）。γ_2 越大，越不易发生汽车后端触及地面的情况，通过性越好。

第四节　定期维护

一、基本知识

根据维护作业开展的时机不同，汽车维护一般分为常规性维护、走合期维护和季节性维护。另外，也有出车前、行驶中、停驶后的检查维护之分。维护作业以清洁、检查、紧固、调整、润滑和补给为主，维护范围随着行驶里程的增加逐步扩大，内容逐步加深。

1. 常规性维护

汽车的常规性维护分为日常维护、一级维护、二级维护三级，各级维护的参考间隔里程或时间间隔，一般以汽车生产厂家规定为准。也有的车型还有三级维护、四级维护等。

(1) 日常维护

日常维护是驾驶员必须完成的日常性工作，其作业中心内容是清洁、补给和安全检视。

(2) 一级维护

一级维护由专业维修人员作业，其作业中心内容除日常维护作业外，以清洁、润滑、紧固为主，并检查有关制动、操纵等安全部件。

(3) 二级维护

二级维护由专业维修人员作业，其作业中心内容除一级维护作业内容以外，以检查、调整为主，并拆检轮胎，进行轮胎换位等。

2. 走合期维护

新车和修复车在走合期开始、走合中及走合期满后，应进行规定的走合期维护。该维护由厂家负责执行，其作业内容以检查、紧固和润滑等工作为主。

3. 季节性维护

凡每年最低气温低于 0℃的地区，入冬之前需要进行季节性维护，其作业内容为更换符合季节要求的润滑油、冷却液，并调整燃油供给系统和充电系统，检查冷却系统和空调系统的工作情况。进入夏季前也应对汽车进行季节性维护。

4. 车辆出车前的检查维护

① 检查空气滤清器到增压器压气机进口之间的管路及接头是否完好，如有损坏应及时更换，否则将产生进气短路，引起压气机磨损，甚至吸入异物打坏压气机叶轮。

② 检查发动机润滑油的油面高度。将汽车停在比较平坦的路面上，运转发动机使油温达到 80℃，然后停机检查油位，取出油标尺，观察其油面位置，油面必须保持在油标尺的

两个标记之间。

③ 检查燃油箱存油量。

④ 检查润滑油进出管路是否有损坏或节流，增压器壳体连接处是否有润滑油泄漏。

⑤ 检查增压器壳体有无过热、变色、裂纹或损坏现象及与进、排气管的连接是否严密。

⑥ 保持机油的洁净，当补充机油时，要使用同一品牌机油。

⑦ 拆下空气滤清器的灰盘盖，清除尘土。

⑧ 检查供油操纵机构和断油机构的连接情况。

⑨ 检查驾驶室锁止情况。

⑩ 检查各灯光是否正常。

⑪ 检查膨胀罐内冷却液液面，及时添加。加冷却液时注意，为了不使冷却液存有气泡，加冷却液时，应将气缸体左侧后部的放水开关打开，待有水从开关流出时，再将开关关闭，直至加满为止。冷却液必须用清洁的软水，防止柴油机水道产生积垢使水流不畅，引起发动机过热。

⑫ 检查车辆下方是否有冷却液、燃油及机油的泄漏痕迹。

⑬ 检查轮胎气压。测量轮胎气压，应在轮胎处于室温状态时进行。气压规定：9.00-20轮胎（14层级），前轮为441kPa，后轮及备胎为588kPa。轮胎气压应保持在规定值范围内，如果轮胎气压过高，会加速磨损、缩短轮胎寿命；如果气压过低，会产生裂纹，且影响汽车行驶速度、增加油耗。

⑭ 启动发动机进行暖机运转检查。

⑮ 气压上升速度。气压表应在4min内达到规定的气压值。

⑯ 行车制动器工作状态。压下制动踏板，然后释放，检查能否听见空气排出声，踏板能否正常返回原位。

⑰ 检查驻车制动器的工作状态。用力拉驻车制动器手柄，同时数一数棘爪发出的“咔嗒”声。

⑱ 检查仪表、报警灯及刮水器的工作是否正常。

⑲ 按压喇叭按钮，检查是否鸣响。

⑳ 检查转向盘游隙。

㉑ 检查车门锁扣状态是否良好。

5. 车辆行驶中的检查维护

① 在安全的路段，以约20km/h的速度行驶，并检查制动效果及转向机构工作情况。

② 检查减振器。行驶中若发现汽车有不正常的连续抖动，应停车检查减振器是否漏油。汽车在坏路上行驶一段路程后（不少于10km），将车停下，用手摸一下减振器是否发热，若不热，表明已经不起减振作用，应及时更换新件。

③ 行驶中，注意观察各仪表工作情况，尤其是机油压力表、冷却液温度表、气压表。

④ 经常注意听察发动机有无不正常的声音，一旦有不正常响声，应立即停车检查，找出原因，及时排除。

6. 车辆每日停驶后的检查维护

① 放掉湿储气筒内的存水（湿储气筒在汽车左侧）。

② 停车时，必须逐渐降速至怠速，停车前空转5min再停柴油机，不是紧急情况下严禁高速停车，以防涡轮增压机的高温传至浮动轴承和压气密封圈，引起增压器故障。

③ 在气温低于5℃时，若不使用防冻液时，应及时放净冷却液，以防冻裂机件。

④ 每次停车后，必须及时排除在运转期间发现的故障，并进行必要的检查。

⑤ 检查轮胎胎面是否嵌入金属片、石块等杂物，若有应及时清除。

二、斯太尔系列汽车的维护

1. 斯太尔系列汽车的维护（保养）项目

斯太尔系列汽车的维护（保养）项目见表 1-8，主要包括换油、检查、调整等。

表 1-8　斯太尔系列汽车的维护（保养）项目

类　别	发动机(自吸、增压)	变速器、分动器	前、后桥	备注
第一次检查	√	√	√	行驶 2000km
例行检查	√			
一级保养	√			
二级保养	√	√	√	
三级保养	√	√	√	
四级保养	√	√	√	

注：“√”表示执行项目。

2. 斯太尔系列汽车各级维护（保养）的内容

斯太尔系列汽车各级维护（保养）项目见表 1-9。

表 1-9　斯太尔系列汽车各级维护（保养）项目

	维护(保养)项目	第一次检查	例行检查	保养级别			
				一级	二级	三级	四级
发动机	更换发动机机油(每年至少一次)	√	√	√	√	√	√
	更换机油滤清器或滤芯	√	每次更换发动机机油时				
	检查调整气门间隙	√		√	√	√	√
	检查喷油嘴开启压力					√	√
	更换燃油滤清器或滤芯			√	√	√	√
	清洗燃油泵粗滤器			√	√	√	√
	检查冷却液量并加足	√	√	√	√	√	√
	更换冷却液	每隔 24 个月					
	紧固冷却管路管夹	√					
	紧固进气管路软管和凸缘连接件	√		√	√	√	√
	检查空滤器保养指示灯			√	√	√	√
	清洁空滤器的集尘杯(不包括自动排尘式)		√	√	√	√	√
	清洁空滤器主滤芯	当指示灯亮时					
	更换空滤器主滤芯	当主滤芯损坏时					
	更换空滤器安全滤芯	清洗 5 次主滤芯后					
	检查并紧固 V 带	√	√	√	√	√	√
	检查增压器轴承间隙					√	√
	检查喷油泵						√
	检查调整离合器行程和钢丝绳状况	√	√	√	√	√	√
	调整怠速转速	√					
变速器和分动器	检查变速器油面			√			
	更换变速器润滑油(每年至少一次)	√			√	√	√
	清洗空气滤清器滤芯				√	√	√
	更换变速器/分动器通气装置				√	√	√
	检查分动器油面			√			
	更换分动器润滑油(每年至少一次)	√			√	√	√
	检查并紧固分动器悬置				√	√	√

续表

维护(保养)项目		第一次检查	例行检查	保养级别			
				一级	二级	三级	四级
前桥	检查主减速器和轮边减速器油面			√			
	更换主减速器和轮边减速器润滑油(每年至少一次)	√			√	√	√
	清洁通气装置			√	√	√	√
	检查调整轮毂圆锥滚子轴承间隙	第一次二级保养时进行					
后桥	检查主减速器和轮边减速器油面			√			
	更换主减速器和轮边减速器润滑油(每年至少一次)	√			√	√	√
	清洁通气装置			√	√	√	√
	检查调整轮毂圆锥滚子轴承间隙	第一次二级保养时进行					
	检查平衡轴轴承油面	√		√	√	√	√
传动轴	重新紧固传动轴螺栓	√					
	目测检查传动轴的连接和磨损情况				√	√	√
驾驶室	检查刮水器的动作	√	√	√	√	√	√
	重新紧固驾驶室锁紧手柄	√			√	√	√
	重新紧固发动机罩	√					
	检查驾驶室翻转手油泵油面				√	√	√
	检查举升柱塞的调整情况	√		√	√	√	√
底盘	检查牵引钩的固定和动作	√		√	√	√	√
	重新紧固横梁螺栓	√			√	√	√
	紧固前、后钢板弹簧骑马螺栓和支架	√			√	√	√
	检查备胎的固定机构				√	√	√
	检查调整钢板弹簧侧挡板间隙				√	√	√
	检查车轮螺母的固定	√		√	√	√	√
	检查蓄电池的固定				√	√	√
	检查燃油箱的固定				√	√	√
	检查液压绞盘管路接头及钢丝放绳、收绳状况	√			√	√	√
	更换绞盘液压油(每工作50h更换或清洗滤芯)	每年或随车运行100h一次					
制动系统	储气筒放水	√	√	√	√	√	√
	检查气压系统密封性(气压表检查)	√		√	√	√	√
	清洗油水分离器中的调压阀滤网				√	√	√
	检查防冻液泵液量		√	√	√	√	√
	在寒季到来之前检查防冻液泵的工况		√	√	√	√	√
	检查制动摩擦片厚度,调整制动器间隙					√	√
	清洁车轮制动器					√	√
	检查感载阀撬杆磨损情况				√	√	√
	检查制动管路和软管易擦伤的部位				√	√	√
	检查制动室的功能			√	√	√	√
	检查脚制动、手制动和排气制动的效能(在试车时进行)	√		√	√	√	√
	就车检查调整感载阀	√					
电气系统	检查电气系统(信号灯、前照灯、示宽灯、刮水器、暖风和通气装置)的工作情况	√	√	√	√	√	√
	检查蓄电池电解液的液面和密度以及蓄电池各单元的电压	√		√	√	√	√
	检查蓄电池接线柱的固定电极、涂滑脂	√		√	√	√	√
	检查电子转速表转速的正确性	√	√	√	√	√	√

续表

维护(保养)项目		第一次检查	例行检查	保养级别			
				一级	二级	三级	四级
转向系统	检查和调整前轮定位	√					
	检查转向油罐油面高度	√		√	√	√	√
	更换转向油罐的油滤清器					√	√
	检查转向系统的功能					√	√
	检查转向杆件间隙				√	√	√
	检查转向杆件的螺栓、接头和锁紧件	√					
整车润滑	短途试车(包括制动试验)	√		√	√	√	√
	目测检查泄漏状况	√	√	√	√	√	√
	检查车厢固定情况	√	√	√	√	√	√
	水泵	√	√	√	√	√	√
	离合器分离轴(富勒变速器)	√	√	√	√	√	√
	离合器踏板轴	√	√	√	√	√	√
	离合器分离轴承	√	√	√	√	√	√
	离合器拉索及摇臂	每4周至少一次					
	万向节和传动轴中间支承	√	√	√	√	√	√
	转向主销、前轴	√		√	√	√	√
	钢板弹簧销	每4周至少一次					
	平衡悬架钢板弹簧侧挡板	√	√	√	√	√	√
	减振器下支架	√	√	√	√	√	√
	变速杆支座		√	√	√	√	√
	制动凸轮轴及制动臂	√	√	√	√	√	√
	牵引钩	√	√	√	√	√	√
	鞍座	√	√	√	√	√	√
	驾驶室车门铰接			√	√	√	√
	电动备轮升降架(油脂嘴、电动升降器传动部位)	每年2～3次					

注："√"表示执行项目。

换季维护应在入冬和入夏前进行，具体时间根据当地的气候状况自行确定。

3. 斯太尔系列汽车长期停放时的维护内容

① 发动机每月启动不少于15min。检查各有关部件是否缺少、损坏，有无三漏现象，及时排除故障。

② 每一季度车辆运行30～50km，并检查排除故障。

③ 对于长期存放的车辆，原则上要把蓄电池拆下统一保管，定期充电。

④ 有条件的用户应将车辆支起存放，以减轻车轮的负荷。

4. 斯太尔系列汽车用于牵引火炮时的维护内容

斯太尔系列汽车用于牵引火炮时，每年行驶里程不足5000km的车辆，每年进行一次一级维护；每两年行驶里程不足20000km的车辆，每两年进行一次二级维护；每四年行驶里程不足40000km的车辆，每四年进行一次三级维护。

三、解放系列汽车的维护

1. 解放系列汽车行驶 2000km 的维护内容

以紧固、润滑为主。

① 汽车每行驶 2000km 时，检查并紧固发动机悬置、进气与排气歧管、消声器的连接螺栓、螺母，并检查各衬垫是否完好。

② 检查并紧固传动轴十字轴及中间支承、转向机构（尤其是转向纵拉杆与横拉杆、转向上节臂与下节臂、转向传动轴等）、钢板弹簧、半轴和车轮等部位各连接螺栓。

③ 清洁、维护机油滤清器和柴油滤清器。

④ 排除储气筒内的油污及水。

⑤ 检查风扇传动带松紧度。

⑥ 检查轮胎气压，按规定充气。

⑦ 检查并紧固驾驶室等部位的连接螺栓、螺母。

⑧ 观察增压器的运转情况，如有异声及振动，应及时消除。

⑨ 检查增压器轴承处是否漏油，如漏油则及时排除。

⑩ 检查空气滤清器壳体内的积尘。

⑪ 按润滑表进行润滑。

2. 解放系列汽车行驶 8000km 的维护内容

执行 2000km 维护项目并加做下列各项。以检查、调整为主。

① 更换发动机润滑油，冲洗机油盘。

② 检查并添加变速器、后桥的润滑油，疏通通气塞。

③ 调整、润滑前、后轮毂和车轮制动器。

④ 调整制动蹄摩擦片与制动鼓之间的间隙。

⑤ 检查驻车制动装置工作情况。

⑥ 检查转向盘自由转动量。

⑦ 检查动力转向油罐的油量，不足时应检查原因并添加。

⑧ 更换动力转向油泵的油液。

⑨ 检查轮胎，按规定顺序换位。

⑩ 检查并调整前轮前束。

⑪ 清洗燃油箱、输油泵进油接头及管路。

⑫ 清洗机油细滤器转子，清除转子罩内壁的沉积物，疏通喷嘴。

⑬ 清洁空气滤清器滤芯。

⑭ 调整气门间隙。

⑮ 清洗柴油粗滤器滤芯；更换柴油细滤器和机油滤清器滤芯。

⑯ 检查供油提前角，必要时加以调整。

⑰ 更换旋装燃油滤清器滤芯。

⑱ 更换增压器机油滤清器滤芯和旋装机油滤清器滤芯。

⑲ 清洗离心式机油滤清器转子内壁的沉积污垢。

⑳ 更换机油。

㉑ 清洗燃油输油泵滤网。

㉒ 用压缩空气吹去发电机内的积尘。

㉓ 检查各部位的紧固情况。

㉔ 重点对安全件进行检查（如制动系统各拉杆、管路，转向系统纵拉杆和横拉杆、转向节臂、转向垂臂及各连接部位等）。

㉕ 检查减振器，发现失效及时更换。

㉖ 检查钢板弹簧支架、吊耳等部位的衬套，酌情更换。

㉗ 按润滑表进行润滑。

3. 解放系列汽车行驶 24000km 的维护内容

执行 8000km 维护项目并加做下列各项。

① 汽车每行驶 24000km 时，检查并更换制动器摩擦片。

② 拆下后桥传动轴，按规定力矩拧紧主动锥齿轮凸缘螺母和中间传动轴凸缘螺母。

③ 拆下后桥壳后盖，清洗减速器内腔，按规定力矩拧紧差速器轴承盖螺母和差速器壳螺母，更换后桥润滑油。

④ 更换变速器润滑油。

⑤ 检查钢板弹簧支架及吊耳衬套磨损情况，酌情更换。

⑥ 更换空气滤清器滤芯。

⑦ 按润滑表进行润滑。

4. 解放系列汽车行驶 48000km 的维护内容

执行 24000km 维护项目并加做下列各项。以总成解体，消除隐患为主。

① 汽车每行驶 48000km，应清理曲轴箱通风装置。

② 清洗冷却系统、燃油箱、机油冷却器。

③ 由专业人员在试验台上检查喷油器的喷油压力和喷油情况，并进行必要的调整。

④ 检查供油提前角，进行必要的调整。

⑤ 根据需要调整机油泵。

⑥ 根据需要拆卸气缸盖，清洗并检查各机件，研磨气门。

⑦ 除第一次 48000km 根据情况处理外，以后每隔 48000km 均需对发动机进行必要的检测、调整和维护，以消除隐患。

⑧ 发动机的解体，应视其本身工作状况而定，凡工作性能良好的，则不应解体或适当延长解体周期，以保持原有的技术性能。

⑨ 喷油泵一般不需调整，如果发动机工作不正常，则应在喷油泵试验台上由专业人员进行检查调整。

⑩ 拆检驻车和行车制动器操纵机构和管路，清洗储气筒单向阀，检查制动阀，酌情调整。

⑪ 酌情拆检空气压缩机。

⑫ 酌情拆检离合器、变速器、传动轴、后桥、前轴及转向系统。

⑬ 更换动力转向系统油液及转向油罐中的滤芯。

⑭ 拆检备胎升降器，更换磨损严重的零件，清洗、润滑。

⑮ 对轮辋进行除锈涂漆。

⑯ 检查车架完好情况（有无变形、裂纹、铆钉松动脱落等），酌情修理。

⑰ 检修维护车身及附件，更换损坏的零件。

⑱ 检查并调节蓄电池电解液密度。

⑲ 维护起动机和发电机，检查轴承。

⑳ 按润滑表进行润滑。

5. 解放系列柴油车主要润滑点、间隔里程及要求

解放系列柴油车主要润滑点、间隔里程及要求见表 1-10。

表 1-10　解放系列柴油车主要润滑点、间隔里程及要求

润滑部位	间隔里程/km				润滑剂	润滑点数	备注
	2000	8000	24000	48000			
发动机		▲			一般地区全年：15W/40CD（－20～40℃）柴油机机油 夏季（南方地区）：40CD（0～40℃）柴油机机油 冬季（寒冷地区）：5W/30CD（－25～30℃）柴油机机油 气温低于－30℃时，使用稠化机油 14 号或其他牌号能满足超低温使用的机油	1	每隔 8000km 更换润滑油，每日用油标尺检查油面
离合器液压操纵机构	●				LD3000 制动液	1	
变速器		●	▲		80W/90GL-3 普通车辆齿轮油	1	
传动轴十字轴及中间支承	◎				全天候汽车通用锂基润滑脂	7	
传动轴滑动叉	◎				全天候汽车通用锂基润滑脂	1	取出花键套，清除旧润滑脂
后桥		●	▲		80W/90GL-5 重负荷车辆齿轮油	1	清洗通气塞
前、后钢板弹簧销	◎				全天候汽车通用锂基润滑脂	12	
减振器				▲	50％一级品 32 号汽轮机油（GB 11120—1989） 50％ 25 号变压器油（GB 2536—1990）	2	按质量计
轮毂轴承		○			全天候汽车通用锂基润滑脂	4	拆下轮毂，在轴承内腔涂润滑脂
转向器		▲		▲	8 号液力传动油（凝点为－40℃）执行标准 Q/SY RH2042	1	
转向节主销	◎				全天候汽车通用锂基润滑脂	4	
转向纵、横拉杆	◎				全天候汽车通用锂基润滑脂	4	
转向传动轴滑动叉及十字轴轴承	◎				全天候汽车通用锂基润滑脂	3	
转向柱球轴承				○	全天候汽车通用锂基润滑脂	1	
前、后制动凸轮支架及支承座	◎				全天候汽车通用锂基润滑脂	4	
备胎升降器				○	全天候汽车通用锂基润滑脂	1	
变速操纵杆联轴器			◎		全天候汽车通用锂基润滑脂	1	
制动调整臂				◎	全天候汽车通用锂基润滑脂	4	
发动机排气制动控制缸活塞				○	全天候汽车通用锂基润滑脂	1	
车速里程表软轴				○	全天候汽车通用锂基润滑脂	1	
离合器储油杯	●				LD3000 制动液	1	

注：● 表示加注润滑油；▲ 表示更换润滑油；◎ 表示加润滑脂；○ 表示涂润滑脂。

四、东风系列汽车的维护

1. 东风系列汽车定期维护程序

驾驶员应根据维护部位和间隔里程或月份严格按维护程序进行维护。东风系列汽车的定期维护程序见表 1-11。表中“○”表示初驶里程，“√”表示维护项目。

表 1-11　东风系列汽车定期维护程序

保养项目		保养期限													
		×1000km	○	4	8	12	16	20	24	28	32	36	40	44	48
		月份		1	2	3	4	5	6	7	8	9	10	11	12
发动机	检查加速和减速性能状况		√	√	√	√	√	√	√	√	√	√	√	√	√
	检查排气情况			√	√	√	√	√	√	√	√	√	√	√	√
	检查和清洁空气滤清器外滤芯				√		√		√		√		√		√
	更换空气滤清器内、外滤芯								√						√
	紧固气缸盖和各类螺栓(包括悬置)														√
	检查压缩压力														√
	检查气门间隙		√			√			√			√			√
	检查发动机是否漏油		√	√	√	√	√	√	√	√	√	√	√	√	√
	检查润滑油的清洁度和剩余量			√	√	√	√	√	√	√	√	√	√	√	√
	更换发动机润滑油		√		√		√		√		√		√		√
	更换机油滤清器		√		√		√		√		√		√		√
	检查燃油是否泄漏		√	√	√	√	√	√	√	√	√	√	√	√	√
	清除燃油预滤器的沉积物		√	√	√	√	√	√	√	√	√	√	√	√	√
	更换燃油滤清器和油水分离器						√				√				√
	检查喷油器的喷射压力														√
	检查喷油正时														√
	检查喷油泵的喷射量														√
	检查供油泵是否工作正常														√
	检查冷却液的泄漏现象		√	√	√	√	√	√	√	√	√	√	√	√	√
	检查节温器的功能														√
	检查散热器盖工作是否正常														√
	检查传动带是否松弛、损坏及张紧轮紧固情况		√	√	√	√	√	√	√	√	√	√	√	√	√
离合器	检查离合器工作情况是否正常		√	√	√	√	√	√	√	√	√	√	√	√	√
	检查离合器踏板的自由行程		√	√	√	√	√	√	√	√	√	√	√	√	√
	检查离合器总泵是否漏油		√	√	√	√	√	√	√	√	√	√	√	√	√
	检查离合器助力缸是否漏油		√	√	√	√	√	√	√	√	√	√	√	√	√
	更换离合器液压油														√
变速器	检查变速器是否漏油		√	√	√	√	√	√	√	√	√	√	√	√	√
	清洁变速器及通气塞,检查变速器油面		√	√	√	√	√	√	√	√	√	√	√	√	√
	更换变速器润滑油		√						√						√
	检查变速器拨叉、滑块的磨损情况								√						√
	检查变速器各轴承的工作状况														√
分动器	检查分动器是否漏油		√	√	√	√	√	√	√	√	√	√	√	√	√
	清洁分动器及通气塞,检查分动器油面		√	√	√	√	√	√	√	√	√	√	√	√	√
	检查并紧固分动器上支点和悬置		√		√		√		√		√		√		√
	更换分动器润滑油		√						√						√
制动系统	检查制动踏板自由行程		√	√	√	√	√	√	√	√	√	√	√	√	√
	检查制动效能		√	√	√	√	√	√	√	√	√	√	√	√	√
	检查驻车制动效能		√	√	√	√	√	√	√	√	√	√	√	√	√
	检查空气管路是否漏气		√	√	√	√	√	√	√	√	√	√	√	√	√
	检查制动鼓和制动蹄摩擦片之间的间隙		√		√		√		√		√		√		√
	检查制动底板的紧固情况		√			√			√			√			√
	检查空气压缩机工作是否正常								√						√
	检查制动鼓和制动蹄磨损情况,必要时更换								√						√
	检查制动气室皮膜状况														√
	检查和保养各阀总成														√

续表

保养项目		保养期限												
	×1000km	○	4	8	12	16	20	24	28	32	36	40	44	48
	月数		1	2	3	4	5	6	7	8	9	10	11	12
转向系统	检查转向器是否漏油,并清洁转向器	√	√	√	√	√	√	√	√	√	√	√	√	√
	检查转向盘的自由行程、松紧和发卡情况	√	√	√	√	√	√	√	√	√	√	√	√	√
	检查转向横、直拉杆各球头紧固情况	√			√			√			√			√
	检查转向机构和转向节壳螺栓的紧固情况	√			√			√			√			√
	检查转向节臂及垂臂的紧固情况	√			√			√			√			√
	检查转向传动装置各连接部位是否松动	√			√			√			√			√
	检查调整车轮前束	√						√						√
	检查转向器是否缺油,不足时添加							√						√
	检查转向传动轴花键副磨损情况							√						√
	检查前轮定位情况							√						√
	检查调整转向器													√
	更换动力转向机的润滑油	√						√						√
悬挂系统	检查减振器的泄漏情况	√	√	√	√	√	√	√	√	√	√	√	√	√
	清洁前、后钢板弹簧及减振器	√	√	√	√	√	√	√	√	√	√	√	√	√
	检查并添加平衡轴承毂的润滑油		√	√	√	√	√	√	√	√	√	√	√	√
	更换平衡轴承毂的润滑油	√		√		√		√		√		√		√
	检查调整平衡轴承毂的轴向间隙	√		√		√		√		√		√		√
	紧固后钢板弹簧侧面夹紧螺栓,消除间隙	√		√		√		√		√		√		√
	紧固前、后钢板弹簧U形螺栓(重载时进行)	√			√			√			√			√
	检查减振器的性能							√						√
	更换前、后钢板弹簧销或销套													√
传动轴	检查传动轴各连接部位螺栓的紧固情况	√			√			√			√			√
	检查传动轴十字轴轴承是否松旷	√										√		
	检查传动轴花键护套的破损情况	√										√		
	检查传动轴花键磨损情况													√
车桥与车轮	清洁前桥、中桥、后桥及车轮总成	√	√	√	√	√	√	√	√	√	√	√	√	√
	拆下三桥上的通气塞进行清洗	√	√	√	√	√	√	√	√	√	√	√	√	√
	检查三桥的润滑油油面及油质,添加或更换	√	√	√	√	√	√	√	√	√	√	√	√	√
	检查主减速器与桥壳的紧固情况	√	√	√	√	√	√	√	√	√	√	√	√	√
	检查半轴螺栓的紧固情况	√	√	√	√	√	√	√	√	√	√	√	√	√
	检查轮胎气压和车轮螺母的拧紧力矩	√	√	√	√	√	√	√	√	√	√	√	√	√
	检查轮胎是否异常磨损	√	√	√	√	√	√	√	√	√	√	√	√	√
	轮胎换位			√		√		√		√		√		√
	清洁并调整轮毂轴承				√			√			√			√
	检查主动锥齿轮圆锥滚子轴承的松紧度				√			√			√			√
	更换三桥的润滑油	√						√						√
	检查各桥减速器的工作状况	√						√						√

续表

保养项目		○	4	8	12	16	20	24	28	32	36	40	44	48
	保养期限 ×1000km	○	4	8	12	16	20	24	28	32	36	40	44	48
	月数		1	2	3	4	5	6	7	8	9	10	11	12
其他	检查蓄电池电解液液面，不足时添加	√	√	√	√	√	√	√	√	√	√	√	√	√
	检查蓄电池电解液密度				√			√			√			√
	检查车架各铆钉是否松动							√						√
	检查驾驶室倾翻装置效能及有无损坏							√						√
	添加驾驶室液压举升系统的液压油	√		√		√		√		√		√		√
	检查驾驶室连接部位是否松动							√						√
	检查车厢各部位的螺栓连接是否松旷	√	√	√	√	√	√	√	√	√	√	√	√	√
	检查车厢车架连接件的紧固情况		√	√	√	√	√	√	√	√	√	√	√	√
	检查和调整栏板栓杆的螺母		√	√	√	√	√	√	√	√	√	√	√	√
	检查车厢纵梁、横梁的连接件是否松动							√						√
	平整车厢金属件并除锈、喷漆													√
	检查栏板栓杆的磨损情况，必要时更换													√

注：在恶劣的驾驶条件下（灰尘、泥沙等），空气滤清器需每4000km清洁一次，应缩短更换内、外滤芯的里程。若在更换之前已出现报警信号，则应及时清洁或更换。

2. 东风系列汽车定期更换的部件

定期更换部件是指使用性能随时间推移而必然老化的零件，在通常的定期维修检查时，不能预测其性能可否保证行车安全，所以必须用可靠的部件来更换，保证行车安全。需定期更换的部件见表1-12。

表1-12　东风系列柴油车需定期更换的部件

更换项目	定期更换的部件											
月份	1	2	3	4	5	6	7	8	9	10	11	12
制动系统各阀内橡胶件	√	√	√	√	√	√	√	√	√	√	√	√
前桥、中桥、后桥制动器软管	√	√	√	√	√	√	√	√	√	√	√	√
制动气室皮碗及密封圈	√	√	√	√	√	√	√	√	√	√	√	√
传动轴花键护套	√	√	√	√	√	√	√	√	√	√	√	√
制动软管	√	√	√	√	√	√	√	√	√	√	√	√
燃油软管		√		√		√		√		√		√
离合器操纵系统橡胶软管		√		√		√		√		√		√
离合器助力缸橡胶密封件		√		√		√		√		√		√
空气压缩机进气用橡胶软管		√		√		√		√		√		√
动力转向液压系统橡胶软管		√		√		√		√		√		√

3. 东风系列汽车主要调整数据

东风系列汽车主要调整数据见表1-13。

表1-13　东风系列汽车主要调整数据

调整项目		标准	备注
气门间隙	进气门	0.254mm	冷态下（60℃以下），可先调1、2、3、6、7、10气阀，再调4、5、8、9、11、12气阀
	排气门	0.508mm	
发动机怠速运行下最低油压		69kPa	
发动机正常运行下最低油压		207kPa	

续表

调整项目		标准	备注
发动机润滑油调压阀开启压力		414kPa	
机油滤清器旁通阀开启压差		138kPa	
发动机正常工作温度(冷却液)		88℃	
喷油压力		24.5MPa	
怠速转速		700r/min	
转向盘自由行程		10～40mm	
转向盘前后各调整距离		40mm	
转向盘上下各调整距离		25mm	
离合器踏板自由行程		30～50mm	
离合器助力器推杆行程		17～21mm	空行程 3～5mm
离合器分离环至从动盘的距离		44.5mm	
制动踏板自由行程		12～18mm	
前制动室推杆行程		15～38mm	
后制动室推杆行程		15～38mm	
前、后制动鼓与制动蹄摩擦片间隙(中间位置)		0.4～0.6mm	
手制动摩擦片与制动鼓的间隙		0.2～0.4mm	
轮胎气压	短距离松软路面	180kPa	
	越野行驶	350kPa	
	公路行驶	450kPa	

4. 东风系列汽车加注润滑脂部位及期限

车辆应定期加注润滑脂。先清洁润滑嘴及所需润滑部位，再加注润滑脂。加注后要擦去多余部分。若装有油嘴盖，应按原样盖好。表 1-14 为东风系列汽车前一个周期里程的维护，要求此后仍需按表 1-14 的间隔里程进行维护。

表 1-14　东风系列汽车加注润滑脂部位及期限

加脂部位	期限													
	×1000km	○	4	8	12	16	20	24	28	32	36	40	44	48
	月份		1	2	3	4	5	6	7	8	9	10	11	12
转向直拉杆球头销		√	√	√	√	√	√	√	√	√	√	√	√	√
转向横拉杆球头销		√	√	√	√	√	√	√	√	√	√	√	√	√
三销轴承		√	√	√	√	√	√	√	√	√	√	√	√	√
前桥内、外半轴轴承		√			√			√			√			√
转向传动轴滑动叉及轴承		√	√	√	√	√	√	√	√	√	√	√	√	√
各制动调整臂及制动凸轮轴		√	√	√	√	√	√	√	√	√	√	√	√	√
前钢板弹簧销		√	√	√	√	√	√	√	√	√	√	√	√	√
前、后钢板弹簧滑板		√	√	√	√	√	√	√	√	√	√	√	√	√
传动轴十字轴轴承及滑动叉		√	√	√	√	√	√	√	√	√	√	√	√	√
绞盘鼓筒轴承		√	√	√	√	√	√	√	√	√	√	√	√	√
车门玻璃升降器														√
绞盘传动轴轴承及滑动叉		√	√	√	√	√	√	√	√	√	√	√	√	√
车门折页		√	√	√	√	√	√	√	√	√	√	√	√	√
上、下主销轴承		√	√	√	√	√	√	√	√	√	√	√	√	√

五、依维柯系列汽车的维护

1. 依维柯系列汽车定期维护间隔里程

表 1-15 给出了依维柯系列汽车根据不同运输类型确定的定期维护间隔里程。表 1-15 有助于选择最符合要求的维护方案。维护方案包括 M 类和 A 类，其中 M 类又分 M1、M2、M3 三级；A 类又分 A1、A2 两级。

表 1-15　依维柯系列汽车定期维护间隔里程

运输类型	间隔里程/km				
	M1	M2	M3	A1	A2
R	20000	20000	60000	40000	120000
H	10000	20000	60000	40000	120000

注：R 为一般道路运输；H 为超载或坏路运输。

2. 依维柯系列汽车在一般道路上运输实施维护间隔及维护级别

依据表 1-16 来确定依维柯系列汽车在一般道路上运输实施维护间隔及维护级别。

表 1-16　依维柯系列汽车在一般道路上运输实施维护间隔及维护级别

内容	里程/1000km					
M2	20	140	260	380	500	620
A1	40	160	280	400	520	640
M3	60	180	300	420	540	660
A1	80	200	320	440	560	680
M2	100	220	340	460	580	700
A2	120	240	360	480	600	720

3. 依维柯系列汽车在超载或在坏路运输实施维护间隔及维护级别

依据表 1-17 来确定依维柯系列汽车在超载或在坏路运输实施维护间隔及维护级别。

表 1-17　依维柯系列汽车在超载或在坏路运输实施维护间隔及维护级别

内容	里程/1000km					
M1	10	130	250	370	490	610
M2	20	140	260	380	500	620
M1	30	150	270	390	510	630
A1	40	160	280	400	520	640
M1	50	170	290	410	530	650
M3	60	180	300	420	540	660
M1	70	190	310	430	550	670
A1	80	200	320	440	560	680
M1	90	210	330	450	570	690

4. 依维柯系列汽车 M1 级维护内容

对于一般条件下的运输，每行驶 20000km 进行一次 M1 级维护；对于恶劣条件下的运输，则每行驶 10000km 进行一次。

M1 级维护内容如下。

① 更换机油及滤清器滤芯。

② 检查制动液液面高度。

③ 检查前轮制动盘的工作状况。

④ 检查后轮制动摩擦片的磨损情况。

⑤ 发动机：检查密封件及进气系统的状况；更换空气滤清器机油并清洗滤芯。

⑥ 底盘及驾驶室：目测检查所有机械传动部分、软管及套管是否有泄漏。

若汽车年行驶里程数小于 M1 级维护间隔里程数，则发动机机油至少每年换一次。

5. 依维柯系列汽车 M2 级维护内容

M2 级维护的车辆行驶间隔里程为 20000km。M2 级维护内容除包括 M1 级维护的内容外，还应增加以下项目。

① 更换燃油滤清器滤芯。

② 检查水泵、风扇及发电机传动带。

③ 检查制动踏板及离合器踏板平面位置。

④ 检查万向节和转向拉杆。

⑤ 检查驻车制动器。

⑥ 按要求拧紧车轮螺母。

⑦ 润滑传动轴。

若车辆年行驶里程少于 20000km 时，传动轴至少每年润滑一次。

6. 依维柯系列汽车 M3 级维护内容

M3 级维护的车辆行驶间隔里程为 60000km，维护内容除包括 M1、M2 级维护的内容外，还应增加以下项目。

① 用相对密度计检查发动机冷却液中防冻液的比例。

② 更换变速器专用润滑油，清洁通气孔。

③ 更换后桥专用润滑油，清洁通气孔。

④ 更换动力转向系统滤清器（选用件）。

⑤ 更换制动液。

⑥ 检查前照灯对光。

⑦ 更换发电机及水泵传动带。

⑧ 更换正时传动带。

⑨ 检查喷油嘴（自然吸气型发动机）。

此外还应检查以下项目。

① 发动机：拆洗干式或油浴空气滤清器，换油。

② 后桥-悬架部分：检查钢板弹簧。

③ 底盘及驾驶室：检查发动机悬架；检查相关运动件。

④ 传动轴：检查万向节及凸缘盘。

如果汽车年行驶里程小于规定值，机械部分的机油至少每年更换一次。

7. 依维柯系列汽车 A1 级维护内容

A1 级维护的车辆行驶间隔里程为 40000km，维护内容除包括 M1 及 M2 级维护的内容外，还应增加更换干式空气滤清器滤芯的内容。

8. 依维柯系列汽车 A2 级维护内容

A2 级维护的车辆行驶间隔里程为 120000km，维护内容除包括 M1、M2 及 M3 级维护的内容外，还应增加以下三项内容。

① 检查喷油嘴（增压发动机）。

② 清洁曲轴箱通风装置。

③ 更换发动机冷却液。

第二章 发动机结构与检修

第一节 发动机结构与有关数据

一、斯太尔汽车发动机

1. 结构

WD615系列柴油机是斯太尔系列、北方奔驰及部分国产大巴等重型汽车的配套发动机，由重汽集团潍坊柴油机厂和杭州汽车发动机厂生产。WD615系列柴油机可满足总质量为16～40t级重型汽车的需要，在整个使用功率范围内经济性好，排放、噪声、烟度均达到ECE法规要求。

WD615系列柴油机为直列六缸、水冷、直喷、ω形燃烧室，装用博世（BOSCH）P型泵或FMP7型泵，有自然吸气、增压、增压中冷和增压中冷谐振等机型。WD615.67型柴油机横剖面如图2-1所示。

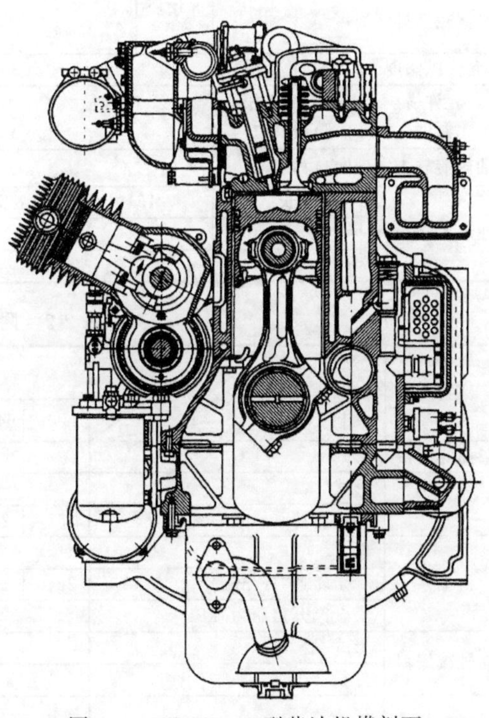

图2-1 WD615.67型柴油机横剖面

2. 技术数据

WD615系列车用柴油机主要性能和技术数据见表2-1。附件主要技术规格见表2-2。

3. 维修数据

WD615系列车用柴油机主要零件的配合尺寸及磨损极限见表2-3。

表 2-1　WD615 系列车用柴油机主要性能和技术数据

项目＼机型	WD615									
	00	61/71	64/74	67/77	68/78	64A	61A	67A	68A	68Q-8
额定功率(ISO 1585)/kW	148	191	175	206	225	175	193	206	225	235
额定转速/(r/min)	2600	2600	2200	2400	2200	2200	2200	2200	2200	2200
最大转矩/(N·m)	620	830	1000	1070	1250	1000	1100	1160	1250	1250
最大转矩转速/(r/min)	1400～1500	1600～1700	1300～1400	1400～1500	1300～1400	1300～1600	1300～1600	1300～1600	1300～1600	1300～1600
排放指标	欧洲 0					欧洲 1				
气缸数	6									
形式	四冲程、水冷、直列、直喷、干式缸套									
缸径/行程	126mm/130mm									
排量/L	9.726									
活塞平均速度/(m/s)	11.27		9.53	10.4	9.53					
压缩比	16∶1		15.5∶1	16∶1	15.5∶1					
压缩压力/kPa	＞2000									
吸气方式	自吸	增压		增压中冷						
点火循序	1-5-3-6-2-4									
冷态气门间隙/mm	进气 0.3;排气 0.4									
配气相位(气门间隙为进气 0.3/排气 0.4 时)	进气门开,上止点前 34°～39°;进气门闭,下止点后 61°～67°;排气门开,下止点前 76°～81°;排气门闭,上止点后 26°～34°									
节温器开启温度/℃	80 或 71									
启动方式	电启动									
润滑方式	压力润滑									
润滑油容量/L	19									
冷却方式	水冷强制循环									
机油压力/kPa	350～500									
怠速机油压力/kPa	≥100kPa									
涡轮后排气温度/℃	非增压≤650	≤550								
允许纵倾度(前面/后面)	长期 10/10;短期 30/30									
允许横倾度(排气管边/喷油泵边)	长期 45/5;短期 45/30									
曲轴旋转方向(从自由端看)	顺时针									
外形尺寸/mm 长	1510		1525	1510	1525					1465
外形尺寸/mm 宽	675									675
外形尺寸/mm 高	965									1225

表 2-2　附件主要技术规格

名称	规格(参数)＼机型	WD615									
	项目	00	64/74	61/71	67/77	68/78	64A	61A	67A	68A	68Q-8
柴油滤清器	形式	双级滤芯式									
水泵	形式	离心式(蜗壳与正时齿轮室同体)									
	标定转速/(r/min)	2836	2585	2836	2820	2585					
机油泵	形式	齿轮式(一般配单级泵,特种要求配双级泵)									
	标定转速/(r/min)	2240	1896	2240	2070	1896					
	安全阀开启压力/kPa	1550±150									
曲轴减振器	形式	硅油式									
	外径/mm	280									
增压器	形式	无	废气涡轮无叶双梨形,全周进气长短叶片								
	型号	无	K29、TS45、J90-2、GJ90B				GT42、K29、J90-2、GJ90B				

续表

名称	规格(参数) 项目 \ 机型	WD615									
		00	64/74	61/71	67/77	68/78	64A	61A	67A	68A	68Q-8
机油滤清器	形式	旋装式纸滤芯、双筒并联									
节温器	形式	蜡式、芯体组合式									
	开启温度/℃	80±2(71±2)									
	全开温度/℃	95(86)									
机油冷却器	形式	板翅式									
	旁通阀开启压力/kPa	600±36									
	耐压试验压力/kPa	1500									
起动机	形式	直流自激励磁式									
	型号	KB-24V									
	功率/kW	5.4									
	电压/V	24									
发电机	形式	整流调压一体式									
	型号	JFZ2517A									
	功率/W	750,1000 和 1540									
	电压/V	28									
风扇	形式	增强聚酰胺整体式和硅油离合器式									
	外径/mm	570	620	570	570	620					
	风扇叶轮最大不平衡量/(g·cm)	30									
离合器(选用件)	形式	弹簧摩擦片、干式									
	型号	GF380	GF420								
空气压缩机	形式	单缸活塞式水冷									
	缸径/mm	90									
	行程/mm	46									
	活塞总排量/mL	293									
	工作压力/kPa	850									
	最大压力/kPa	1000									
	与发动机速比	1.25									
	润滑方式	压力润滑									
	工作方式	连续工作									
	质量/kg	12									
液压泵(选用件)	最低转速/(r/min)	750									
	最高转速/(r/min)	3900									
	最高压力/kPa	13000±1000									
	流量/(L/min)	16(左旋)									
	最高工作温度/℃	100									
	进油口螺纹	M26×1.5									
	出油口螺纹	M18×1.5									
	进口管道外径×内径/mm	22×19									
	出口管道外径×内径/mm	15×12									

表 2-3 WD615 系列车用柴油机主要零件的配合尺寸及磨损极限 mm

项目	标准尺寸	配合性质	规定值	极限值
曲轴主轴承孔直径	$100^{+0.141}_{+0.095}$	间隙	0.095～0.163	0.17
曲轴主轴颈直径	$100^{0}_{-0.02}$			
曲轴轴承孔直径	$108^{+0.022}_{0}$	过盈	-0.147～-0.103	
曲轴主轴承外径	$108^{+0.147}_{+0.125}$			
曲轴主轴承厚度	3.958～3.970			
曲轴轴向间隙			0.052～0.255	0.35

续表

项目		标准尺寸	配合性质	规定值	极限值
连杆轴承孔直径		$82^{+0.105}_{+0.059}$	间隙	0.059～0.127	0.16
连杆轴颈直径		$82^{0}_{-0.22}$			
连杆大头孔直径		$88^{+0.022}_{0}$	过盈	−0.118～−0.083	
连杆轴承外径		$88^{+0.118}_{+0.105}$			
连杆轴承厚度		2.970～2.979			
连杆大端面与曲轴间隙				0.15～0.35	0.50
连杆小头孔直径		$55^{+0.03}_{0}$	过盈	−0.145～−0.065	
连杆衬套外径		$55^{+0.145}_{+0.095}$			
连杆衬套孔径		$50^{+0.041}_{+0.025}$	间隙	0.025～0.046	0.1
活塞销直径		$50^{0}_{-0.005}$			
连杆衬套厚度		2.75±0.05			
活塞销孔直径		$50^{+0.009}_{+0.003}$	间隙	0.003～0.014	0.025
活塞销直径		$50^{0}_{-0.005}$			
活塞环冷态开口间隙(端隙)	第一环			0.4～0.6	1～1.2
	第二环			0.25～0.4	1～1.2
	油环			0.35～0.55	1～1.2
活塞环冷态端面间隙(侧隙)	第一环	环厚度 $3^{-0.010}_{-0.022}$		0.08～0.17	0.29
	第二环	环厚度 $3^{-0.010}_{-0.022}$		0.07～0.12	0.28
	油环	环厚度 $4^{-0.010}_{-0.025}$		0.05～0.085	0.26
进气门杆直径		$12^{-0.050}_{-0.068}$	间隙	0.05～0.086	0.15
进气门导管直径		$12^{+0.018}_{0}$			
排气门杆直径		$12^{-0.050}_{-0.068}$	间隙	0.05～0.086	0.1
排气门导管直径		$12^{+0.018}_{0}$			
气缸盖上进气门座孔径		$56^{+0.030}_{0}$	过盈	−0.085～−0.036	
进气门座圈外径		$56^{+0.085}_{+0.066}$			
气缸盖上排气门座孔径		$53^{+0.030}_{0}$	过盈	−0.085～−0.036	
排气门座圈外径		$53^{+0.085}_{+0.066}$			
气门底面凹入缸盖平面值	除68/78外			1.2～1.4	1.8
	68/78			排1.25/ 进0.95	1.8
油嘴高出缸头平面值				3.2～4	
气缸体缸套座孔直径		$130^{+0.025}_{0}$	过渡	−0.010～0.033	
气缸套外径		$130^{+0.010}_{-0.008}$			
气缸体止口孔径		$134.5^{+0.10}_{0}$	间隙	0～0.22	
气缸套法兰直径		$134.5^{0}_{-0.12}$			
气缸套顶高出气缸体上平面值				0.05～0.1	
凸轮轴轴向间隙				0.1～0.4	
气缸体上凸轮轴轴承孔直径		$65^{+0.030}_{0}$	过盈	−0.107～−0.057	
凸轮轴轴承外径		$65^{+0.107}_{+0.087}$			
凸轮轴轴颈直径		$60^{-0.03}_{-0.06}$	间隙	0.04～0.12	
凸轮轴轴承孔径		$60^{+0.06}_{+0.01}$			
挺杆直径		$38^{-0.025}_{-0.050}$	间隙	0.025～0.089	0.15
挺杆孔直径		$38^{+0.039}_{0}$			
气缸套外径与气缸体缸孔间隙	除68/78外			−0.01～0.033	
	68/78			−0.02～0.033	
摇臂与摇臂轴间隙				0.04～0.119	
机油泵齿轮孔径		$28^{-0.041}_{-0.061}$	过盈	−0.061～−0.028	
机油泵轴直径		$28^{0}_{-0.013}$			
机油泵盖轴孔直径		$28^{+0.073}_{+0.040}$	间隙	0.040～0.086	0.10
机油泵轴直径		$28^{0}_{-1.013}$			

续表

<table>
<tr><th colspan="2">项目</th><th>标准尺寸</th><th>配合性质</th><th>规定值</th><th>极限值</th></tr>
<tr><td colspan="2">机油泵壳与齿轮间隙</td><td></td><td></td><td>0.052～0.102</td><td>0.20</td></tr>
<tr><td colspan="2">机油泵齿轮侧隙</td><td></td><td></td><td>0.098～0.160</td><td></td></tr>
<tr><td colspan="2">活塞顶与气缸盖平面间隙</td><td></td><td></td><td>1.0</td><td></td></tr>
<tr><td rowspan="2">冷态气门间隙</td><td>进气门</td><td></td><td></td><td>0.3</td><td></td></tr>
<tr><td>排气门</td><td></td><td></td><td>0.4</td><td></td></tr>
<tr><td rowspan="2">K28、GJ80 系列增压器间隙</td><td>轴向</td><td></td><td></td><td></td><td>0.16</td></tr>
<tr><td>径向</td><td></td><td></td><td></td><td>0.46</td></tr>
<tr><td rowspan="2">TA451、K29、S3A 系列增压器间隙</td><td>轴向</td><td></td><td></td><td>0.025～0.1</td><td></td></tr>
<tr><td>径向</td><td></td><td></td><td>0.075～0.18</td><td></td></tr>
<tr><td colspan="2">正时齿轮与中间齿轮侧隙</td><td></td><td></td><td>0.015～0.33</td><td></td></tr>
<tr><td colspan="2">气门套筒高出缸头凹坑平面值</td><td></td><td></td><td>22</td><td></td></tr>
<tr><td colspan="2">水泵 V 带轮孔径</td><td>$30_{-0.044}^{-0.031}$</td><td rowspan="2">过盈</td><td rowspan="2">−0.059～−0.033</td><td rowspan="2"></td></tr>
<tr><td colspan="2">水泵轴直径</td><td>$30_{+0.002}^{+0.015}$</td></tr>
<tr><td colspan="2">空气压缩机缸孔直径</td><td>$90_{0}^{+0.02}$</td><td rowspan="2">间隙</td><td rowspan="2">0.09～0.12</td><td rowspan="2">0.20</td></tr>
<tr><td colspan="2">空气压缩机活塞直径</td><td>$90_{-0.1}^{-0.09}$</td></tr>
<tr><td colspan="2">空气压缩机第一道活塞环开口值</td><td></td><td></td><td>0.25～0.40</td><td>1.5</td></tr>
<tr><td colspan="2">空气压缩机第二道活塞环开口值</td><td></td><td></td><td>0.25～0.40</td><td>1.5</td></tr>
<tr><td colspan="2">空气压缩机油环开口值</td><td></td><td></td><td>0.25～0.40</td><td>1.5</td></tr>
<tr><td colspan="2">空气压缩机轴向间隙</td><td></td><td></td><td>0.10</td><td>0.25</td></tr>
<tr><td colspan="2">空气压缩机连杆小头孔直径</td><td>$20_{0}^{+0.021}$</td><td rowspan="2">间隙</td><td rowspan="2">0.007～0.041</td><td rowspan="2">0.10</td></tr>
<tr><td colspan="2">空气压缩机活塞销直径</td><td>$20_{-0.020}^{-0.007}$</td></tr>
</table>

二、解放汽车发动机

解放系列柴油车使用的发动机主要有两大系列：一是一汽参照日本样机自行开发的 CA 系列柴油机；二是采用德国道依茨公司技术生产的道依茨系列泵-管-嘴式单体泵供油方式柴油机。一汽紧追柴油机发展新技术，已成功研制出具有自主知识产权的电控系列柴油机。

1. CA6110 系列发动机

CA6110 系列柴油发动机是 20 世纪 80 年代，一汽参照日本样机自行开发的车用柴油发动机，最早装在 CA151K 型长头汽车上，经过不断改进设计，包括将气缸直径加大到 113mm 和 118mm，喷油泵国产化，采取调整、改装、增压和增压中冷等技术措施，已经形成了系列产品，分别装在解放中、重型平头柴油汽车上。目前，CA6110 系列柴油发动机主要由大连柴油发动机厂、无锡柴油发动机厂和玉林柴油发动机厂生产。

① 特点。CA6110 系列柴油发动机的主要特点是功率大、转矩大、油耗较低，比较耐用，主要装在一汽生产的解放系列平头柴油汽车上。

a. 动力性好。CA6110 系列柴油发动机从基本型到增压型，发动机的功率从 103kW 增加到 177kW，转矩从 392N·m 增加到 431N·m，如需要还可提高，因此动力性好，汽车的承载能力强。

b. 经济性好。CA6110 系列柴油发动机的最低燃油消耗率为 220g/(kW·h) 左右，限定条件下的燃料消耗量为 19.5L/100km。装满两个燃油箱（300L 燃油），汽车可以续驶 1300～1500km，相对比较省油。燃油的价格相对较低，经济性好。

c. 可靠性好。CA6110 系列柴油发动机由于发动机功率大，一般使用时都不会全负荷工作，功率后备系数较大，比较可靠、耐用，只要能按规定时间进行维护，较少发生故障和损坏，发动机大修里程数较高。

d. 国产化程度高。CA6110 系列柴油发动机是一汽自主研发的，除个别部件进口外，大部分都是国产配件，维修方便，修理费用也较低。

e. 成系列化生产。CA6110 系列柴油发动机为四冲程、水冷、直列、顶置气门、直喷式柴油机，有自然吸气型、废气涡轮增压型和增压中冷型三种，各型柴油发动机可与不同用途的车辆配套，发挥其最大优点，降低运输成本。

② 结构。以 CA6110-1B 型柴油发动机为例，发动机的纵、横剖面如图 2-2 和图 2-3 所示。

③ 技术数据。CA6110 系列部分柴油发动机结构参数见表 2-4 和表 2-5。

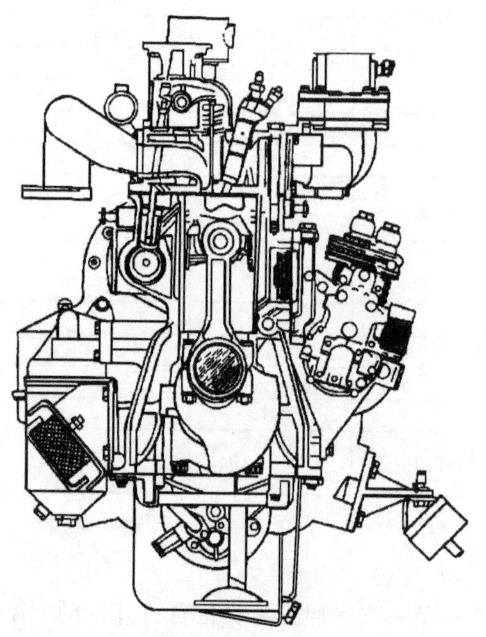

图 2-2　CA6110-1B 型柴油发动机纵剖面

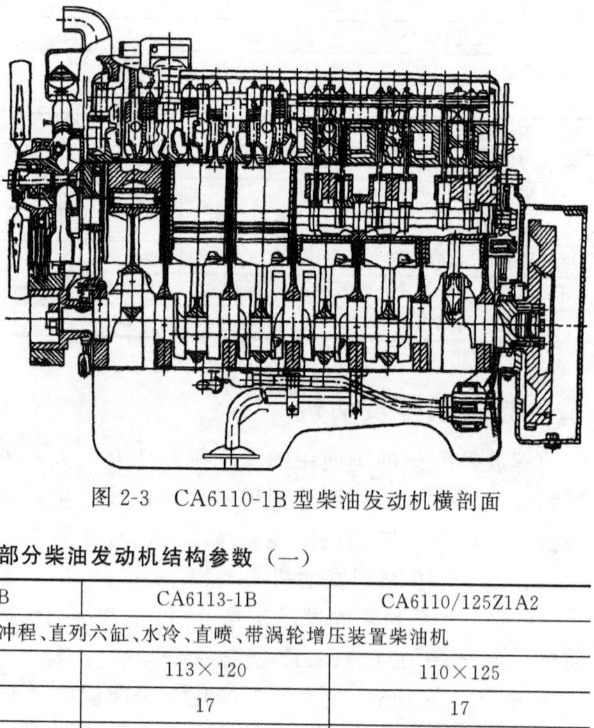

图 2-3　CA6110-1B 型柴油发动机横剖面

表 2-4　CA6110 系列部分柴油发动机结构参数（一）

型号		CA6110-1B	CA6113-1B	CA6110/125Z1A2
形式		四冲程、直列六缸、水冷、直喷、带涡轮增压装置柴油机		
气缸直径×活塞行程/mm		110×120	113×120	110×125
压缩比		17	17	17
排量/L		6.842	7.221	7.127
最大功率/kW		117(2900r/min 时)	125(2900r/min 时)	125(2600r/min 时)
最大转矩/(N·m)		431(1800～2000r/min 时)	450(1800～2000r/min 时)	549(1600r/min 时)
最低燃油消耗率/[g/(kW·h)]		224	218	215
供油提前角(静态，以曲轴转角计)		上止点前 14°	上止点前 14°	上止点前 8°±1
配气相位	进气门开(上止点前)	15°	15°	16°
	进气门关(下止点后)	45°	45°	40°
	排气门开(下止点前)	45°	45°	53°
	排气门关(上止点后)	15°	15°	11°
气缸工作顺序		1-5-3-6-2-4	1-5-3-6-2-4	1-5-3-6-2-4
喷油泵		博世 A 型，柱塞直径 9.5mm	博世 AD 型，柱塞直径 10.5mm	BH6PW11003 型
喷油器		DLLA 型，5 喷孔，直径 0.29mm，喷射压力 21.56MPa	ZCK155S530 型，5 喷孔，直径 0.30mm，喷射压力 21.56MPa	捷克 DLLA155SN718 型，6 喷孔，直径 0.24mm；或 DLLA155SN738 型，6 喷孔，直径 0.26mm

续表

型号	CA6110-1B	CA6113-1B	CA6110/125Z1A2
调速器	机械离心式 RFD 型，两极式，稳定调速率不大于 8%		T121 型
输油泵	KS 型柱塞式，输油压力 156.8kPa		S1502 型
供油自动提前器	SA-D 型，机械离心内藏式		Q142 型
燃油滤清器	双罐旋装式，纸质滤芯		
空气滤清器	旋风集尘、干式纸质滤芯	干式纸质滤芯	旋风集尘、干式纸质滤芯
机油滤清器	粗滤器为全流式纸质滤芯，细滤器为转子离心式		粗滤器为旋装全流式纸质滤芯；细滤器为转子离心式；增压式机油滤清器，流量 8L/min
机油泵	齿轮式		
冷却系统	散热器带有膨胀罐，离心式水泵，装有硅油风扇离合器，两只蜡式节温器		

表 2-5　CA6110 系列部分柴油发动机结构参数（二）

型号		CA6110/125Z1A1	CA6110Z5A2	CA6113BZS	CA6110ZLA9	CA6118ZL
形式		四冲程、直列六缸、水冷、直喷、带涡轮增压装置柴油机				
气缸直径×活塞行程/mm		110×125	110×125	113×125	110×125	118×125
压缩比		17	17	17.5	17	17.5
排量/L		7.127	7.127	7.522	7.127	8.202
最大功率/kW		132 (2500r/min 时)	125 (2500r/min 时)	162 (2600r/min 时)	132 (2500r/min 时)	180 (2400r/min 时)
最大转矩/(N·m)		580 (1600r/min 时)	560 (1600r/min 时)	750 (1600r/min 时)	580 (1600r/min 时)	850 (1600r/min 时)
最低燃油消耗率/[g/(kW·h)]		≤220			≤210	
供油提前角(静态，以曲轴转角计)		上止点前 8°±1°				
配气相位	进气门开(上止点前)	16°				
	进气门关(下止点后)	40°				
	排气门开(下止点前)	53°				
	排气门关(上止点后)	11°				
气缸工作顺序		1-5-3-6-2-4				
喷油泵		BH6PW11003 型				
喷油器		捷克 DLLA155SN718 型，6 喷孔，直径 0.24mm；或 DLLA155SN738 型，6 喷孔，直径 0.26mm				
调速器		T121 型				
输油泵		S1502 型				
供油自动提前器		Q142 型				
燃油滤清器		双罐旋装式，纸质滤芯				
空气滤清器		旋风集尘、干式纸质滤芯				
机油滤清器		粗滤器为旋装全流式纸质滤芯，流量 70L/min；细滤器为转子离心式，流量不大于 10L/min；增压式机油滤清器，流量 8L/min				
机油泵		齿轮式				
冷却系统		散热器带有膨胀罐，离心式水泵，装有硅油风扇离合器，两只蜡式节温器				

2. 道依茨系列柴油发动机

一汽 9t 以上平头载货汽车上主要装备大连柴油机厂利用德国道依茨公司技术生产的道依茨系列柴油发动机，该系列柴油发动机比较适合大吨位、牵引力强的汽车产品。例如 B/F6M1013ECP 型直列、六缸、增压、中冷柴油发动机最大功率可达 171kW，最大转矩为 852N·m，装在 CA1170P2K1L2 型 9t 载货汽车上，最高车速可达 111km/h，百公里油耗为

22.5L，具有载重量大、动力强劲、加速性能好和后备功率充足等特点。

① 结构。道依茨系列柴油发动机有风冷和水冷两种形式，如图 2-4 和图 2-5 所示。解放系列柴油车主要装用水冷式柴油发动机。

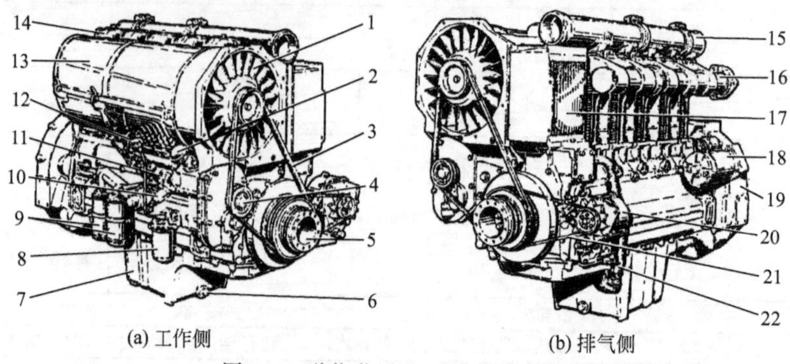

图 2-4　道依茨风冷式柴油发动机

1—冷却风扇；2—润滑油加油口；3—风扇 V 带；4—中介滑轮；5—带轮；6—润滑油放泄塞；7—油底壳；8—燃油过滤器；9—机油滤清器；10—燃油预过滤器；11—燃油输油泵；12—燃油喷油泵；13—风罩；14—摇臂室盖；15—进气主管；16—排气主管；17—机油散热器；18—起动机；19—接合器壳体；20—发电机；21—发电机 V 带；22—曲轴箱通气口

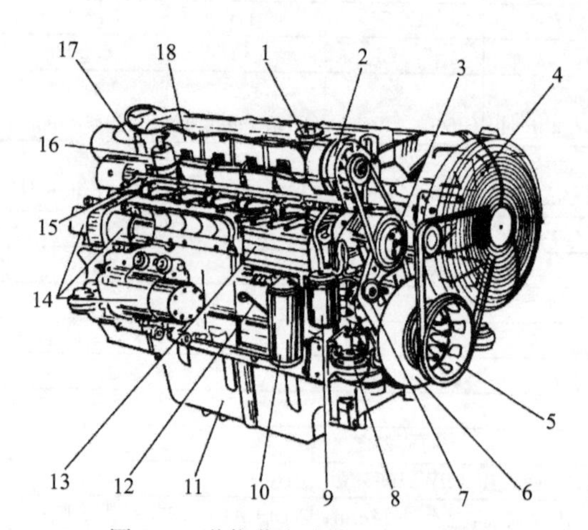

图 2-5　道依茨水冷式柴油发动机

1—机油加注口；2—发电机；3—冷却液泵；4—风扇；5—带轮；6—曲轴扭转减振器；7—燃油泵；8—发动机支撑；9—燃油滤清器；10—机油滤清器；11—油底壳；12—机油标尺；13—机油散热器；14—液压泵（或压缩机）；15—燃油管；16—电磁阀；17—通增压器的机油管；18—缸盖

② 型号解读。道依茨柴油发动机型号的排列顺序和符号如图 2-6 所示。

例如，B/F6M1013ECP 中字母和数字表示的意义为：B/F—工业用；6—6 缸；M—水冷；10—系列设计编号；13—冲程的厘米数，经过化零为整；ECP—变形号。

③ 各缸排列顺序。B/F6M1013ECP 型（原装道依茨系列）发动机各缸排列顺序如图 2-7 所示。

④ 技术数据。表 2-6 所列为几种道依茨风冷式柴油发动机技术数据。

三、东风汽车发动机

东风汽车公司对康明斯柴油发动机汽车不断地进行产品开发和改进，先采用旁通增压器发动机，后又推出了 140kW 的 6BTA 增压中冷发动机，使该系列车型的动力性得到了进一步提高。全系列有三缸、四缸和六缸机型，按

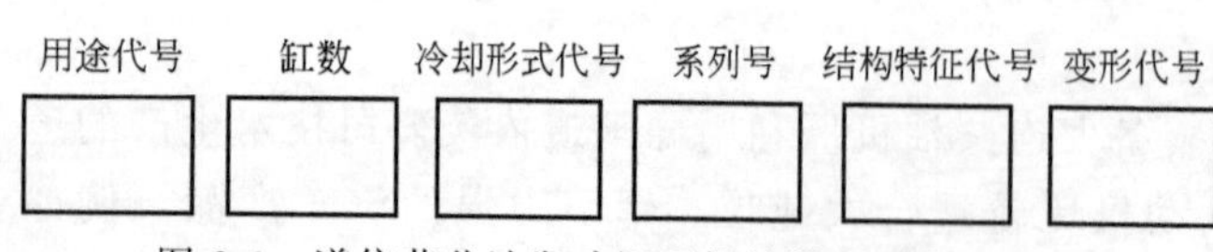

图 2-6　道依茨柴油发动机型号的排列顺序和符号

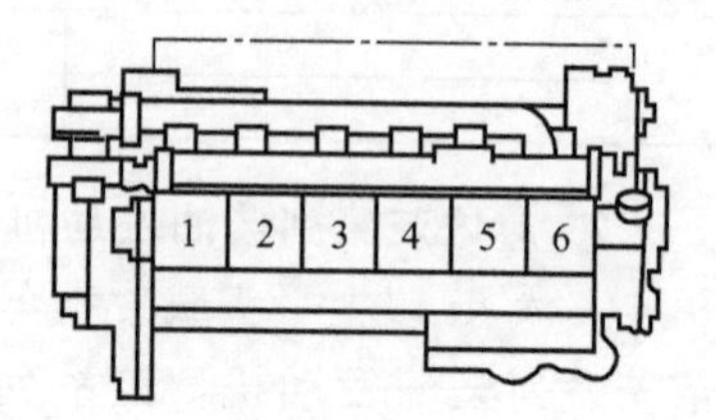

图 2-7　B/F6M1013ECP 型发动机各缸排列顺序

吸气方式又分为自然吸气、增压、增压中冷三种机型，广泛应用于汽车、工程机械、发动机组、船舶动力领域。此系列柴油机采用直喷式燃烧系统，具有动力性好、燃油消耗低、噪声小、重量轻、可靠性好、使用范围广等优点。

表 2-6　几种道依茨风冷式柴油发动机技术数据

型号	B/F4M1012(E)		B/F4M1013(E)		B/F6M1012(E)		B/F6M1013(E)	
形式	四冲程、水(风)冷、直列柴油机							
发动机质量/kg	380（水冷）	330（风冷）	480（水冷）	430（风冷）	490（水冷）	435（风冷）	635（水冷）	570（风冷）
缸径×行程/mm	94×115		108×130		94×115		108×130	
排量/mL	3192		4764		4788		7146	
气缸数	4		4		6		6	
压缩比	17.5∶1		17.6∶1		17.5∶1		17.6∶1	
气缸压力/bar	28～33		30～38		28～33		30～38	
额定转速/(r/min)	2500		2300		2500		2300	
上止点前进气门开启提前角/(°)	46		46.5		46		46.5	
下止点后进气门关闭延迟角/(°)	56		55.5		56		55.5	
下止点前排气门开启提前角/(°)	96		100.5		96		100.5	
上止点后排气门关闭延迟角/(°)	50		51.5		50		51.5	
润滑方式	压力润滑							
气缸工作顺序	1-3-4-2(飞轮端为1缸)				1-5-3-6-2-4(飞轮端为1缸)			
喷油压力/bar	250+8		275+8		250+8		275+8	
喷油提前角(上止点前)/(°)	9		10		9		10	
冷机时气门间隙/mm　进气门	0.3							
冷机时气门间隙/mm　排气门	0.5							
怠速转速/(r/min)	600							
怠速时机油压力/kPa	>0.8							

注：1bar＝10^5Pa。

康明斯发动机公司生产的柴油机有 A、B、C、N、V、K 等十个系列，我国目前引进生产的有 B、C、N、V、K 五个系列。东风汽车装用康明斯柴油机的主要车型见表 2-7。

表 2-7　东风汽车装用康明斯柴油机的主要车型

发动机型号	装用车型	载重量/t	拖挂总质量/t
6BT5.9	EQ1094D2	5	
	EQ1108G6D	5	
	EQ3094F6D	5	
	EQ3162F6D	8	
	EQ2100	3.5	
	EQ4094F6D		13.3
	EQ1141G7D	8	
6BTA5.9	EQ1166G2	8	
	EQ3141G7D	7.5	
	EQ3166G	8	
	EQ4141G7D		22
	EQ4166G		26
6CT8.3	EQ4150G		40
6CTA8.3	EQ1242G2	15	
	EQ3242G	13.6	
	EQ4242G		40

康明斯六缸发动机的型号有 6B5.9、6BT5.9、6BTA5.9 三种，其型号含义如图 2-8 所示。

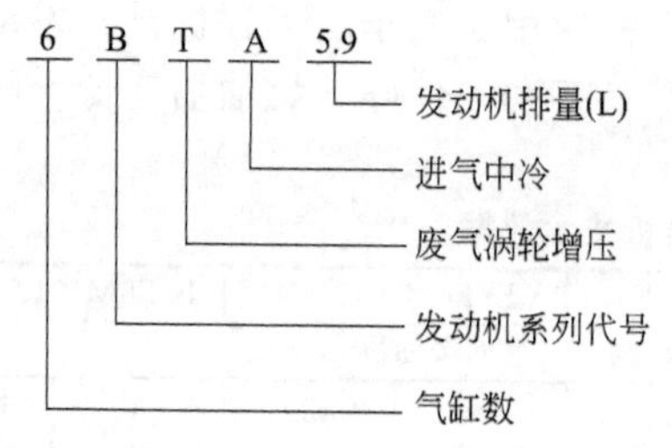

图 2-8 康明斯六缸发动机型号含义举例

6BT5.9 型柴油发动机技术数据见表 2-8。

6BT5.9 型发动机的大修标志是机燃比大于 0.5%。机燃比为机油消耗量（L）/燃油消耗量（L）（在相同的测定里程范围的消耗量）。一般情况记录 1000～3000km 的机油、燃油消耗量，计算后即可确认发动机是否需要修理。例如，行驶 3000km 消耗机油 6L、燃油 916L，机燃比为 0.65%，超过 0.5%，即可确认发动机的磨损达到了需要大修的状况。

表 2-8 6BT5.9 型柴油发动机技术数据

机型		6BT5.9
形式		六缸、直列、水冷、四冲程、废气涡轮增压直喷式柴油机
缸径/mm		103.00+0.04
冲程/mm		120
排量/L		5.88
缩压比		17.5∶1
点火顺序		1-5-3-6-2-4
气门间隙/mm	进气门	0.254
	排气门	0.508
旋向(从发动机前端看)		顺时针方向
最大功率/kW		118(2600r/min 时)
最大转矩/(N·m)		583(1400r/min 时)
最低燃油消耗率/[g/(kW·h)]		212
最大空车允许转速/(r/min)		3000
怠速转速/(r/min)		675～725
怠速最小机油压力/kPa		69
额定转速最小机油压力/kPa		207
调压阀开启压力/kPa		414
机油滤清器旁通阀开启压差/kPa		138
冷却液容量/L		10.5
节温器工作温度/℃	开启温度	83
	全开温度	88
散热器盖蒸汽阀开启压力/kPa	系统温度 104℃时	103
	99℃时	48
启动电路最大允许电阻/Ω		0.002
柴油机机油牌号		CD 级
带轻附件启动电流/mA		400
带重附件启动电流/mA		475
柴油发动机净重(除飞轮和发电机)/kg		399

发动机装复时需润滑的部位见表 2-9，需涂密封胶或防粘剂的部位见表 2-10，需测量和调整的主要参数见表 2-11，发动机主要零件配合尺寸见表 2-12，发动机其他重要装配、调整数据见表 2-13。

表 2-9 发动机装复时需润滑的部位

需润滑部位	润滑油种类	需润滑部位	润滑油种类
气缸体挺杆体孔	15W40	全部活塞环槽	15W40
挺杆体底面	105 润滑脂	连杆轴瓦	105 润滑脂
曲轴上主轴瓦	105 润滑脂	装在活塞上的活塞环	15W40
曲轴下主轴瓦	105 润滑脂	后油封外径	15W40
曲轴主轴颈和连杆轴颈	15W40	气门导管孔	15W40
主轴承螺栓孔	15W40	气门杆头部和杆部	105 润滑脂
机油泵	15W40	气缸盖螺栓头部和螺纹	15W40
凸轮轴凸轮和轴颈	15W40	挺杆体窝座	105 润滑脂
气缸孔	15W40	推杆两端(窝座及端头)	105 润滑脂
活塞销	15W40	推杆	15W40

注：在 105 润滑脂未国产化前，可用 15W40 代用。

表 2-10　发动机装复时需涂密封胶或防粘剂的部位

涂刷部位	密封胶或防粘剂
气缸体油底壳安装面与齿轮室及后油封座结合面	XJ-23 或 GD-409
凸轮轴后堵塞片(缸体上)	GY-255
油泵双头螺栓安装到齿轮室端	GY-255
空压机双头螺栓安装到齿轮室端	GY-255
增压器加油管或回油管孔碗形塞	GY-255
机油标尺管孔碗形塞或机油标尺管	GY-255
喷油器体和喷油器螺母之间	高温防粘剂
冷却液温度传感器和排气螺塞	GY-190 或胶带
增压器双头螺栓排气管端	GY-255
排气歧管螺栓	高温防粘剂
增压器双头螺栓增压器端	高温防粘剂
前油封外圆面和齿轮室盖孔	GY-255
未予涂胶的堵塞和管接头	GY-190 或胶带
曲轴箱通风挡油板与推杆室盖装配后的上部空隙	GD-409

注：除 GD-409 及 XJ-23 外，其余胶均是厌氧胶，对人体眼睛有害，涂胶后，不要用手接触眼睛。

表 2-11　发动机装复时需测量和调整的主要参数

项目		调整要求
曲轴轴向间隙		0.10～0.30mm
曲轴转矩(没有装上活塞连杆总成时)		0.5～2.5N·m
惰轮与机油泵主动齿轮齿侧间隙		0.08～0.33mm
惰轮的轴向间隙		0.25～0.275mm
机油泵主动齿轮轴向间隙		0.01～0.125mm
齿轮室底平面与气缸体底平面的平面度		±0.24mm
凸轮轴轴向间隙		0.10～0.36mm
凸轮轴齿轮齿侧间隙		0.08～0.33mm
连杆大头轴向间隙		0.10～0.30mm
活塞凸出量		0.33～0.66mm
曲轴转矩(装上活塞连杆总成后)		15～30N·m
后油封座底平面与气缸体底平面的平面度		±0.2mm
气门间隙(冷态)	进气	(0.30±0.05)mm
	排气	(0.55±0.05)mm
燃油泵齿轮齿侧间隙		0.08～0.33mm
曲轴前油封前端至齿轮室盖后端面距离		(21.0±0.38)mm
飞轮壳内圆跳动量		0.24mm(最大)
飞轮壳平面跳动量		0.2mm(最大)
空压机齿轮齿侧间隙		0.08～0.33mm
后油封后端至后油封座前端面距离		(25.05±0.38)mm
惰轮与曲轴齿轮齿侧间隙		0.08～0.33mm

表 2-12　发动机主要零件配合尺寸

零件名称	设计尺寸/mm	配合性质	配合数据/mm
气缸孔直径 活塞裙部最大直径	102.02±0.020 101.88±0.007	间隙	0.113～0.167
气门导管孔直径 进、排气阀杆直径	8.029±0.010 $7.98^{0}_{-0.020}$	间隙	0.039～0.079
气缸体挺杆体孔直径 挺杆体外径(最大)	16.015±0.015 $16^{-0.020}_{-0.035}$	间隙	0.02～0.065
气缸体前凸轮轴衬套孔直径 凸轮轴衬套外径	57.24±0.018 57.38±0.020	过盈	−0.178～ −0.102
凸轮轴第一轴颈直径 凸轮轴衬套孔直径	54.000±0.013 54.120±0.013	间隙	0.094～0.146
凸轮轴其余轴颈直径 气缸体上其余凸轮轴孔直径	54.000±0.013 54.114±0.025	间隙	0.076～0.152

续表

零件名称	设计尺寸/mm	配合性质	配合数据/mm
凸轮轴安装齿轮轴直径 凸轮轴齿轮安装孔直径	$41.593^{0}_{-0.018}$ $41.5^{+0.025}_{0}$	过盈	－0.093～ －0.05
曲轴安装齿轮轴直径 曲轴齿轮安装孔直径	$64^{+0.006}_{-0.012}$ $63.91^{0.024}_{0}$	过盈	－0.096～ －0.054
曲轴的连杆轴颈开档宽度 连杆大头宽度	39.000±0.050 38.80±0.05	间隙	0.10～0.30
连杆小头孔直径 活塞销直径	40.06±0.007 40.000±0.0032	间隙	0.0498～ 0.0702
活塞销座孔直径 活塞销直径	$40.009^{+0.005}_{-0.003}$ 40.000±0.0032	间隙	0.0028～ 0.0172
后油封孔直径 后油封总成外径	150.000±0.038 150.139±0.064	过盈	－0.241～ －0.037
摇臂轴孔直径 摇臂轴外径	19.013±0.013 18.969±0.006	间隙	0.025～0.063
气缸盖定位环外径 气缸体定位孔直径	16.052±0.013 16.000±0.025	过盈	－0.09～ －0.014
飞轮壳定位环外径 气缸体后端面定位孔直径	18.00±0.013 17.966±0.013	过盈	－0.060～ －0.008
气缸体水泵孔直径 水泵定位凸台外径	84±0.05 83.9±0.05	间隙	0～0.20
机油标尺管外径 气缸体机油标尺管孔径	9.78±0.05 9.65±0.025	过盈	－0.205～ －0.055
增压器机油回油管外径 气缸体机油回油管孔径	$22.42^{+0.11}_{0}$ 22.35±0.08	过渡	－0.26～0.01

表 2-13　发动机其他重要装配、调整数据

项目	数据
活塞配缸间隙	0.113～0.167mm
第一道活塞环端隙	0.40～0.70mm
第二道活塞环端隙	0.25～0.55mm
油环端隙	0.25～0.55mm
进气门间隙(冷车)	(0.25±0.05)mm
排气门间隙(冷车)	(0.50±0.05)mm
进、排气门锥面密封带宽度	1.83～2.22mm
进、排气门端面低于气缸盖底面的高度	(1.58±0.26)mm
压缩余隙	0.84～1.27mm
气缸压缩压力(发动机转速 200r/min 时)	＞2414kPa
活塞上燃烧室容积	43.2mL
喷油器端头露出气缸盖底面高度	2.7～3.81mm

四、依维柯汽车发动机

1. 结构

依维柯系列汽车装用 SOFIM 柴油发动机。该发动机属于往复式、直列气缸、水冷、顶置气门、顶置凸轮轴、四冲程、直喷式柴油机，其结构如图 2-9 和图 2-10 所示。目前主要有两大系列：8140 系列和 8142 系列，两大系列最大的区别在于正时传动的方式，前者为正时齿形带传动，后者为正时链条传动。

2. 编号

依维柯汽车发动机编号含义如图 2-11 所示。

3. 技术数据

SOFIM8140 系列柴油机主要技术数据见表 2-14。

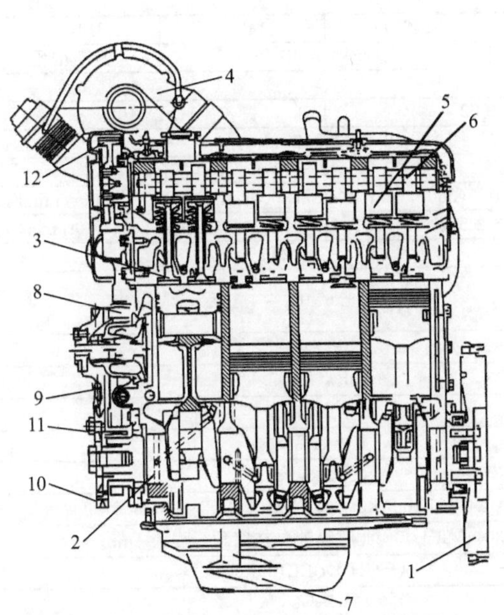

图 2-9　SOFIM8140.27S 发动机纵剖面

1—飞轮；2—曲轴；3—气门；4—涡轮增压器；5—挺柱；6—凸轮轴；7—集滤器；8—附件箱驱动齿轮；9—水泵带轮；10—曲轴带轮；11—曲轴正时带轮；12—凸轮轴正时带轮

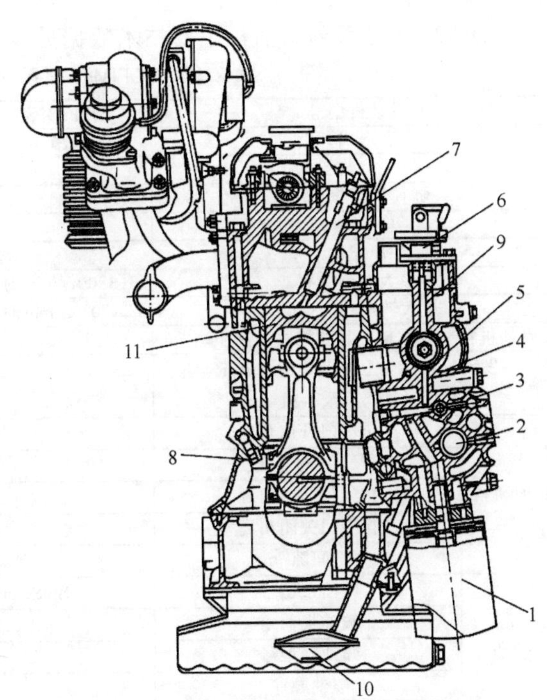

图 2-10　SOFIM8140.27S 发动机横剖面

1—机油滤清器；2—机油泵从动轴；3—机油泵主动轴；4—附件箱；5—喷油泵驱动轴；6—输油泵；7—喷油器；8—机油喷嘴；9—输油泵推杆；10—集滤器；11—活塞

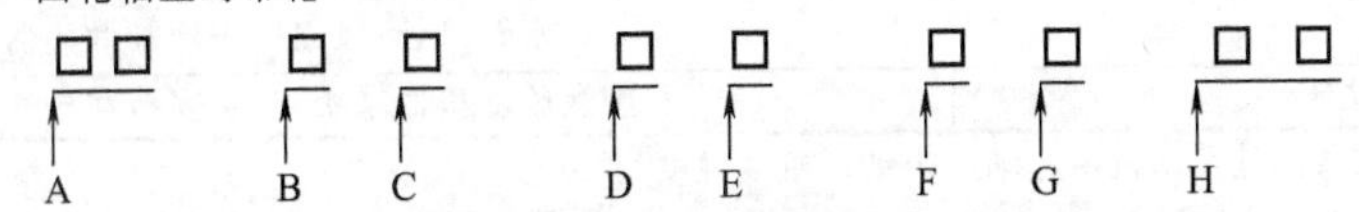

图 2-11　依维柯汽车发动机编号含义

A—发动机系列代号；B—气缸数目代号，3 表示 3 缸，4 表示 4 缸，5 表示 5 缸；
C—用途代号，0 表示商用车（如货车、厢式车、小型客车），1 表示工业及海洋业用车，2 表示军用及特种车，4 表示轿车，5 表示叉车及拖拉机；D—发动机主要结构特征代号，0 表示直喷式自然吸气柴油机，2 表示直喷式增压柴油机，4 表示直喷式增压中冷柴油机；E—缸径＋行程代号；F—燃油喷油泵及变速器形式代号；
G—装用该发动机的汽车厂及正时传动方式，1 表示菲亚特轿车厂（FIAT AUTO）正时齿形带传动，2 表示菲亚特轿车厂（FIAT AUTO）正时齿形带加齿轮传动，4 表示雷诺汽车厂（REN AULT）正时齿形带加齿轮传动，5 表示雷诺汽车厂（RENAULT）正时齿形带传动，7 表示依维柯公司（IVECO）正时齿形带传动，8 表示依维柯公司（IVECO）正时链条传动；
H—用户要求的附加装置代号，如启动预热器、动力转向泵、空调压缩机及各种不同输出功率的交流发电机等。

表 2-14　SOFIM8140 系列柴油机主要技术数据

<table>
<tr><td>型号</td><td>8140.07</td><td colspan="2">8140.27S.27××</td><td>8140.27S.37××</td><td>8140.47.37××</td></tr>
<tr><td rowspan="2">形式</td><td colspan="5">直列、四缸、四冲程、水冷、直喷式柴油机</td></tr>
<tr><td>自然吸气</td><td>涡轮增压</td><td>低排放增压</td><td colspan="2">低排放增压、中冷型</td></tr>
<tr><td>缸径×行程/mm</td><td>93×92</td><td colspan="2">93×92</td><td>93×92</td><td>93×92</td></tr>
<tr><td>排量/L</td><td>2.499</td><td colspan="2">2.499</td><td>2.499</td><td>2.499</td></tr>
<tr><td>压缩比</td><td>18</td><td colspan="2">18</td><td>18</td><td>18.5</td></tr>
<tr><td>最大功率/kW</td><td>55(4000r/min 时)</td><td colspan="2">74.3～78.7(3800r/min 时)</td><td colspan="2">85(3800r/min 时)</td></tr>
<tr><td>最大转矩/(N·m)</td><td>165(2200r/min 时)</td><td colspan="2">235(2000r/min 时)</td><td colspan="2">244(2000r/min 时)</td></tr>
<tr><td>全负荷最低燃油消耗率/[g/(kW·h)]</td><td colspan="5">220～230</td></tr>
<tr><td>最大功率燃油消耗率/[g/(kW·h)]</td><td colspan="5">250～260</td></tr>
<tr><td>使用燃料</td><td colspan="5">0 号、－10 号柴油</td></tr>
<tr><td>气缸工作顺序</td><td colspan="5">1-3-4-2</td></tr>
<tr><td>质量(不带空气压缩机)/kg</td><td colspan="5">321</td></tr>
<tr><td>喷油压力/MPa</td><td colspan="5">24＋0.8</td></tr>
<tr><td>喷油提前角(上止点前)</td><td>6°±30′</td><td colspan="2">4°30′±30′</td><td colspan="2">1°±30′</td></tr>
<tr><td>气门间隙(冷机时)/mm</td><td colspan="5">0.5±0.05</td></tr>
</table>

注：检测时，机油温度应为 40～50℃，喷油泵关闭，发动机由起动机带动。

SOFIM8142系列柴油机主要技术数据见表2-15。

表2-15 SOFIM8142系列柴油机主要技术数据

发动机型号		8142.27S	8142.47	8142.43	8142.23
形式		直喷增压	直喷增压、中冷		直喷增压
缸数		4			
缸径×行程/mm		93×92		94.4×100	
总排量/L		2.499			
压缩比		18.5			
最大功率/kW		76(3800r/min时)	85(3800r/min时)	87(3600r/min时)	76(3600r/min时)
最大转矩/(N·m)		225(2000r/min时)	245(1900r/min时)	269(1900r/min时)	240(1900r/min时)
发动机在活塞上止点时的气缸压缩压力①		2.0～2.6MPa			
发动机在活塞上止点时的气缸压缩压力①的最小值		1.6MPa			
正时机构	进气门开启角度	上止点前8°			
	进气门关闭角度	下止点后37°			
	排气门开启角度	下止点前48°			
	排气门关闭角度	上止点后8°			
	气门间隙/mm	0.5±0.05			
供油	喷油泵型号	BOSCHVE4/12F1800R698或BOSCHVE4/12F1800R699			
	喷油提前角	1°±30′或3°±30′,此时喷油泵柱塞预行程为1mm			
	喷油器型号	BOSCH KBEL109P81			
	喷油顺序	1-3-4-2			
	喷油压力/MPa	24.0+0.8			
润滑		压力润滑,使用齿轮式机油泵;装用双级机油滤清器滤除杂质			
		机油压力(热机):怠速时≥0.08MPa;最高转速时≥0.38MPa			
冷却		用离心泵建立冷却液循环;节温器安装在发动机出水管口处;风扇用于冷却散热器			
进气增压		利用涡轮增压器来实现,它安装在排气歧管上			

① 压缩压力的测取条件是发动机由起动机带动,机油温度为40～50℃。

SOFIM8140.27柴油机装配数据见表2-16。SOFIM8142系列柴油机性能及其维修数据见表2-17。

表2-16 SOFIM8140.27柴油机装配数据

气缸体、连杆	缸套内径(压入缸体,机加工后)/mm		93.000～93.018
	缸套外径/mm		95.970～96.000
	缸套孔内径/mm		95.900～95.940
	缸套和缸套孔间的过盈量/mm		0.030～0.100
	缸套内径加大尺寸/mm		0.2,0.4,0.6
	缸套外径加大尺寸/mm		0.2
	主轴承孔内径/mm		80.587～80.607
	后主轴承座宽度/mm		27.500～27.550
	连杆大头孔直径/mm		60.333～60.345
	装上连杆盖后,连杆大头孔的允许直径/mm	垂直中心线上	60.340～60.360
		与水平线夹15°角的方向上	60.330～60.350
	连杆小头孔径/mm		34.865～34.890
	标准连杆轴承厚度/mm	上半轴承	1.889～1.899
		下半轴承	1.861～1.871
	连杆轴承加大尺寸/mm		0.254,0.508
	连杆衬套外径/mm		34.970～35.010
	连杆衬套内径(压入连杆后)/mm		32.011～32.018
	连杆衬套与连杆小头孔间的过盈量/mm		0.080～0.145
	活塞销与连杆衬套的配合间隙/mm		0.015～0.028
	连杆轴承与连杆轴颈的配合间隙/mm		0.028～0.075
	连杆大、小头中心线间的平行度(距连杆垂直中心线125mm处测量)/mm		0.07

续表

活塞、活塞销、活塞环	标准活塞直径(沿着与活塞销中心线垂直的方向)/mm	Borg 型活塞(距活塞底面 12mm 处测量)		92.891～92.909
		KS 型活塞[距活塞底面 X(mm)处测量]		92.913～92.927 X=12　X=17
	活塞与缸套的配合间隙(沿着与活塞销中心线垂直的方向)/mm	Borg 型活塞(距活塞底面 12mm 处测量)		0.091～0.127
		KS 型活塞[距活塞底面 X(mm)处测量]		0.073～0.105 X=12　X=17
	活塞加大尺寸/mm			0.2,0.4,0.6
	活塞环槽高度/mm	第一道梯形环槽(直径 90mm 处测量)	Borg 型活塞 KS 型活塞	2.685～2.715
		第二道环槽	Borg 型活塞	2.050～2.070
			KS 型活塞	2.060～2.080
		第三道环槽	Borg 型活塞	3.025～3.045
			KS 型活塞	3.045～3.060
	活塞环厚度/mm	第一道梯形气环(直径 90mm 处测量)		2.575～2.595
		第二道气环		1.978～1.990
		第三道油环(带有衬簧)		2.975～2.990
	活塞环与环槽的配合间隙/mm	第一道梯形气环(Borg 型活塞)		0.090～0.140
		第二道气环(Borg 型活塞)		0.060～0.0922
		第三道油环(带有衬簧)	Borg 型活塞	0.035～0.070
			KS 型活塞	0.055～0.085
	活塞环的开口间隙/mm	第一道梯形气环		0.25～0.50
		第二道气环		0.60～0.85
		第三道油环(带有衬簧)		0.30～0.60
	活塞环加大尺寸/mm			0.2,0.4,0.6
	活塞销孔直径/mm		Borg 型活塞	32.000～32.005
			KS 型活塞	32.007～32.012
	活塞销直径/mm			31.990～31.996
	活塞销与活塞销孔的配合间隙/mm		Borg 型活塞	0.004～0.015
			KS 型活塞	0.011～0.022
曲轴、轴承	主轴颈标准直径/mm			76.187～76.200
	主轴承座孔径/mm			78.393～78.466
	主轴承的厚度/mm			2.163～2.172
	主轴承与主轴颈的配合间隙/mm			0.043～0.094
	主轴承加大尺寸/mm			0.254,0.508
	止推轴承外缘宽度/mm			31.780～31.955
	后主轴颈的宽度/mm			32.000～32.100
	曲轴轴向间隙/mm			0.045～0.320
	连杆轴颈标准直径/mm			56.520～56.535
	连杆轴承与连杆轴颈的配合间隙/mm			0.028～0.075
	主轴颈直线度的最大允许偏差/mm			±0.05
缸盖	气门导管座孔直径/mm			12.955～12.980
	气门导管外径/mm			13.012～13.025
	气门导管和气门导管座孔间的过盈量/mm			0.032～0.070
	气门导管加大尺寸/mm			0.05,0.10,0.25
	气门导管内径(压入缸盖后)/mm			8.023～8.038
	气门杆直径/mm			7.985～8.000
	气门杆和气门导管的配合间隙/mm			0.023～0.053
	气门头直径/mm		进气门	40.750～41.000
			排气门	34.300～34.500

续表

部件	项目	细目	条件	数值
缸盖	气门密封面锥角	进气门		60°15′±7′
		排气门		45°30′±7′
	气门座密封面锥角	进气门座		60°
		排气门座		45°
	气门座外径/mm	进气门座		42.295～42.310
		排气门座		35.095～35.110
	气门座座孔内径/mm	进气门座		42.130～42.175
		排气门座		34.989～35.014
	气门座和气门座座孔的过盈量/mm	进气门座		0.120～0.180
		排气门座		0.081～0.121
	气门在其导管中转动一周的最大偏心度(百分表固定在支承面中心)/mm			0.03
	气门相对于缸盖平面的下沉量/mm			1.0～1.4
	喷油嘴相对于缸盖平面的凸出量/mm			3.0～3.54
	气门弹簧	气门弹簧的自由高度/mm		≈50
		不同负荷下的高度/mm	(54±27)N	39
			(104±52)N	29
配气机构	凸轮轴支承座孔的内径/mm			33.989～34.014
	凸轮轴轴颈直径/mm			33.934～33.950
	凸轮轴支承座孔和凸轮轴轴颈的配合间隙/mm			0.039～0.080
	挺柱孔内径/mm			44.000～44.025
	气门挺柱外径/mm			43.950～43.970
	气门挺柱与挺柱孔的配合间隙/mm			0.030～0.075
	气门间隙调整垫片的厚度/mm			从3.25到4.90每隔0.05为一挡
	凸轮升程/mm		进气门	9.5
			排气门	10.5
机油泵	机油泵齿轮端面和后盖支承面间的间隙/mm			0.065～0.131
	机油温度为100℃时的机油压力/kPa		怠速时	80
			最高转速时	38
	调压阀弹簧	弹簧的自由高度/mm		56.9
		不同负荷下的高度/mm	(126±4)N	39
			(163±6)N	34
		开启压力/kPa		700
	机油散热器安全阀开启压力/kPa			82～103
GarrettTA03型涡轮增压器	增压器主轴的径向间隙/mm			0.076～0.165
	增压器主轴的轴向间隙/mm			0.025～0.102
	压力为7.4～8.0MPa时排气阀开启的最大行程/mm			1.27
K14型涡轮增压器	增压器主轴的径向间隙/mm			0.42
	增压器主轴的轴向间隙/mm			0.16

表2-17　SOFIM8142系列柴油机性能及其维修数据

发动机型号	8142.27S	8142.47	8142.43	8142.23
燃烧循环方式	柴油四冲程压燃式			
空气供给方式	增压	增压+中冷		增压
燃油供给方式	直接喷射			
气缸排列	四缸直列			
气缸直径/mm	93		94.4	
活塞行程/mm	92		100	
气缸工作容积/L	2.499		2.800	
压缩比	18.5			
最大功率/kW	76	85	87	76

续表

最大功率时转速/(r/min)			3800	3800	3600	3600
最大转矩/(N·m)			225	245	269	240
最大转矩时转速/(r/min)			2000	2000	1900	1900
最低空载稳定转速(怠速)/(r/min)			775±50		775±50	
最高空载稳定转速/(r/min)			4400±50		4200±50	
气缸压缩压力/MPa			2.0～2.6			
气缸压缩压力的最小值/MPa			1.6			
压缩压力的测取条件			发动机由起动机带动，机油温度为40～50℃，高压油泵不工作			
涡轮增压器	型号		GARRET TB25/1H1或RHB52		GARRET GT17	
	增压器主轴径向间隙/mm		0.056～0.127		0.086～0.122	
	增压器主轴轴向间隙/mm		0.084～0.254		0.043～0.084	
	放气阀全开的最大行程/mm		4		4	
发动机润滑系统	组成部件		齿轮式机油泵、机油限压阀、旋装复合式燃油滤清器、机油冷却器等			
	怠速机油压力/kPa		80			
	最大功率时机油压力/kPa		350			
	第一次加机油量		7.8L或7.0kg			
	最高油平面时油底壳容量		6.1L或5.5kg			
发动机冷却系统	组成部件		离心式水泵、节温器、风扇及风扇电磁离合器、散热器(水箱)、中冷器(仅用于8142.47、8142.43发动机)等			
	水泵驱动方式		V带驱动			
	节温器开启温度/℃		79±2		79±2	
	节温器全开温度/℃		>94		110	
配气机构	配气相位	进气提前角	8°			
		进气滞后角	37°			
		排气提前角	48°			
		排气滞后角	8°			
	气门间隙	进气门工作间隙/mm	0.5±0.05			
		排气门工作间隙/mm	0.5±0.05			
活塞销座孔与活塞销的配合间隙/mm			0.007～0.019			
连杆小头铜套与活塞销的配合间隙/mm			0.011～0.022			
活塞环槽宽		第一道气环/mm	2.685～2.715			
		第二道气环/mm	2.050～2.070			
		油环/mm	3.040～3.060			
		测量直径/mm	90		91.4	
活塞环高度		第一道气环/mm	2.575～2.595		2.568～2.579	
		第二道气环/mm	1.978～1.990		1.970～1.995	
		油环/mm	2.975～2.900		2.970～2.995	
活塞环与活塞环槽的间隙/mm		第一道气环	0.088～0.147		0.088～0.147	
		第二道气环	0.060～0.092		0.055～0.100	
		油环	0.050～0.085		0.043～0.090	
活塞环的开口间隙/mm		第一道气环	0.25～0.50		0.20～0.35	
		第二道气环	0.30～0.60		0.30～0.55	
		油环	0.40～0.65		0.30～0.55	
连杆小头孔直径(不装连杆衬套)/mm			34.860～34.890			
连杆大头孔直径/mm			60.333～60.348(分组)			
连杆衬套外径/mm			34.970～35.010			
连杆衬套(压入连杆加工后)内径/mm			32.010～32.020			
连杆轴承厚度/mm			红1.875～1.884；蓝1.883～1.892；绿1.891～1.900			
连杆小头孔与衬套的过盈量/mm			0.08～0.155			
喷油泵型号(博世)			VE4/11F 1900R522-3	VE4/11F 1900R444-1	VE4/12F 1800R660	VE4/12F 1800R699-1

续表

项目					
喷油泵柱塞行程/mm		1.1±0.04	1.31±0.04	1.15±0.04	1.1±0.04
喷油器型号		KBEL 109P81		DSLA 134P604	
各缸工作顺序	喷油泵	A-B-C-D			
	发动机	1-3-4-2			
喷油器开启压力/MPa		24+0.8		24+1.2	
气缸体缸套孔内径/mm		95.900～95.940		97.390～97.450	
气缸套外径/mm		95.970～96.000		97.39～97.45	
气缸套长度/mm		167		167～167.30	
气缸套与缸套孔的过盈量/mm		0.03～0.10		0.02～0.11	
气缸孔直径/mm	A组	93.002～93.012		94.402～94.412	
	B组	93.012～93.022		94.413～94.422	
	C组	93.022～93.032		94.423～94.432	
活塞直径测量位置/mm		17			
活塞直径/mm	A组	92.910～92.920		94.310～94.320	
	B组	92.920～92.930		94.320～94.330	
	C组	92.930～92.940		94.330～94.340	
活塞销孔直径/mm		32.003～32.009(带铜套的活塞销孔为32.007～32.012)			
配缸间隙/mm		0.082～0.102		0.078～0.092	
活塞凸出量/mm		0.04～0.80			
活塞销直径/mm		31.990～31.996			
活塞销与连杆衬套的间隙/mm		0.014～0.03			
连杆大、小头孔中心线平行度		在125mm范围内允许值为0.07			
曲轴主轴颈直径/mm		第1、2、3、4主轴颈为80.182～80.208(分组) 第5主轴颈为86.182～86.208(分组)			
曲轴连杆轴颈直径/mm		56.515～56.538(分组)			
曲轴轴承	曲轴主轴承厚度/mm	红2.155～2.164;蓝2.165～2.174; 绿2.175～2.184;棕2.185～2.194			
	连杆轴承厚度/mm	红1.875～1.884;蓝1.883～1.892;绿1.891～1.900			
	说明	轴承要按分组要求选用			
缸体主轴承孔直径/mm		第1、2、3、4主轴承孔为84.588～84.614(分组) 第5主轴承孔为90.588～90.614(分组)			
主轴承间隙/mm		0.044～0.075(分组)			
连杆轴承间隙/mm		0.027～0.059(分组)			
加粗曲轴止推主轴颈宽度/mm		31+0.10			
加粗曲轴主轴颈宽度/mm		29.2+0.15			
缸体推力主轴承座宽度/mm		26.500～26.550			
缸体主轴承座宽度/mm		26			
曲轴推力轴承外缘宽度/mm		30.900～30.950			
曲轴轴向间隙/mm		0.060～0.310			
曲轴主轴颈与连杆轴颈的平行度/mm		0.05/125			
曲轴轴颈圆度/mm		0.005			
曲轴轴颈圆柱度/mm		0.005			
缸盖气门导管孔直径/mm		12.950～12.985			
气门导管内径/mm		8.023～8.038			
气门导管外径/mm		13.012～13.025			
气门导管孔与气门导管过盈量/mm		0.027～0.075			
气门	进气门杆部直径/mm	7.985～8.000			
	进气门头部锥角	60°15′±7′			
	排气门杆部直径/mm	7.985～8.000			
	排气门头部锥角	45°30′±7′			
气门与气门导管配合间隙/mm		0.023～0.053			

续表

<table>
<tr><td colspan="3">进气门座圈孔内径/mm</td><td colspan="2">42.125～42.175</td></tr>
<tr><td colspan="3">排气门座圈孔内径/mm</td><td colspan="2">37.380～37.415</td></tr>
<tr><td colspan="3">进气门座圈外径/mm</td><td colspan="2">42.245～42.260</td></tr>
<tr><td colspan="3">进气门密封面锥角</td><td colspan="2">60°±5′</td></tr>
<tr><td colspan="3">排气门座圈外径/mm</td><td colspan="2">37.495～37.510</td></tr>
<tr><td colspan="3">排气门密封面锥角</td><td colspan="2">45°±5′</td></tr>
<tr><td colspan="3">进气门气门下沉量/mm</td><td colspan="2">1.2～1.5</td></tr>
<tr><td colspan="3">排气门气门下沉量/mm</td><td colspan="2">1～1.3</td></tr>
<tr><td colspan="3">进气门座圈与缸盖过盈量/mm</td><td colspan="2">0.070～0.135</td></tr>
<tr><td colspan="3">排气门座圈与缸盖过盈量/mm</td><td colspan="2">0.080～0.130</td></tr>
<tr><td rowspan="3">气门外弹簧</td><td colspan="2">自由高度/mm</td><td colspan="2">52</td></tr>
<tr><td rowspan="2">规定负荷下的压缩高度/mm</td><td>(43.8±2.5)kgf</td><td colspan="2">38.5</td></tr>
<tr><td>(77.4±4)kgf</td><td colspan="2">28.5</td></tr>
<tr><td rowspan="3">气门内弹簧</td><td colspan="2">自由高度/mm</td><td colspan="2">45.5</td></tr>
<tr><td rowspan="2">规定负荷下的压缩高度/mm</td><td>(16.4±1)kgf</td><td colspan="2">33.5</td></tr>
<tr><td>(30±1.5)kgf</td><td colspan="2">23.5</td></tr>
<tr><td colspan="3">喷油器凸出量/mm</td><td>4.10～4.50</td><td>2.230～2.690</td></tr>
<tr><td colspan="3">缸盖凸轮轴轴承孔直径/mm</td><td colspan="2">33.985～34.015</td></tr>
<tr><td colspan="3">凸轮轴轴承直径/mm</td><td colspan="2">33.934～33.950</td></tr>
<tr><td colspan="3">凸轮轴轴承孔与凸轮轴轴承配合间隙/mm</td><td colspan="2">0.035～0.081</td></tr>
<tr><td colspan="3">气门挺柱孔直径/mm</td><td colspan="2">44.000～44.025</td></tr>
<tr><td colspan="3">气门挺柱直径/mm</td><td colspan="2">43.950～43.970</td></tr>
<tr><td colspan="3">气门挺柱孔与气门挺柱配合间隙/mm</td><td colspan="2">0.030～0.075</td></tr>
<tr><td colspan="3">气门间隙调整垫片厚度/mm</td><td colspan="2">从3.25到4.90，每隔0.05为一挡</td></tr>
<tr><td rowspan="2">凸轮升程</td><td colspan="2">进气凸轮/mm</td><td colspan="2">9.5</td></tr>
<tr><td colspan="2">排气凸轮/mm</td><td colspan="2">10.5</td></tr>
</table>

注：1kgf=9.80665N。

依维柯NJ2045和NJ2046系列汽车整车拧紧力矩见表2-18。依维柯其他系列整车拧紧力矩除补充部分力矩（表2-19）有所不同外，其他力矩可参照表2-18实施。

表2-18　依维柯NJ2045和NJ2046系列汽车整车拧紧力矩

<table>
<tr><th colspan="2">名　称</th><th>拧紧力矩/(N·m)</th><th>名　称</th><th>拧紧力矩/(N·m)</th></tr>
<tr><td colspan="5">发动机部分(8142系列发动机)</td></tr>
<tr><td rowspan="3">气缸盖螺栓</td><td>第一步预紧</td><td>60</td><td>缸盖后盖固定螺母</td><td>25</td></tr>
<tr><td>第二步预紧</td><td>60</td><td>缸体后盖固定螺栓</td><td>20</td></tr>
<tr><td>第三步转角</td><td>180°±10°</td><td>进气歧管固定螺母</td><td>25</td></tr>
<tr><td rowspan="2">上、下缸体连接螺栓</td><td>第一步预紧</td><td>50±5</td><td>排气歧管固定螺母</td><td>25</td></tr>
<tr><td>第二步转角</td><td>90°±5°</td><td>进气歧管进口弯管固定螺栓</td><td>18</td></tr>
<tr><td colspan="2">主油道螺塞</td><td>40</td><td>正时链轮护罩(发动机吊耳)固定螺母</td><td>18</td></tr>
<tr><td colspan="2">油底壳固定螺栓</td><td>18</td><td>风扇离合器线圈在水泵上的固定螺母</td><td>7.5</td></tr>
<tr><td colspan="2">附件箱油道螺塞</td><td>25</td><td>缸盖出水管固定螺栓</td><td>18</td></tr>
<tr><td colspan="2">附件箱固定螺栓(M12)</td><td>60</td><td>水泵带轮固定螺栓</td><td>25</td></tr>
<tr><td colspan="2">附件箱固定螺栓(M8)</td><td>25</td><td>发电机支架在缸体上的固定螺栓</td><td>50</td></tr>
<tr><td colspan="2">附件箱前盖固定螺栓</td><td>23</td><td>发电机在支架上的固定螺栓</td><td>75</td></tr>
<tr><td colspan="2">附件箱后盖固定螺栓</td><td>18</td><td>发电机调节臂固定螺母</td><td>45</td></tr>
<tr><td colspan="2">曲轴后油封盖固定螺栓</td><td>25</td><td>发电机固定螺母</td><td>85</td></tr>
<tr><td colspan="2">曲轴前油封盖固定螺栓</td><td>7.5</td><td>涡轮增压器在排气歧管上的固定螺母</td><td>25</td></tr>
<tr><td colspan="2">凸轮轴前油封盖固定螺母</td><td>7.5</td><td>气缸盖出水管固定螺栓</td><td>18</td></tr>
<tr><td colspan="2">水泵进水支管在进气歧管上的固定螺母</td><td>25</td><td>动力转向器固定螺母</td><td>35</td></tr>
</table>

续表

名称	拧紧力矩/(N·m)	名称	拧紧力矩/(N·m)
发动机部分(8142系列发动机)			
真空泵固定螺栓(M6)	12	输油泵固定螺钉或螺母	18
真空泵固定螺栓(M8)	18	机油滤清器螺纹接头	80
附件箱前盖螺塞	35	机油滤清器	25
增压器机油回油管接头	80	机油集滤器固定螺栓	25
增压器机油进油管接头	25	机油压力调节阀螺塞	65
下气缸体上机油回油管接头固定螺栓	40	活塞冷却喷嘴固定螺栓	40
机油压力传感器接头	40	水泵固定螺栓	50
增压器排气管固定螺栓	25	电磁阀接头	18
喷油泵燃油进回油接头	25	喷油泵回油接头固定螺母	25
火焰预热器固定螺母	35	水温表传感器固定螺母	30
火焰预热塞接头	22	喷油器回油管接头螺母	7
上气缸体上机油冷却器进水管接头螺栓	40	电磁阀接线固定螺母	18
		水泵进水支管在水泵上的固定螺母	25
高压油泵到喷油泵和喷油器的固定螺母	33	交流发电机支架在附件箱上的固定螺母	25
		张紧器固定螺栓	7.5
发动机吊耳固定螺母	18	正时传动链罩固定螺母(M8)	18
连杆螺栓 第一步预紧	50	正时传动链罩固定螺母(M10)	30
连杆螺栓 第二步转角	63°±3°	正时传动链罩固定螺母(M12)	35
飞轮螺栓 第一步预紧	30±3	正时传动链罩固定螺栓(M6)	10
飞轮螺栓 第二步转角	90°±2°	正时传动链罩固定螺栓(M12)	35
曲轴带轮固定螺栓	200	可调导块固定螺栓	18
凸轮轴轴承盖固定螺母	18	正时传动链供油接头固定螺母	7.5
凸轮轴正时链轮固定螺栓	25	导块固定螺母	7.5
喷油泵齿套固定螺母	60～70	正时传动链罩固定螺母和螺栓	7.5
喷油泵固定螺母	25	发动机固定支架与缸体的固定螺钉	75
喷油泵正时链轮固定螺栓	110	发动机前悬架横梁与弹性块的固定螺母	19.8
喷油器压板固定螺栓	40	发动机前横梁与车架的连接螺栓	24
输油泵座固定螺栓	18		
底盘部分			
离合器		制动盘与轮毂的连接螺栓	66.5±6.5
离合器压盘固定螺钉	48	摆臂球销固定螺母	131±14
离合器罩与缸体的固定螺钉	72.5	球销与转向节的连接螺母	167±10
离合器罩与变速器壳体的固定螺钉	38.9	半轴与等速传动轴的连接螺栓(螺纹涂胶)	83.5±8.5
变速器(28.26/28.24型)			
第一轴承盖固定螺钉	17.2	制动钳与转向节的连接螺栓	210±10
变速器后盖固定螺钉(母)	20.6	前轮毂	
第一轴轴承固定螺母	203	转向节臂固定螺钉	162
第二轴凸缘固定螺母	425.5	制动钳固定螺钉	210
取力口盖固定螺钉	14.2	制动盘挡泥板固定螺钉	23.4
倒挡轴固定螺钉	6.2	制动钳支架固定螺钉	103
变速杆支座固定螺钉	18.1	前悬架	
自锁装置紧固螺塞	16.9	前驱动桥与车架的固定螺栓	90.7

续表

名　　称	拧紧力矩/(N·m)	名　　称	拧紧力矩/(N·m)
底盘部分			
互锁扇块定位销固定螺钉	20.5	拉杆支架与车架的上固定螺母	140
拨叉轴头固定螺钉	36.1	拉杆支架与车架的下固定螺母	140
起动机固定螺钉	46.5	拉杆支架加强板与车架的固定螺母	47.3
弹性块与发动机固定支架的连接螺母	19.8	前挡泥板与车架的固定螺母	47.3
分动器		上、下拉杆球接头固定螺母	171.5
分动器侧面支架与车架的连接螺母	24	上拉杆与上摆杆的固定螺母	231.5
分动器侧面支架与弹性垫块的连接螺母	19.8	下拉杆与下摆杆的固定螺母	231.5
弹性垫块与固定支架的连接螺母	19.8	上、下拉杆夹箍固定螺母	50
固定支架上分动器壳体的连接螺钉	75	上、下拉杆球接头锁紧螺母	125
后横梁与车架加强板的连接螺栓	24	上、下摆杆球接头固定螺母	93.5
后横梁与中间弹性块的连接螺栓	24	下摆杆与前驱动桥的固定螺母	232.5
中间弹性块与变速器的固定螺母	24	减振器上固定螺母	129
前驱动连通信号开关	10.9～11.3	减振器下固定螺母	129
前后输出固定自锁螺母	203～244	扭杆后支架与车架的固定螺母	203.5
主壳体上盖固定螺栓	36～48	扭杆后支架前、后片连接锁固定螺母	201
上盖后盖固定螺栓	30～48	扭杆预紧力调整螺钉锁紧螺母	201
机油泵固定螺栓	4.1～4.5	稳定杆支架紧固螺母	24
加油塞	21～33	后悬架	
放油塞	9～18	钢板弹簧前、后固定螺母及吊耳固定螺母	189
车架上分动器防护罩固定螺栓	46.5	U形螺栓固定螺母	170
车速里程表传感器固定螺栓(螺纹上涂 IVECO190568 胶)	7	上、下减振器紧固螺母	85.5
传动轴		减振块固定螺母	24
传动轴固定螺钉	56	钢板弹簧后支架固定螺母	88.6
传动轴凸缘锁紧螺母	250	车轮和轮胎	
后驱动桥与后轮毂		车轮固定螺母	320+30
后桥凸缘固定螺母	440	转向器和前轮定位	
差速器壳与从动齿轮的连接螺钉	235	下拉杆球接头锁紧螺母	125
主动齿轮凸缘螺栓	450±40	转向器支架与驱动桥的固定螺钉	53
差速器壳螺栓	205±10.5	转向横拉杆球接头锁紧螺母	91
后桥壳盖螺栓	23	转向横拉杆球接头固定螺母	73
差速器轴承盖螺栓	106.5±10.5	制动系统	
半轴螺栓	82.5±7.5	真空泵泵盖固定螺钉	7.8～9.8
轮毂轴承调整螺母固定螺栓	10.5～1.5	单向阀	66～88

续表

<table>
<tr><th>名　　称</th><th>拧紧力矩/(N·m)</th><th>名　　称</th><th>拧紧力矩/(N·m)</th></tr>
<tr><td colspan="4">底盘部分</td></tr>
<tr><td rowspan="2">轮毂轴承调整螺母</td><td rowspan="2">第一步以100N·m拧紧，正反两方向转动并轴向晃动轮毂；第二步以60N·m旋松，使其上的螺纹孔与轮毂轴承锁紧垫片上的孔对齐</td><td>制动主缸固定螺母</td><td>13.5～17</td></tr>
<tr><td>真空助力器固定螺母</td><td>14.7～17</td></tr>
<tr><td>制动底板固定螺栓</td><td>103±10</td><td>感载阀阀盖</td><td>120～140</td></tr>
<tr><td colspan="2">前驱动桥</td><td>感载阀阀体与车架的连接螺母</td><td>13～16</td></tr>
<tr><td>主动齿轮凸缘螺母</td><td>416.5</td><td>拉杆与车架的连接螺钉或螺母</td><td>20～25</td></tr>
<tr><td>差速器壳盖螺栓</td><td>186.2</td><td>前制动软管接头</td><td>14</td></tr>
<tr><td>桥壳盖螺栓</td><td>23</td><td>后制动油管接头</td><td>14</td></tr>
<tr><td>差速器轴承盖螺栓</td><td>128.4</td><td>后制动缸固定螺钉</td><td>10</td></tr>
<tr><td>桥壳与法兰的连接螺栓</td><td>83.5</td><td>制动间隙自动调整装置固定螺钉</td><td>72</td></tr>
</table>

表 2-19　依维柯其他系列汽车整车拧紧力矩补充部分

<table>
<tr><th colspan="2">名　　称</th><th colspan="2">拧紧力矩/(N·m)</th><th>名　　称</th><th colspan="2">拧紧力矩/(N·m)</th></tr>
<tr><td colspan="7">发动机部分(8140系列发动机)</td></tr>
<tr><td colspan="2">发动机型号</td><td>.07</td><td>.27</td><td>发动机型号</td><td>.07</td><td>.27</td></tr>
<tr><td rowspan="3">气缸盖螺栓</td><td>第一步预紧</td><td colspan="2">60</td><td>张紧轮支架固定螺母</td><td colspan="2">22.5</td></tr>
<tr><td>第二步预紧</td><td colspan="2">60</td><td>凸轮轴支座盖固定螺母</td><td colspan="2">19</td></tr>
<tr><td>第三步转角</td><td colspan="2">180°±10°</td><td>凸轮轴齿轮固定螺栓</td><td colspan="2">24.5</td></tr>
<tr><td rowspan="2">上、下缸体连接螺栓</td><td>第一步预紧</td><td colspan="2">80</td><td>喷油泵花键套固定螺母</td><td colspan="2">59</td></tr>
<tr><td>第二步转角</td><td colspan="2">160°</td><td>喷油泵压块固定螺栓</td><td colspan="2">34</td></tr>
<tr><td colspan="2">主油道螺塞</td><td>27.5</td><td>47</td><td>喷油泵固定螺母</td><td>22.5</td><td>20</td></tr>
<tr><td colspan="2">油底壳固定螺栓</td><td colspan="2">13.5</td><td>附件箱驱动齿轮固定螺栓</td><td>94</td><td>115</td></tr>
<tr><td colspan="2">附件箱油道螺塞</td><td colspan="2">16.5</td><td>输油泵座固定螺栓</td><td colspan="2">22.5</td></tr>
<tr><td colspan="2">附件箱固定螺栓(M12)</td><td>66</td><td>70</td><td>输油泵固定螺钉或螺母</td><td colspan="2">22.5</td></tr>
<tr><td colspan="2">附件箱固定螺栓(M8)</td><td>22.5</td><td>20</td><td>机油滤清器螺纹接头</td><td>75.5</td><td>89</td></tr>
<tr><td colspan="2">附件箱前盖固定螺栓</td><td>22.5</td><td>20</td><td>机油压力调节阀螺塞</td><td>61</td><td>75</td></tr>
<tr><td colspan="2">附件箱后盖固定螺栓</td><td>22.5</td><td>20</td><td>机油集滤器固定螺栓</td><td colspan="2">22.5</td></tr>
<tr><td colspan="2">曲轴后油封盖固定螺栓</td><td>22.5</td><td>20</td><td>活塞冷却喷嘴固定螺栓</td><td colspan="2">47</td></tr>
<tr><td colspan="2">曲轴前油封盖固定螺栓</td><td colspan="2">8.2</td><td>水泵固定螺栓或螺母</td><td colspan="2">46</td></tr>
<tr><td colspan="2">凸轮轴前油封盖固定螺母</td><td colspan="2">8.2</td><td>离合器罩垫板固定螺栓</td><td colspan="2">55</td></tr>
</table>

续表

<table>
<tr><th colspan="2">名　　称</th><th colspan="2">拧紧力矩/(N·m)</th><th colspan="2">名　　称</th><th colspan="2">拧紧力矩/(N·m)</th></tr>
<tr><td colspan="8">发动机部分(8140系列发动机)</td></tr>
<tr><td colspan="2">发动机型号</td><td>.07</td><td>.27</td><td colspan="2">发动机型号</td><td>.07</td><td>.27</td></tr>
<tr><td colspan="2">缸盖后盖固定螺母</td><td colspan="2">22.5</td><td colspan="2">缸盖出水管固定螺栓</td><td colspan="2">22.5</td></tr>
<tr><td colspan="2">缸体后盖固定螺栓</td><td>22.5</td><td>20</td><td colspan="2">水泵带轮固定螺栓</td><td colspan="2">22.5</td></tr>
<tr><td colspan="2">进气歧管固定螺母</td><td colspan="2">19</td><td colspan="2">发电机调节臂固定螺母</td><td>45.5</td><td>47</td></tr>
<tr><td colspan="2">排气歧管固定螺母</td><td>19</td><td>22.5</td><td colspan="2">发电机固定螺母</td><td>82.5</td><td>85</td></tr>
<tr><td colspan="2">排气歧管第1缸处固定螺母</td><td colspan="2">39.5</td><td colspan="2">发电机支架在缸体上的固定螺栓</td><td>45.5</td><td>55</td></tr>
<tr><td colspan="2">曲轴箱通风口固定螺栓</td><td colspan="2">22.5</td><td colspan="2">涡轮增压器固定螺母</td><td colspan="2">22.5</td></tr>
<tr><td colspan="2">发动机吊耳固定螺母</td><td colspan="2">22.5</td><td colspan="2">气缸盖出水管固定螺栓</td><td colspan="2">22.5</td></tr>
<tr><td rowspan="2">连杆螺栓</td><td>第一步预紧</td><td colspan="2">50</td><td colspan="2">真空泵固定螺栓(M6)</td><td colspan="2">8</td></tr>
<tr><td>第二步转角</td><td colspan="2">63°±3°</td><td colspan="2">附件箱前盖螺塞</td><td colspan="2">47</td></tr>
<tr><td colspan="2">飞轮螺栓</td><td colspan="2">117</td><td colspan="2">张紧器固定螺栓</td><td colspan="2">4.3</td></tr>
<tr><td colspan="2">曲轴带轮固定螺栓</td><td colspan="2">201</td><td colspan="2">发动机前罩固定螺母(M8)</td><td colspan="2">9.5</td></tr>
<tr><td colspan="2">导轮架固定螺栓</td><td colspan="2">22.5</td><td colspan="2">发动机前罩固定螺母(M10)</td><td colspan="2">20</td></tr>
<tr><td colspan="2">导轮固定螺栓</td><td colspan="2">41</td><td colspan="2">发动机前罩固定螺母(M12)</td><td colspan="2">36</td></tr>
<tr><td colspan="2">张紧轮固定螺母</td><td colspan="2">41</td><td colspan="2"></td><td colspan="2"></td></tr>
<tr><td colspan="8">底盘部分</td></tr>
<tr><td colspan="2">传动轴中间支撑固定螺栓</td><td colspan="2">73</td><td colspan="2">拉杆支架与前横梁和加强板的固定螺母</td><td colspan="2">140</td></tr>
<tr><td colspan="2">后驱动桥差速器轴承盖固定螺栓</td><td colspan="2">108</td><td colspan="2">上、下摆杆球接头固定螺母</td><td colspan="2">163.5</td></tr>
<tr><td colspan="2">后轮壳盖固定螺栓</td><td colspan="2">24.5</td><td colspan="2">扭杆和上摆杆与前轴的固定螺母</td><td colspan="2">93.5</td></tr>
<tr><td colspan="2">半轴固定螺栓</td><td colspan="2">83.5</td><td colspan="2">后桥上的稳定杆支架固定螺母</td><td colspan="2">50.7</td></tr>
<tr><td colspan="2">制动底板固定螺栓</td><td colspan="2">68.5</td><td colspan="2">稳定杆吊耳连接螺栓</td><td colspan="2">23</td></tr>
<tr><td rowspan="4">车型30/35/40.10前轮毂</td><td>转向节臂固定螺栓</td><td colspan="2">101</td><td colspan="2">车架上的稳定杆支架固定螺母</td><td colspan="2">213.5</td></tr>
<tr><td>制动钳固定螺栓</td><td colspan="2">103</td><td colspan="2">转向管柱联轴器与齿轮连接叉的连接螺栓</td><td colspan="2">27.3</td></tr>
<tr><td>制动盘挡泥板固定螺栓</td><td colspan="2">23.4</td><td rowspan="2">制动主缸固定螺母</td><td>Benditalia 型</td><td colspan="2">11.7～14.7</td></tr>
<tr><td>制动盘固定螺栓</td><td colspan="2">103</td><td>Benditalia Z25 型</td><td colspan="2">9.8～14.7</td></tr>
<tr><td colspan="2">上锚定杆支架与前轴的固定螺栓</td><td colspan="2">68.9</td><td colspan="2">后制动蹄支撑销固定螺母(带锁片)</td><td colspan="2">15</td></tr>
<tr><td colspan="2">上锚定杆横梁支架与车架的固定螺栓</td><td colspan="2">24.2</td><td colspan="2">制动蹄支架固定螺母</td><td colspan="2">32</td></tr>
</table>

第二节　发动机的拆卸与分解

以依维柯汽车发动机为例。

一、发动机的拆卸

① 拆卸发动机罩。

a. 4×2 客、货车拆卸方法：如图 2-12（a）所示，提起发动机罩 1，松开螺钉 2，然后拆下发动机罩。

b. 4×4 越野车拆卸方法：如图 2-12（b）所示，拧开线束 6，拆下空气弹簧固定螺栓 2、3，拆下洗涤液管路 4，松开发动机罩铰链 5，即可拆下发动机罩 1。

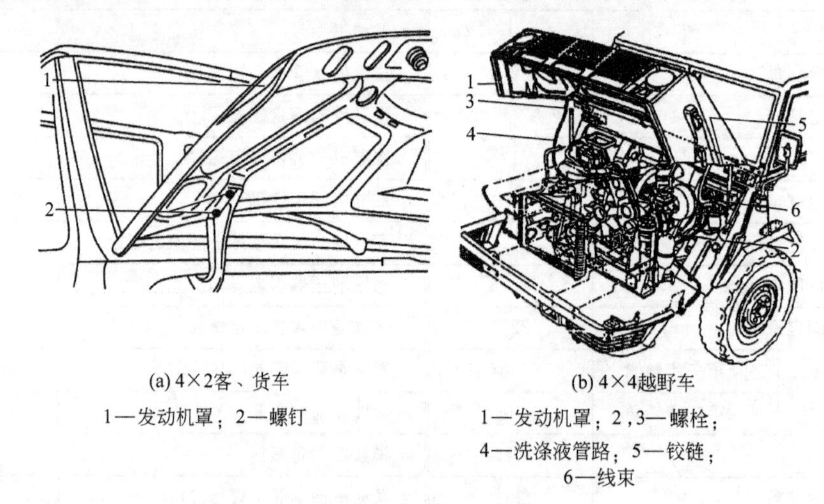

(a) 4×2客、货车

1—发动机罩；2—螺钉

(b) 4×4越野车

1—发动机罩；2，3—螺栓；4—洗涤液管路；5—铰链；6—线束

图 2-12　拆下发动机罩

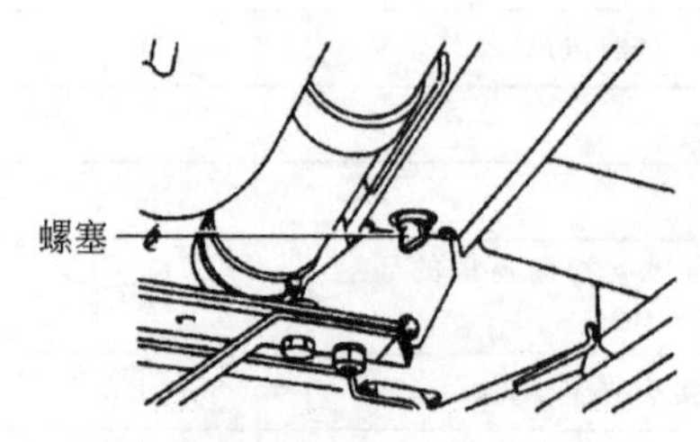

图 2-13　放掉发动机冷却液

② 如图 2-13 所示，拧开冷却液箱（膨胀水箱）盖后，拧下螺塞，放掉发动机冷却液。拧下固定螺母，然后拆下保险杠以便移出发动机。

③ 如图 2-14 所示，拆下发动机罩拉索固定夹 2，然后从发动机罩锁止装置 1 上拆下发动机罩拉索 3。

④ 如图 2-15 所示，拔下前照灯插接器 1、转向灯插接器 3 和位置灯插接器 2；拆下发动机罩支撑杆 4。

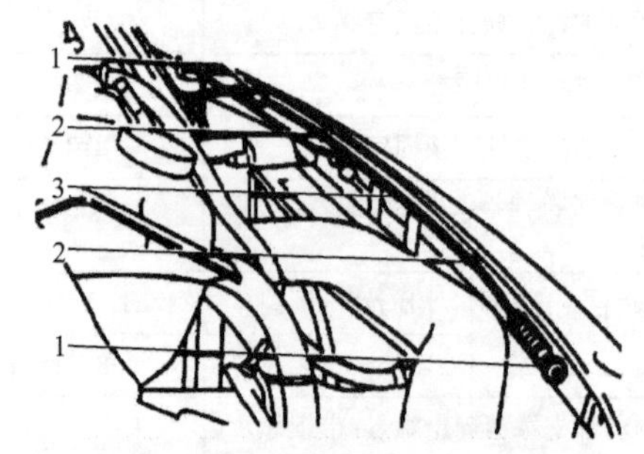

图 2-14　拆卸发动机罩锁止装置

1—锁止装置；2—拉索固定夹；3—拉索

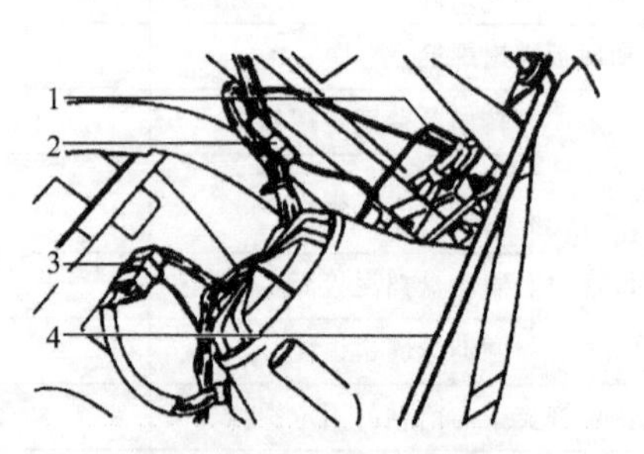

图 2-15　拔下插接器

1—前照灯插接器；2—位置灯插接器；3—转向灯插接器；4—支撑杆

⑤ 拧下固定螺母，拆下面罩；拆下保险杠，以便移出发动机（图 2-16）；松开夹箍 1 和 2，拆下空气滤清器至涡轮增压器的进气管 3（图 2-17）。

⑥ 从冷却液温度传感器上拆下接线，拆下水管。如图 2-18 所示，拆开水管 1、2 和 3，拧开螺栓 5 和螺母 4，然后拆下散热器。

⑦ 松开水管固定夹和隔热板的固定螺栓 2，拆下水管 1，并从发电机上拆下插接器 3（图 2-19）；松开螺母 2，拆下连接排气管 4 和排气歧管 1 的夹箍 3（图 2-20）；从起动机上松开接线 1，然后拆下线束 3 的固定夹 2（图 2-21）。

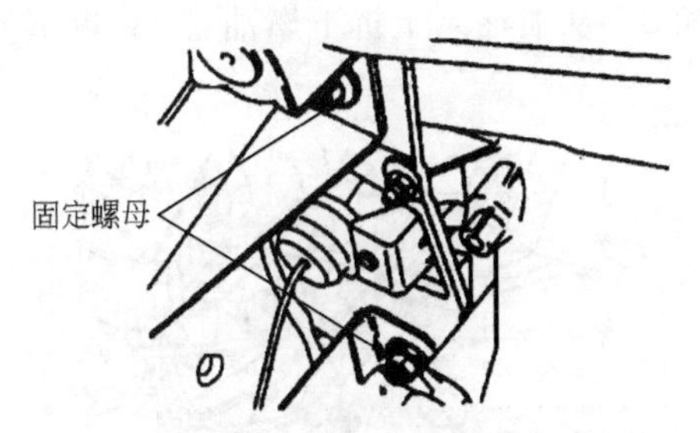

图 2-16　拆下面罩和保险杠

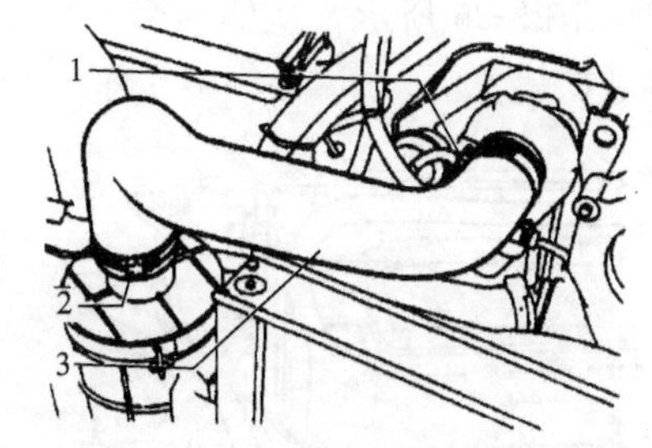

图 2-17　拆下空气滤清器至涡轮增压器的进气管

1,2—夹箍；3—进气管

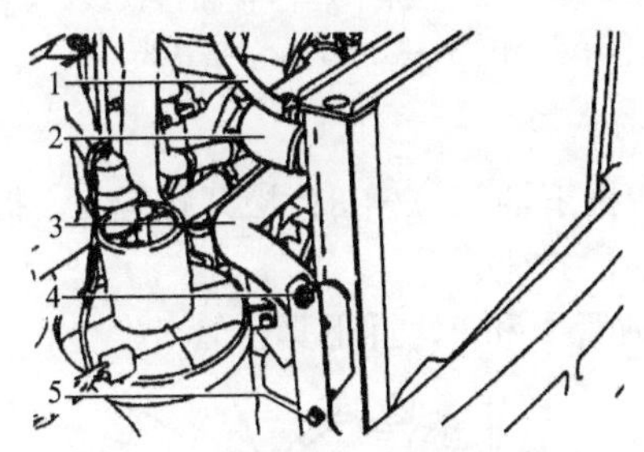

图 2-18　拆下水管及散热器

1～3—水管；4—螺母；5—螺栓

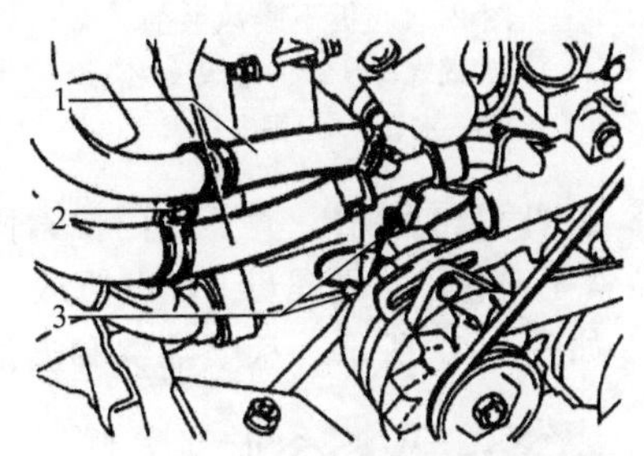

图 2-19　拆下水管和发电机上插接器

1—水管；2—固定螺栓；3—插接器

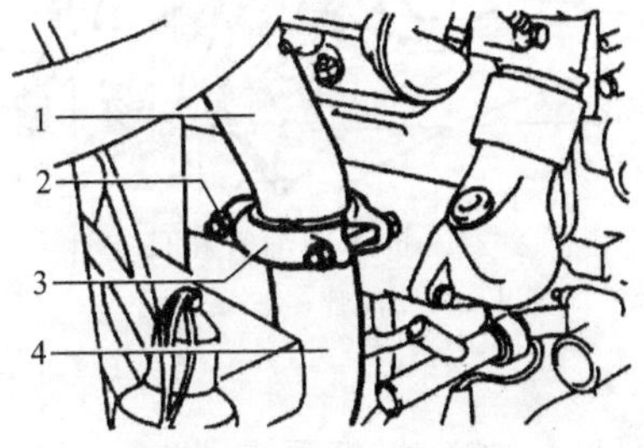

图 2-20　拆下连接排气管与排气歧管的夹箍

1—排气歧管；2—螺母；3—排气歧管夹箍；4—排气管

图 2-21　拆下起动机线束

1—接线；2—固定夹；3—线束

⑧ 如图 2-22 所示，拆下搭铁线 2，拆下机油压力传感器接线 1。

⑨ 如图 2-23 所示，拆下水管 3 和插接器 4，拧松螺栓 1，然后抽出操纵拉索。

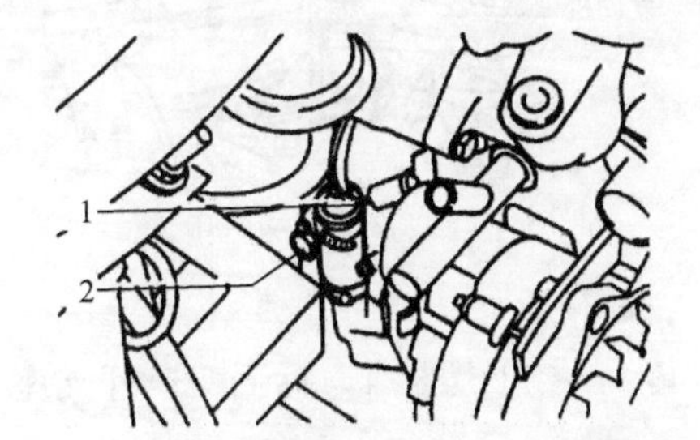

图 2-22　拆下搭铁线和机油压力传感器接线

1—机油压力传感器接线；2—搭铁线

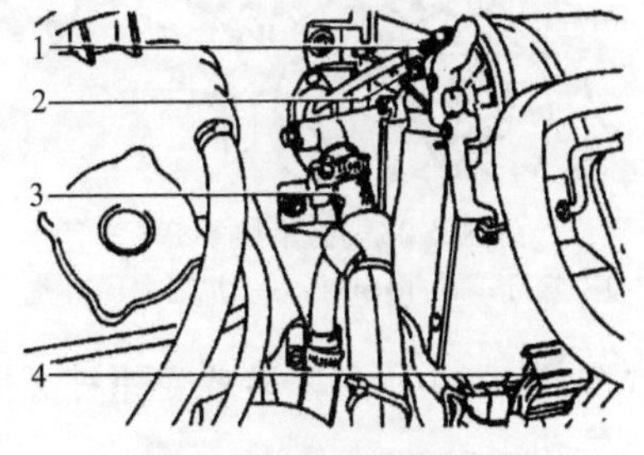

图 2-23　抽出操纵拉索

1,2—螺栓；3—水管；4—插接器

⑩ 如图 2-24 所示，松开螺栓 4，然后抽出操纵拉索 5，松开暖风装置的紧固螺母 1 及其支架紧固螺栓 2，再拆下暖风装置。

⑪ 如图 2-25 所示，从输油泵上拆下燃油管 1 和 2，从喷油泵上拆下燃油管 3；拆下发动机上的搭铁线 4。

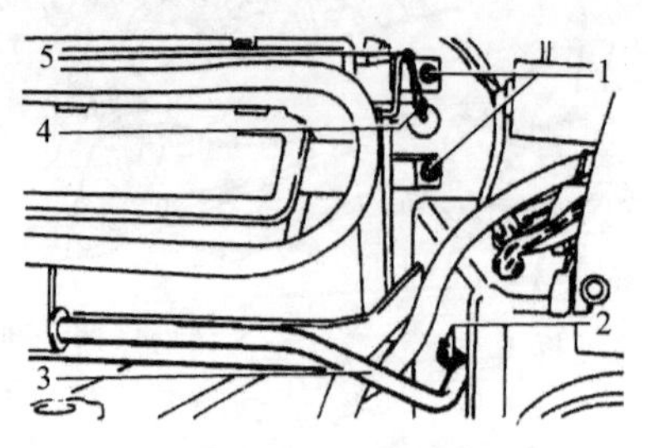

图 2-24 拆下暖风装置
1—紧固螺母；2,4—紧固螺栓；
3—水管；5—操纵拉索

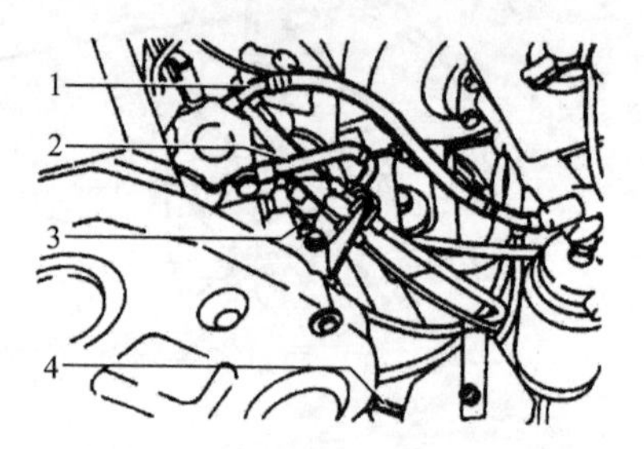

图 2-25 拆下燃油管和搭铁线
1～3—燃油管；4—搭铁线

⑫ 如图 2-26 所示，摘下油门拉索固定夹 1，然后拆下油门拉索 3；松开螺栓 2，拆下手油门拉索 4，松开并紧螺母 5，以便从支架 6 上拆下油门拉索。

⑬ 如图 2-27 所示，从喷油器和喷油泵上拆下回油管 1 和 2，拆下真空管 3。

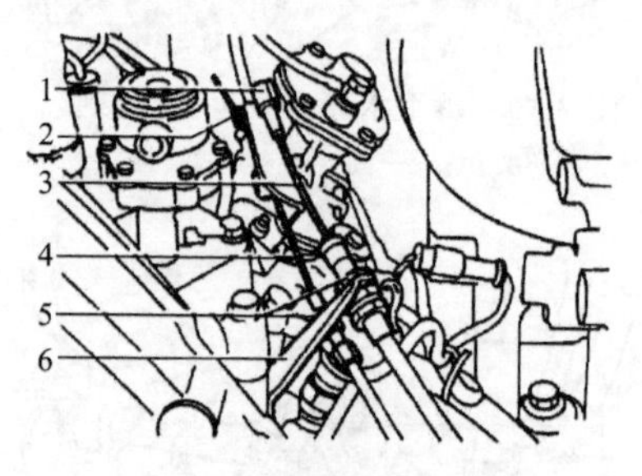

图 2-26 拆下油门拉索
1—油门拉索固定夹；2—螺栓；3—油门拉索；
4—手油门拉索；5—螺母；6—支架

图 2-27 拆下回油管和真空管
1,2—回油管；3—真空管

⑭ 如图 2-28 所示，拧下机油加注口盖 3，拧下螺母 1，然后拆下隔声罩 2。

⑮ 如图 2-29 所示，装上发动机吊架，并将它挂到起吊装置的挂钩上。

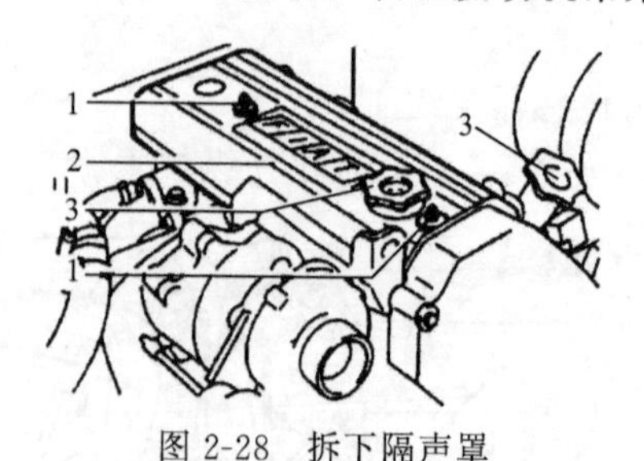

图 2-28 拆下隔声罩
1—螺母；2—隔声罩；3—机油加注口盖

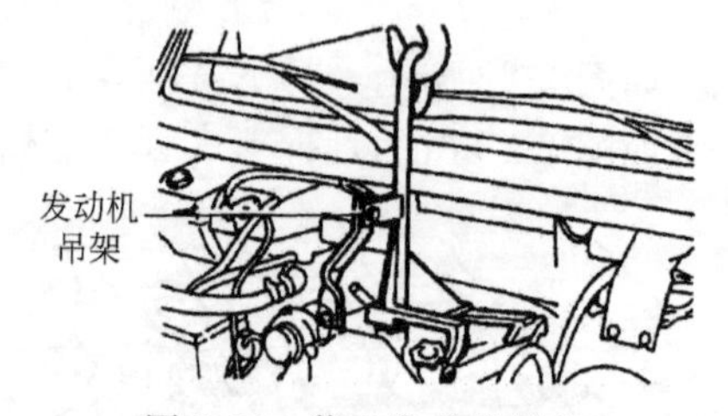

图 2-29 装上发动机吊架

⑯ 如图 2-30 所示，沿着变速杆 2 向上取出防尘套 1，拧下螺栓 4，拆下变速杆支座 3 和变速杆总成。

⑰ 如图 2-31 所示，从变速器凸缘上拆下传动轴 3，从车架和变速器上拆下横梁 5，然后拆下防尘罩 4。拆下里程表传感器 2，拆下倒车灯开关插接器 1。

⑱ 如图 2-32 所示，拧下锁止螺母 2 和调整螺母 3，然后从分离拨叉 1 和离合器罩上拆下离合器操纵拉索 4。

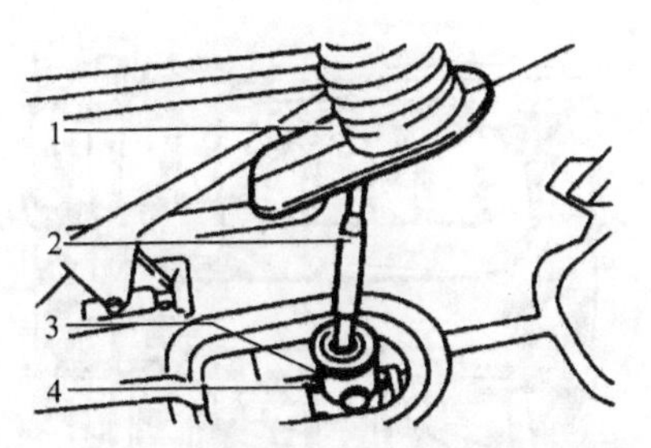

图 2-30 拆下变速杆支座和变速杆总成

1—防尘套；2—变速杆；3—变速杆支座；4—螺栓

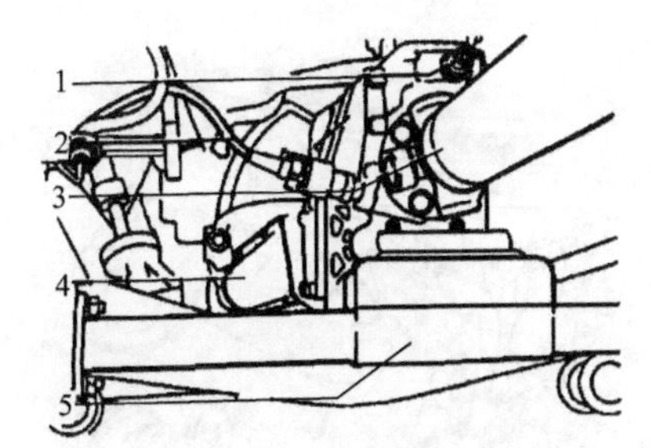

图 2-31 拆下传动轴和横梁

1—倒车灯开关插接器；2—里程表传感器；3—传动轴；4—防尘罩；5—横梁

⑲ 如图 2-33 所示，松开发动机前悬架横梁 1 和弹性垫块 3 间的紧固螺母 2、发动机前悬架横梁 1 和发动机间的紧固螺母 5、弹性垫块 3 的紧固螺母 4。吊起发动机前悬架横梁 1，以便拆下弹性垫块 3，然后拆下前悬架横梁。

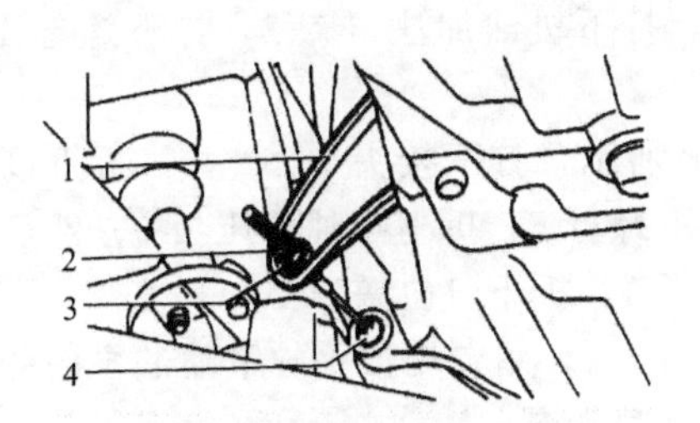

图 2-32 拆下离合器操纵拉索

1—分离拨叉；2—锁止螺母；3—调整螺母；4—离合器操纵拉索

图 2-33 拆下发动机前悬架横梁

1—发动机前悬架横梁；2,4,5—紧固螺母；3—弹性垫块

⑳ 如图 2-34 所示，吊起发动机并逐渐地向后移动起吊装置，部分地移出发动机带变速器总成，然后拆开发动机转速计 2 的插接器 3，拧下螺母，拆下喷油泵电磁阀导线插接器 1，再拆下线束 4。

㉑ 如图 2-35 所示，整体移动发动机和变速器总成，然后从发动机上拆下起动机和变速器。

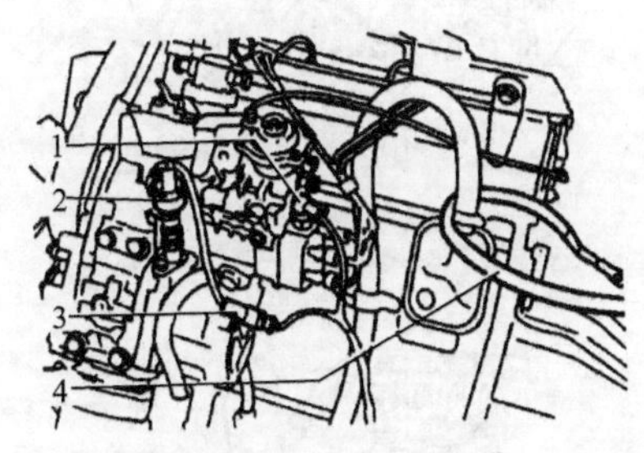

图 2-34 拆下线束

1—喷油泵电磁阀导线插接器；2—发动机转速计；3—发动机转速计导线插接器；4—线束

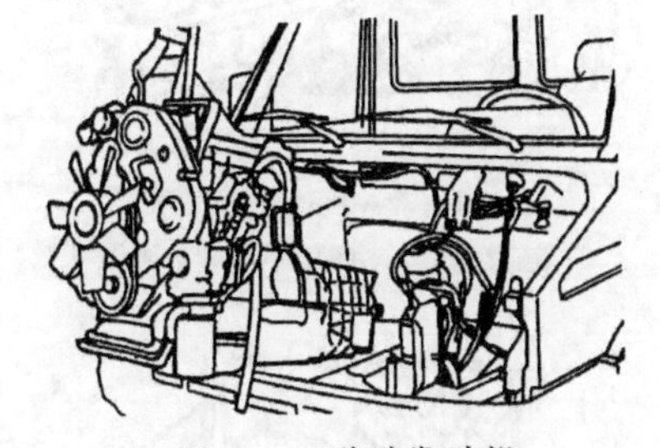
图 2-35 移动发动机

二、发动机的分解

① 从涡轮增压器上拆下排气管 2，然后拆下隔热板 1（图 2-36）；从进气歧管 3 上拆下进气管 4；从排气歧管 2 上拆下涡轮增压器 1 以及进、出油管（图 2-37）。

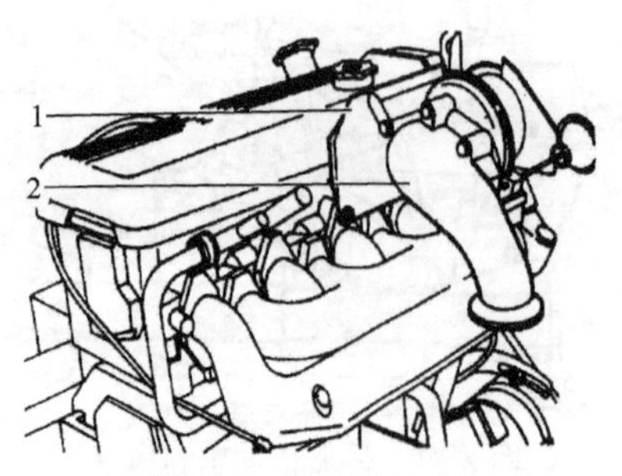

图 2-36　拆下排气管
1—隔热板；2—排气管

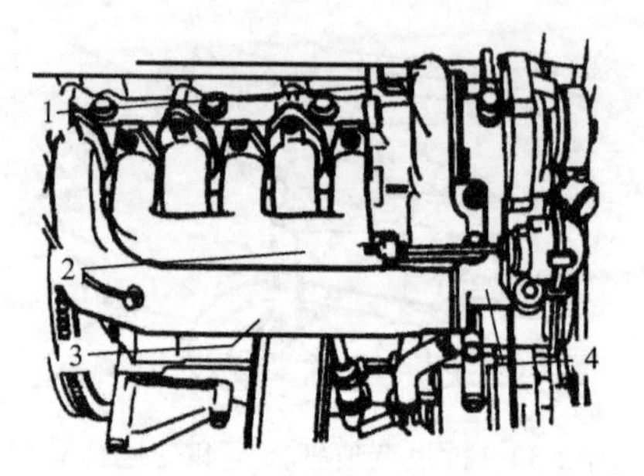

图 2-37　拆下涡轮增压器
1—涡轮增压器；2—排气歧管；
3—进气歧管；4—进气管

② 如图 2-38 所示，从进气歧管 3 上拆下增压补偿装置（LDA）传感器连接管接头 4；拆下水管 1、进气歧管 3 和排气歧管 2。

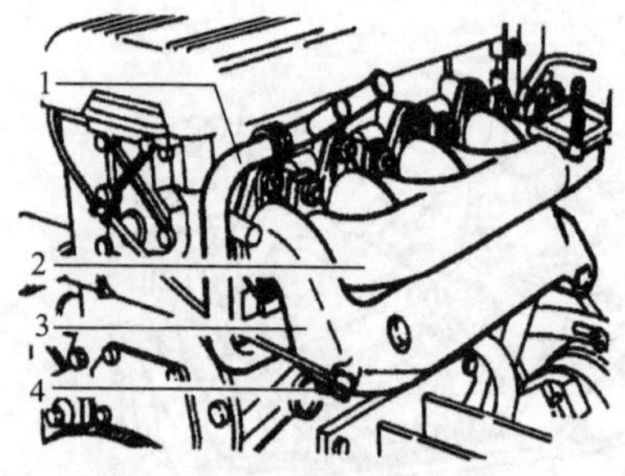

图 2-38　拆下水管和进、排气歧管
1—水管；2—排气歧管；3—进气歧管；
4—增压补偿装置传感器连接管接头

③ 如图 2-39 所示，从喷油泵上拆下增压补偿装置接头 4 及连接管 3；拧下机油加注口盖 2，拧下螺母 1，然后拆下隔声罩。

④ 如图 2-40 所示，拧下接头 3、4、7，拆下高压油管和回油管。拧下螺母 5，拆下喷油器压板 6，然后拆下喷油器。拧下螺母 1，拆下气缸盖罩 2。

⑤ 如图 2-41 所示，用专用扳手拧下喷油泵内侧的固定螺母，然后拆下喷油泵。

⑥ 如图 2-42 所示，拆下风扇 1、发电机 2、水泵带轮和相应的传动带 3。

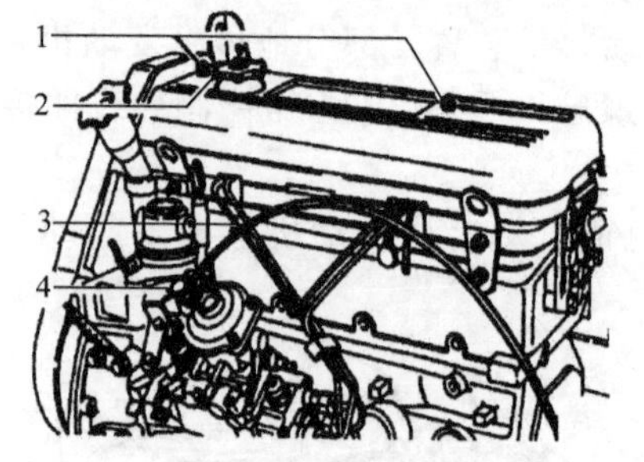

图 2-39　拆下隔声罩
1—螺母；2—机油加注口盖；
3—连接管；4—增压补偿装置接头

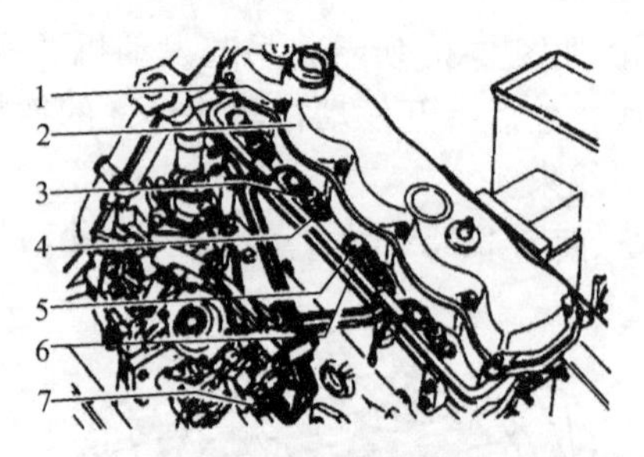

图 2-40　拆下喷油器
1—螺母；2—气缸盖罩；3,4,7—油管接头；5—螺母；6—喷油器压板

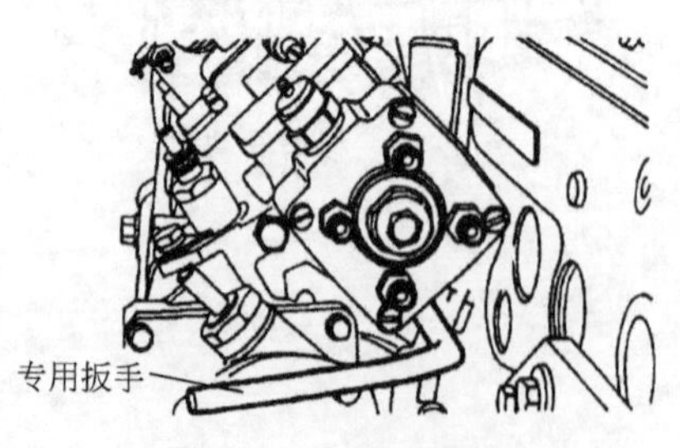

图 2-41　拆下喷油泵

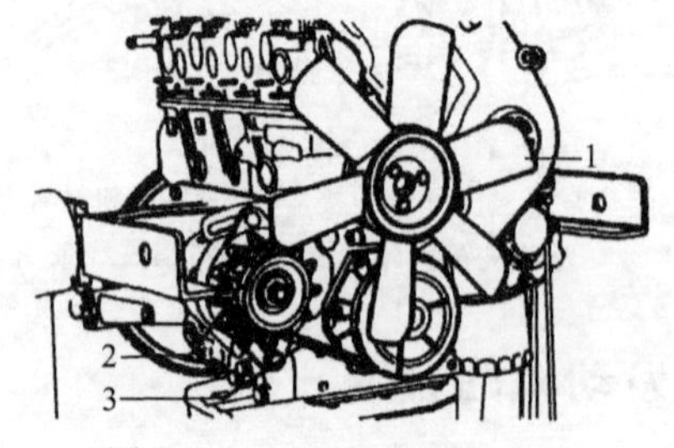

图 2-42　拆下风扇和发电机
1—风扇；2—发电机；3—传动带

⑦ 利用飞轮罩壳的固定螺栓，装上工具 1，以锁住飞轮 2，不让其转动，如图 2-43 所示；利用套筒扳手 1 拧下曲轴带轮 2 的固定螺母，然后拆下曲轴带轮，如图 2-44 所示。

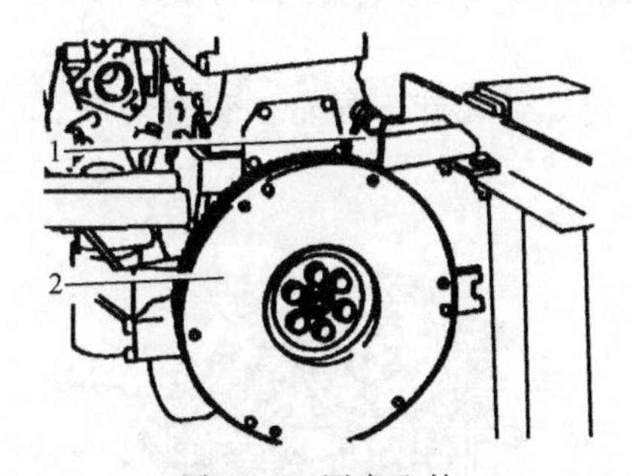

图 2-43　固定飞轮

1—飞轮锁止专用工具；2—飞轮

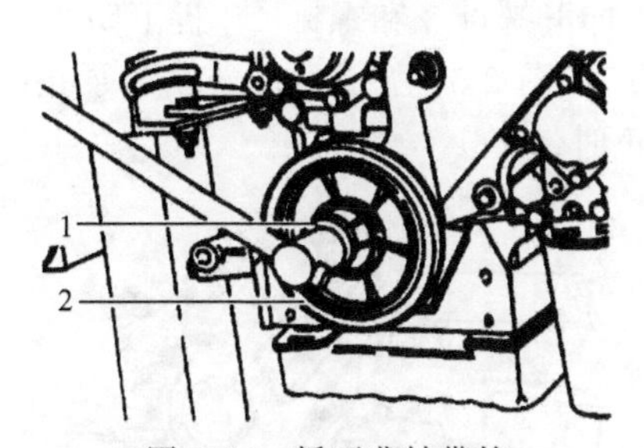

图 2-44　拆下曲轴带轮

1—套筒扳手；2—曲轴带轮

⑧ 8142 系列发动机按下列步骤分解。

a. 拆下冷却液温度传感器 1，拆下正时链罩盖 2、3（图 2-45）。

b. 如图 2-46 所示，向上移动弹性挡圈 3，让小循环水管 2 进入水泵 4 内，以便小循环水管 2 从节温器座 1 内退出，拆下水泵 4。

c. 如图 2-47 所示，拆下张紧器。

维修提示：

◆在退出张紧器时，为防止弹性挡圈从其座内掉出来和柱塞从内部弹簧上脱落，不能转动柱塞。

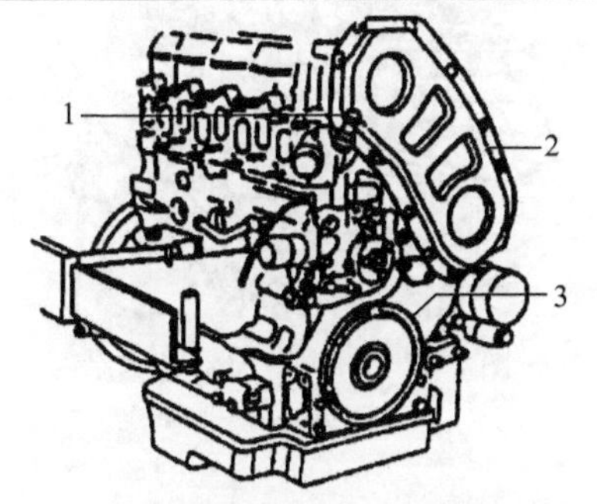

图 2-45　拆下冷却液温度表传感器和正时链罩盖

1—冷却液温度传感器；2,3—正时链罩盖

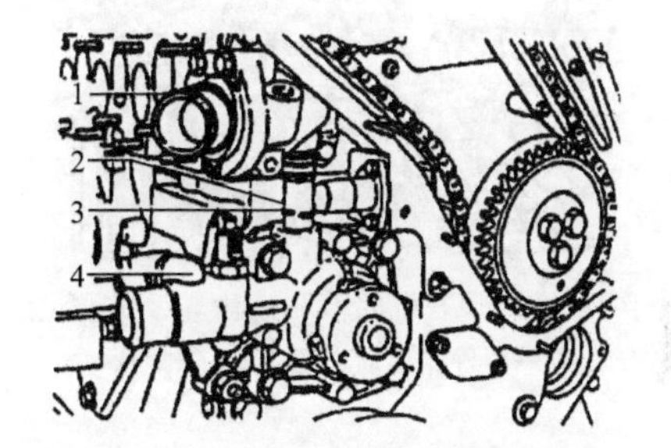

图 2-46　拆下小循环水管和水泵

1—节温器座；2—小循环水管；3—弹性挡圈；4—水泵

d. 如图 2-48 所示，拆下凸轮轴正时链轮 1 和喷油泵正时链轮 3，取下链条 2，拆下液力转向泵 4。

图 2-47　拆下张紧器

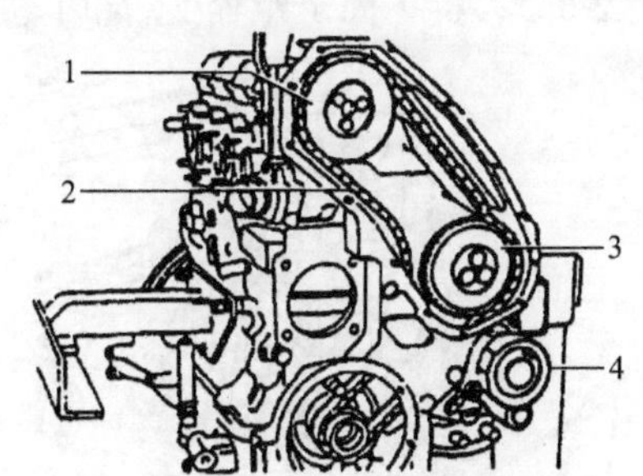

图 2-48　拆液力转向泵

1—凸轮轴正时链轮；2—链条；

3—喷油泵正时链轮；4—液力转向泵

⑨ 对于采用正时带传动的8140系列发动机，分解步骤有以下不同之处。

a. 当上述分解步骤进行到拆下正时带罩时，如图2-49所示，拧下螺钉2，拆下正时带罩1，拧下螺母3和螺钉4，拆下防尘罩5。

b. 如图2-50所示，松开喷油泵正时齿轮4的固定螺钉，卸下导轮1和防尘罩3，然后取下正时带2。

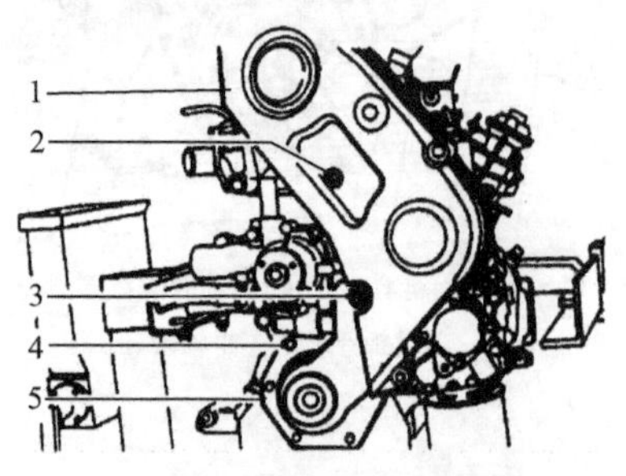

图2-49 拆卸正时带罩

1—正时带罩；2，4—螺钉；3—螺母；5—防尘罩

图2-50 拆卸正时带

1—导轮；2—正时带；3—防尘罩；4—喷油泵正时齿轮

⑩ 拆下附件箱驱动齿轮1，然后拆下张紧轮2（图2-51）。拆下节温器1和水泵2（图2-52）。

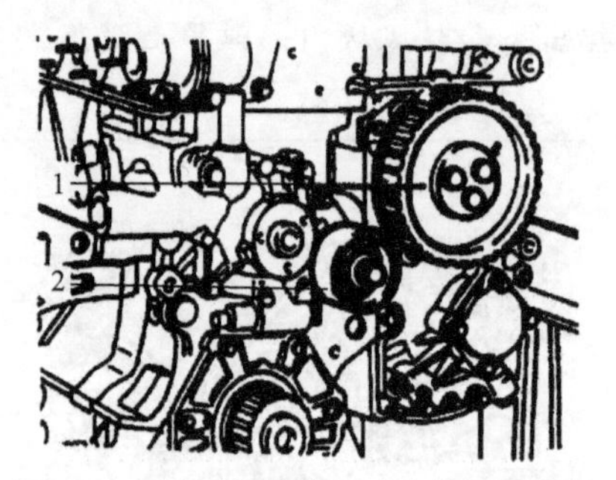

图2-51 拆下附件箱驱动齿轮和张紧轮

1—附件箱驱动齿轮；2—张紧轮

图2-52 拆下节温器和水泵

1—节温器；2—水泵

⑪ 如图2-53所示，拆下有关的固定支架，然后拆下油尺总成1，拧下螺栓3，拆下附件箱总成2。

⑫ 拧下缸盖螺栓，拆下气缸盖和气缸垫（图2-54）。将发动机翻转180°，然后拆下油底壳（图2-55）；拆下固定螺栓2，卸下机油集滤器1（图2-56）。

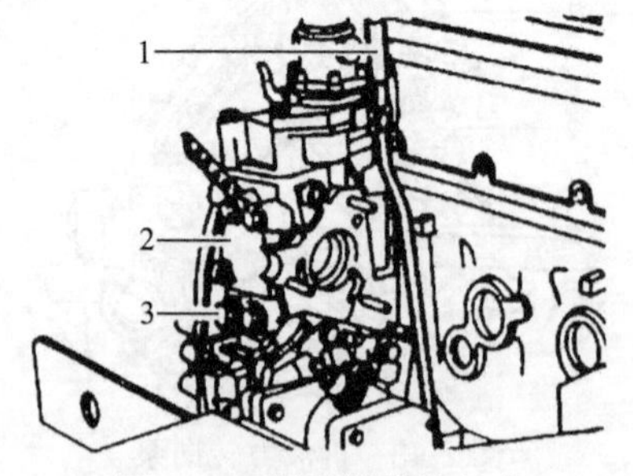

图2-53 拆下附件箱总成

1—油尺总成；2—附件箱总成；3—螺栓

图2-54 拆下气缸盖和气缸垫

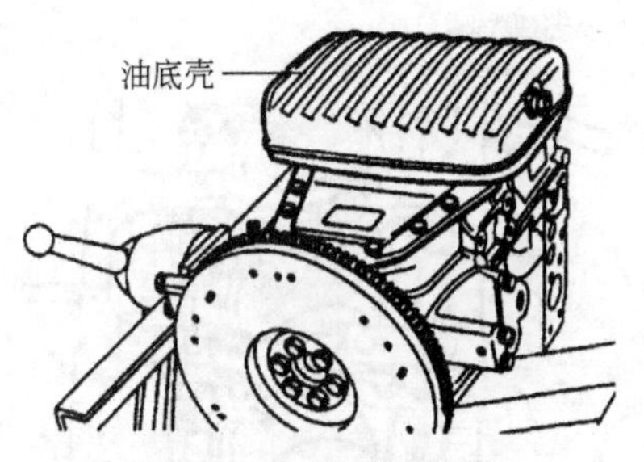

图 2-55　拆下油底壳

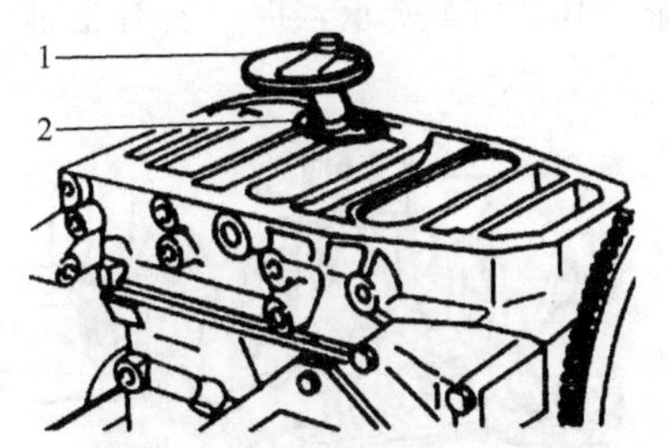

图 2-56　拆下机油集滤器

1—机油集滤器；2—固定螺栓

⑬ 如图 2-57 所示，拆下飞轮锁止工具。将发动机翻转 90°，用套筒扳手 2 松开连杆螺栓 3。注意，只有在第 4 缸活塞处于上止点位置时，才能将此缸的连杆盖 1 取出。

⑭ 拆下连杆螺栓，取出连杆盖，然后从缸体上部取出活塞（图 2-58）；再次翻转发动机，装上工具 4，然后用套筒扳手 3 拧下飞轮螺栓 2，拆下飞轮 1（图 2-59）。

⑮ 拆下曲轴后油封盖总成（图 2-60）；用套筒扳手 2 拧下上、下缸体紧固螺栓 1（图 2-61）；拆下下缸体及相应的密封垫（图 2-62）；利用起吊装置 1 拆下曲轴 2（图 2-63）。

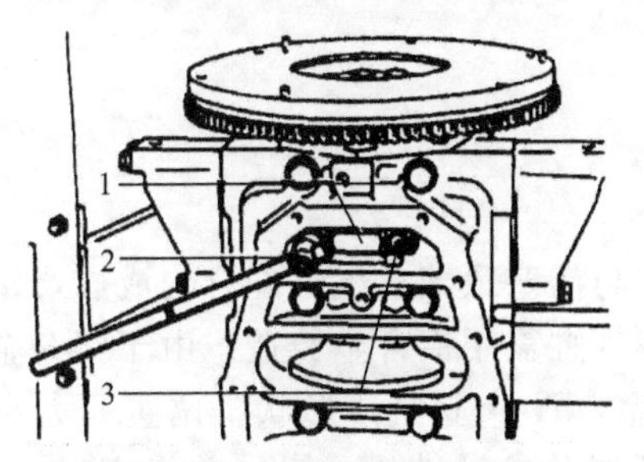

图 2-57　松开连杆螺栓

1—连杆盖；2—套筒扳手；3—连杆螺栓

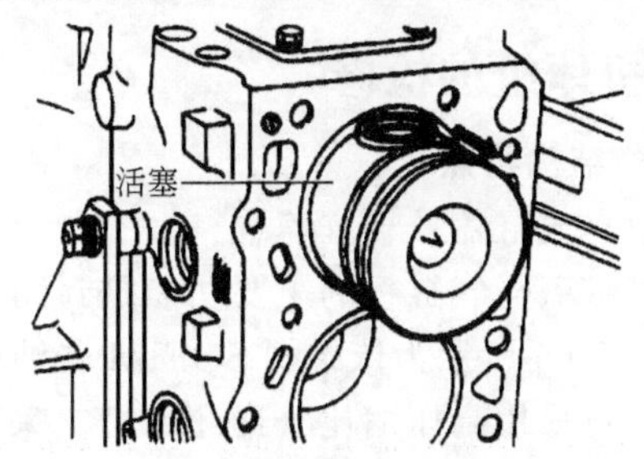

图 2-58　取出活塞

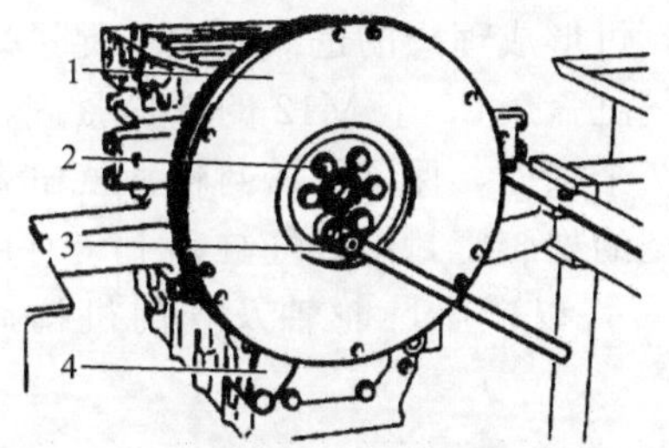

图 2-59　拆下飞轮

1—飞轮；2—飞轮螺栓；3—套筒扳手；4—飞轮锁止工具

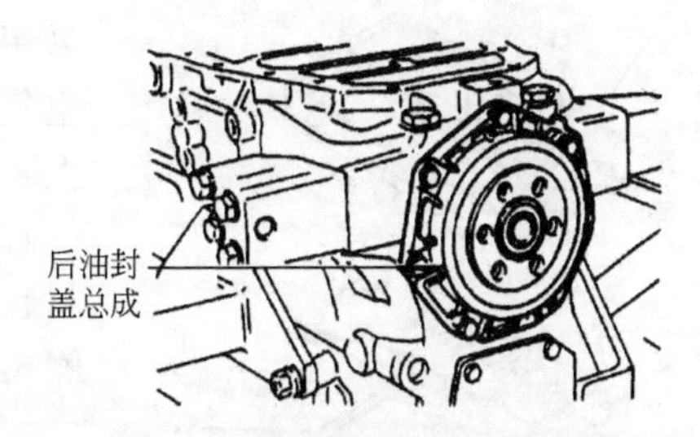

图 2-60　拆下曲轴后油封盖总成

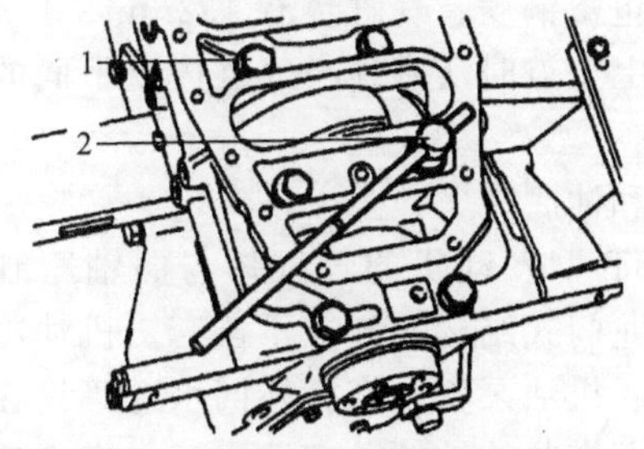

图 2-61　拧下上、下缸体紧固螺栓

1—紧固螺栓；2—套筒扳手

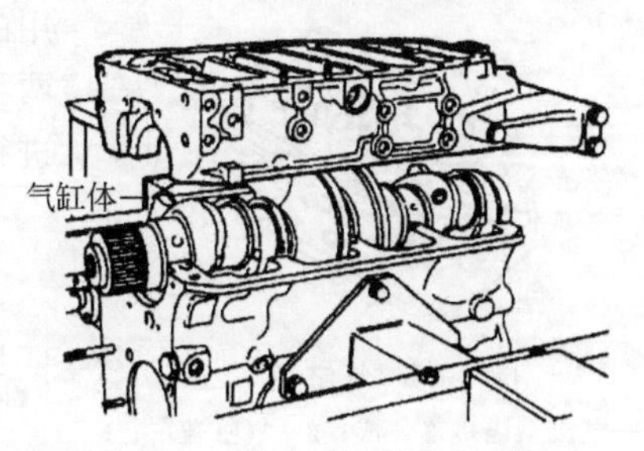

图 2-62　拆下下缸体及密封垫

⑯ 如图 2-64 所示，拆下所有主轴承 2。拆下机油冷却喷嘴 1。

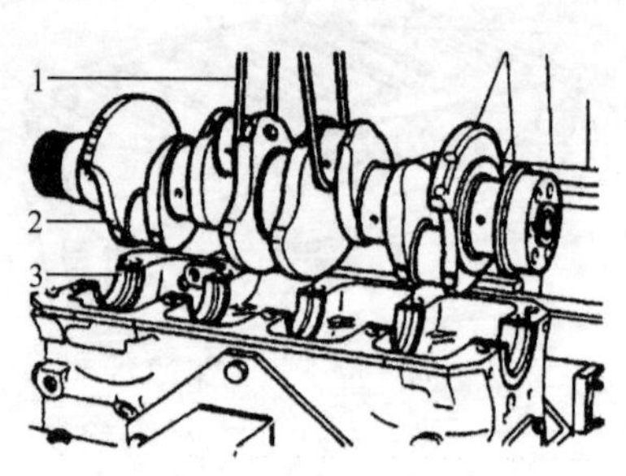

图 2-63 拆下曲轴
1—起吊装置；2—曲轴；3—缸体

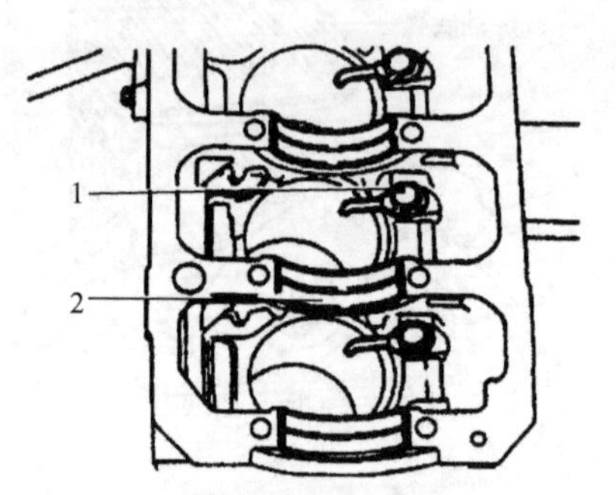

图 2-64 拆下主轴承和机油冷却喷嘴
1—机油冷却喷嘴；2—主轴承

第三节 曲轴连杆机构的检修

发动机曲轴连杆机构的检修数据均以依维柯汽车发动机为例。

一、机体组的检修

1. 结构特点

(1) 气缸盖及气缸盖罩

气缸盖与气缸垫的主要功能是封闭气缸上部，并与活塞顶部、气缸配合构成燃烧室。

图 2-65 所示为依维柯 SOFIM 柴油机气缸盖，该气缸盖用铝合金铸造。由于铝合金导热性好，可采用高压缩比（18.5∶1）。采用 ω 形燃烧室，设计上保证形状、位置、大小与喷油嘴喷出的雾状柴油相吻合。由于采用顶置气门、顶置凸轮轴结构，气缸盖高度尺寸较大，刚度较大，凸轮轴直接支承在气缸盖上，不使用轴承。采用螺旋进气道，可形成理想的进气涡流，促进燃油与空气充分混合。气缸盖用 22 个 M12 的螺栓紧固在气缸上，每缸周围有 7 个螺栓，保证了密封性。气缸盖罩与气缸盖之间有成型的橡胶密封垫，气缸盖上装有用复合材料制成的隔声罩，以减小凸轮轴及气门机构运转的噪声。

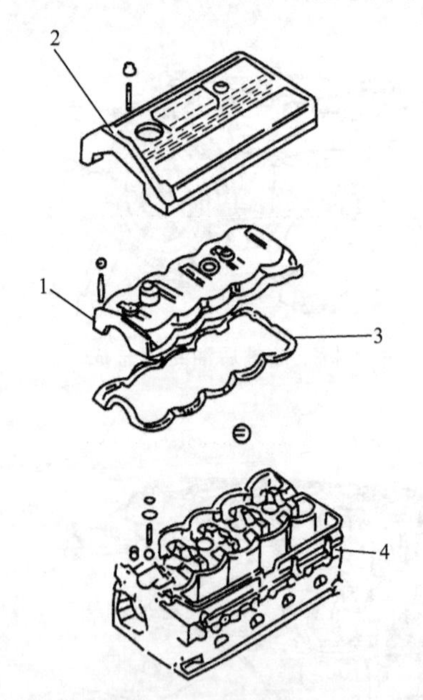

图 2-65 气缸盖
1—气缸盖隔声罩总成；2—气缸盖罩；3—气缸盖罩衬垫；4—气缸盖

(2) 气缸垫

柴油机的气缸垫为金属骨架-石棉垫，由钢芯石棉制成，为增加强度，在缸口处用不锈钢包边，起定位作用的油道孔周围包覆铜皮。气缸垫有 1.2mm、1.35mm 两种厚度，根据上止点时活塞顶与气缸体上平面的距离进行选择。

(3) 气缸体和油底壳

东风汽车 6BT 型发动机的气缸体与曲轴箱制成一体，该气缸体为龙门式结构，气缸不镶套。机油冷却器空腔、水泵蜗壳、机油泵壳、小循环回水道等设在缸体内；缸体内制有七道凸轮轴轴承座孔。第一道凸轮轴轴承座上有衬套，其余轴承座无衬套。缸心距为 120mm，龙门高为 90mm。具体结构如图 2-66 所示。

依维柯 SOFIM 柴油机气缸体如图 2-67 所示。气缸体由灰铸铁铸造而成，四个气缸，五个主轴承孔，缸体内合理布置加强肋与壁厚。气缸体沿曲轴轴线平分为上、下两部分。上气缸体是一个典型的平底式结构，便于加工，而曲轴箱则是一个包含曲轴支承的整体式框架结构。因此缸体的刚度优于龙门式气缸体，气缸体与曲轴箱通过螺栓连接，并夹有橡胶密封衬垫，其除了起密封作用外，还减少了曲轴箱壁的振动噪声。五道轴承盖连成一体成为框架结构，与气缸体通过螺栓连接，从而提高了气缸体的刚度。

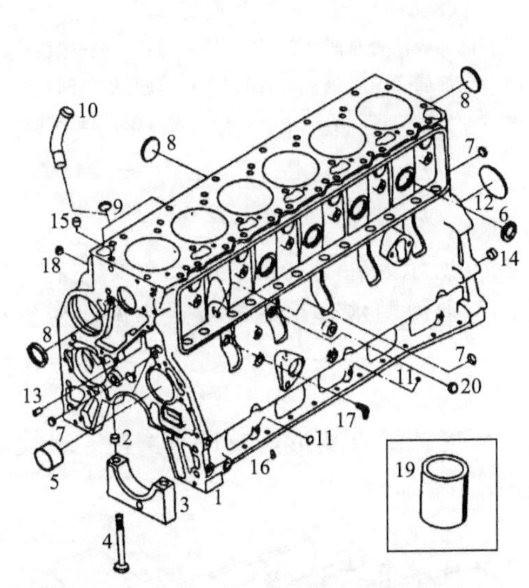

图 2-66 东风 6BT 型发动机气缸体

1—气缸体总成；2—定位环；3—主轴承盖；4—螺栓；5—凸轮轴衬套；6～9,11,12—堵塞；10—增压器回油管；13—定位销；14—飞轮壳定位环；15—缸盖定位环；16—活塞冷却专用喷嘴；17—直角管接头；18—内六角锥形螺塞；19—修理用缸套；20—螺塞

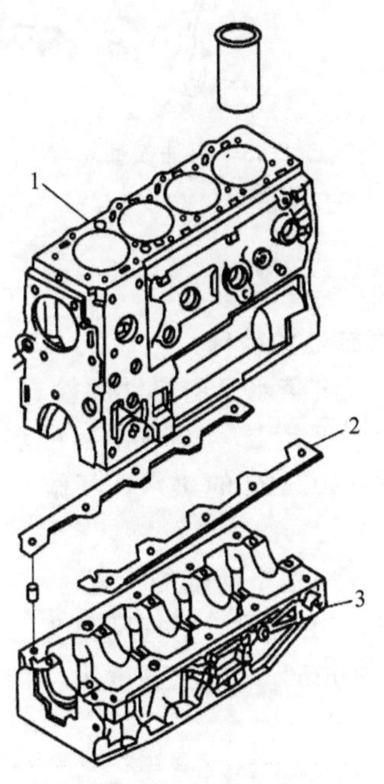

图 2-67 SOFIM 柴油机气缸体

1—上气缸体；2—橡胶密封垫；3—下气缸体（轴承盖）

上气缸体每个圆柱腔内装有一个干式合金铸铁缸套。每个气缸内还装有一个活塞冷却机油喷嘴总成，如图 2-68 所示。喷嘴利用主油道中的压力机油喷射润滑和冷却活塞等运动部件。它向活塞内腔喷射机油时，油液呈线状油束。喷嘴由锁片和螺钉固定。上气缸体的左侧后部还装有曲轴箱通风空气滤清器。曲轴箱内的油气经滤清器过滤后沿通风管排向大气，残留的机油从滤清器下部的橡胶管流回油底壳，从而使曲轴箱能及时补充新鲜空气。

维修提示：

◆上气缸体的前、后端面及侧面分别装有螺栓和不同规格的闷头堵塞，这些孔为加工工艺孔，并与水道、油道相通，故在螺栓及堵塞口涂上密封胶才装配。

下气缸体装有油底壳。油底壳侧面设有磁性放油螺塞。油底壳与下气缸体之间的密封衬垫为耐机油的软木橡胶衬垫。油底壳的结构如图 2-69 所示。

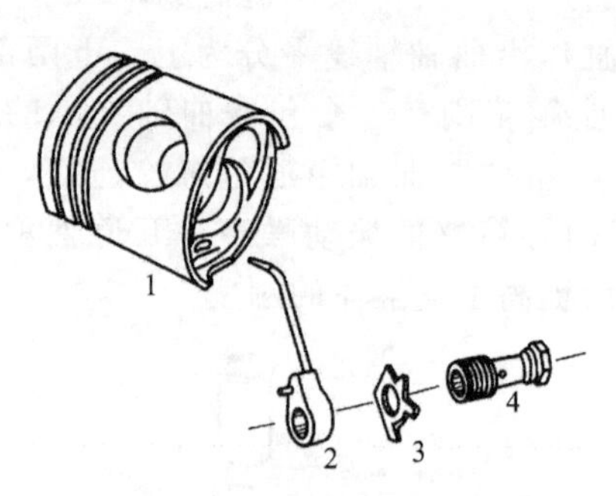

图 2-68　机油喷嘴总成

1—活塞；2—喷嘴；3—锁片；4—接头螺钉

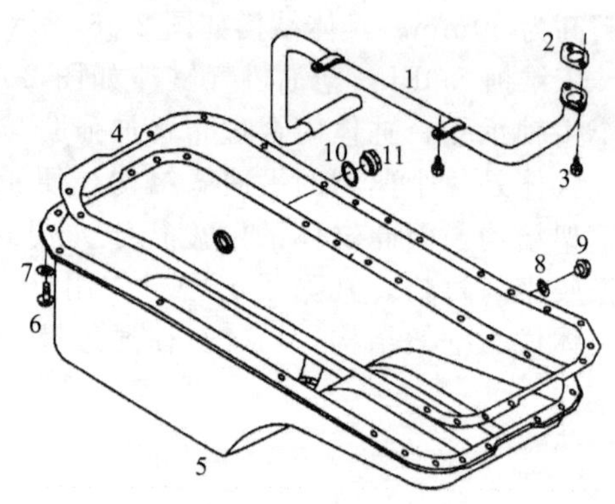

图 2-69　油底壳

1—机油吸油管总成；2—法兰密封垫；3,6—螺栓；4—油底壳密封垫；5—油底壳；7—碟形垫圈；8—密封垫圈；9—放油螺塞；10—密封垫；11—螺塞

2. 气缸盖的检修

(1) 气缸盖水套密封性的检查

用专用工具 1～4 将气缸盖的水孔堵死，如图 2-70 所示。在气缸盖中注入 90℃左右、压力为 200～300kPa 的热水，气缸盖不应出现渗漏，否则说明水套出现裂纹或渗漏，应更换气缸盖。

(2) 气缸盖平面度的检查

如图 2-71 所示，用直尺和塞尺检查气缸盖的平面度，如有变形，应进行磨削，最大磨削量为 0.4mm [气缸盖高度为 (150±0.1) mm]。

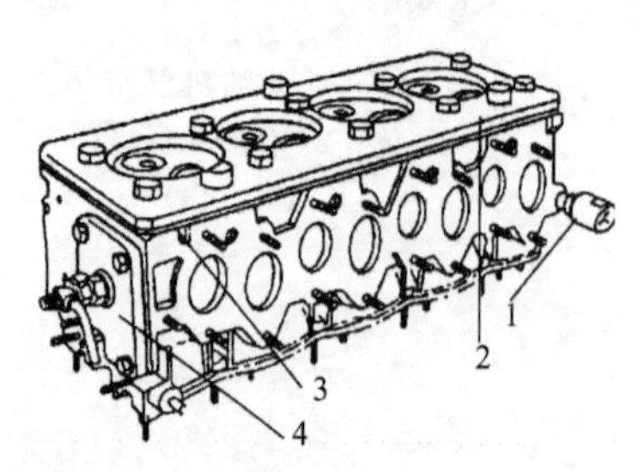

图 2-70　气缸盖水套密封性的检查

1～4—专用工具

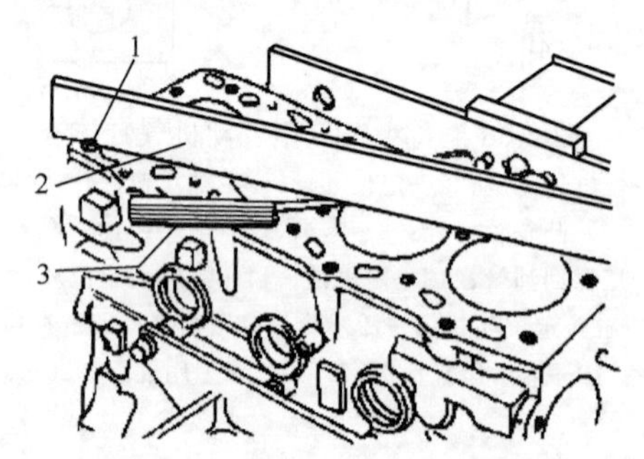

图 2-71　气缸盖平面度的检查

1—气缸盖平面；2—直尺；3—塞尺

(3) 喷油器凸出量的检测

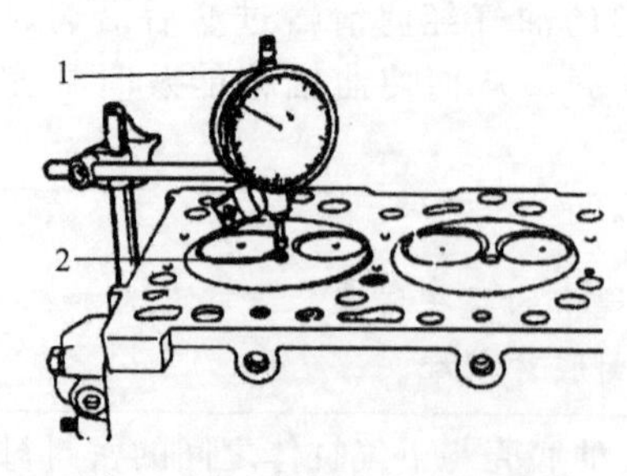

图 2-72　喷油器凸出量的检测

1—百分表；2—喷油器

气缸盖磨削后，必须检查喷油器的凸出量。装上喷油器，用百分表检测喷油器的凸出量，如图 2-72 所示，应为 3.00～3.45mm，若凸出太多，应在喷油器座中加铜垫圈。

3. 气缸体和气缸套的检修

(1) 目测检查

清洗气缸体后，检查气缸体有无裂纹，检查工艺孔、堵盖有无生锈和密封不好，如有应予以更换。检查气缸套内表面上不得有拉伤、划痕。

(2) 气缸磨损情况的测量

用内径为 93mm 的缸径量规将量缸表调零，然后按图 2-73 所示测量缸径。必须在每个气缸套三个不同的高度上和相互垂直的两个平面上测量，一个平面平行于发动机纵向轴线 A，另一个平面则垂直于发动机纵向轴线 B。测出最大的磨损量、椭圆度、锥度，如果磨损过大或椭圆度达到 0.23～0.25mm 时，应重镗或更换气缸套。重镗时缸径的加大尺寸应与活塞的加大尺寸相适应。每次镗削后，气缸套的壁厚均有一定数量的减小，对某一个气缸套几次镗削后，其累计的镗削量不能超过 0.6mm，否则应更换气缸套。

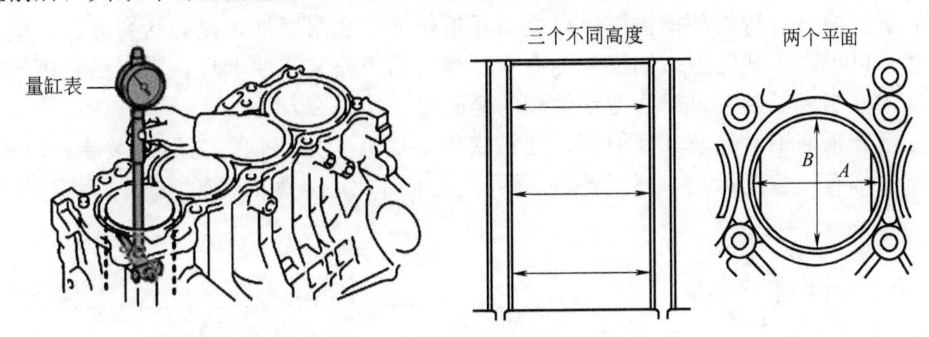

图 2-73 气缸磨损情况的测量

(3) 气缸体上表面平面度的检查

第一种方法是按照气缸盖平面度的检查方法，用直尺配合塞尺进行检查，如图 2-74 所示，把直尺放在气缸体的上表面，在交叉纵横的几个位置上进行测量。

第二种方法是把炭黑均匀地涂在气缸体上表面上，然后把直尺放在上表面进行检查，确定气缸体上表面是否变形。

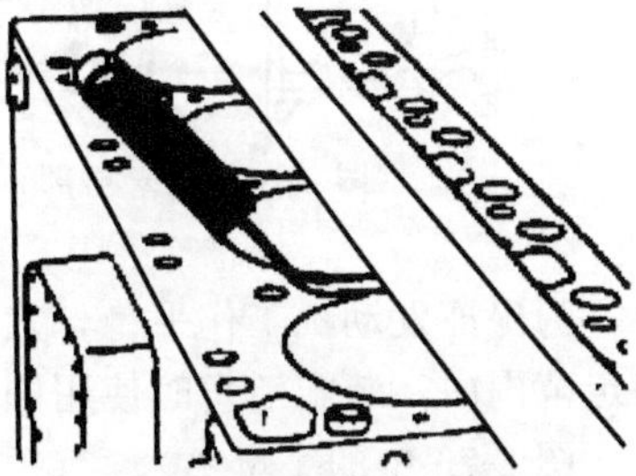

图 2-74 气缸体上表面平面度的检查

4. 气缸套的更换

① 检查新气缸套外径应为 95.970～96.000mm，缸体孔内径为 95.900～95.940mm，气缸套与缸体孔的过盈量为 0.03～0.10mm。

② 用专用压板在油压机上把旧气缸套压下。

③ 将气缸套放置于缸体孔上，并将气缸套轻轻敲入少许，检查两者在初镶位置是否同轴，否则应调整至同轴为止。

④ 在油压机上用专用压板慢慢压入，压入气缸套时绝对不能使用润滑剂。

⑤ 在将气缸套压入缸体孔的过程中，压入 80mm 长度时，油压机的负荷应大于 13000N；完全压入时，油压机的负荷应大于 50000N。

⑥ 气缸套的边缘应完全嵌入缸体孔的台阶中，以免使用中损坏。

⑦ 气缸套压入后，应先精磨气缸体上表面，然后镗削并珩磨气缸套内表面，最后在气缸套上缘倒角。

5. 主轴承孔的检查

① 将下气缸体装到上气缸体上，不装轴承与密封垫。

② 将固定螺钉紧至规定力矩。

③ 用内径百分表检查主轴承孔的直径，其值应为 80.587～80.607mm，如尺寸不对或发现有变形，应更换气缸体。

二、活塞连杆组的检修

1. 结构特点

（1）活塞

有的活塞顶内有 ω 形凹坑，与平的气缸盖底面及缸壁构成 ω 形燃烧室，结构紧凑、热损失小、经济性好、易启动。ω 形燃烧室利用油束形状与燃烧室的吻合程度高，在空间内形成良好的混合气，降低了燃烧噪声和烟度。铝合金活塞头部切有两道气环槽、一道油环槽。第一道活塞环槽镶有铸铁环槽护圈，以提高环槽热强度和耐磨性，提高活塞寿命。销座孔内压入铜套，以提高承载能力。销座外侧有卡环槽，用于安装弹性卡环，限制活塞销的轴向窜动。活塞裙部制成长轴垂直于活塞销轴线的椭圆形，如图 2-75 所示。

由于活塞顶部不对称及其他原因，在活塞安装时有一定方向，为防止装错，SOFIM 柴油机活塞顶部有一装配标记，如图 2-76 所示，装配时此记号朝向飞轮。

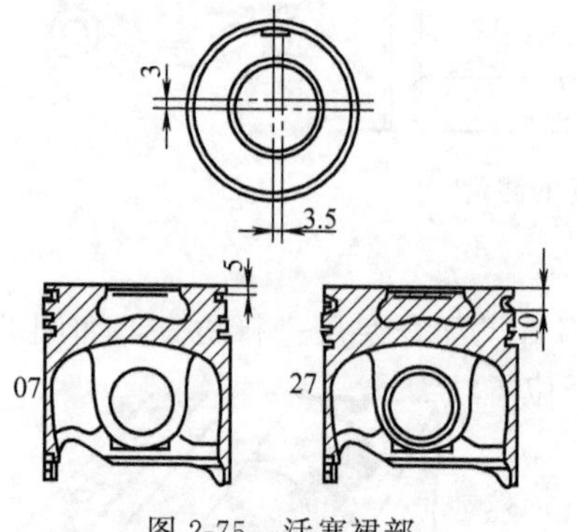

图 2-75　活塞裙部

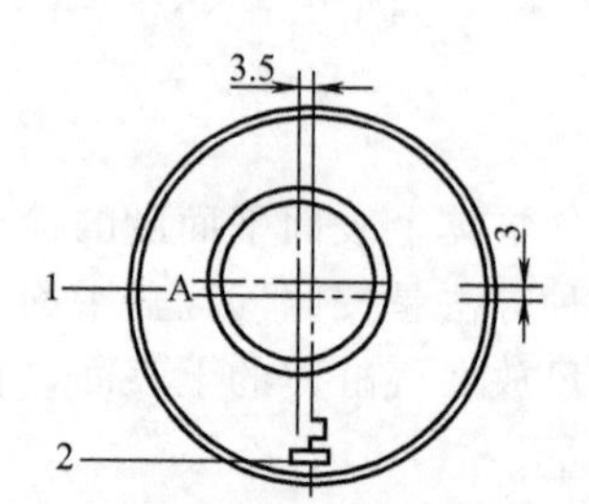

图 2-76　活塞装配标记

1—质量级别标记；2—装配标记

为保证发动机工作平稳，发动机每组活塞的尺寸和重量偏差都用分组选配的方法控制在一定范围内，装配活塞时使用同一尺寸组、同一重量组的活塞，因此活塞必须有质量级别标记（图 2-76 中的字母 A）。

（2）活塞环

SOFIM 柴油机各道活塞环的截面形状如图 2-77 所示。第一道活塞环采用梯形环，外表面镀铬以提高耐磨性。在热负荷较高的强化发动机中，第一、第二道环槽温度较高，易引起机油变质结胶，使活塞卡死在环槽内，造成活塞环断裂或拉缸。梯形环具有良好的抗结胶性。如图 2-78 所示，梯形环在侧压力作用下左右换向时，环的侧隙 Δ_2 和背隙 Δ_3 不断变化，使结胶物质不断从槽中被挤出，环槽内机油及时更新，即使在 240～250℃的高温下长

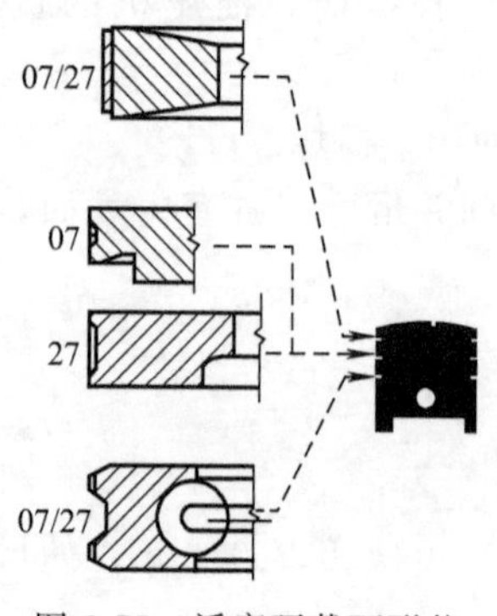

图 2-77　活塞环截面形状

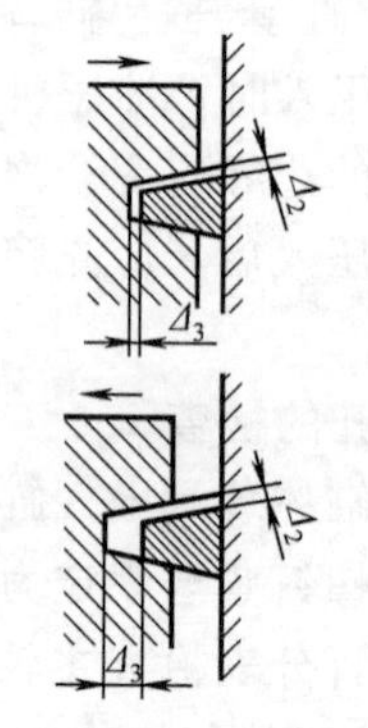

图 2-78　梯形环抗结胶原理

期工作也不致结胶。并且，采用梯形环时，气缸压力和惯性力的分力均可帮助把环压向缸壁，也可防止漏气和结胶。另外，当发动机停转活塞冷却时，其径向收缩会增加 Δ_2，起抵消轴向收缩而减小 Δ_2 的作用，使活塞不会卡滞，冷启动性能好。

第二道环采用内切口反扭曲环，即在矩形环内圆切一倒角，横断面不对称，当活塞环装入气缸后，环受到压缩产生弯曲变形，断面中性层以外产生拉应力，中性层以内产生压应力，拉应力的合力指向环的中心，压应力的合力背离活塞中心。矩形环由于中性层内外断面对称，两力在同一平面内，不产生扭矩，如图 2-79 中①所示。扭曲环由于中性层内外断面不对称，使两力不在同一平面内，如图 2-79 中②所示，从而形成力偶，在力偶的作用下，活塞环发生微量变形，如图 2-79 中③所示。

由于扭曲环装入气缸后发生扭曲，环与气缸及环槽之间均形成一微小角度，这时环与气缸就不再是以整个圆表面接触，而成为理想上的线接触，接触面积减小，单位压力增加，而且易于与气缸壁相适应，因此磨合性好。由于扭曲后，还对缸壁和环槽侧面均成角接触状态，这样既增加了密封性，又减少了活塞环在环槽内的上下跳动，减少了泵油作用，并减少了冲击力，使磨损减轻。第二道环采用反扭曲环，即内切口朝下装，环装入气缸后呈盖子形。

第一道环和第二道环上标有 TOP 字样，如图 2-80 所示，装配时有字的一面朝上。

本发动机采用合金铸铁整体式油环，带有螺旋衬簧，能使铸铁油环具有径向弹力，使其压紧在气缸壁上，加强刮油能力，外表面镀铬，以提高耐磨性。

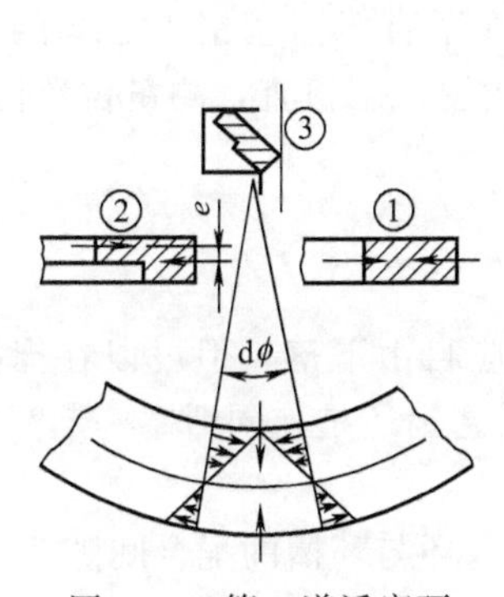

图 2-79　第二道活塞环

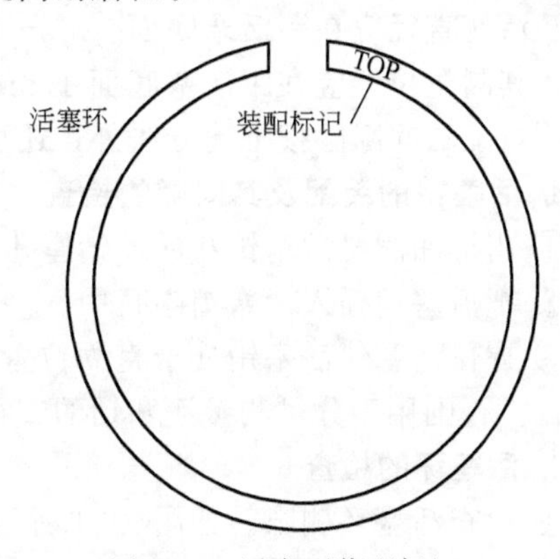

图 2-80　活塞环装配标记

（3）活塞销

活塞销采用空心圆柱形，材料为低碳合金钢，表面渗碳处理，以提高表面硬度，外圆磨削加工。冷装配时，活塞销与销座孔的配合略紧，而与连杆小头的配合略松。工作时活塞在连杆小头及活塞销座内部都有合适的配合间隙。活塞销为全浮式连接。

（4）连杆体及连杆盖

连杆采用合金钢模锻制成，表面喷丸处理，杆身呈工字形，可在保证强度的前提下减少重量。连杆大头采用平切口，锯齿形定位，连杆盖与连杆体用螺栓连接，贴合紧密，定位可靠，结构紧凑。连杆小头压入减摩铜衬套。为润滑活塞销和衬套，在小头和衬套上钻有集油孔，收集发动机运转时飞溅上来的机油，用于润滑。连杆体与连杆盖上有标记，代表杆身与杆盖的配对，如图 2-81 所示。

（5）连杆轴承

连杆轴承为半椭圆形，装在大头孔内，用以使连杆轴颈和连杆大头间保持良好的油膜，减少摩擦阻力，加速磨合。注意，凡有电镀层的轴承，维修时不应镗削和刮削，否则去掉镀层就完全失去了加覆盖层的意义。因此有电镀层的轴承不用刮削。轴承与连杆大头在结合端有定位凸键和定位槽，以便装配时正确定位。有的发动机如 SOFIM 柴油机上、下轴承厚度不同，在轴承背面压有意大利文 STELO（连杆体）字样的装在连杆体上，有 CAAPELLO（连杆盖）字样的装在连杆盖上，如图 2-82 所示。

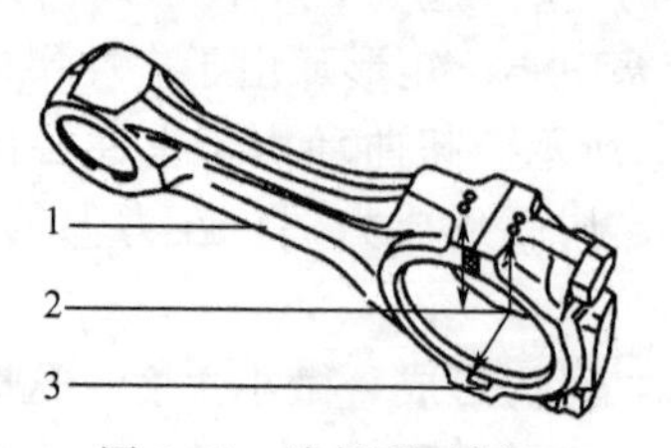

图 2-81　连杆配对标记

1—连杆体；2—配对标记；3—连杆盖

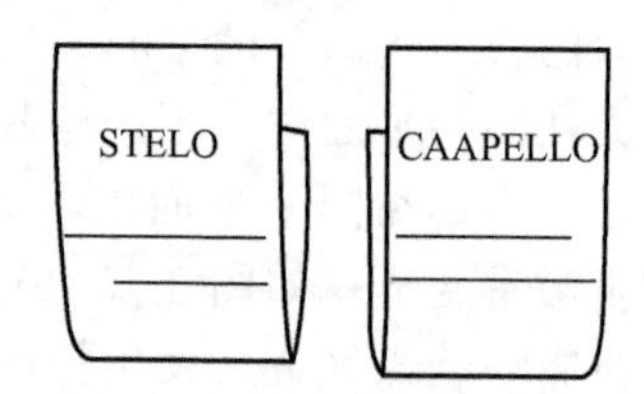

图 2-82　连杆轴承装配标记

2. 活塞的检查

① 检查活塞质量。同一台发动机活塞质量之间的允许偏差为±7g，如有超重应用刮刀刮去多余质量。

② 检查活塞的各尺寸是否符合标准值。

③ 配缸间隙的检查。用千分尺测量活塞的直径，用量缸表测量气缸内径，以确定配缸间隙。活塞直径应在距活塞底面 12mm 处测量，但对用于 SOFIM 8140.27 发动机的 KS 型活塞，其测量位置应在距活塞底面 17mm 处，气缸直径在垂直于活塞销中心线的方向上测量。测量配缸间隙除按上述方法外，还可按图 2-83 所示用塞尺来检查，测量位置同上。

3. 活塞销的装配及其间隙的检查

① 用机油润滑活塞销和活塞销座孔。

② 把活塞销插入活塞销座孔中。

③ 握住活塞使活塞销处于直立位置，此时活塞销不应自由下落，但可以在拇指的按压下下行。否则用千分尺测量活塞销的直径，以确定是换活塞销还是连同活塞一起更换。

4. 活塞环的检查

① 检查活塞环侧隙。如图 2-84 所示，用塞尺检查活塞环与环槽的配合间隙。

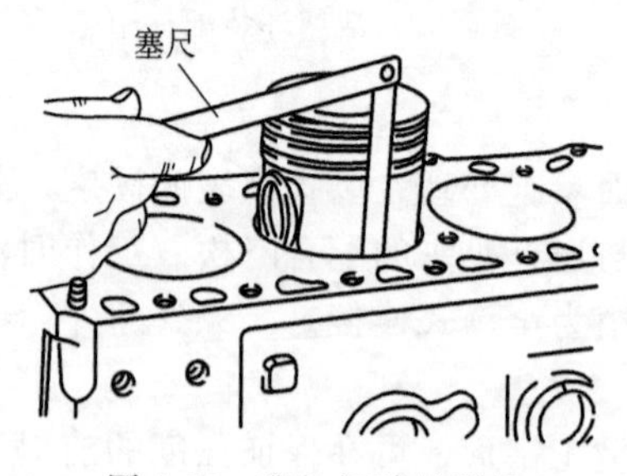

图 2-83　配缸间隙的测量

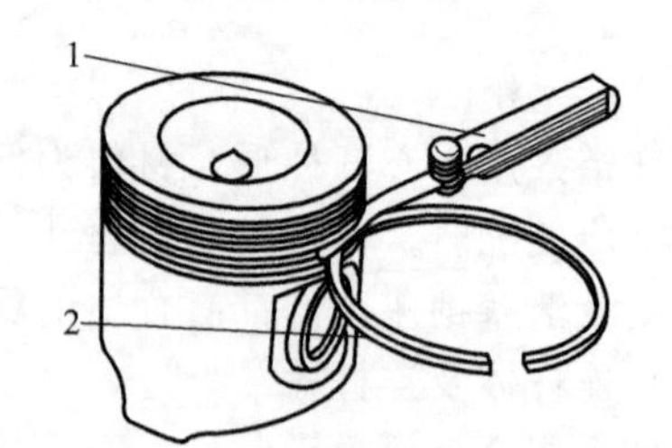

图 2-84　活塞环侧隙的检查

1—塞尺；2—活塞环

梯形环由于形状特别，应按以下方式进行测量。如图 2-85 所示，将活塞 1 向上提，使梯形环 2 有大约一半在气缸套 3 外面，然后用塞尺在此位置检查环与环槽的配合间隙，应为 0.090～0.140mm（对 8140.07 发动机，若使用 KS 型活塞，那么该值应为 0.080～0.130mm）。

维修提示：

◆如果测得的间隙超过最大允许值，则应用千分尺测量活塞环的厚度，以确定间隙过大是因为活塞环磨损，还是因为活塞环槽磨损所致，然后更换磨损过度的零件。

② 检查活塞环端隙。如图 2-86 所示，将活塞环平放入气缸体中，用塞尺测定开口间隙，如间隙小于规定值，应进行修磨，如间隙过大则应更换活塞环。

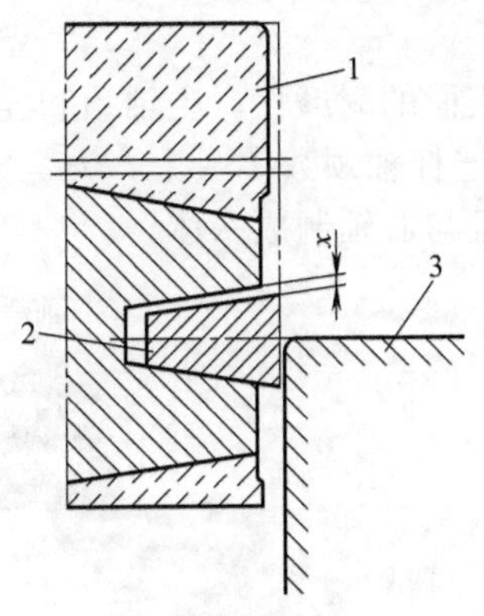

图 2-85　梯形环侧隙的检查

1—活塞；2—梯形环；3—气缸套

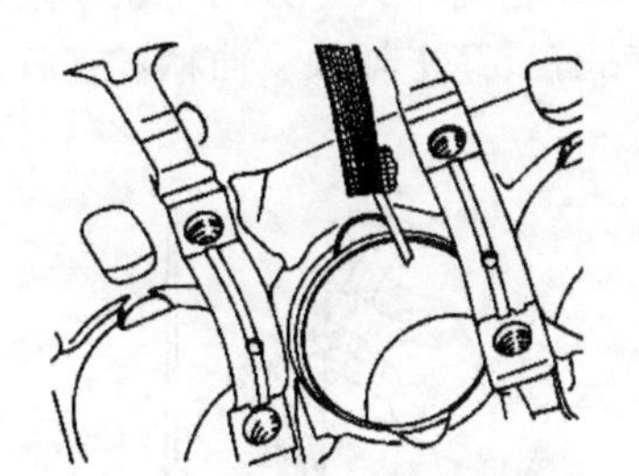

图 2-86　活塞环端隙的检查

5. **连杆的检修**

① 连杆小头中心线平行度的检查。将不装连杆轴承的轴承盖安装到连杆的大头上，并按规定力矩拧紧连杆螺栓。装上选配好的活塞销。将连杆大头装在连杆校正器的横轴上，拧动调整螺钉使定心块张开，将连杆固定在校正器上，如图 2-87 所示。将小角铁下弧面与活塞销靠紧，在距连杆纵向轴 125mm 处用塞尺塞在角铁平面与校正器平板间测量，最大误差为 0.07mm。如果超过此值，说明连杆出现弯扭，应对连杆进行校正或更换连杆。

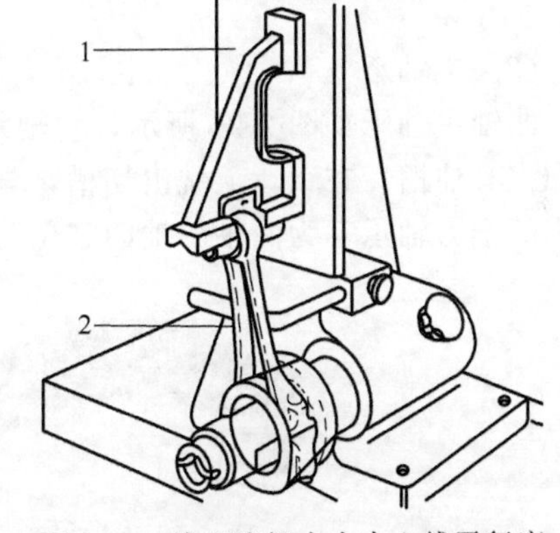

图 2-87　检查连杆小头中心线平行度

1—专用工具；2—连杆

② 连杆质量的检查。检查所有连杆总成的质量是否相同，其允许偏差为±8g，如有超重可通过切削凸面来除去超重部分。连杆称重时应带有连杆盖、连杆螺栓和连杆衬套。连杆质量分为三组，Ⅰ组为（1336±8）g，Ⅱ组为（1320±5）g，Ⅲ组为（1304±5）g（不常用）。

③ 连杆衬套的更换。检查连杆衬套是否松动，衬套内表面不得有擦伤及拉毛的痕迹，否则应予以更换。连杆衬套的拆装应使用芯棒，连杆衬套与连杆小头的过盈量为 0.080～0.145mm。在压衬套时，要使衬套油孔与连杆油孔重合，以保证机油油道的畅通。连杆衬套与活塞销之间的间隙为 0.015～0.028mm。

维修提示：

◆如果间隙过大，应更换衬套并用合适的铰刀铰孔，对衬套铰孔时，其内径尺寸为 32.011～32.018mm。

6. 活塞连杆组垂直度的检查

在将活塞连杆总成装进发动机前，要检查活塞连杆组的垂直度，其误差应为零，如图2-88所示。否则应找出原因，并更换有关零件。

三、曲轴飞轮组的检修

1. 结构特点

（1）曲轴

柴油机曲轴采用高强度球墨铸铁制造，为提高轴颈表面的耐磨性，主轴颈和连杆轴颈表面进行高频感应淬火。如图2-89所示，曲轴主轴颈数比连杆轴颈数多一个，为全支承曲轴。曲轴上钻有贯穿主轴颈、曲柄和连杆轴颈的油道。平衡重与曲轴制成一体。

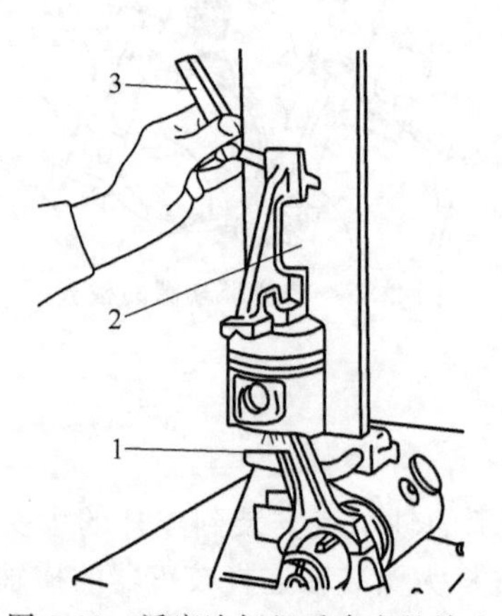

图2-88 活塞连杆组垂直度的检查

1—连杆总成；2—校验夹具；3—塞尺

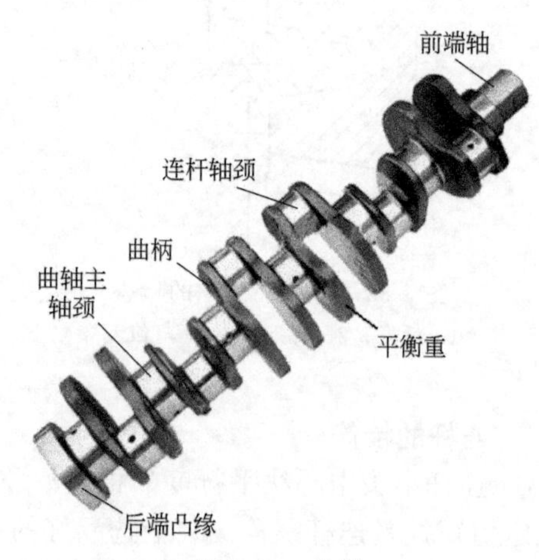

图2-89 曲轴

（2）主轴承

曲轴主轴承如图2-90所示，主轴承的钢背比连杆轴承略厚，并且在上半主轴承的内表面加工有油槽，在钢背上铣出切槽，与该油槽贯通，以便向连杆轴承供油润滑。最后一对为翻边的推力轴承，为曲轴的轴向定位装置。

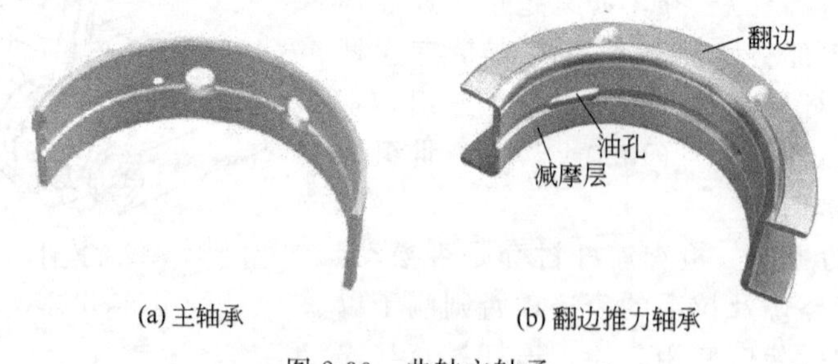

图2-90 曲轴主轴承

（3）飞轮

飞轮用灰铸铁制成，外缘上压有钢制齿圈。飞轮上刻有1、4缸上止点和供油提前角刻线。飞轮本身要进行静平衡试验，飞轮通过螺栓与曲轴后端凸缘连接，与曲轴一起进行动平衡试验。为了保证拆装中不破坏曲轴飞轮组的动平衡性能，飞轮的固定螺孔采用不对称布置。

2. 曲轴的检查

检查所有主轴颈和连杆轴颈，若有拉伤、划痕或过度失圆，则必须磨削曲轴。各主轴颈和连杆轴颈，必须磨削到同一级别。

3. 曲轴的修磨

① 用千分尺测量轴颈的尺寸，以便根据轴承的尺寸级别和径向间隙（主轴承径向间隙标准值为0.043～0.094mm，使用极限值为0.13mm；连杆轴承径向间隙标准值为0.028～0.075mm）来确定轴颈应磨削到多大直径。

② 在对曲轴进行磨削时应注意轴颈两侧凹槽的尺寸。

③ 磨削后，在重新安装曲轴前应对连杆轴颈和主轴颈的油道孔口重新倒角。

④ 磨削后，主轴颈和连杆轴径的最大圆度误差为0.005mm。

4. 主轴颈和连杆轴颈径向圆跳动的检查

如图2-91所示，将曲轴放在两个平行的V形块2上，把调零的千分表1的触头与各轴颈相接触，慢慢转动曲轴一圈，测量各主轴颈、连杆轴颈对两端主轴颈的径向圆跳动，主轴颈的最大允差为±0.05mm，连杆轴颈的最大允差为±0.07mm。测量值超差说明曲轴出现弯曲，应进行校正或更换。每一对连杆轴颈的中心线和主轴颈的中心线应在同一平面上。

5. 曲轴主轴承间隙的检查

① 径向间隙的检查。在曲轴主轴颈和主轴承之间装上塑料测隙片，用螺栓紧固气缸体上、下部（160N·m），再拆开，用塑料测隙量规检查塑料测隙片的宽度，查出主轴承与曲轴主轴颈之间的径向间隙，要求应在0.043～0.094mm之间，使用极限为0.13mm。超过极限值应更换曲轴或对曲轴进行修磨，换加厚的主轴承。加厚主轴承有两种：一种为0.254mm，另一种为0.508mm。

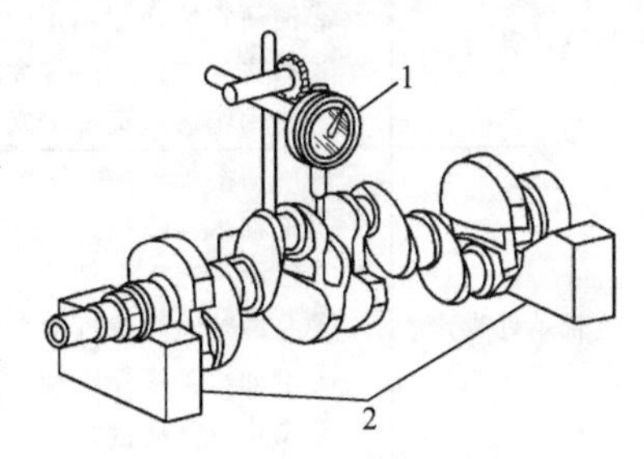

图2-91　主轴颈和连杆轴颈径向圆跳动的检查
1—千分表；2—V形块

② 轴向间隙的检查与调整。如图2-92所示，检查曲轴轴向间隙时，可将百分表指针抵在飞轮或曲轴的其他端面上，用撬棒前后撬动曲轴，百分表指针的最大摆差即为曲轴轴向间隙。也可用塞尺插入止推垫片与曲轴的承推面之间，测量曲轴的轴向间隙。

曲轴轴向间隙一般为0.07～0.17mm，允许极限一般为0.25mm。间隙过大或过小，可通过更换止推垫片来调整。

6. 飞轮的检查

检查飞轮与离合器的接合表面，若有擦伤、烧蚀、裂纹，应进行车削。飞轮的主要故障是工作面磨损、齿圈磨损或断齿等，如图2-93所示。

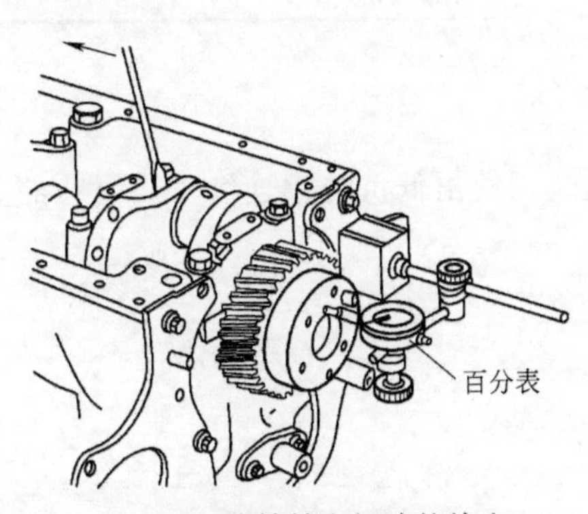

图2-92　曲轴轴向间隙的检查

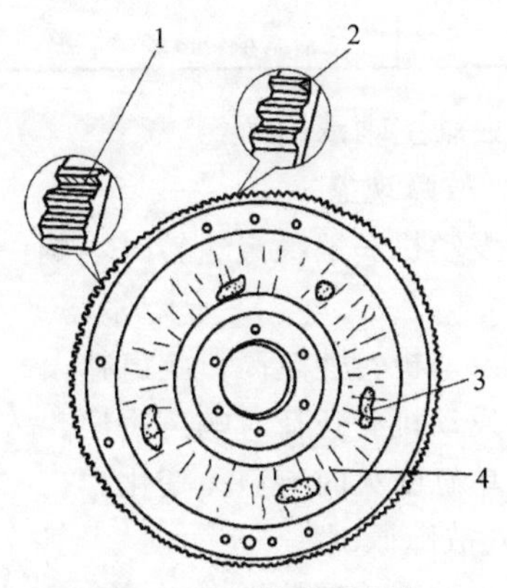

图2-93　飞轮常见损伤
1—齿面磨损；2—断齿；3—表面烧蚀；4—表面裂纹

7. 飞轮齿圈的更换

如果飞轮上齿圈的轮齿严重损坏，应更换。拆装齿圈时，必须用液压机。装配齿圈前，应将其加热到约100℃，并将其内圆有倒角的一面朝向飞轮。

四、曲柄连杆机构的故障诊断

曲柄连杆机构常见故障诊断与排除见表2-20。

表2-20 曲柄连杆机构常见故障诊断与排除

故障现象	故障原因	排除方法
气缸压力过低	①活塞环开口间隙过大 ②活塞环安装不正确 ③活塞与气缸间隙过大 ④气缸体上端面产生变形	①更换 ②重装 ③更换 ④修复
机油消耗过多	①油环失效 ②油环安装开口不正确 ③活塞与气缸间隙过大 ④曲轴箱通风系统堵塞	①更换 ②重装 ③更换 ④疏通
主轴承处噪声	①供油不足 ②主轴承间隙过大 ③轴承衬套丢失 ④曲轴轴向间隙过大 ⑤主轴承盖螺栓松动 ⑥飞轮或驱动盘松动 ⑦减振器松动或损坏	①检查是否机油液面偏低或油压偏低 ②测量间隙并修正 ③重装衬套 ④测量轴向间隙并修正 ⑤用标准力矩拧紧螺栓 ⑥用标准力矩拧紧螺栓 ⑦适当修补
连杆轴承处噪声	①供油不足 ②活塞顶部积炭 ③轴承间隙过大 ④曲轴连杆轴颈失圆 ⑤连杆或连杆盖安装错误 ⑥连杆螺栓松动	①检查是否机油液面或油压偏低 ②清除活塞顶部积炭 ③测量间隙并修正 ④测量轴颈直径，适当修正或更换 ⑤适当改正 ⑥用标准力矩拧紧螺栓
活塞处噪声	①活塞与气缸内壁之间的间隙偏大(活塞被划伤) ②气缸壁锥度误差和圆度误差过大 ③活塞环损坏 ④活塞销松动或卡住 ⑤连杆安装错误 ⑥活塞环边缘间隙过大 ⑦活塞积炭过多	①测量间隙并检查活塞 ②测量气缸内径，重镗气缸 ③更换活塞环 ④测量活塞与活塞销间隙，加以改正 ⑤检查并校正连杆安装位置 ⑥测量间隙并修正 ⑦清除积炭

1. 曲轴主轴承响

(1) 故障现象

① 发动机一般稳定运转时不响，转速突然变化时，发出低沉钝重连续“当当”的金属敲击声。

② 发动机转速越高，响声越大。

③ 发动机有负荷时响声明显。

④ 单缸断火时响声无变化。

(2) 故障原因

① 主轴承盖螺栓松动。

② 主轴承与主轴颈配合间隙过大。

③ 发动机机油不良。

④ 主轴承合金层烧蚀或脱落。

（3）故障诊断与排除

用旋具抵在曲轴箱接近曲轴主轴承处听察，反复变更发动机转速，在突然加速或减速时，如有明显的沉重响声，则为主轴承响。第一道主轴承响，声音较清脆；第五道主轴承响，声音偏沉闷。

① 发动机温度越高响声越明显，说明发动机机油黏度过低或老化，应更换发动机机油。

② 发动机高速运转，汽车重载爬坡，机件有较大的振动，机油压力明显下降，说明主轴承与主轴颈配合间隙过大，或合金层脱落，应及时更换主轴承或修磨主轴颈。

③ 若怀疑是曲轴轴向窜动响，可踩下离合器踏板，如果响声减弱或消失，则为曲轴轴向窜动发响，应更换曲轴止推垫片或更换曲轴。

④ 若怀疑是飞轮固定不良发响，可在发现异响时，关闭点火开关，而当发动机即将熄火时，再立即接通点火开关，如果此时能听到一声撞击声，且每次重复上述操作均如此，即证明是飞轮固定不良发响，应紧固或更换飞轮固定螺栓。

2. 连杆轴承响

（1）故障现象

①突然加速时，发动机有明显连续“当当”的类似木棒敲击铁桶的声音，该声响较主轴承响清脆。

② 怠速时响声较小，中速时明显。

③ 单缸断火后，响声明显减弱或消失。

④ 汽车高速或爬坡时，响声加剧。

（2）故障原因

① 连杆轴承盖螺栓松动。

② 连杆轴承径向间隙过大。

③ 连杆轴承合金层烧蚀。

④ 发动机机油不良。

（3）故障诊断与排除

① 发动机初发动时，响声严重，待机油压力上升后，响声减弱或消失，表明个别连杆轴承间隙稍大或合金层剥落，应酌情修磨连杆轴颈或更换连杆轴承。

② 若发动机温度正常，由低速突然加至中高速时，发动机发出有节奏的“当当”响声；转速再升高时，其响声减弱直至消失；单缸断火时响声消失，复火时响声恢复；稍关节气门，响声更明显，说明连杆轴承间隙过大。应修磨连杆轴颈或更换连杆轴承。

③ 发动机温度升高，响声增加，说明发动机机油不符合要求，应予更换。若同时在提高发动机转速时，其响声却减弱但显得杂乱，则说明连杆轴承合金层过热熔化，应立即修复。

3. 发动机冷态时敲缸响

（1）故障现象

① 怠速时，气缸上部发出有节奏的“吭吭”的金属敲击声，转速稍高响声消失。

② 发动机低温时发响，温度正常后响声消失。

③ 单缸断火时响声消失。

（2）故障原因

① 活塞与气缸配合间隙偏大。

② 发动机机油量少，机油飞溅不足。

（3）故障诊断与排除

① 拔出机油尺，检查机油量并酌情添加。

② 发动机低温初发动时，听到有节奏的“吭吭”的响声，机油加注口和排气管均冒蓝烟，向怀疑发响的气缸注入20mL左右的新机油，响声减弱或消失，说明活塞与气缸配合间隙偏大。应检测活塞与气缸，必要时修理气缸、更换活塞。

4. 发动机热态时敲缸响

（1）故障现象与原因一

① 故障现象：发动机高温时发出连续“嘎嘎”的金属敲击声；温度升高，响声加重。

② 故障原因：连杆轴颈与主轴颈不平行；连杆有弯扭变形。

（2）故障现象与原因二

① 故障现象：怠速时发出“嗒嗒”的响声，机体有抖动；单缸断火，响声加大（该缸有故障）；温度升高，响声加大。

② 故障原因：活塞裙部椭圆度过小；活塞与气缸配合间隙过小；活塞销装配过紧；活塞环背隙、开口间隙过小。

（3）故障诊断与排除

可根据故障现象判明故障原因。具体故障原因要通过分解发动机后方可查明。

5. 发动机冷、热态均有敲缸响

（1）故障现象

① 发动机怠速运转急加速时有敲缸响。

② 发动机大负荷或在高速挡急加速时有敲缸响。

（2）故障原因

① 点火正时失准。

② 燃油牌号不对或燃油品质不良。

（3）故障诊断与排除

① 调整点火正时。

② 换用规定牌号的合格燃油。

6. 活塞销响

（1）故障现象

① 发动机发出较尖锐清脆有节奏的“嗒嗒”类似手锤敲击铁砧的响声，在同转速下比敲缸响连续且尖细。

② 随发动机转速变化响声周期性变化，加速时响声更大。

③ 发动机温度升高，响声不减，甚至更明显。

④ 单缸断火响声减弱或消失。

⑤ 略将点火时间提前，响声更大。

（2）故障原因

① 活塞销与连杆衬套磨损过甚，间隙增大。

② 活塞销与其座孔配合松旷。

③ 活塞销卡环脱落，使活塞销轴向窜动。

④ 发动机机油量少，机油飞溅不足。

（3）故障诊断与排除

① 发动机低温怠速时发出“嗒嗒”的连续响声，响声部位在发动机上部，发动机中低速时响声消失。发响时，某单缸断火时响声消失，复火时响声恢复，即为该缸故障。此故障

一般系活塞销与连杆衬套配合间隙稍大，暂可继续使用。

② 发动机温度正常，中低速运转时均发出有节奏清脆且明显的“嗒嗒”声。单缸断火响声消失，复火时响声恢复，即为该缸活塞销与连杆衬套配合间隙过大，应更换活塞销或连杆衬套。

③ 发动机在低温、高温、低速、高速均发出带振动性的有节奏沉重的“嗒嗒”响声，断火试验时，响声转为“咯咯”的哑声，可断定为活塞销与连杆衬套严重松旷，应立即拆检，必要时更换活塞销或连杆衬套。

④ 发动机只在某一转速时发出明显有节奏的“贴贴”声，断火试验时响声减弱却杂乱，即为活塞销与其座孔间隙过大，应拆检并酌情更换活塞销和活塞。

⑤ 检查机油变质情况，查看机油量，必要时或更换添加发动机机油。

7. 活塞环响

(1) 故障现象与原因一

① 故障现象：活塞环敲击响，即发动机出现钝哑的“啪啪”响声，发动机转速升高响声增大，且显得杂碎。

② 故障原因：活塞环折断；活塞环磨损，在环槽内松旷；气缸壁顶部磨出凸肩，修磨连杆轴颈后，使活塞环与气缸凸肩相碰。

(2) 故障现象与原因二

① 故障现象：活塞环漏气响，类似活塞敲缸响，单缸断火响声减弱但不消失。

② 故障原因：活塞环与气缸间漏光度过大；活塞环弹力过弱；活塞环开口间隙过大或各环开口重叠；活塞环在环槽内卡死。

(3) 故障诊断与排除

① 用旋具抵在火花塞上听察，如感觉有“唰唰”的响声，即为活塞环折断；如感觉有明显的振动，则为活塞环碰撞气缸凸肩。根据具体故障酌情更换活塞环或修理气缸。

② 发动机低温起机时，有“唰嘣嘣”的响声，机油加注口处脉动地冒蓝烟。若发动机温度正常后，响声减弱或消失，即为活塞环与气缸漏光度过大或活塞环在环槽内卡死等原因引起的，应立即更换活塞环或修理气缸。若冷却液温度高时，发动机有明显的窜气响，进行断火试验时，窜气响减弱，则说明活塞环开口间隙过大、活塞环开口重叠或活塞环弹力过弱，应酌情更换或按规定重新装复活塞环。

第四节 配气机构的检修

发动机配气机构的检修数据均以依维柯汽车发动机为例。

配气机构的作用是按照发动机的工作需要，定时地开启或关闭进气门、排气门，使混合气（汽油机）或空气（柴油机）及时进入气缸，或使气缸内的废气及时排出。货车发动机均采用顶置气门、顶置凸轮轴式配气机构，如图 2-94 所示。凸轮轴通过正时齿形带（正时链）由曲轴驱动。顶置凸轮轴的凸轮通过调整垫片、挺柱直接推动气门。

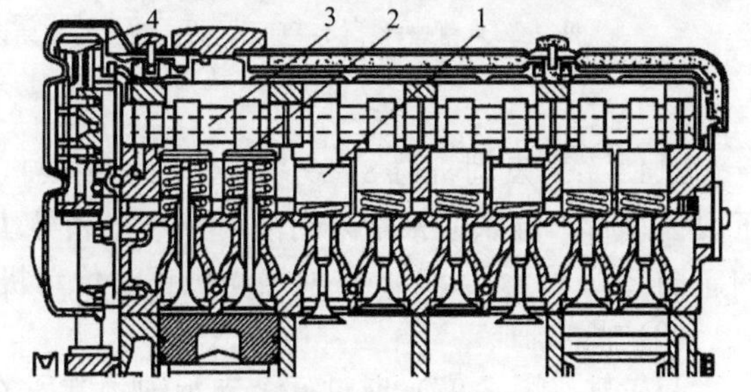

图 2-94 配气机构

1—挺柱；2—调整垫片；3—凸轮轴；4—正时齿轮

配气机构由气门传动组和气门组两大部分组成。气门传动组包括正时齿形带（正时链）、正时齿轮、凸轮轴、调整垫片和挺柱等。气门组包括气门、气门座、气门导管、气门弹簧和锁片等。

一、气门传动组的检修

1. 结构特点

(1) 正时传动机构

以 8140 系列发动机为例，发动机曲轴正时齿轮通过正时齿形带驱动凸轮轴，同时将动力传给附件箱。为增大齿形带包角，设有导轮和张紧轮。

如图 2-95 所示，曲轴转动时，带动曲轴正时齿轮 17 转动，曲轴正时齿轮 17 经正时齿形带 14 同时驱动凸轮轴正时齿轮 7 和附件箱驱动齿轮 4。正时齿形带 14 由两个张紧轮 3 张紧，上面一个张紧轮起导轮作用，下面一个张紧轮起张紧作用，由正时齿形带张紧推杆 1 内的弹簧推动下张紧轮支架 12，再经张紧轮 3 对正时齿形带进行张紧。

凸轮轴正时齿轮 7 带动凸轮轴 10 转动，附件箱驱动齿轮 4 带动喷油泵驱动轴 36 转动。为使凸轮轴 10 与喷油泵驱动轴 36 对曲轴有一个正确的正时关系，要求曲轴正时齿轮 17、凸轮轴正时齿轮 7、附件箱驱动齿轮 4 在安装时必须在规定的对应位置上，否则发动机不能正确运转。

正时齿形带 14 不需要润滑，但需要防止尘土进入；防护板 6、正时齿轮盖 37、下防护盖 11 必须正确安装，不能留有进入灰尘的缝隙。

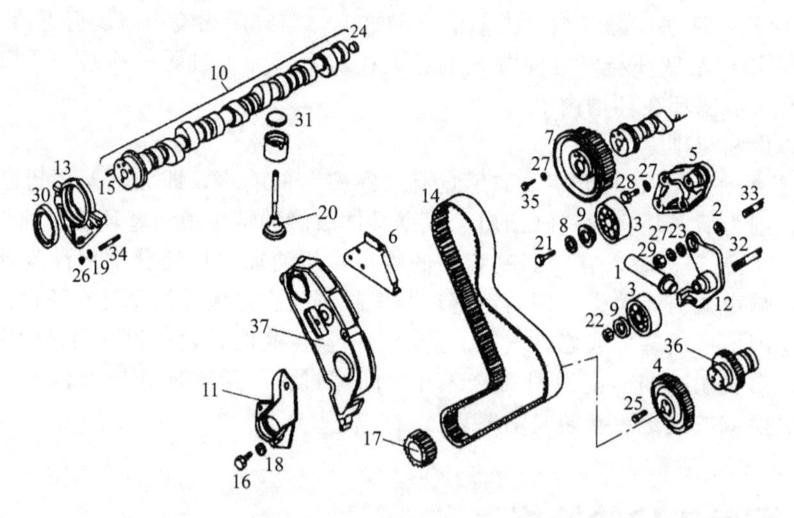

图 2-95　8140 系列发动机正时传动机构

1—正时齿形带张紧推杆；2,9—隔套；3—张紧轮；4—附件箱驱动齿轮；5—上张紧轮支架；6—防护板；7—凸轮轴正时齿轮；8,23—垫圈；10—凸轮轴；11—下防护盖；12—下张紧轮支架；13—凸轮轴油封座；14—正时齿形带；15—圆柱销；16,21,28—六角头螺栓；17—曲轴正时齿轮；18,19,27—弹性垫圈；20—气门；22,26—六角螺母；24—塞子；25—附件箱驱动齿轮紧固螺钉；29—螺母；30—凸轮轴油封；31—气门间隙调整垫片（8 个）；32～34—双头螺柱；35—螺栓；36—喷油泵驱动轴；37—正时齿轮盖

8142 系列发动机与 8140 系列发动机主要区别在于 8142 系列发动机采用正时链条代替正时齿形带，链条的张紧采用液力张紧器和导块，取消了张紧轮。其驱动机构的部件是相同的。图 2-96 所示为 8142 系列发动机正时传动机构。

(2) 凸轮轴

凸轮轴（图 2-97）通过五个支承轴颈支承在气缸盖的凸轮轴轴承座内，支承轴颈上有油槽和油孔与凸轮轴中心的纵向油道相通，润滑凸轮轴轴承。凸轮轴前端与凸轮轴正时齿轮

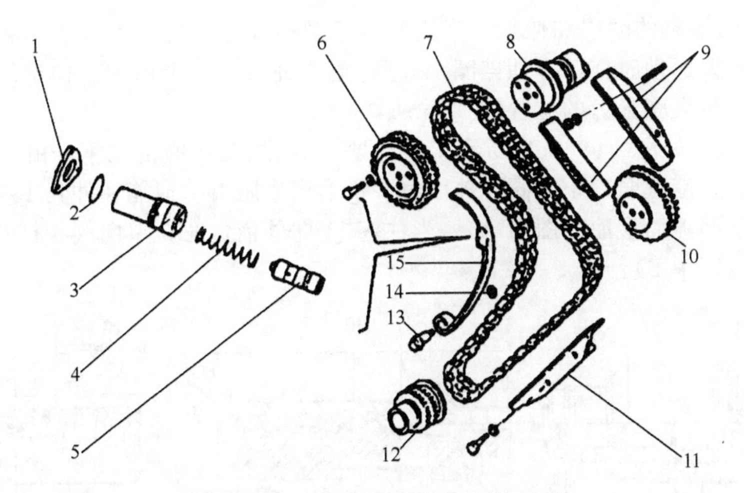

图 2-96　8142 系列发动机正时传动机构

1—法兰；2—密封圈；3—张紧器壳体；4—弹簧；5—柱塞；6—凸轮轴正时链轮；7—链条；8—凸轮轴；9—上托架；10—喷油泵正时链轮；11—下托架；12—曲轴正时链轮；13—铰接销；14—调整垫圈；15—导块

通过螺栓连接，并用圆柱销定位。凸轮轴前端有一凸缘与气缸盖前端面及凸轮轴油封座止推面相配，使凸轮轴轴向定位。

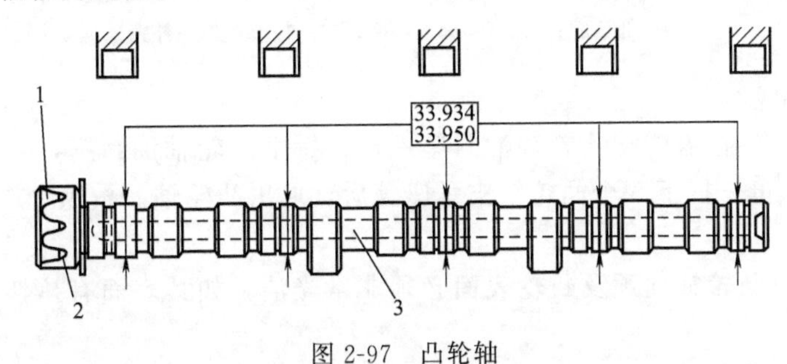

图 2-97　凸轮轴

1—定位销孔；2—螺栓孔；3—油道

(3) 挺柱和调整垫片

SOFIM 柴油机采用筒形挺柱，用低碳钢挤压成形，上端面制成凹坑，内放气门间隙调整垫片。调整垫片为圆形，厚度从 3.25～4.45mm，3.65～4.05mm 每隔 0.02～0.03mm 为一挡，其余相隔 0.05mm。安装气门调整垫片时，标有厚度的一面应朝向挺柱。

SOFIM 柴油机气门间隙在凸轮基圆与调整垫片之间，数值为 0.5mm，可用塞尺测量。

挺柱上部边缘上有一缺口，如图 2-98 所示，可用压缩空气喷枪对准缺口喷射压缩空气，使调整垫片浮起，以便在调整气门间隙时更换调整垫片。

图 2-98　挺柱

(4) 液力张紧器

液力张紧器由发动机润滑系统供油，在装配和使用中，不需调整。其结构如图 2-99 (a) 所示，具有以下功能。

① 张紧链条。如图 2-99 (a) 所示，弹簧 2 会不断地向外推柱塞 11，在链条正常工作时，柱塞的振幅限制在两个方向 2.2mm 以内运动，止回槽 8 较深且较宽，不干涉弹性挡圈 10 伸缩，这样可补偿材料和机油的热膨胀。

② 防退保护。如图 2-99 (b) 所示。柱塞 11 的沟槽前部凸起（箭头所指），与弹性挡圈 10 干涉阻止柱塞过分缩回。

③ 补偿正时链条的磨损和伸长。当正时链条磨损和伸长时，由弹簧引起的推力使柱塞的振幅更大，柱塞运动时拖动弹性挡圈10超过槽顶进入下一个槽内。柱塞的全部振幅从缩回的最大位置到最大张紧力的位置约13mm。

④ 液压补偿。如图2-99（c）所示。在柱塞11剧烈反弹的情况下，由于高压腔内有机油存在而使缩回程度减弱。单向阀4关闭时，机油产生阻力，但能在外壳13和柱塞11之间存在一个很小的间隙而渗油（图中A）。当柱塞11向外前进时，单向阀4打开，并且机油进入两个液压腔（图中B）。

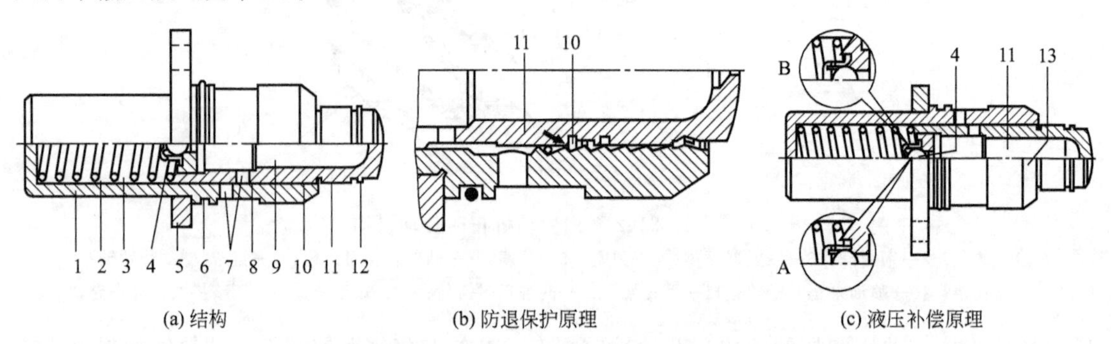

(a) 结构　(b) 防退保护原理　(c) 液压补偿原理

图2-99　液力张紧器的结构和工作原理

1—外壳；2—弹簧；3—压力腔；4—单向阀；5—法兰；6—密封圈；7—机油进口；8—止回槽；9—低压腔；10,12—弹性挡圈；11—柱塞；13—外壳

2. 凸轮轴的检修

① 拆卸。拆下气缸盖前端凸轮轴油封座螺母，拆下凸轮轴油封座，再从气缸盖上旋下凸轮轴支承座盖螺母，拆下5个凸轮轴支承座盖后，取出凸轮轴。按顺序放好各凸轮轴支承座盖。

② 目测检查。凸轮轴轴颈及凸轮表面必须非常光洁，如其表面有拉伤或划痕，应更换凸轮轴。

③ 凸轮轴径向圆跳动检查。将凸轮轴放在平行V形架上［图2-100（a）］，用百分表检查其轴颈的径向圆跳动，其值不得超过0.04mm，否则应更换凸轮轴。

④ 凸轮升程检查。如图2-100（b）所示，检查凸轮的升程。8140.07发动机进、排气凸轮的升程为10.5mm，8140.27和8142系列发动机进气凸轮的升程为9.5mm，排气凸轮的升程为10.5mm。

⑤ 检查凸轮轴轴颈与其支承座孔之间的间隙。用19N·m的力矩拧紧凸轮轴座盖螺母，用内径千分尺测定支承座孔的内径，应为33.980～34.014mm。然后用千分尺测定凸轮轴轴

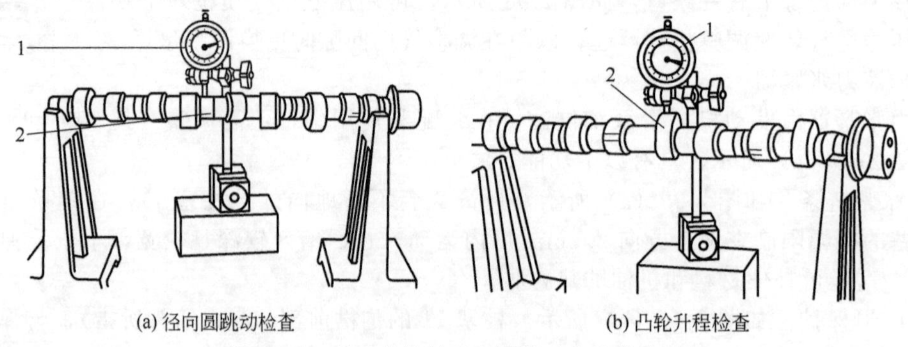

(a) 径向圆跳动检查　(b) 凸轮升程检查

图2-100　检查凸轮轴径向圆跳动和凸轮升程

1—百分表；2—凸轮轴

径，应为 33.934～33.950mm。凸轮轴轴颈与其支承座孔之间的间隙应为 0.030～0.080mm。如果超差应更换有关零件。

⑥ 凸轮轴的安装。将凸轮轴涂上机油（避免初始磨损）装到气缸盖上，按原顺序装上各凸轮轴支承座盖，用交叉方式，从中间向两侧旋紧螺母（力矩为 19N·m）。将凸轮轴油封刃口向内并涂上机油，装到凸轮轴油封座上，然后装到气缸盖前端，旋紧油封座螺母（力矩 8.2N·m）。

维修提示：

◆转动凸轮轴应灵活，检查凸轮轴轴向间隙应为 0.05～0.2mm。否则应在凸轮轴油封座与气缸盖之间用垫片进行调整。

3. 挺柱的检修

① 检查挺柱外观有无裂纹、麻点等缺陷，如有需更换挺柱。

② 用千分尺检查挺柱直径应为 43.950～43.970mm，用内径千分尺检查挺柱孔应为 44.000～44.025mm，挺柱与挺柱孔的装配间隙为 0.030～0.075mm，使用极限为 0.12mm。如果间隙过大，应更换挺柱。

4. 正时齿轮（链轮）的检修

① 凸轮轴正时齿轮（链轮）的拆卸：固定住凸轮轴正时齿轮（链轮），旋下固定螺栓，从凸轮轴上拆下凸轮轴正时齿轮（链轮）。

② 正时齿轮如磨损量较小，一般不需要维修。正时链轮主要应检查其磨损量及其与链条的配合情况，维修以更换链条为主。

5. 8142 系列发动机正时传动机构的装配

① 正时链条的安装。如图 2-101（a）所示，从高到低放入链条 1，并将链条挂装在曲轴正时链轮 2 上。然后将喷油泵正时链轮 3 装到附件箱喷油泵传动轴 5 上，如图 2-101（b）所示，用专用插销 4 插入定位销孔内，用规定力矩拧紧链轮固定螺栓。再按图 2-101（c）所示将链条 9 绕在凸轮轴正时链轮 7 上，并将链轮轻轻装到凸轮轴上，将链轮 7 上的正时记号孔与凸轮轴密封衬套上正时记号孔对正，插入定位销，最后按规定力矩拧紧凸轮轴正时链轮固定螺栓 8。

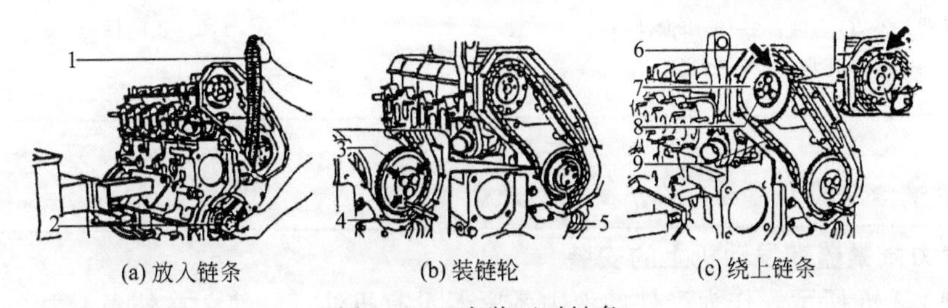

(a) 放入链条　(b) 装链轮　(c) 绕上链条

图 2-101　安装正时链条

1,9—链条；2—曲轴正时链轮；3—喷油泵正时链轮；4—专用插销；5—附件箱喷油泵传动轴；6—正时链轮室底板；7—凸轮轴正时链轮；8—凸轮轴正时链轮固定螺栓

② 凸轮轴正时齿轮（链轮）的安装。正时齿轮（链轮）上的销孔要与凸轮轴端部的销钉对准，在固定螺栓上涂上机油再旋紧（力矩为 24.5N·m）。

③ 安装链条液力张紧器。方法参阅后面有关内容。

④ 取出链轮上的插销，调整配气相位。

⑤ 按发动机旋转方向转动发动机，当转到第 1 缸活塞压缩行程上止点时，将插销插入链轮上相应的销孔内，如不能插入，应重复前面的操作。

⑥ 保持链条张紧，调整导块和链条之间的间隙，该间隙用塞尺检查应为 0.5～1mm，然后锁紧上导块螺母和下导块螺栓。

> **维修提示：**
>
> ◆新安装的张紧器由于液压补偿作用尚未建立，所以在进行上述操作时不可反转发动机，造成张紧器过度回缩。

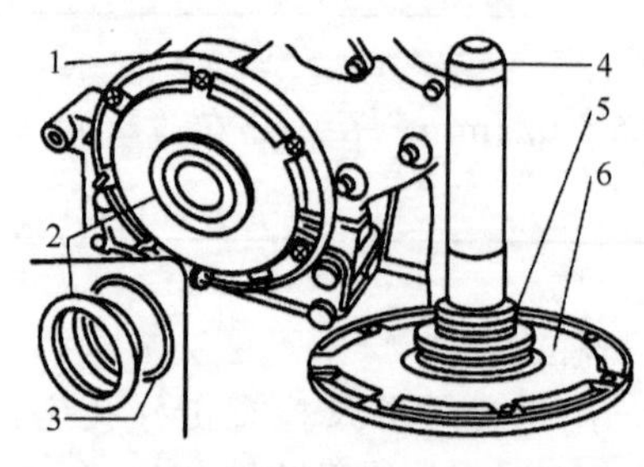

图 2-102　安装油封

1—正时传动箱；2—保持架；3—油封；4—芯棒；5—安装套；6—前盖

⑦ 如图 2-102 所示，用安装套 5 和芯棒 4 将油封 3 带保持架 2 安装到前盖 6 内；润滑曲轴油封轴颈；再将前盖 6 安装到正时传动箱 1 上，按规定力矩拧紧前盖固定螺母，去除保持架 2。

⑧ 如图 2-103 所示，将新的 O 形圈 2 安装到小循环水管 4 上，并插入水泵 5 内，在水泵上放上新的 O 形圈并与缸体连接，在水泵固定螺栓端 15mm 螺纹上涂密封胶并按规定力矩拧紧。向上端移动小循环水管 4，以便将其放入节温器 1 内。在小循环水管上相应的槽内放入轴用弹性挡圈 3。

⑨ 安装并调整喷油泵相位。如图 2-104 所示，检查凸轮正时是否正确。将喷油泵安装到附件箱上，同时使喷油泵传动齿套上的槽与喷油泵传动齿轮的凸起相配合。

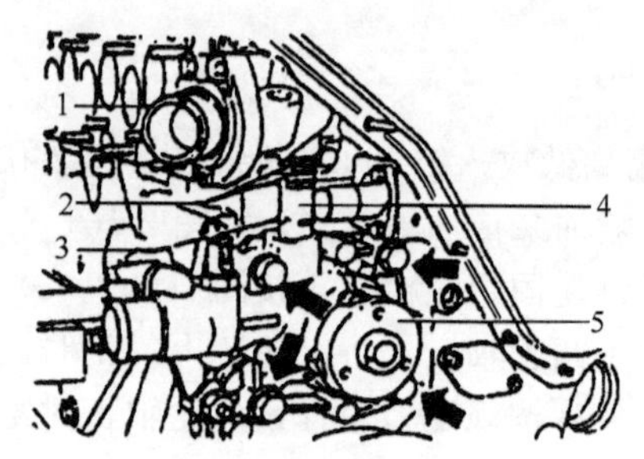

图 2-103　安装水泵

1—节温器；2—O 形圈；3—轴用弹性挡圈；4—小循环水管；5—水泵

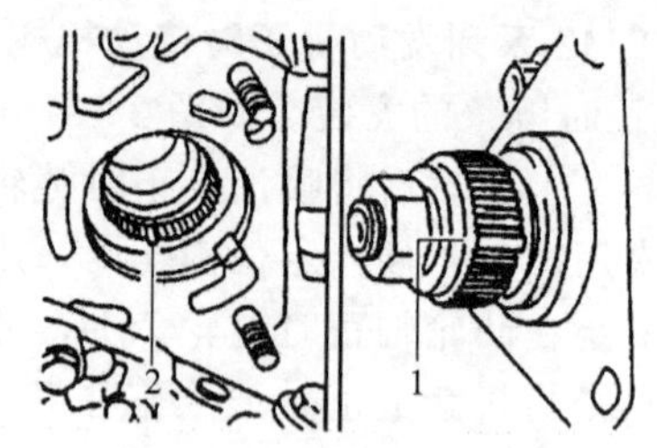

图 2-104　检查正时标记

1,2—正时标记

> **维修提示：**
>
> ◆拧紧喷油泵固定螺母，但不要拧到底。

6. 新液力张紧器在发动机上的安装

① 如图 2-105 所示，作为配件的液力张紧器没有机油，柱塞 2 在外壳 1 内，并靠弹性挡圈 4 支撑，在安装到发动机上之前，检查张紧器应符合上述条件，且长度约为 35.8mm（最大）。

> **维修提示：**
>
> ◆超过规定长度，说明挡圈 3 和 4 的内部位置不正确，在这种情况下要重新正确装配张紧器。

② 如图 2-106 所示，按箭头方向转动柱塞，使弹性挡圈在张紧器壳体内脱开，柱塞从其座内被内部弹簧推出。

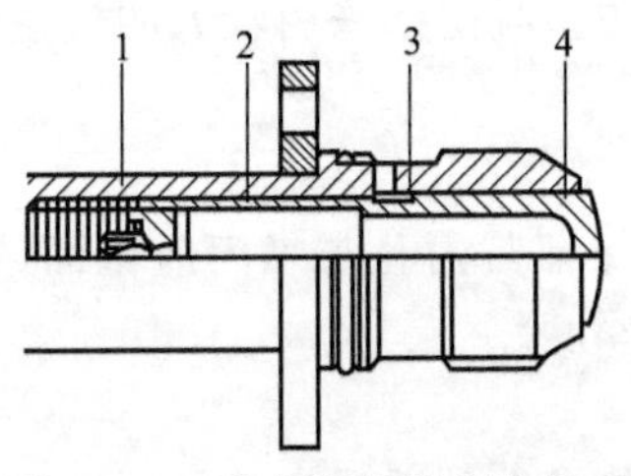

图 2-105　液力张紧器安装尺寸
1—外壳；2—柱塞；3,4—弹性挡圈

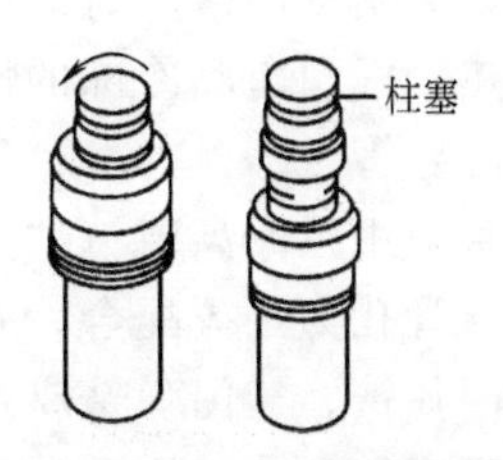

图 2-106　分解张紧器

③ 如图 2-107 所示，放置弹性挡圈 3 在柱塞 5 槽的上部。在柱塞 5 上安装工具 2 并插入手柄 1，这样柱塞 5 就可插入外壳 6 内。放置并压缩弹性挡圈 4，以使其支承在柱塞 5 槽的上部，直到工具 2 与外壳 6 接触，用手拿住安装工具 2，去掉手柄 1，从张紧器上去除安装工具，这样张紧器装配便完成了。

④ 如图 2-108 所示，将液力张紧器 1 安装在发动机上的座孔内，并用相应螺栓固定。通过旋具回拨柱塞约 3mm，然后松开柱塞，使其在座内自由与链条导块接触，同时张紧器开始工作。再次压缩柱塞，检查柱塞是否在最大行程（3mm）后锁住。

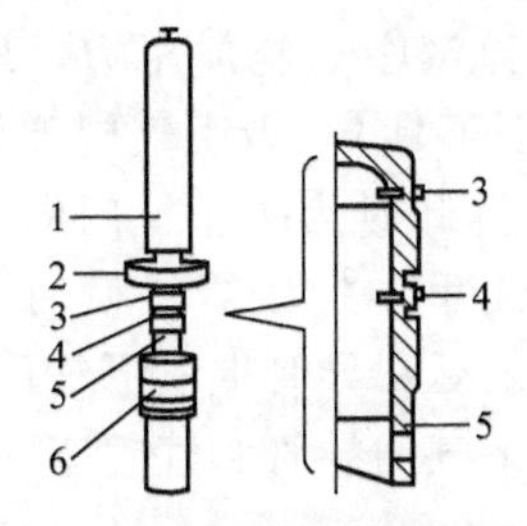

图 2-107　装配张紧器
1—手柄；2—专用工具；3,4—弹性挡圈；5—柱塞；6—外壳

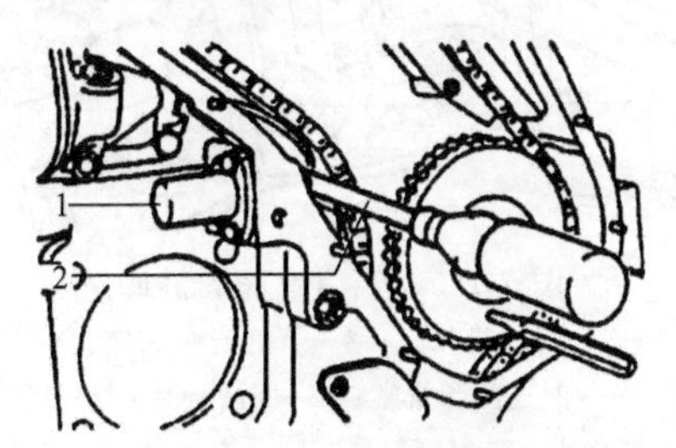

图 2-108　安装张紧器
1—液力张紧器；2—旋具

维修提示：

◆若行程超出规定，说明张紧器内部安装不正确，需重装。

二、气门组的检修

1. 结构特点

气门组主要零件包括气门、气门座、气门导管、气门锁片（锁夹）和气门弹簧等，如图 2-109 所示。

（1）气门

进气门头部气门锥角一般为 30°，排气门头部气门锥角一般为 45°。气门杆尾部切有环形槽，与分成两半的锥形锁片配合，以固定气门弹簧座。

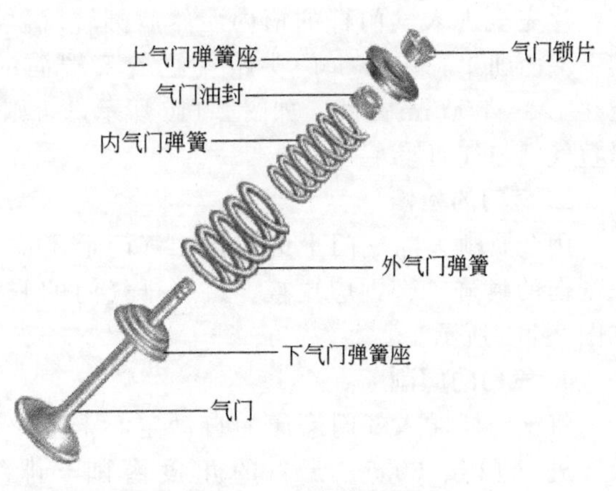

图 2-109　气门组零件

（2）气门座圈

进、排气门座都镶有气门座圈，材料为高铬合金铸铁。因为气门座热负荷大，

温度变化大，又受气门落座时的冲击，为了保证散热和防止脱落，采用较大的过盈配合，应在气缸盖加热、气门座圈冷冻的情况下压入。

(3) 气门导管

气门导管采用减摩高磷铸铁制成，加工时必须严格保证其内孔与气门座锥面的同轴度。气门导管与导管孔为过盈配合，并伸入进、排气道一定深度。

(4) 气门弹簧、气门弹簧座及锁片

气门弹簧座和锁片采用低碳钢挤压成形，并经碳氮共渗处理以提高其耐磨性。本发动机气门采用了双气门弹簧结构，内、外弹簧直径不同、旋向相反、自振频率不同，可避免共振。而且弹簧旋向相反还可防止一根弹簧折断卡入另一根弹簧内。对于顶置气门若一根弹簧折断，另一根可保持气门不落入气缸内。

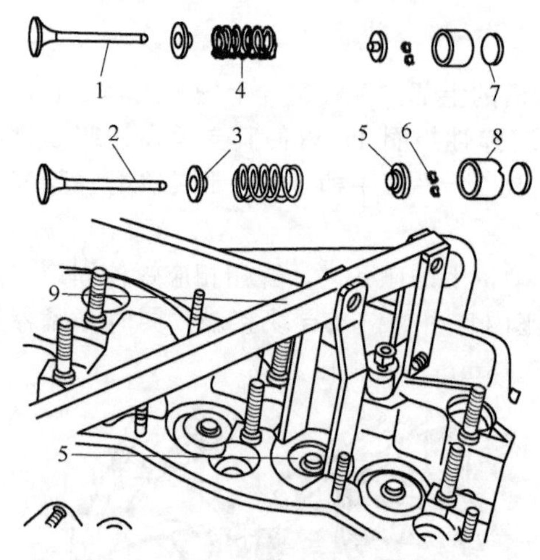

图 2-110 气门弹簧的拆卸

1—进气门；2—排气门；3—下气门弹簧座；4—气门弹簧；5—上气门弹簧座；6—气门锁片；7—气门间隙调整垫片；8—气门挺柱；9—专用气门压缩工具

2. 气门组的拆装

(1) 拆卸

先拆下凸轮轴正时齿轮、凸轮轴、气门挺柱等。再按图 2-110 所示，用专用气门压缩工具 9 对上气门弹簧座 5 施加压力，取出气门锁片 6，继而取下工具 9，取下气门弹簧 4 及弹簧座 3、5。就车拆卸时为防止气门向下移动，可拆下喷油器，用手动加压器从喷油器安装孔顶住气门头部。最后从导管上取下气门导管油封，根据需要可拆下气门导管和气门座圈。

(2) 安装

将气门导管装到气缸盖上，注意安装尺寸，然后对气门导管进行修配。用液氮冷却气门座圈，然后安装到气缸盖上，修配气门与座圈的接触工作面。如图 2-111 所示安装气门导管油封，为了正确地在导管 2 上安装导管油封 1，需使用专用的导管油封安装工具 3，当安装导管油封时，要在气门杆上套上保护套 4，以免损伤导管油封 1。将气门与气门弹簧等按原来顺序装好，再用气门弹簧压缩工具压缩弹簧（不要过分压缩，以免弹簧损坏），装上锁片。为使锁片与气门杆上的槽很好地吻合，应用木锤轻敲气门杆的尾端，使锁片完全进入气门杆的槽内。然后翻转气缸盖，使其下端面朝上，检查气门头距气缸盖下端面的距离，应在 1.0～1.4mm 之间，如图 2-112 所示，否则应重新修整气门与气门座。

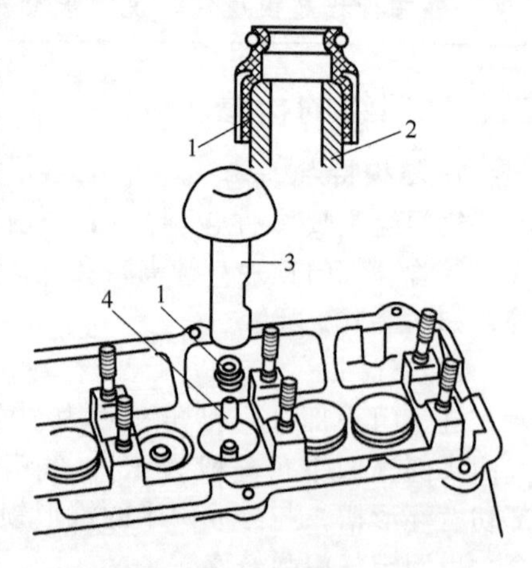

图 2-111 气门导管油封的安装

1—导管油封；2—导管；3—导管油封安装工具；4—保护套

3. 气门的检修

用金属刷去除气门上的积炭，气门上不应有裂纹或刮伤的痕迹，否则应更换。进、排气门的修理尺寸如图 2-113 所示。

4. 气门的磨削

将气门杆插入气门磨床的自动定心卡盘，调整支架，进气门按 60°15′±7′的角度磨削，排气门按 45°30′±7′的角度磨削。

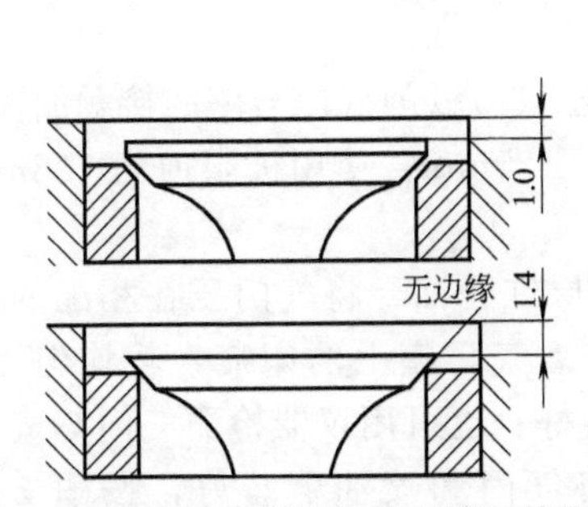

图 2-112　气门头距气缸盖下端面的距离

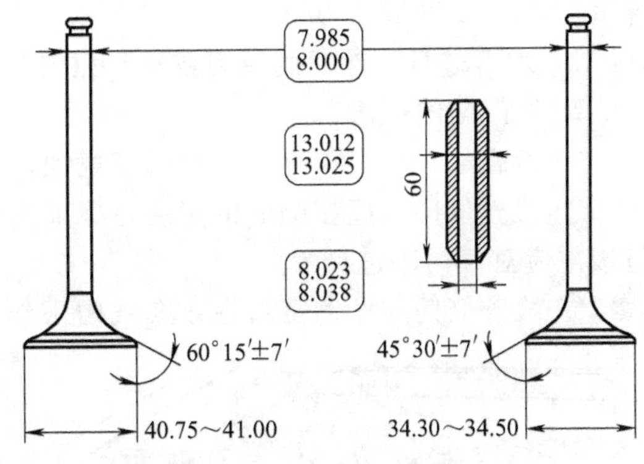

图 2-113　进、排气门的修理尺寸

气门磨削后，在安装时检查进、排气门头距气缸盖工作面的尺寸，其值应为 1.0～1.4mm。

5. 气门与导管间隙的测量

用千分尺测量气门杆直径应为 7.985～8.000mm，用内径千分尺检查气门导管内径，应为 8.023～8.038mm，其间隙为 0.023～0.053mm，使用极限为 0.1mm。若不符合要求，则应进行铰削并更换磨损过度的零件。

6. 气门导管的检修

当更换气门也不能消除气门与导管间的过大间隙时，需更换气门导管。

如图 2-114 所示，拆卸气门导管时应用导管拆卸压出冲头，从气缸盖有燃烧室的一侧将气门导管冲出，安装导管时也用这种冲头及导管压入芯棒。气门导管配件有外径加大 0.05mm、0.10mm 和 0.25mm 的尺寸，选装时应注意先从加大 0.05mm 的尺寸选起，对于延长缸盖使用寿命，减少缸盖变形量都有益处。图 2-115 所示为气门导管的安装尺寸。气门

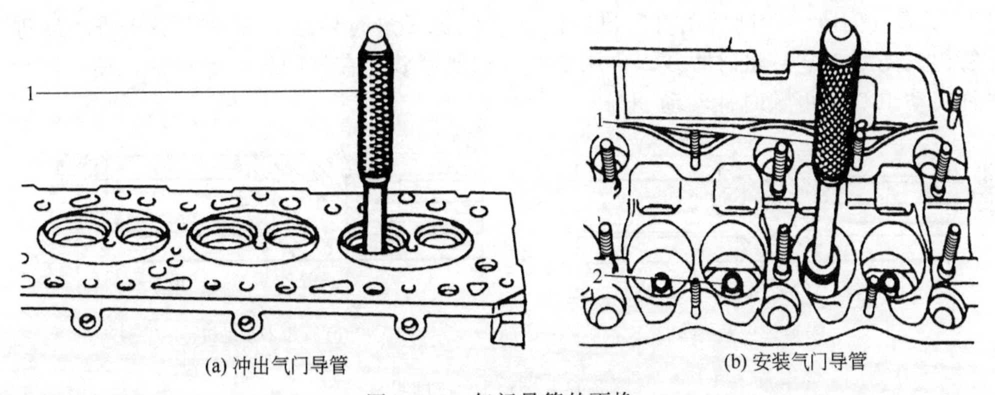

(a) 冲出气门导管　(b) 安装气门导管

图 2-114　气门导管的更换

1—冲头；2—气门导管

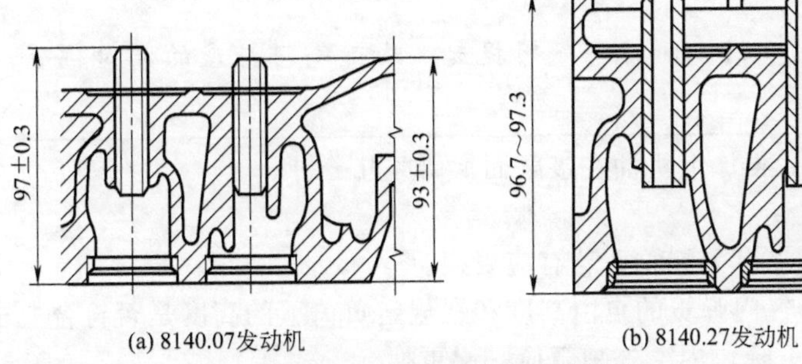

(a) 8140.07发动机　(b) 8140.27发动机

图 2-115　气门导管的安装尺寸

导管与孔的过盈量为 0.032～0.070mm，因此压入与压出导管时需在缸盖加热后（80～100℃）才可进行，然后用铰刀铰孔，以得到规定过盈量（0.023～0.070mm）。

7. 气门座的检修

① 检查气门座，如有轻微擦伤或烧蚀，可用气门座铰刀铰削气门与座的接触面。

② 检查气门与座接触面的宽度，标准宽度为 1.0～1.5mm，使用极限值为 1.8mm，超过极限应对气门座进行铰削。

③ 检查气门与座的密封性：在气门工作表面涂一层红丹油，将气门压在相配的座上旋转少许，查看气门座上的印痕，若均匀无间断，为密封性良好；也可用仪器检测气门与气门座的密封性，将气门和喷油器装好，按图 2-116 所示，将专用工具罩在气门座上，用手握住检查工具上的杠杆向下压紧，然后挤压工具上的橡胶球，使空气室内的压力达到所要求的数值，如果在 30s 内这一压力不下降，说明密封性良好；或将气门装好，在气门头部浇煤油，3min 内应无煤油经气门漏出。

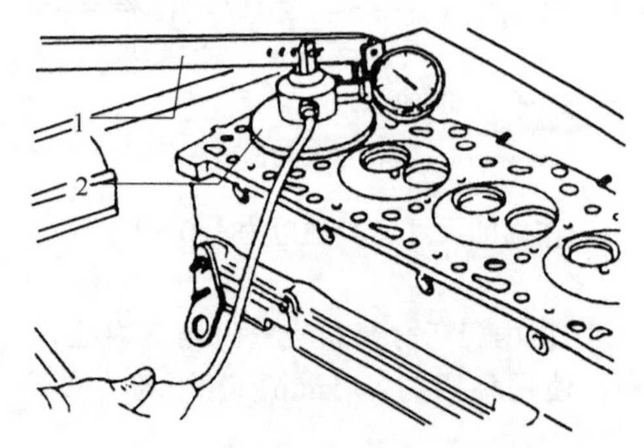

图 2-116 检查气门与气门座的密封性

1,2—专用工具

④ 更换气门座圈。如发现气门座烧蚀严重或修磨后仍然密封性不好，则要更换气门座圈。更换方法是，用乙炔焊加热气门座圈周围，待座圈冷却收缩后，将其撬出。气门座圈与气门座孔过盈量，应保证进气门为 0.12～0.18mm，排气门为 0.081～0.121mm。如新气门座圈安装困难，可将气缸盖放在油中加热或用喷灯加热至 150℃，然后将预先涂有甘油与黄丹粉混合物的座圈压入缸盖，再按图 2-117 所示的尺寸，铰削气门座。

⑤ 研磨气门座。铰削后用气门研磨砂和气门捻子进行研磨，注意不要让研磨砂进入气门导管内。先用 120 号粗研磨砂，再用 280 号细研磨砂，在气门杆上涂机油，使气门捻子先逆时针转动 120°，再顺时针转动 90°。

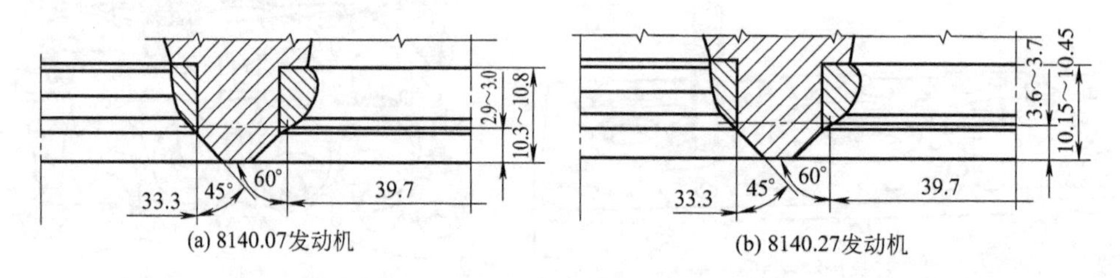

图 2-117 气门座铰削尺寸

> **维修提示：**
>
> ◆在变化转动方向时，同时将气门提起，改变气门与座的相对位置，以保证研磨均匀。

最后洗净研磨砂，再涂上机油在接触面上研磨几分钟。

8. 气门弹簧的检查

① 检查气门弹簧上有无裂纹，若有应更换。

② 用测力计测量气门弹簧的自由高度和在规定负荷下的高度是否符合要求，如图 2-118 所示。如果弹簧弹力下降，内、外弹簧应一起更换。

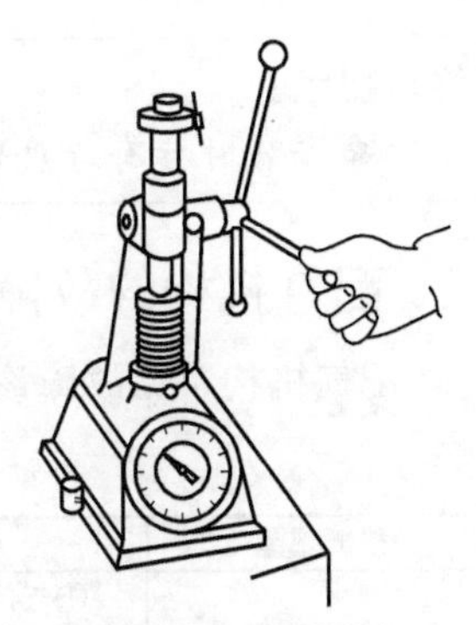

图 2-118　测量气门弹簧的高度

9. 气门间隙的调整

气门间隙过大会产生噪声，并使气门开启延迟且关闭提前；气门间隙过小则使气门开启提前而关闭延迟；如果没有气门间隙，则气门总处于开启状态，导致零件寿命下降，发动机功率降低。因此，为了获得正确的配气相位，对气门间隙的调整一定要做到认真、准确。调整方法如下。

① 如图 2-119 所示，用专用工具 2 转动凸轮轴正时齿轮 3，使被测气门上的凸轮完全向上，此时活塞距上止点 10～13mm，可避免活塞与气门相碰；用塞尺 1 检查凸轮轴与挺柱之间的间隙，进、排气门标准值均为（0.5±0.05）mm。

② 压下气门挺柱，如图 2-120 所示。为了更换气门间隙调整垫片，需将气门挺柱压下，为此需转动挺柱 3，使其上边缘的缺口 2 朝向进、排气歧管一侧；在进、排气挺柱之间插入专用工具 1，用工具 1 将挺柱向下压。

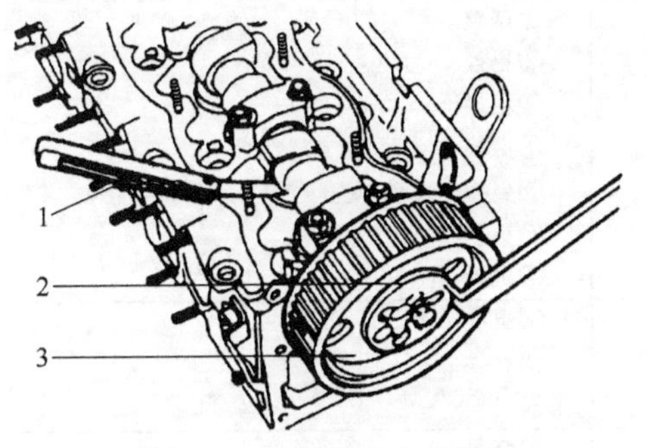

图 2-119　测量气门间隙

1—塞尺；2—专用工具；3—凸轮轴正时齿轮

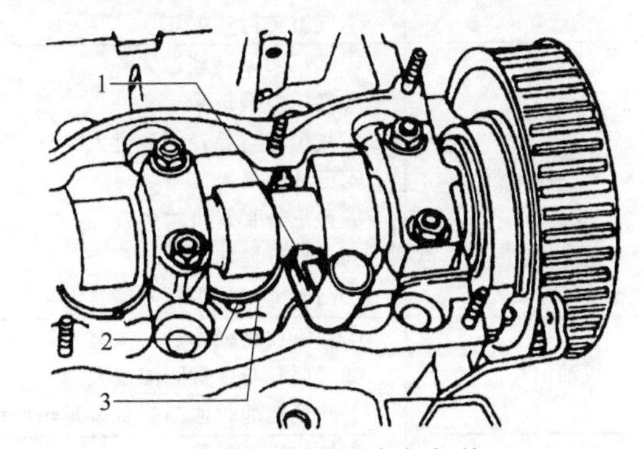

图 2-120　压下气门挺柱

1—专用工具；2—挺柱缺口；3—挺柱

③ 更换气门间隙调整垫片，如图 2-121 所示。用压缩空气喷枪 3 对着挺柱上的缺口 2 喷射压缩空气，使气门间隙调整垫片 1 浮起，取出后将合适的新的气门间隙调整垫片放入。

维修提示：

◆气门间隙调整垫片的厚度计算如下：原来的气门间隙调整垫片厚度加上实测的气门间隙值，再减去 0.5mm。

调整垫片厚度从 3.25mm 到 4.90mm，每隔 0.05mm 为一种，垫片表面有厚度值标记，也可用千分尺测量，如图 2-122 所示。

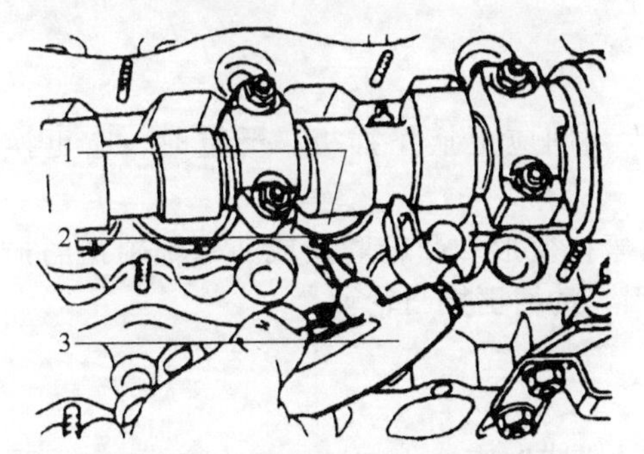

图 2-121　更换气门间隙调整垫片

1—气门间隙调整垫片；2—挺柱缺口；3—压缩空气喷枪

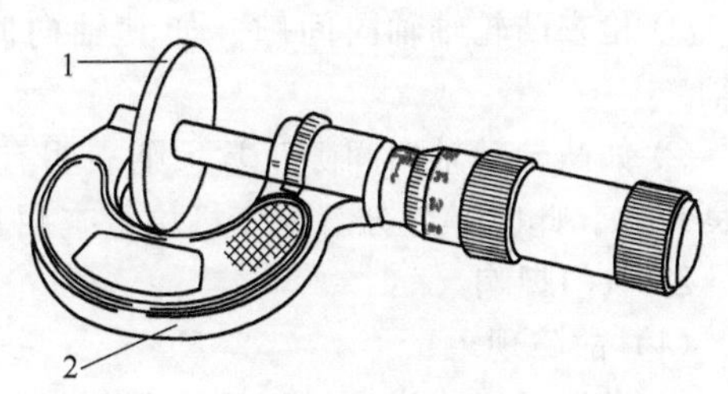

图 2-122　测量垫片厚度

1—垫片；2—千分尺

维修提示：

◆安装时标有厚度值的一面应朝向挺柱，防止磨损。

三、配气机构的故障诊断

配气机构常见故障诊断与排除见表2-21。

表2-21 配气机构常见故障诊断与排除

故障现象	故障原因	排除方法
气缸压力过低	①气门间隙调整过小 ②气门工作面泄漏 ③气门杆弯曲 ④气门弹簧力不足 ⑤正时齿形带安装不正确 ⑥气缸盖下端面翘曲 ⑦气缸盖衬垫损坏	①调整 ②研磨 ③更换 ④更换 ⑤重新安装 ⑥修整 ⑦更换
气门噪声过大	①气门间隙调整过大 ②气门弹簧折断 ③气门杆与导管间隙过大 ④挺柱磨损 ⑤齿形带张紧机构失效 ⑥齿形带损坏 ⑦凸轮轴与轴承孔间隙过大	①调整 ②更换 ③更换 ④更换 ⑤更换 ⑥更换 ⑦更换
机油消耗过多	①导管油封损坏 ②气门杆与导管间隙过大 ③凸轮轴油封或凸轮室盖衬垫损坏	①更换 ②更换 ③更换
发动机功率变小	①气缸压力过低 ②凸轮轴的凸轮磨损	①修复 ②更换

1. 凸轮轴响

(1) 故障现象

① 在发动机上部发出有节奏较钝重的“嗒嗒”声。

② 中速时明显，高速时响声杂乱或消失。

(2) 故障原因

① 凸轮轴轴向间隙过大，产生轴向窜动。

② 凸轮轴有弯扭变形。

③ 凸轮工作表面磨损。

④ 凸轮轴轴颈磨损，径向间隙过大。

(3) 故障诊断与排除

① 检查凸轮轴轴向间隙。如其轴向间隙过大，则应更换止推板；严重时，应更换凸轮轴。

② 如凸轮轴轴向间隙正常，则表明有凸轮轴弯扭变形、凸轮磨损或凸轮轴轴颈磨损等不良现象。此时，应分解配气机构，查明具体原因，酌情更换凸轮轴。

2. 气门脚响

(1) 故障现象

① 发动机怠速时，气缸盖罩内发出有节奏的“嗒嗒”声。

② 发动机转速升高，响声增大。

③ 发动机温度变化或进行断火试验，响声不变。

(2) 故障原因

① 气门间隙调整不当。

② 气门杆尾端与气门间隙调整螺钉磨损。

③ 气门间隙调整螺钉的锁紧螺母松动。

④ 凸轮磨损或摇臂圆弧工作面磨损。

(3) 故障诊断与排除

① 拆下气缸盖罩，检查气门间隙调整螺钉的锁紧螺母是否松动；检查气门间隙值，并酌情重新调整。

② 检查气门杆尾端和调整螺钉的磨损情况，必要时更换气门或调整螺钉。

③ 检查凸轮与摇臂圆弧工作面的磨损情况，酌情更换凸轮轴或摇臂。

3. 气门弹簧响

(1) 故障现象

① 发动机怠速时有明显的“嚓嚓”声。

② 各转速下均有清脆的响声，多根气门弹簧不良，机体有振抖现象。

(2) 故障原因

气门弹簧过软或折断。

(3) 故障诊断与排除

① 拆下气缸盖罩，用旋具撬住气门弹簧，若弹簧折断可明显地看出。弹簧折断应予以更换。

② 仍用旋具撬住气门弹簧，怠速运转发动机，若响声消失，即为该弹簧过软。弹簧如过软，必须更换。

4. 气门座圈响

(1) 故障现象

① 有节奏的响声，类似气门脚响，但比气门脚响的声音大很多。

② 发动机转速一定时，响声时大时小，并伴有破碎声。

③ 发动机中低速运转时，响声较清脆，高速时响声增大且变得杂乱。

(2) 故障原因

① 气门座圈和气缸盖气门座孔配合过盈量不足。

② 气门座圈镶入气缸盖气门座孔后，滚边时没有将座圈压牢。

③ 气门座圈粉末冶金质量不佳，受热变形以致松动。

(3) 故障诊断与排除

拆下气缸盖罩，经检查不是气门脚响和气门弹簧响，即可断定为气门座圈响。

维修提示：

◆分解配气机构后进一步检查，必要时，铰削气门座孔，更换松动的气门座圈，并保证其压入后有足够的过盈量。

第五节 冷却系统的检修

发动机冷却系统的检修数据均以依维柯汽车发动机为例。

冷却系统的作用是保证发动机在最适宜的温度下连续工作。柴油机冷却系统为强制循环闭式水冷系统，其主要组成有水泵、散热器、节温器、电磁风扇、电磁风扇离合器和膨胀水箱等。图 2-123 所示为发动机的冷却系统组成。

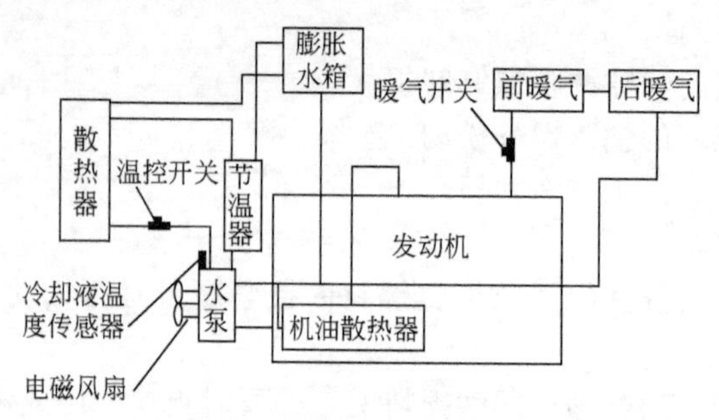

图 2-123 发动机的冷却系统组成

一、冷却系统的结构

1. 散热器

散热器的作用是将水套中流出的高温冷却液分成许多股细流，并利用散热片增大散热面积，以便使冷却液的温度迅速降低。

常用的散热器为芯片式结构，如图 2-124 所示。

2. 电磁风扇离合器

电磁风扇离合器利用发动机的冷却液温度信号，自动控制电磁离合器的电路接通与断开，使风扇按需要工作。

图 2-125 所示为无刷式电磁风扇离合器，电磁线圈 3 装在支架 1 上，支架 1 固定在水泵壳上。主动带轮 2 与水泵轴键连接，由发动机通过传动带驱动。从动件通过轴承支承在水泵轴上。主动件与从动件之间保持适当间隙，通过从动件带动风扇。在散热器出水管上装有温控开关，当冷却液温度为（90±2）℃时，温控开关接通，电磁线圈中有电流通过，产生电磁力使从动件衔铁与带轮接合，风扇工作。当冷却液温度降低至（80±2)℃时，温控开关自动断开，衔铁在弹簧片作用下迅速回位，离合器分离，风扇停止工作。

图 2-124 散热器

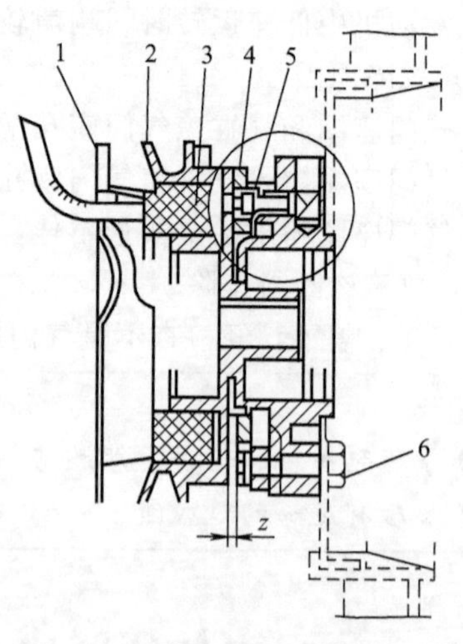

图 2-125 无刷式电磁风扇离合器

1—支架；2—带轮；3—电磁线圈；4—衔铁；5—弹簧片；6—调整螺钉

安装离合器总成时，主动件与从动件之间的间隙 z 为 0.25～0.35mm。间隙过大，通电后难以吸住，间隙过小，主动件与从动件又易发生刮碰。此间隙可通过三个调整螺钉 6 进行调整。

使用中，若温控开关或电磁离合器失效，可将螺钉 6 拧到底，强制衔铁与带轮接合，但这只能作为临时性的应急措施，应尽快修理或更换。

3. 硅油风扇离合器

有的车型选装硅油风扇离合器取代电磁风扇离合器，硅油风扇离合器的功用与电磁风扇离合器相同。

硅油风扇离合器（图 2-126）可以按照发动机主机厂的要求，设定在不同发动机温度和速比下，提高或降低风扇的转速。这样，风扇就只是在需要时转动，比起在发动机运转下连续转动，大大减少了风扇所消耗的功率及耗油量，并使发动机运转更平稳。

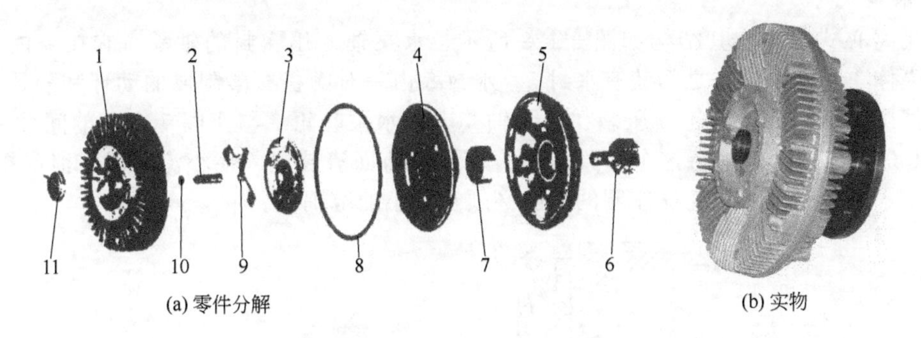

(a) 零件分解　　(b) 实物

图 2-126　硅油风扇离合器

1—上盖；2—阀轴；3—泵片；4—离合器；5—座体；6—主轴；7—轴承；8—密封垫片；9—阀臂；10—O 形密封圈；11—双金属感温圈

两个面对面的圆形部件通过互补的接合面和油槽相互回转，离合器的其中一部件和发动机一起转动，另一部件则连接着风扇并可自由地旋转，一个双金属感温圈装在风扇的前面，它感应着流过发动机散热器中的空气温度，来开启或关闭硅油风扇离合器中的阀门，在感应到的空气温度在 60～70℃时，开启和关闭（风扇罩则保证风扇从散热器中抽出空气）。当阀门开启时，硅油就在两圆形部件的接合面和油槽中流动，传递着力矩和增加风扇的转速；当阀门关闭时，硅油就从油槽中流出，从而减少两圆形部件之间的摩擦力，使风扇部分自由独立而不再旋转。

4. 膨胀水箱

有的柴油发动机冷却系统装有透明塑料制成的膨胀水箱。膨胀水箱的作用如下：把冷却系统变成一个永久性的封闭系统，避免空气不断进入，减少冷却系统内部的氧化腐蚀；使冷却系统中的水气分离，压力处于稳定状态，从而增大水泵的泵水量和减少水泵及水套内部的气穴腐蚀；避免了冷却液的损耗，保持冷却系统内的水位不变。

膨胀水箱用水管与水泵的吸水侧相接，以防该处水压过分下降而产生气穴腐蚀。膨胀水箱通过管子与容易积存空气和蒸汽的地方（水套和散热器的上部）相连，散热器中的气体通过该管进入膨胀水箱，冷却后流回散热器，可防止冷却液的蒸发损失，从而保证长期不用更换冷却液。

5. 节温器

柴油机使用蜡式旁通型节温器，如图 2-127 所示。节温器一般装在位于气缸盖出水口处的节温器座内，冷却液进入节温器后有两条出路：管径大的一条通向散热器，为大循环水路；管径小的一条通向水泵。

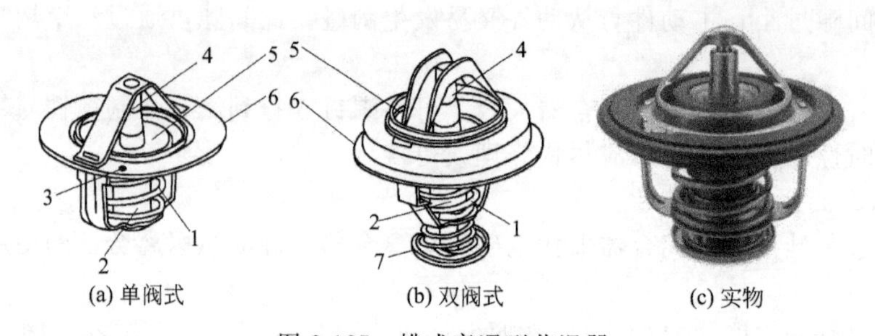

(a) 单阀式　(b) 双阀式　(c) 实物

图 2-127　蜡式旁通型节温器

1—主阀门弹簧；2—感应体；3—通气孔；4—中心杆；5—主阀门；6—阀座；7—副阀门

6. 水泵

采用离心式水泵，其结构如图 2-128 所示。水泵轴 4 用密封的轴承，它在壳体 1 内转动，在壳体 1 与水泵轴 4 之间装有水封 5。水封 5 由一对陶瓷石墨制成的动环和静环组成的端面摩擦副组成，水泵叶轮 6 压装在水泵轴 4 上，水泵叶轮 6 与座圈 7 之间的间隙 A 应在 0.56～1.08mm 之间，保持这个间隙是因为水泵无防回流装置，在小流量时，泄漏更严重，所以要求水泵叶轮与水泵壳体座圈的间隙必须在较小的范围内。

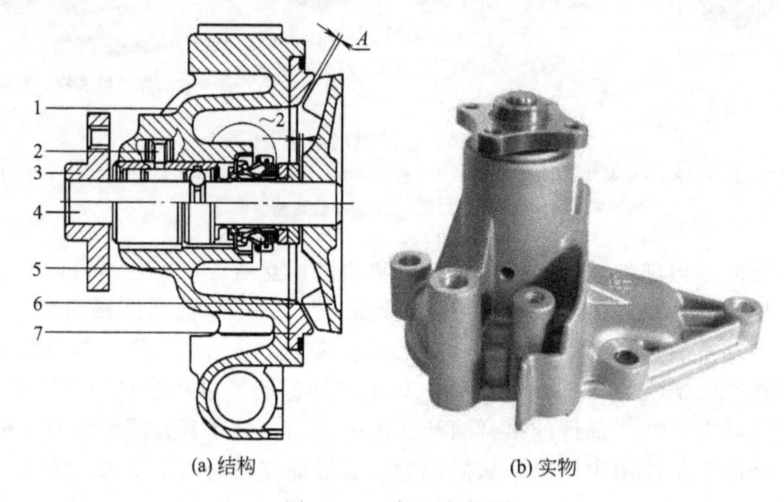

(a) 结构　(b) 实物

图 2-128　离心式水泵

1—水泵壳体；2—轴承止动螺钉；3—水泵凸缘；4—水泵轴（带轴承）；5—水封；6—水泵叶轮；7—水泵座圈

二、冷却系统部件的检修

1. 散热器的检修

（1）清洁表面灰尘和污物

注意清洗时不能用高压水正对冲洗，以免损伤散热器的散热片，使其变形。

（2）拆卸

当散热器中的散热管堵塞时，会造成水流不通，使冷却液温度上升。此时需拆下散热器维修，拆卸方法是先从散热器上拆下与膨胀箱、节温器和水泵连接的水管，再旋下散热器与支架固定的螺母和螺栓，即可从车上拆下散热器。

（3）冲洗

拆下散热器后，可用压缩空气吹通散热器散热管，或用清水从散热器出水口向进水口方向冲洗。若要除去散热管内的水垢，可以配置水垢清洗液进行浸泡后再清洗。

维修提示：

◆如散热管堵塞严重或断裂、锈蚀，可更换散热器的散热管或总成。

（4）泄漏检查

散热器泄漏的检查方法较多，主要采用以下两种。

① 紫外灯检查法。在冷却液中加入一定量的添加剂，在紫外灯（黑光灯）的照射下，泄漏出冷却液的部位会显出清晰可见的绿光，即可查出泄漏部位。

② 压力检查法。如图 2-129 所示，将散热器 2 放在水槽 3 中，用软管 4 封住散热器 2 的上、下水口；在与膨胀水箱相接的口处，接上手动压力器 1，使散热器加压至 1.6×10^5Pa，此时不应产生泄漏。

（5）修复方法

① 散热器的分解（铝质散热器）。如图 2-130 所示，用专用工具 1 夹住波形边缘 2，并向上弯曲，再使工具 1 松开，拆下散热器的上、下盖（不要弯曲过大，以免损坏）；也可使用旋具撬下上、下盖，再用钳子扳直波形边缘 2，更换散热器上损坏的散热片，清除散热器散热管中的水垢和异物，必要时更换散热管。

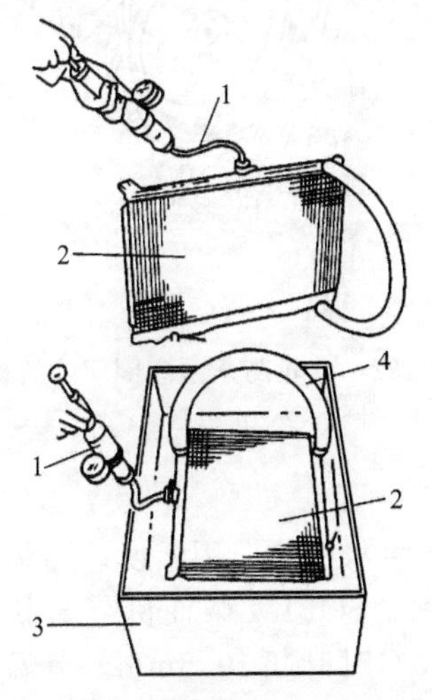

图 2-129　散热器的泄漏检查

1—手动压力器；2—散热器；3—水槽；4—软管

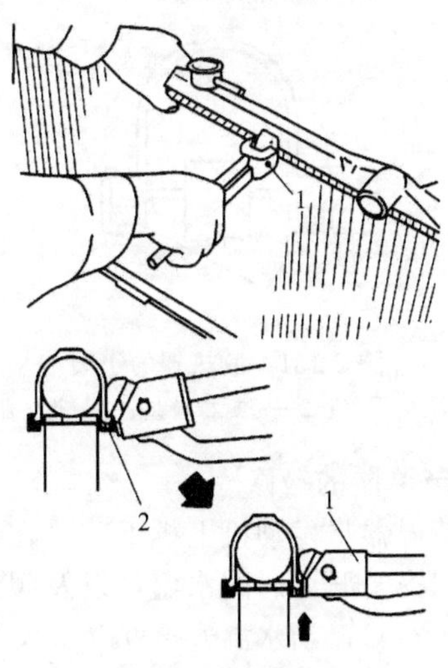

图 2-130　散热器的分解

1—专用工具；2—波形边缘

② 散热器的组装。如图 2-131 所示，在散热器芯 3 上的槽内装上新的密封橡胶垫 2（不得使橡胶垫扭曲），装上上、下盖 1，使用图 2-130 所示的专用工具，将散热器芯 3 的波形边缘包住上、下盖 1，应使工具保证足够的夹紧力，使边缘完全夹紧，保持相同的高度 H。

2. 水泵的检修

（1）外观检查

检查水泵壳体是否有裂纹、轴承是否有异响、水泵轴是否转动灵活，如有裂纹、异响及转动不灵活，则表示水泵轴承损坏、叶轮与水泵座圈有干涉（间隙太小）、水泵轴折断等。检查叶轮与水泵轴是否因过盈不够，产生松动。若有以上损坏应维修或更换水泵总成。

（2）解体与装配

① 解体。先用拉器拆下水泵凸缘，拧松轴承止动螺钉，然后取出水泵轴及叶轮、水封

和轴承。将叶轮加热到100℃左右，取下叶轮。

② 装配。将叶轮加热到100℃后装到水泵轴上，更换新的水封和水泵壳体密封圈，将水泵轴装入壳体内，再拧上轴承止动螺钉，最后转动水泵轴，轴向间隙不要过大，且能灵活转动。

(3) 轴承与水封的维修

水泵轴承采用密封型，不必再加注润滑脂进行润滑。若轴承损坏，必须与水泵轴整套更换。水封为陶瓷石墨摩擦副，陶瓷石墨具有自润滑作用，水封不需要加机油，是用水进行润滑的，但在干摩擦时比有水润滑的情况下，摩擦因数要大一倍，所以水封应在有水浸泡的条件下工作，以免水封发热而过早损坏。

(4) 间隙检查

如图2-132所示，用塞尺3检查叶轮和水泵座圈之间的间隙，应为0.56～1.00mm，可用调整垫片调整叶轮的位置，但不要使水封弹簧过分压缩，增加水封轴向端面的磨损，否则应酌情更换不合格的部件或更换水泵总成。

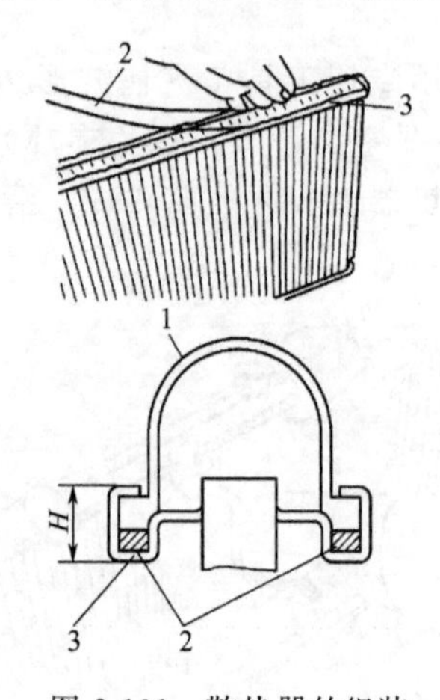

图2-131 散热器的组装

1—上、下盖；2—密封橡胶垫；3—散热器芯

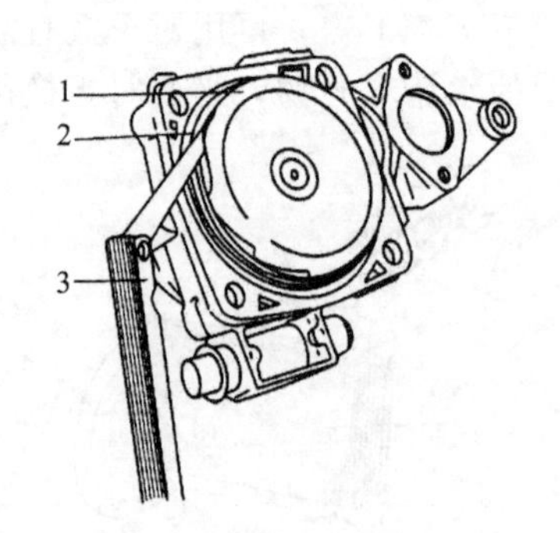

图2-132 叶轮与水泵座圈间隙的检查

1—叶轮；2—水泵座圈；3—塞尺

3. 节温器的检修

将节温器从发动机上拆下，吊在装有热水的容器中，给水加热，用温度计测量阀门开启时和阀门完全开启时的水温，以及阀门全开时的最大升程。SOFIM柴油机节温器初开温度为(79±2)℃；当水温升至94℃时，阀门升起7mm，110℃时升起10.5mm。节温器全开时主阀门的最大升程与标准升程相比，一般高于标准升程1/4～1/3。若不符合上述要求，应予以更换。

维修提示：

◆在节温器出水管口和管体之间的连接管上有四个密封圈，如图2-133所示，每次拆卸时都应更换。

4. 硅油风扇离合器的检修

(1) 性能检查

用两手分别握住硅油风扇离合器的两端，两端应能相对转动，且无油泄漏。

(2) 静力测试

如图2-134所示，将硅油风扇离合器的双金属弹簧圈3的一端，用旋具从槽4中拔出，逆时针转到限位片1处，再将此端顺时针转至与槽4相距13mm处，观察轴2应相应转动，否则表示温控机构损坏，应更换硅油风扇离合器总成。

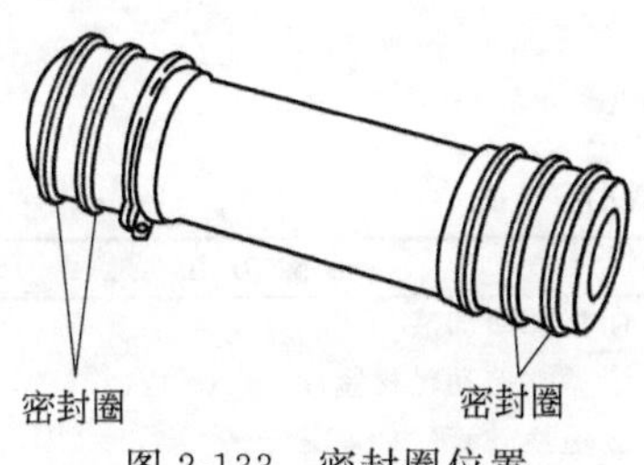

图 2-133　密封圈位置

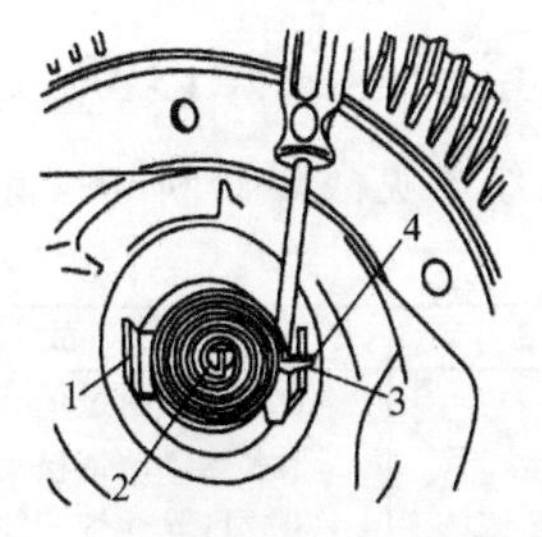

图 2-134　硅油风扇离合器的静力测试
1—限位片；2—轴；3—双金属弹簧圈；4—槽

（3）动力测试

当发动机冷却液温度不太高时，用挡板挡住散热器的空气流，使其不能散热。当冷却液温度升高后（70℃左右），风扇转速应明显提高。去掉挡板，当冷却液温度下降 10℃时，风扇转速应明显下降，表示硅油风扇离合器工作正常。

5. 膨胀水箱盖的检修

（1）压力试验

在膨胀水箱盖上装上手动压力检测器，加压至 125～135kPa 时，膨胀水箱盖的蒸汽阀才能开启，否则应更换膨胀水箱盖。

（2）负压阀的检查

用手拉动膨胀水箱盖上的负压阀，使其打开，当松开负压阀后，它应能完全关闭，否则应更换。

6. 发动机冷却系统泄漏检查

先旋下放油螺塞，因防冻液密度比机油大，若有防冻液泄漏，防冻液便会先流出来或流出防冻液与机油的乳状混合物；也可抽出机油尺，查看机油尺有无水珠。

如图 2-135（a）所示，在散热器上接上压力检测器，启动发动机。如果压力迅速上升，表明气缸垫损坏或气缸体破裂产生泄漏。如果压力不上升，用压力检测器加压，若压力表指针不断摆动，表明发动机在燃烧时或压缩时，冷却系统发生了泄漏。此时应拆下压力检测器，高速运转发动机，会发现冷却液冒出气泡。

维修提示：

◆先检查气缸盖螺栓是否松动，如正常则应更换气缸垫或气缸体。

气缸盖水套的密封试验如图 2-135（b）所示。气缸盖在组装之前，应检查气缸盖水套的密封性，用专用工具 1～4 将气缸盖 5 的各水套出口堵住，再用 200～300kPa 的压力注入 90℃的热水，若有渗漏，应更换气缸盖。

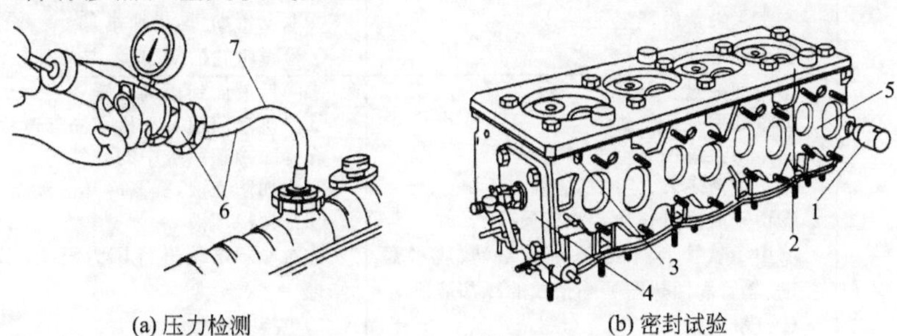

(a) 压力检测　　(b) 密封试验

图 2-135　发动机冷却系统内部泄漏的压力检测及气缸盖水套的密封试验
1～4—气缸盖水套密封性检查专用工具；5—气缸盖；6—压力检测器；7—软管

三、冷却系统的故障诊断

冷却系统常见故障诊断与排除见表 2-22。

表 2-22　冷却系统常见故障诊断与排除

故障现象	故障原因	排除方法
温度计指示高温过热	①冷却液面过低 ②水泵传动带松动 ③散热器软管凹陷 ④散热器表面气流堵滞 ⑤冷却液膨胀水箱盖损坏 ⑥冷却系统中进入空气 ⑦重载驾驶 ⑧安装了错误的冷却系统零部件 ⑨水泵轴折断或转子松动 ⑩节温器损坏 ⑪散热器中散热管堵塞 ⑫冷却系统堵塞 ⑬冷却水道中有铸造毛刺 ⑭制动打滑 ⑮发动机过度摩擦 ⑯防冻液的质量分数超过 68% ⑰温度计或传感元件失效 ⑱由于泄漏或发泡造成冷却液损耗 ⑲冷却风扇损坏	①添加冷却液 ②调整传动带松紧度 ③更换软管 ④去掉堵滞物(防盗报警器、遮板、防雾灯等) ⑤更换膨胀水箱盖 ⑥排掉空气 ⑦空挡位置高怠速,达到冷机状态 ⑧安装合适的零部件 ⑨更换水泵 ⑩更换节温器 ⑪清洗散热器 ⑫清洗冷却系统 ⑬进行修理或更换。拆下冷却系统零部件,去掉毛刺 ⑭修理制动系统 ⑮修理发动机 ⑯降低防冻液的质量分数 ⑰修理或更换失效元件 ⑱更换或修理泄漏零件,更换冷却液 ⑲修理或更换冷却风扇
温度计指示低温过冷	①节温器开口被卡住 ②温度计或传感元件失效	①修理或更换节温器 ②修理或更换失效元件
无冷却液通过加热器加热芯	①水泵回流入水口堵塞 ②加热器软管凹陷或堵塞 ③加热器芯堵塞 ④节温器室出水口堵塞 ⑤气缸盖上进气歧管的旁通软管堵塞 ⑥进气歧管冷却水道堵塞 ⑦加热器阀门失控 ⑧加热器阀门被卡在关闭位置	①去掉堵塞物 ②更换软管或去掉堵塞物 ③去掉堵塞物或更换加热器芯 ④去掉堵塞物 ⑤去掉堵塞物 ⑥去掉堵塞物或更换进气歧管 ⑦修理控制部分 ⑧修理或更换
噪声	①风扇触及风扇罩 ②水泵转子松动 ③风扇传动带打滑 ④风扇传动带松动 ⑤驱动轮表面粗糙 ⑥水泵轴承磨损 ⑦传动带偏心	①重新安装风扇罩并检查 ②紧固转子或更换水泵 ③更换传动带 ④调整风扇传动带松紧度 ⑤更换驱动轮 ⑥取下传动带,更换水泵 ⑦检查带轮的对中度,并修理
冷却液损耗、沸腾	①冷却液过多 ②重载后迅速停机 ③冷却系统中有空气 ④防冻液不够,使冷却液沸点下降 ⑤由于时间过长冷却液变质 ⑥由于软管卡箍松动、螺母松动、放水塞松动、软管和散热器缺陷造成的冷却液泄漏 ⑦气缸垫损坏 ⑧气缸盖、歧管或气缸体有裂纹 ⑨散热器盖损坏	①降低液面到正确位置 ②停机之前使发动机在高怠速状态下运转 ③排除冷却系统中的空气 ④添加防冻液,提高冷却液沸点 ⑤更换冷却液 ⑥对冷却系统进行压力测试,以确定泄漏源并修理 ⑦更换气缸垫 ⑧进行必要的修理或更换 ⑨更换散热器盖

续表

故障现象	故障原因	排除方法
冷却液窜入曲轴箱或气缸	①气缸盖螺栓拧紧力矩不够 ②气缸垫损坏 ③气缸盖、歧管或缸体有裂纹	①更换气缸垫，拧紧缸盖 ②更换气缸垫 ③进行必要的修理或更换
冷却液补偿系统失效	①冷却液液面太低 ②系统中有泄漏 ③压力盖没有拧紧或不密封或漏液 ④压力盖损坏 ⑤溢流管堵塞或漏液 ⑥补偿桶中通气口堵塞	①添加冷却液达到"满"标记 ②用压力测试查出泄漏点，并修理 ③进行必要的修理 ④更换压力盖 ⑤进行必要的修理 ⑥去掉堵塞物

第六节　润滑系统的检修

发动机润滑系统的检修数据均以依维柯汽车发动机为例。

一、润滑系统的结构

发动机润滑系统由机油集滤器、机油泵、限压阀、机油滤清器、润滑油路、机油喷嘴、机油散热器等组成。发动机润滑系统组成示意如图 2-136（依维柯汽车发动机）和图 2-137（斯太尔汽车发动机）所示。

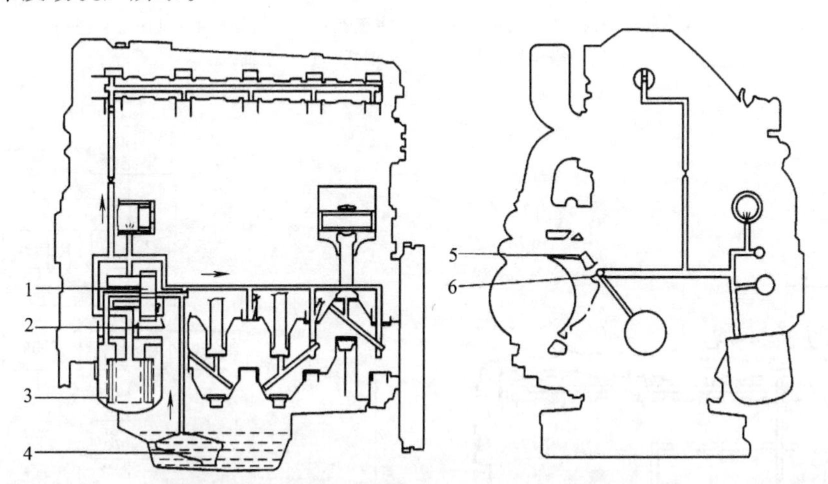

图 2-136　依维柯汽车发动机润滑系统组成示意

1—机油泵；2—限压阀；3—机油滤清器；4—机油集滤器；5—机油压力传感器；6—主油道

发动机润滑系统工作原理和润滑油路框图分别如图 2-138 和图 2-139 所示。机油泵为齿轮泵，润滑系统采用压力飞溅润滑方式。

机油从油底壳中由集滤器（粗滤器）吸入机油泵，再由机油泵泵出；先经机油散热器将机油冷却，再送入机油滤清器；经滤清后的干净机油经主油道送入发动机各润滑部位。一路用油管送入涡轮增压器，再经油管回到油底壳。一路经气缸体、气缸盖垫和气缸盖上的油道，进入凸轮轴前轴承座的油道中。当凸轮轴上的油孔转到与轴承座的油道相对时，机油便进入凸轮轴的中心油道中，再流到其他各凸轮轴的轴承孔中进行润滑，然后从轴承孔飞溅出来润滑凸轮与挺柱的接触面，最后从回油道中流回油底壳。一路经气缸体内部的油道，直接进入各主轴承中，经曲轴内的油孔，进入各连杆轴承中，从连杆轴承飞溅出来的机油，再润滑活塞销、连杆小头内孔和气缸壁。主油道上还装有机油喷嘴，将机油直接喷向气缸壁进行润滑，主油道还有一油道通向喷油泵驱动轴，最后这些机油流出后都流回油底壳。

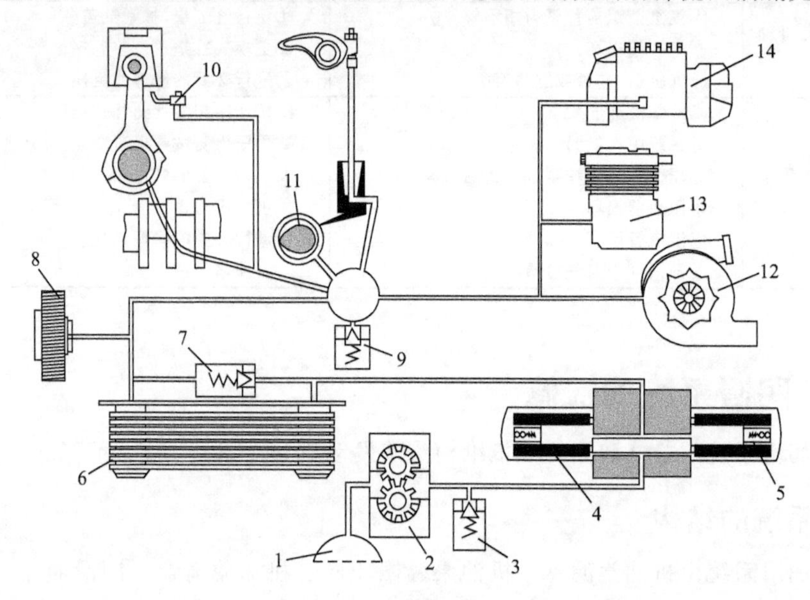

图 2-137　斯太尔汽车发动机润滑系统组成示意

1—集滤器；2—齿轮泵；3—安全阀；4—机油滤清器；5—机油旁通阀；6—机油散热器；7—机油散热器旁通阀；8—正时齿轮；9—溢流阀；10—机油喷嘴；11—凸轮轴；12—增压器；13—空气压缩机；14—喷油泵

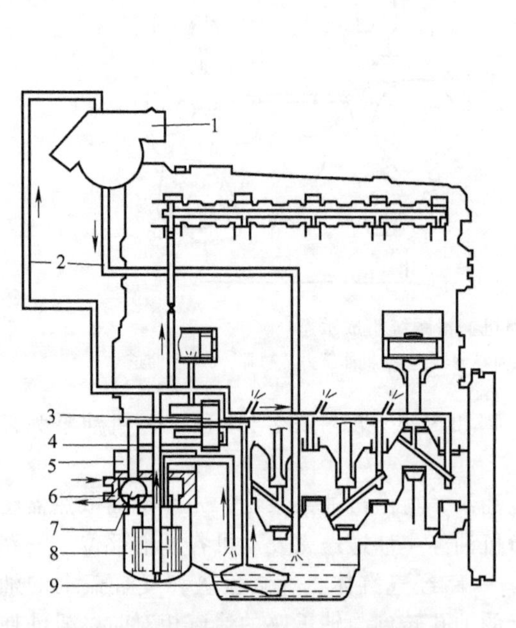

图 2-138　发动机润滑系统工作原理

1—增压器；2—增压器润滑油管；3—机油泵；4—限压阀；5—机油滤清器座；6—机油散热器；7—旁通阀；8—机油滤清器（带旁通阀）；9—机油集滤器

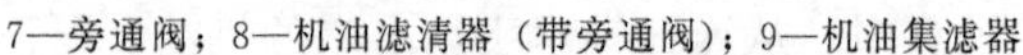

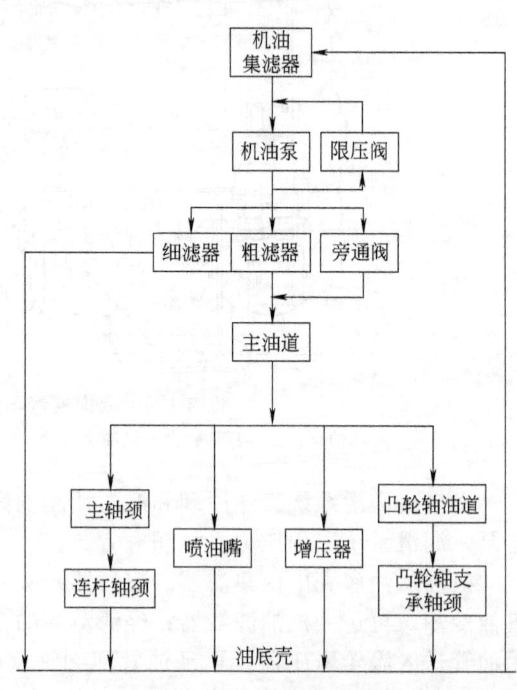

图 2-139　发动机润滑油路框图

在机油泵上装有限压阀，当机油温度在100℃时，怠速时供油压力可达到80kPa；当额定转速时，供油压力可达到380kPa，超过此压力时，便自动泄压。当供油压力过低时，主油道上的机油压力传感器便发出信号，使仪表板上的机油压力警告灯点亮，驾驶员必须立即停车，检查故障原因。首先检查发动机内是否已缺少机油，用油尺检查发动机油面高度；其次检查机油的牌号是否合适，不同季节、不同地区因气温不同，应使用不同牌号的机油。例如，SAE10W适于在－25～0℃之间工作；SAE20W适于在－10～10℃之间工作；SAE30适于在0～35℃之间工作；SAE40适于在10℃以上工作；SAE15W/40最好用在－14℃以上。

在机油滤清器上装有安全阀，当机油滤清器堵塞时，安全阀打开，使机油不经机油滤清器滤芯直接进入主油道，以保证正常供油，不损坏发动机。

1. 机油泵和限压阀

SOFIM柴油机采用齿轮式机油泵，位于附件箱内（图2-140），无单独的泵体，附件箱上还装有限压阀、机油散热器、机油滤清器、输油泵、喷油泵和制动助力用真空泵。附件箱及附件箱后盖形成了机油泵壳，其驱动轴通过正时齿轮、齿形带带动喷油泵正时齿轮，经附件箱内的传动机构使机油泵齿轮旋转。机油不断地由齿间带到出油腔，油压升高，进入油道，送至各润滑部位。壳上有泄压槽，以泄去齿轮啮合区内啮合齿间容积变小而产生的过大压力。

限压阀设在附件箱后盖上（图2-141），当机油泵出油口排出的机油压力超过限压阀限制压力时，过量的机油可以从泄油孔直接排入机油泵低压油腔，从而限制润滑系统中的最高油压。

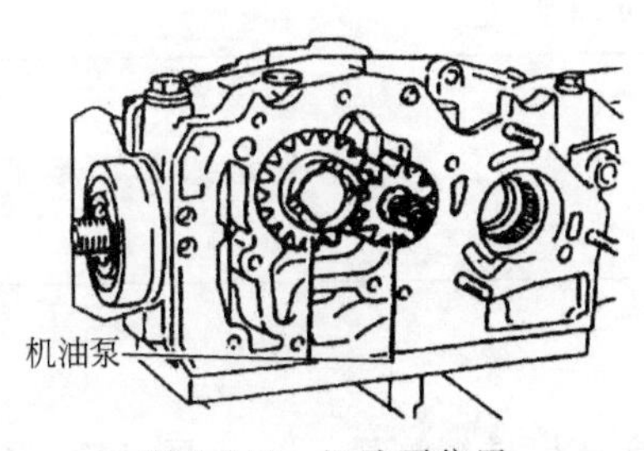

图2-140　机油泵位置

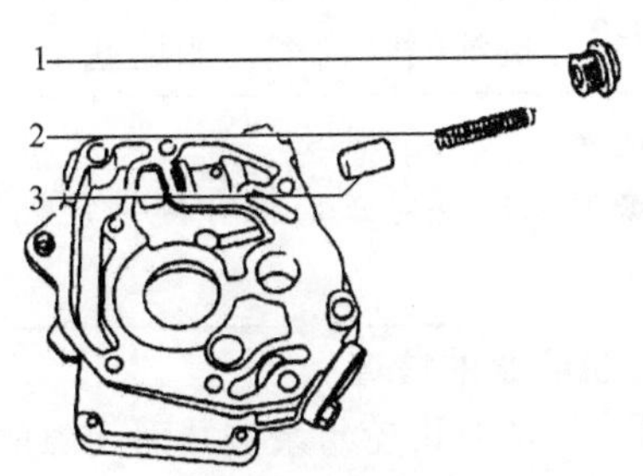

圈2-141　限压阀

1—螺塞；2—弹簧；3—柱塞

2. 机油集滤器

采用固定式机油集滤器，如图2-142所示，由钢板冲压而成的吸油口1以咬边的方式将滤网2固定在铝合金压铸的壳体3上。滤网由厚0.7mm的钢板制成，其上布满直径为1mm孔，孔距为2mm，壳体插入下气缸体的相应油道内。

3. 机油滤清器

机油滤清器是一个细滤器和粗滤器为一体的旋装式复合滤清器，滤芯不可拆卸，若滤芯脏堵，应整体更换。细滤芯采用棉团制成，粗滤芯采用滤纸折叠而成，两者一同装在外壳内，由于两者阻力大小不同，绝大部分机油通过纸制粗滤芯，因此棉质的细滤芯等于是分流式连接的。经细滤器滤清的机油最后流回油底壳，油底壳中的机油在汽车运行几十千米后能通过细滤器一遍。装在滤清器座上的旁通阀只在粗滤器积污过多，阻力过大，压力达98kPa时才被顶开，这时机油直接进入主油道，以防润滑部位缺油。

4. 曲轴箱通风装置

SOFIM柴油机曲轴通风装置采用一个通风器，如图2-143所示，在钢板冲压而成的外壳内焊有两层填满镀锌乱钢丝的过滤层，以分离油雾和气体。通风器用螺栓紧固在上气缸体侧面，与曲轴箱相通，出口接有橡胶管通往大气。发动机工作时，安装在附件箱上的真空泵有少量空气排入曲轴箱，这些都是经过滤清的新鲜空气。经通风口排出的气体，由于有两层过滤层，油雾极少。

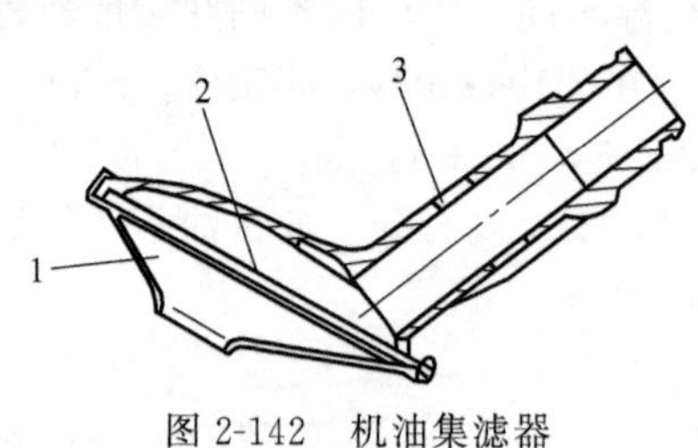

图 2-142　机油集滤器

1—吸油口；2—滤网；3—壳体

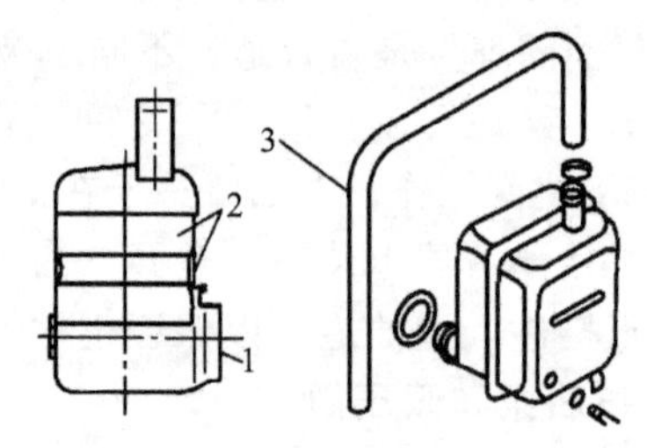

图 2-143　通风器

1—通曲轴箱；2—过滤层；3—橡胶管

5. 机油喷嘴

机油喷嘴拧在气缸体上，每缸一个，其位置避开曲轴的平衡重与连杆，不产生运动干涉。机油从喷嘴喷出，除对活塞销、气缸壁与凸轮进行润滑外，还加强了对活塞的冷却。

二、润滑系统部件的检修

1. 机油喷嘴的清理

如果使用中机油喷嘴堵塞，会导致活塞拉缸甚至烧毁等严重事故，因此在维修发动机时，应拆开机油喷嘴检查，如堵塞可用细铜丝捅开，使其畅通。

维修提示：

◆装配时要对正，稍有偏斜，机油会被活塞销或销座挡住，喷不到活塞顶，起不到冷却作用。

2. 机油泵的检查

（1）机油泵齿轮与泵体端面间隙的检查

如图 2-144 所示，拆下附件箱后盖，用钢直尺配合塞尺进行测量。机油泵齿轮与泵体端面的间隙标准值为 0.065～0.131mm，使用极限为 0.2mm。当测量结果超过规定值时，应更换磨损过度的部件，必要时可考虑更换附件箱总成。

图 2-144　检查齿轮与泵体端面间隙

1—塞尺；2—直尺；3—齿轮

（2）机油泵齿轮与附件箱内壁间隙的检查

用塞尺检查机油泵齿轮与附件箱内壁的间隙，标准值为 0.05mm，使用极限为 0.15mm。

（3）机油泵主、从动齿轮啮合间隙的检查

主、从动齿轮啮合间隙的检查可直接用塞尺插入两齿的接合面中间进行测量，主、从动齿轮啮合间隙标准值为 0.15～0.25mm，使用极限为 0.35mm。若所测间隙超过规定值，应更换齿轮。

3. 限压阀的检查

① 从机油泵盖上拧下限压阀的螺塞，取出调压弹簧和柱塞，清洗油污、油泥。检查柱塞表面有无划痕，如有应更换。如没有，应检查柱塞是否在阀体内滑动自如，即检查柱塞能否在自重的作用下顺利地进入阀体。如不能顺利滑动时，应更换限压阀总成。

② 检查调压弹簧有无折断、变形，弹力和自由长度是否符合标准。弹簧弹力的检查应在弹簧弹力检验仪上进行，其检验标准如图 2-145 所示。

维修提示：

◆弹簧自由长度的检查可用游标卡尺测量，也可用直角尺测量，这种测量方法还能检查出弹簧的弯曲度。

4. 机油散热器的维修

(1) 检修

① 如图 2-146 所示，仔细地清洁机油滤清器座 1、机油散热器 2 和接头 3 及油道，注意每次拆装都要更换密封圈。

② 进行油道和水道渗漏检查。将压力为 100kPa 的压缩空气注入机油散热器中，观察有无渗漏，如有应更换。

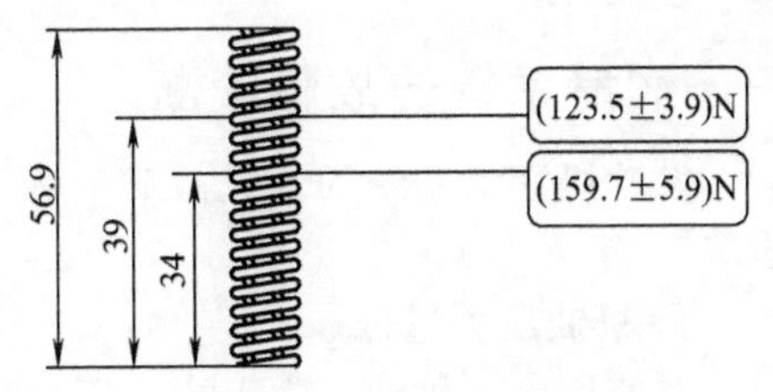

图 2-145　检查调压弹簧

(2) 装配

① 将机油滤清器座 2 装到附件箱 1 上，如图 2-147 所示，拧上接头 4，用内六角扳手 3 拧紧机油滤清器座固定螺钉，然后再拧下接头 4。

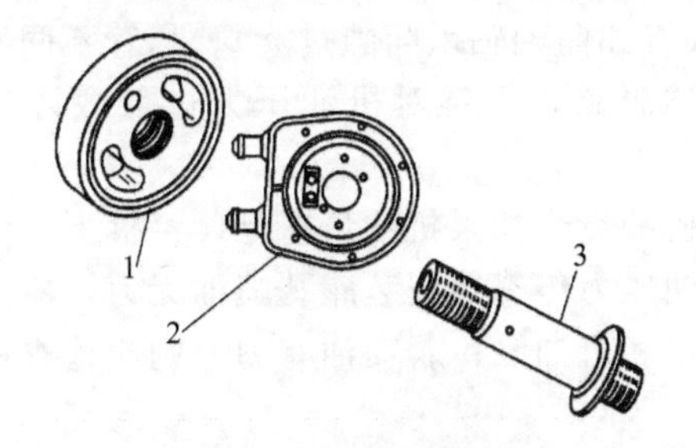

图 2-146　清洗机油滤清器座

1—机油滤清器座；2—机油散热器；3—接头

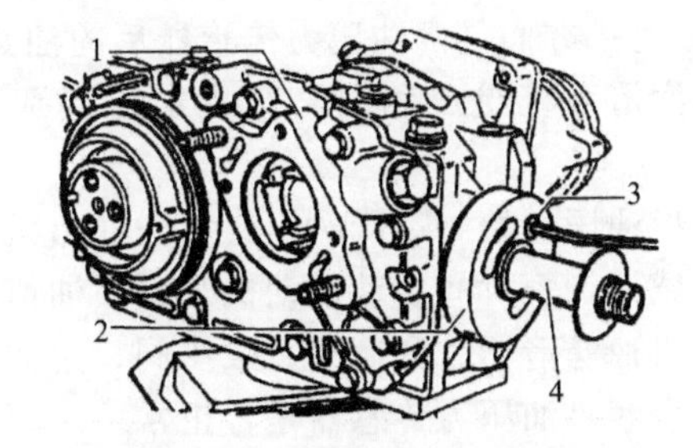

图 2-147　安装机油滤清器座

1—附件箱；2—机油滤清器座；3—内六角扳手；4—接头

② 如图 2-148 所示，用接头 3 将机油散热器 2 固定在附件箱 1 上。

③ 如图 2-149 所示，用机油润滑密封圈，然后将它装到机油滤清器 1 上。装上机油滤清器，再用专用工具 2 将其拧紧，拧紧力矩为 55N·m。

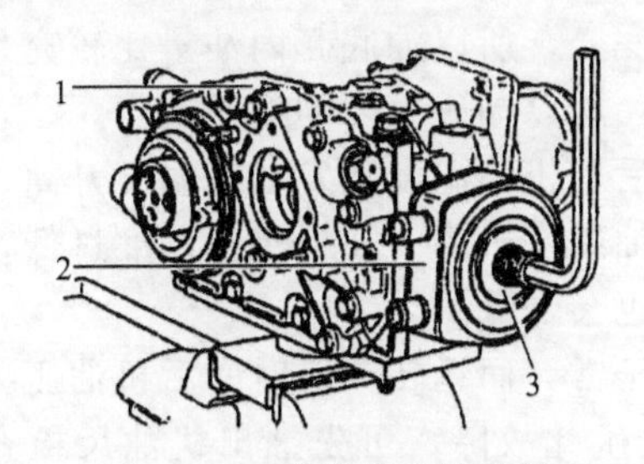

图 2-148　安装机油散热器

1—附件箱；2—机油散热器；3—接头

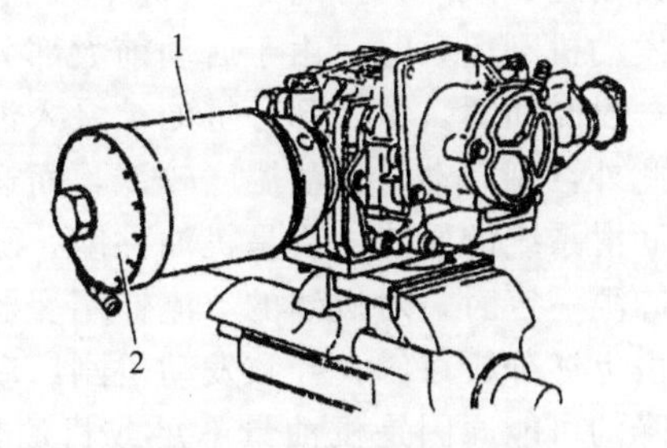

图 2-149　安装机油滤清器

1—机油滤清器；2—专用工具

5. 发动机润滑系统的就车检查

① 汽车驾驶室内的仪表盘上装有机油压力过低警告灯，当警告灯亮时，表明机油压力

不足。

② 如果在行驶途中警告灯亮了，应立即把车停下来，使发动机熄火，待发动机冷却后，先检查油面是否过低，如果油面过低，应按标准补充机油，然后重新启动发动机。

③ 如果警告灯还亮，应停机进一步查明故障原因，否则容易造成轴承抱死等严重故障。

④ 有时发动机怠速时警告灯亮，若发动机加速后灯熄灭了，则表明润滑系统工作是正常的。

三、润滑系统的故障诊断

发动机润滑系统的常见故障有机油压力过低、机油压力过高、机油消耗异常和机油变质等。

1. 机油压力过低

在使用中，机油压力表指示压力长时间低于标准值即为机油压力过低。

（1）机油压力始终过低

机油压力传感器通常安装在主油道中，如果机油压力表和机油压力传感器正常，而机油压力表指示压力过低，可根据润滑系统的组成和油路对故障可能原因进行分析。如果将油路按油流方向以机油压力传感器为界分成前、后两部分，导致机油压力过低的原因则可分成两方面：一方面是机油压力传感器前的油路不畅（如滤清器堵塞）或供油不足（如机油量不足）；另一方面是机油压力传感器后的油路泄油过快（如曲轴轴承间隙过大）。尽管不同发动机的润滑系统组成和油路有一定的差别，但按上述思路，不难对机油压力过低故障进行诊断。

机油压力始终过低时，通常先抽出机油尺检查机油量。如果机油量充足，可拆下机油压力传感器，短时间启动发动机观察喷油情况：若机油压力传感器安装座孔喷油无力，应依次拆检机油滤清器、旁通阀、限压阀、集滤器、油管路和机油泵；若喷油有力，则应检查机油压力表和机油压力传感器是否正常。

维修提示：

◆发动机工作中，如果机油压力始终过低，且有曲轴主轴承异响、连杆轴承异响或凸轮轴轴承异响等现象，应对上述产生异响的轴承间隙进行检查。据试验表明，曲轴主轴承间隙每增大0.01mm，机油压力就会降低0.01MPa。

（2）刚启动时压力正常而运转一段时间后机油压力迅速降低

诊断这类故障，可通过分析发动机润滑系统发生的变化来确定可能的故障原因。

发动机刚启动时，由于启动前大部分机油流回油底壳，所以油底壳内油量比较充足。而运转一段时间后，由于部分机油被泵入油道进行循环，所以油底壳内的油量减少。

此外，刚启动时机油温度较低，而运转一段时间后，机油温度随发动机温度升高。而温度对润滑系统的影响主要是机油黏度，随温度升高机油黏度下降。如果机油黏度过低，在各轴承间隙一定时，对机油的节流作用变弱，机油压力也会降低。

由上述分析可知，导致发动机刚启动时机油压力正常，而运转一段时间后机油压力又迅速下降的可能原因是机油量不足或机油黏度过低。发生此故障，可先抽出机油尺检查机油量，如果机油量充足，则可确定是机油黏度过低，应更换机油。

维修提示：

◆如果因冷却液或汽油进入油底壳稀释了机油，导致其黏度降低，应查明漏水或漏油的原因，将故障排除后再更换新的机油。

（3）机油压力突然降低

此故障一般是机油严重泄漏或机油泵损坏所致，应立即使发动机熄火，以免造成严重机械事故。

2. 机油压力过高

在使用中，若机油压力表指示压力长时间高于标准值即为机油压力过高。

按机油压力始终过低故障的分析思路，如果机油压力表和机油压力传感器正常，机油压力传感器前给主油道供油过多（如限压阀故障）或传感器后油路不畅（如油路堵塞），均会导致机油压力过高。可能的原因有限压阀故障、传感器之后的油道堵塞、轴承间隙过小、机油黏度过大、机油压力表或机油压力传感器损坏等。

维修提示：

◆对于新装配的发动机，若出现机油压力过高，应重点检查曲轴主轴承、连杆轴承、凸轮轴轴承的配合间隙。如果点火开关打开但不启动发动机时，机油压力表指针不回位，应重点检查机油压力表和机油压力传感器。

3. 机油消耗异常

发动机使用中，如果机油平均消耗量超过0.1～0.5mL/100km，即为机油消耗异常。

机油消耗异常的原因一般是外部泄漏或机油进入燃烧室被燃烧所致。若机油消耗异常，应首先检查有无漏油部位，如无漏油部位，可对发动机进行急加速试验，急加速时排大量蓝烟，说明烧机油严重。机油进入燃烧室通常有两个渠道：一是因活塞与气缸间密封不良导致机油进入燃烧室；二是由于气门油封损坏导致机油由气门进入燃烧室。活塞与气缸间的密封情况可通过测气缸压力或观察曲轴箱窜气情况等方法检查，据此可区别机油进入燃烧室的渠道，以便有针对性地查明故障原因。

维修提示：

诊断机油消耗异常故障还应注意以下两点。

◆对于采用气压制动的汽车，空气压缩机磨损严重，也会导致机油消耗异常。松开储气筒放污螺塞，如有大量油污排出，则说明空气压缩机磨损严重。

◆发动机曲轴箱通风装置不良，也会导致机油消耗异常。

4. 机油变质

由于高温和氧化作用，即使正常情况下，机油也会变质，这种现象称为老化。老化的机油含有酸性化合物，不但使机油变黑、黏度下降，而且会腐蚀机件。

在使用中，若不到换油周期，机油就出现老化（即变质），应查明原因予以排除。机油变质的原因一般是机油被污染、机油质量差、滤清器失效、机油温度过高等。

机油被污染通常是油底壳中有水或汽油进入，可通过沉淀物和气味判断机油中是否有水或汽油。此外，曲轴箱通风不良，窜入曲轴箱的废气、可燃混合气也会污染机油。

5. 机油压力传感器损坏

接通点火开关，此时机油压力指示灯能点亮，当拆下机油压力传感器插座引线时，机油压力指示灯可以熄灭，而发动机运转时机油压力指示灯不熄灭，表明机油压力传感器损坏。也可用电阻表直接测量机油压力传感器的电阻。机油压力传感器的插座与安装螺纹之间的电阻应为0，否则表示机油压力传感器断路。当顶开机油压力传感器的中心电极时，电阻应为∞，否则表示机油压力传感器短路。

第七节　燃油供给系统的检修

一、燃油供给系统的结构

柴油机燃油供给系统包括油箱、燃油滤清器、输油泵、喷油泵、喷油器、高（低）压油管和回油管等，另外还有调速器、冒烟限制器、启动加浓装置、冷启动装置等。

1. 燃油滤清器

图 2-150 所示为燃油滤清器总成，由粗、细滤芯组成，两者合用一盖，安装在发动机上。毛毡滤芯可清洗和重复使用，纸质滤芯不可清洗和重复使用。

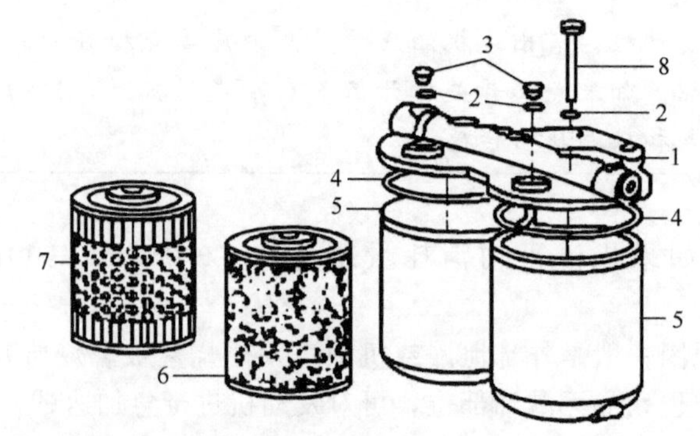

图 2-150　燃油滤清器总成

1—滤清器盖；2—垫片；3—放气螺塞；4—橡胶密封圈；5—滤清器壳；6—毛毡（粗）滤芯；7—纸质（细）滤芯；8—螺栓

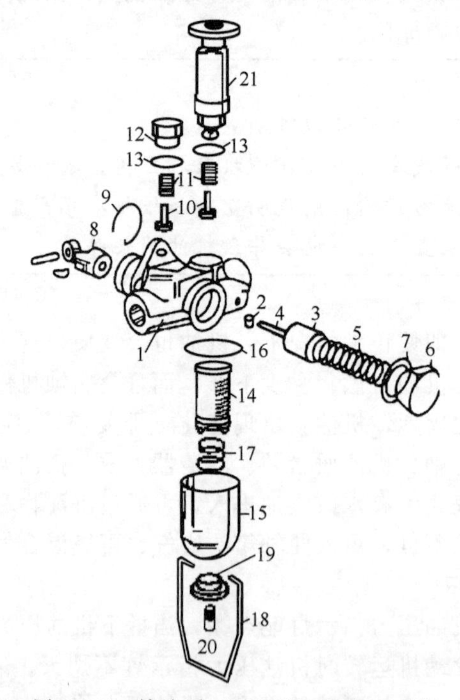

图 2-151　输油泵（BOSCH FP/K22 型）

1—泵体；2,13,16—密封圈；3—活塞；4—顶杆；5,17—弹簧；6,12—螺塞；7—密封垫片；8—挺柱组件；9—锁簧；10—单向阀；11—单向阀弹簧；14—滤芯；15—滤芯筒；18—锁紧环；19—锁紧螺母；20—双头螺柱；21—手动泵

2. 输油泵

柴油机输油泵大多为柱塞式，输油泵包括手动泵、机动泵和集尘过滤装置（集滤杯内有滤网）三部分，如图 2-151 所示。

3. 喷油泵（高压油泵）

图 2-152 所示为 BOSCH PE6P 型喷油泵，该泵带有机械式 RQ 型调速器、FP/ K22 或 FP/KG24 型输油泵、EP/SP 型喷油提前器和由增压压力控制的膜片式冒烟限制器。

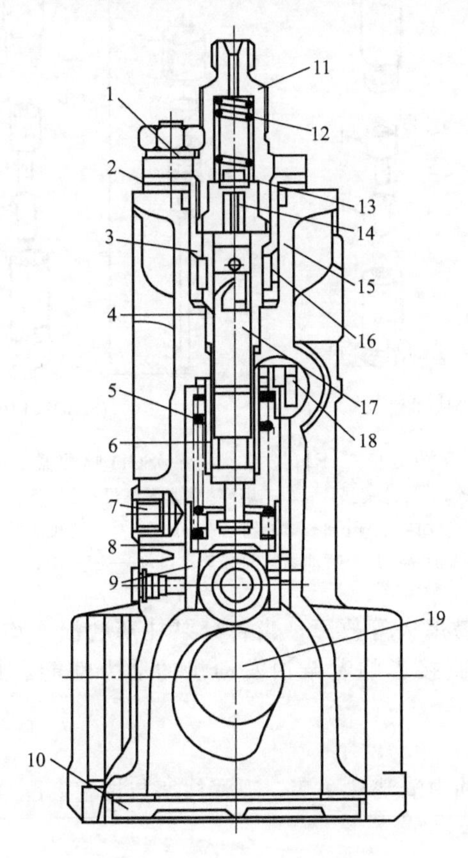

图 2-152　BOSCH PE6P 型喷油泵

1—螺母；2—供油始点调整垫片；3—钢套凸缘；4—渗漏回油孔；5—柱塞弹簧；6—控制套筒；7—润滑油注入孔；8—弹簧下座；9—滚轮体；10—底盘；11—出油阀紧固螺母；12—出油阀弹簧；13—出油阀垫片；14—出油阀；15—泵体；16—挡油环套；17—柱塞；18—拉杆；19—凸轮轴

4. 喷油器

柴油机所用 FM 喷油器和 BOSCH 喷油器结构如图 2-153 所示。

二、喷油泵的检查

喷油泵解体后需进行一系列检查，检查内容如下。

1. 柱塞偶件的检查

柱塞与柱塞套是一对精密偶件，两者的配合间隙为 0.001～0.003mm。柱塞偶件磨损后，会使开始喷油时刻滞后、供油结束时刻提前，同时使供油量下降，出现柴油机动力下

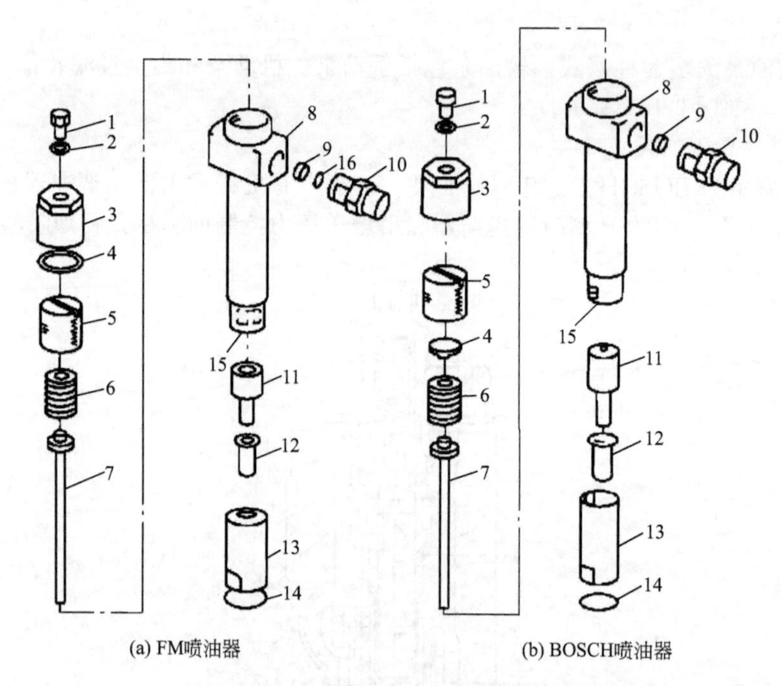

图 2-153　FM 喷油器和 BOSCH 喷油器

1—回油管空心螺栓；2—纯铜垫片；3—调压螺柱紧固螺母；4—密封垫；5—调压螺柱；6—调压弹簧；7—喷油器顶杆；8—喷油器；9—压环；10—进油管接头；11—喷油嘴；12—喷油嘴护套；13—喷油嘴紧固螺套；14,16—密封圈；15—定位销

降、启动困难和怠速不稳易熄火等故障，当各分泵柱塞磨损不均时，还会造成各缸油量不均。柱塞偶件的磨损情况直接影响着柴油发动机的动力性能，必须对柱塞偶件进行如下检查。

(1) 外观检查

在干净的煤油或轻柴油中清洗柱塞套，观察柱塞与柱塞套配合部位。

维修提示：

◆特别注意观察柱塞上部的导向部分，如发现柱塞表面严重变色（磨损部位呈白色）、柱塞螺旋槽和直槽及槽边剥落式锈蚀、柱塞有裂纹和变形、柱塞套有裂纹等现象，则必须成对更换柱塞偶件。

(2) 柱塞滑动试验

如图 2-154 所示，将浸过煤油的柱塞偶件倾斜为 60°，把柱塞从柱塞套中拉出 2/3，松开手时，柱塞应能靠自重完全滑进柱塞套内。将柱塞旋转至不同位置反复进行上述试验，如果柱塞在局部位置上有阻滞现象，可用抛光膏涂在柱塞上，插入柱塞套中配对研磨。研磨时注意边上下往复运动边旋转柱塞。

(3) 柱塞偶件密封性试验

如图 2-155 所示，用食指堵住柱塞套的上端，使柱塞处于中等或最大供油量位置，将柱塞往下拉动（注意不要将柱塞拉过柱塞套进油孔位置）。如此时食指感觉有真空吸力，同时松开柱塞时，柱塞仍能回到原来位置，说明柱塞偶件密封是合格的。

2. 出油阀的检查

出油阀有两对密封接触面，即减压环带与阀座孔的精密配合与密封。当出油阀磨损严重时，会使减压环带或锥面密封失效，由此会产生后燃和滴油现象，使燃烧恶化冒自烟、发动机动力下降，严重时还会发生敲缸，因此必须对出油阀进行检查。

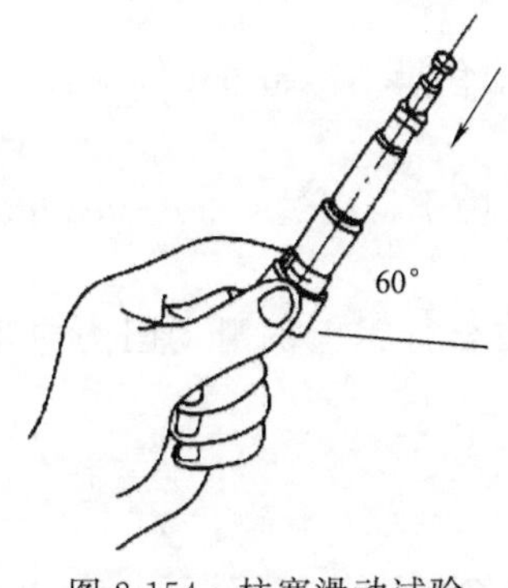

图 2-154　柱塞滑动试验

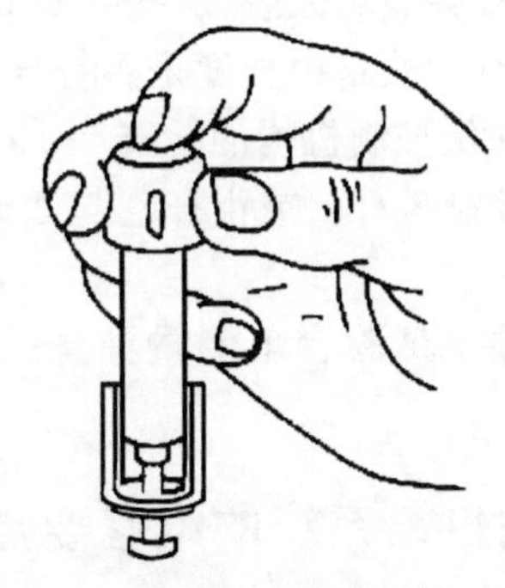

图 2-155　柱塞偶件密封性试验

（1）外观检查

将出油阀偶件放在干净的煤油或轻柴油中清洗，用肉眼或放大镜观察出油阀锥面，如发现减压环带磨损严重（即出油阀锥面有较宽或较深的清晰白色磨损痕迹），或减压环带有明显的纵向拉痕，则应更换。同时应观察出油阀与阀座有无裂痕和锈蚀。

（2）滑动试验

将出油阀座放正，抽出出油阀 1/3 高度，然后松开，出油阀应能靠自重缓缓落座。转动出油阀在任何位置，反复试验。如果有滞阻现象，同样可将出油阀与阀座配对研磨。

维修提示：

◆在涂抹研磨膏时，注意应将研磨膏涂抹至导向杆上而不要涂抹到减压环带上，且研磨时注意不要将减压环带插入阀座中研磨。

（3）密封性试验

将出油阀完全落座，用嘴吸出油阀座底口，如果不漏气，则可将嘴唇吸住，否则应进行研磨。在研磨出油阀锥面时应注意只将研磨膏涂在出油阀锥面上，而不要涂在减压环带上。如图 2-156 所示，减压环带密封试验是用中指将出油阀底口堵住，然后向下按出油阀芯，当松开出油阀芯时，阀芯会自动上弹，说明减压环带密封是合格的，否则应换用新件。

3. 喷油泵其他零件的检查

（1）柱塞凸缘与控制套筒的检查

检查柱塞凸缘与油量控制套筒槽之间的间隙，一般为 0.02～0.08mm，超过 0.12mm，应更换控制套筒。

（2）挺杆总成的检查

① 观察挺杆与滚轮的磨损、锈蚀。

② 用千分表测量滚轮与滚轮衬套之间、滚轮衬套与滚轮轴之间总的径向间隙，如间隙超过 0.2mm 时，应更换挺杆总成。

③ 检查挺杆与泵体之间的间隙，若超过 0.2mm，则应更换挺杆总成或泵体。

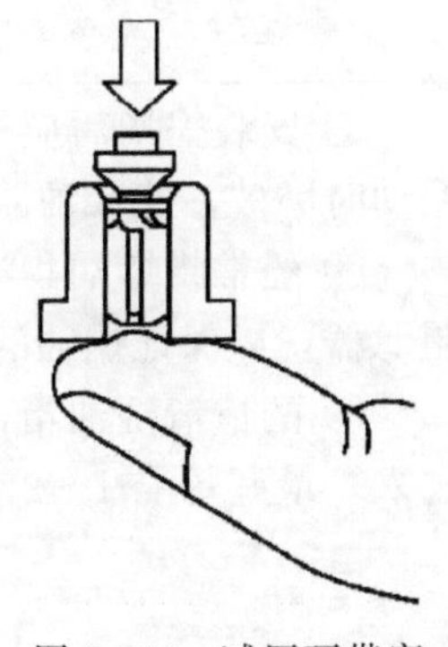

图 2-156　减压环带密封性试验

（3）凸轮轴的检查

① 观察凸轮表面的磨损、锈蚀和裂纹及有无剥落，根据损坏情况用油石修磨或更换。

② 如果凸轮磨损超过 0.2mm，凸轮轴弯曲超过 0.15mm，凸轮高度超出使用极限时，

均应更换凸轮轴。

（4）柱塞弹簧的检查

① 检查弹簧有无裂纹、锈蚀和表面剥落。

② 检查弹簧自由长度是否符合标准，弹簧中心最大偏移量不得超过 1.5mm。

（5）油量控制机构的检查

油量控制拉杆（或齿杆）与油量控制套筒之间游动间隙不得超过 0.25～0.30mm，否则应予更换。

在喷油泵试验台上测量油量控制拉杆（或齿杆）在全行程上的滑动阻力应不大于规定值。

三、燃油供给系统的维修要点

① 在拆卸各管空心螺栓、更换燃油滤芯时，应首先将接头外、滤清器与壳体接合部位的油污、尘土擦洗干净，以防拆卸时有污物进入燃油管路中，造成故障。

维修提示：

◆拆卸时注意保存好空心螺栓两侧的铜密封垫圈。

② 在安装管路之前，应仔细检查各管接头、垫片、空心螺栓头部平面及管接头两侧平面，看是否平整，若已有压痕或不平，可用细砂纸铺在平板玻璃上将其磨平。

③ 检查输油系统进、出油口端面及燃油滤清器进、出口端面是否平整，如有压痕或不平，可用细砂纸绕在平板锉上将其锉平，将各密封件的密封面清洗干净，以保证清洁和各管接头的良好密封。

④ 空心螺栓及管接头两侧各有一个密封垫片，不得漏装；拧紧空心螺栓时，不得太用力，以防拧断空心螺栓或损坏输油泵、滤清器及高压油泵等连接接口。

⑤ 在更换燃油滤清器滤芯时，应清洗滤清器壳体，除去底部的水分、油泥、胶质等杂物，注意检查燃油滤清器两端橡胶密封处及滤芯两侧端盖是否密封，若不密封，应更换。

⑥ 在安装壳体前，一定要检查壳体盖内的橡胶密封圈是否完好，否则易引起密封不严，漏油进气，造成发动机工作不正常。

维修提示：

◆在拧紧壳体与盖的空心螺栓时，注意不要拧得过紧，以防损坏壳体内的螺纹。

⑦ 安装完毕后应检查各油道的位置，以防止油管与车架、油泵、壳体间的接触部位在振动时磨破，造成油路漏油，应将各管相互隔离并分别固定。

⑧ 经常将燃油集滤器中的积水放出，并定期清洗滤芯。在入冬之前，清洗输油泵上的粗滤器，以保证燃油的清洁与畅通。

⑨ 酌情清洗油箱，如油箱盖破损、丢失，应及时更换新件，保证油箱密封，防止尘土进入，最好每隔 1～2 年清洗油箱一次。

第三章 高压共轨系统及SCR系统结构与检修

第一节　高压共轨系统的结构

柴油喷射技术经历了传统的纯机械操纵式喷油和现代的电控操纵式喷油这两个发展阶段。目前电控喷油技术已从初期的位置控制型发展到时间控制型。现代电控喷油技术实现的手段主要有电控泵喷嘴、电控单体泵以及电控高压共轨系统。目前，电控高压共轨系统应用越来越广泛，其四大组件如图 3-1 所示。

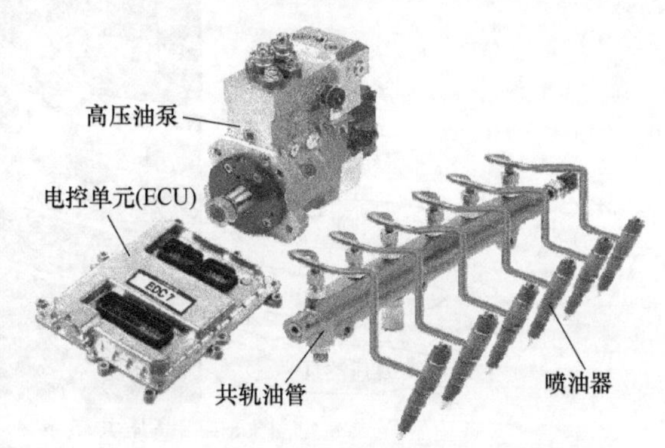

图 3-1　电控高压共轨系统的四大组件

在电控高压共轨系统中，电控单元（ECU）通过接收各传感器的信号，借助于喷油器上的电磁阀，实现对喷油量和喷油正时的控制，保证柴油机最佳的空燃比、雾化质量和点火时刻。电控高压共轨系统集成了计算机控制技术、现代传感检测技术以及先进的喷油结构，不仅能达到较高的喷射压力，实现喷射压力和喷油量的控制，而且能实现预喷射和后喷，从而优化喷油特性，降低柴油机噪声和大大减少废气的排放量。

一、高压共轨系统的组成

如图 3-2 所示，柴油机高压共轨系统由传感器、电控单元（ECU）和执行器三部分组成。该系统的任务是对喷油系统进行电子控制，实现对喷油量以及喷油正时的实时控制。

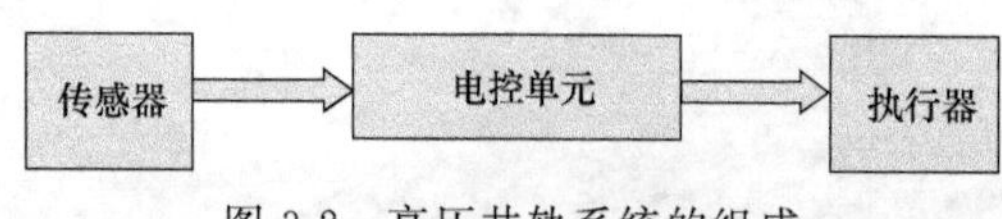

图 3-2　高压共轨系统的组成

图 3-3 所示为高压共轨系统主要部件，图 3-4 所示为主要部件安装位置。发动机转速、加速踏板位置、温度、压力等传感器和开关信号输入 ECU 后，ECU 对这些信号进行分析、处理，计算出最佳喷油量和喷油提前角，从而实现对喷油参数的精确控制。柴油机实现电控喷射后，性能得到了质的飞跃，发动机的动力性、经济性更佳，尾气排放量也更低。

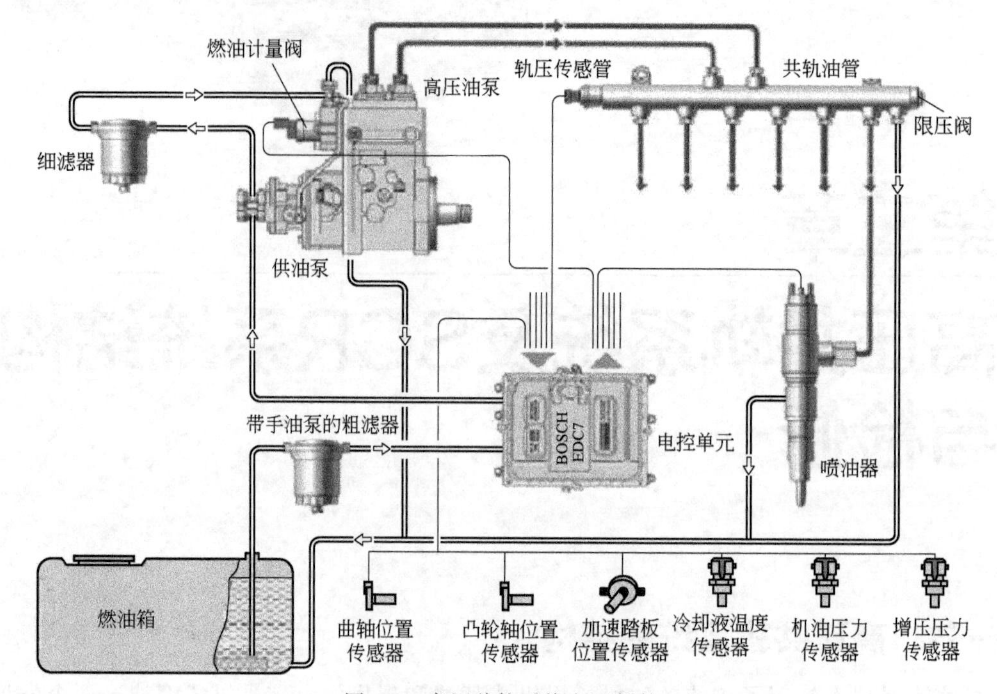

图 3-3　高压共轨系统主要部件

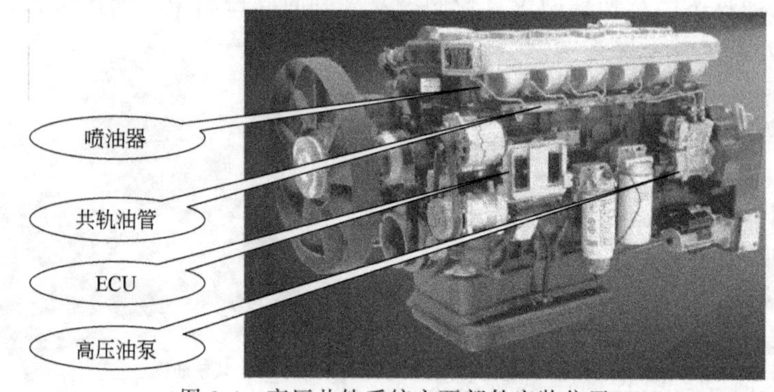

图 3-4　高压共轨系统主要部件安装位置

1. 传感器

(1) 传感器的类型

传感器是电控系统中的信号输入装置，其功用是采集控制系统所需的信息，并将其转换成电信号通过线路输送给 ECU。

传感器的类型见表 3-1。

(2) 主要传感器介绍

高压共轨系统中的主要传感器见表 3-2。

表 3-1　传感器的类型

传感器类型		传感器	特性
磁电式		曲轴转速传感器	数字量
		凸轮相位传感器	数字量
变阻式	热敏电阻	水温、机油温度、燃油温度、进气温度等传感器	模拟量
	滑线变阻器	加速踏板位置传感器	模拟量
	应变片变阻器	轨压、机油压力、进气压力等传感器	模拟量

表 3-2　高压共轨系统中的主要传感器

名　称	功　能
曲轴位置传感器	精确计算曲轴位置，用于喷油正时和喷油量计算及转速计算
凸轮轴位置传感器	气缸判别
进气温度传感器	测量进气温度，修正喷油量和喷油正时，过热保护
进气压力传感器	监测进气压力，调节喷油控制，与进气温度传感器集成在一起
机油压力温度传感器	测量机油压力和温度，用于喷油的修正和发动机的保护
冷却液温度传感器	测量冷却液温度，用于冷启动、目标怠速计算等，同时还用于修正喷油提前角、最大功率保护等
轨压传感器	测量共轨管中的燃油压力，保证油压控制稳定
加速踏板位置传感器	将驾驶员的意图送给 ECU
车速传感器	提供车速信号给 ECU，用于整车驱动控制
大气压力传感器	用于校正控制参数，集成在 ECU 中

① 曲轴位置传感器。用来检测曲轴转角位移，给 ECU 提供发动机转速信号和曲轴转角信号，作为喷油正时控制的主控制信号。ECU 根据曲轴转速信号和加速踏板位置信号等来确定基本喷油量。信号丢失时，发动机启动困难，严重时，发动机无法启动。

曲轴位置传感器结构如图 3-5 所示，安装位置如图 3-6 所示。

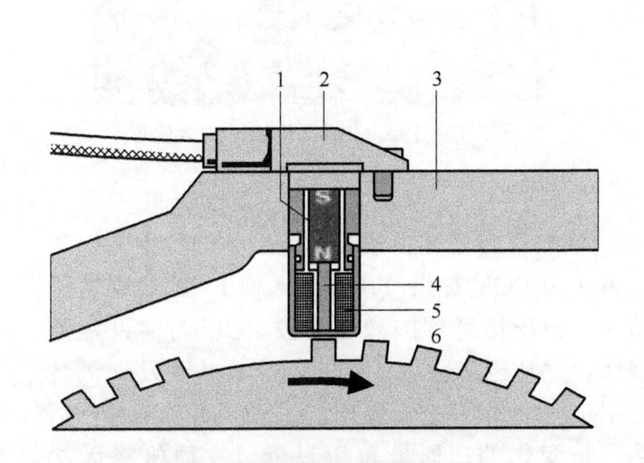

图 3-5　曲轴位置传感器结构

1—永久磁铁；2—曲轴位置传感器壳体；3—发动机外盖；4—软铁芯；5—线圈；6—信号轮

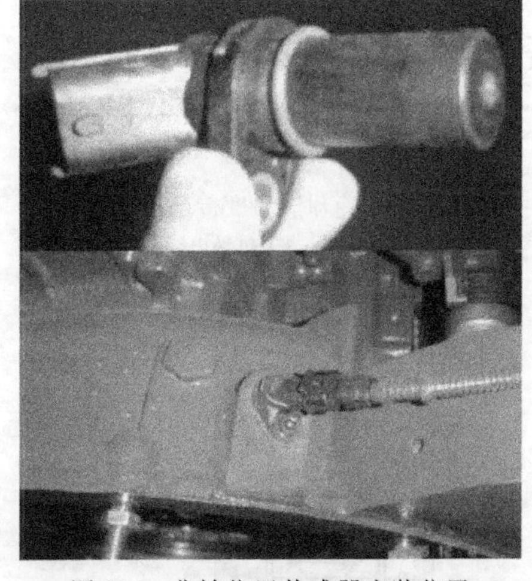

图 3-6　曲轴位置传感器安装位置

② 凸轮轴位置传感器。产生气缸的判别信号，作为曲轴转速的替代信号。

凸轮轴上安装着一个用铁磁性材料制成的齿，它随着凸轮轴旋转。当这个齿经过凸轮轴位置传感器的半导体膜片时，它的磁场就会使半导体膜片中的电子以垂直于流过的电流的方向发生偏转，产生一个短促的电压信号（霍尔电压），这个电压信号告诉 ECU，某一缸已经进入了压缩阶段。

凸轮轴位置传感器信号盘如图 3-7 所示，安装位置如图 3-8 所示。

③ 冷却液温度传感器。给 ECU 提供发动机冷却液温度信号，作为燃油喷射控制的修正信号。冷却液温度传感器信号也是其他控制系统（如怠速控制和废气再循环控制等）的控制信号。

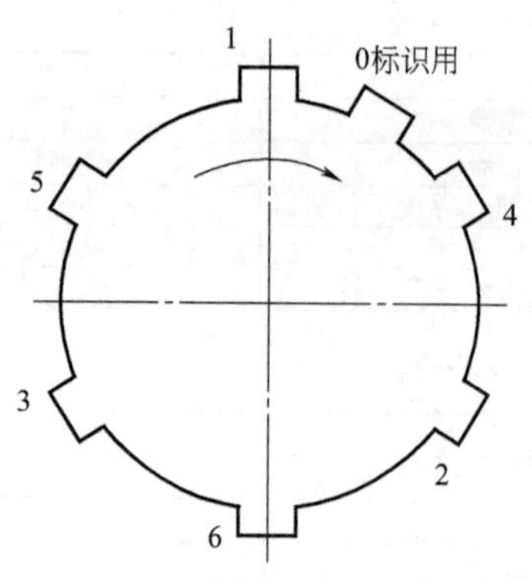

图 3-7　凸轮轴位置传感器信号盘

图 3-8　凸轮轴位置传感器安装位置

冷却液温度传感器结构如图 3-9 所示，安装位置如图 3-10 所示。

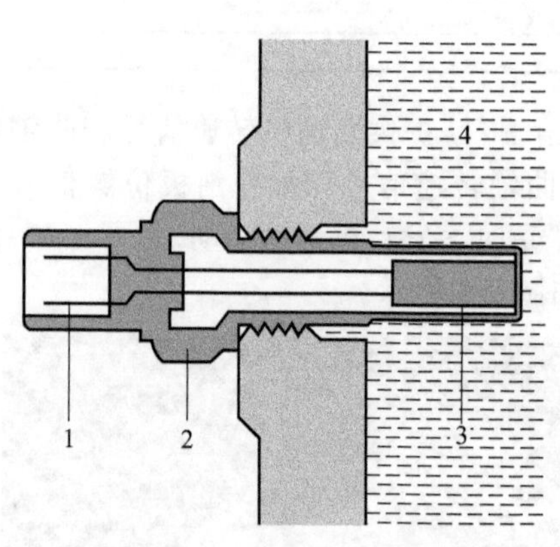

图 3-9　冷却液温度传感器结构
1—端子；2—壳体；3—热敏电阻；4—冷却液

图 3-10　冷却液温度传感器安装位置

④ 轨压传感器。用来测量共轨油管中的燃油压力，为 ECU 提供轨压信号，使 ECU 实现轨压监控。轨压传感器失效后，按 ECU 内的设定值替代，发动机将会进入跛行回家模式，发动机转速限定在 1500r/min 以内。发动机正常工作时，轨压是变化的；如果轨压过低，发动机将无法启动。

轨压传感器结构如图 3-11 所示，安装位置如图 3-12 所示。

注意：

轨压传感器信号是重要的电控信号，如果该信号失准或丢失，发动机工作会受到影响，甚至不着火。

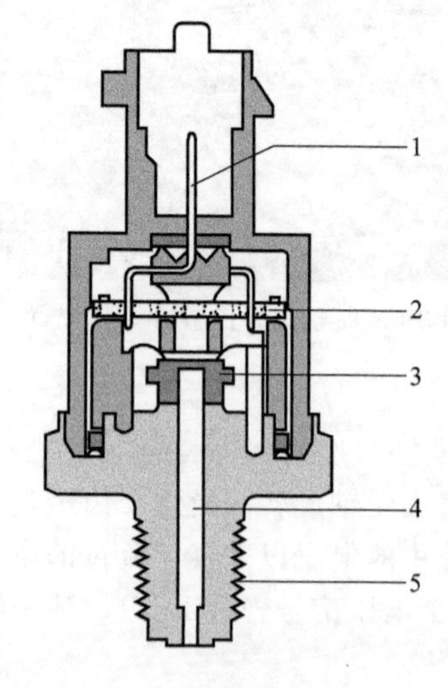

图 3-11　轨压传感器结构
1—端子；2—评估电路；3—带传感装置的皮膜；4—高压油道；5—固定螺纹

⑤ 进气压力温度传感器。把进气压力传感器和进气温度传感器集成为一体，完成进气压力和

进气温度的检测，用于修正喷油量和喷油正时的调节。

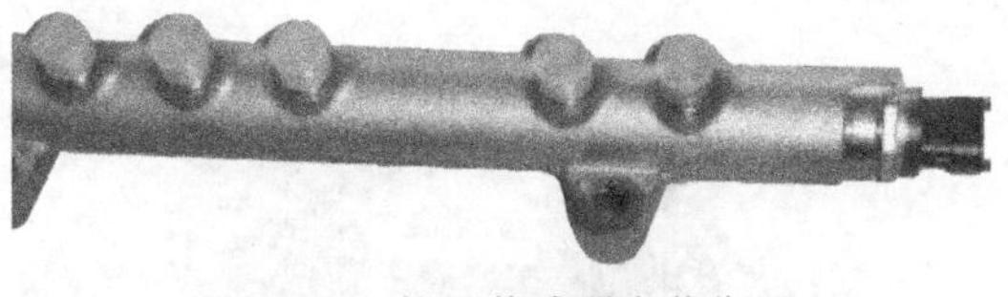
图 3-12 轨压传感器安装位置

⑥加速踏板位置传感器。产生加速踏板位置信号，作为控制喷油量的依据。加速踏板位置传感器的形状如图 3-13 所示。

高压共轨系统一般采用 1 号和 2 号两个加速踏板位置传感器，两个传感器信号成 2 倍的关系，加速踏板出现故障时，发动机将被锁定在 1000r/min（高怠速状态）运转。

⑦ 机油压力温度传感器。测量机油压力和温度，用于喷油的修正和发动机的保护。机油压力温度传感器的形状如图 3-14 所示，电路如图 3-15 所示。

图 3-13 加速踏板位置传感器的形状

图 3-14 机油压力温度传感器的形状

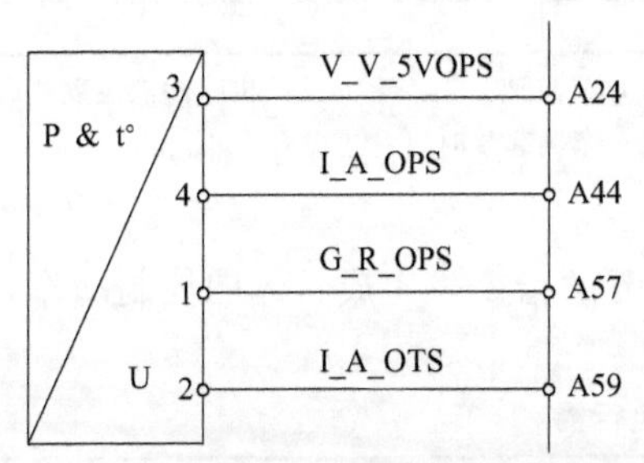

图 3-15 机油压力温度传感器的电路
A24—机油压力传感器的 5V 电源；
A44—机油压力信号；
A57—搭铁线；
A59—机油温度信号

当机油温度过高时，发动机将会以跛行回家模式工作，发动机转速被限定在 1500r/min 以内。机油温度信号丢失时，电控系统默认机油温度的参数为－20℃。

> **注意：**
>
> 国四发动机只报故障码，没有跛行回家模式，机油温度信号丢失时，默认值为 81℃。

⑧ 车速传感器。其信号用于巡航控制。它属于电磁感应式速度传感器。

2. 电控单元

电控单元也称电脑、控制单元，英文为 Electronic Control Unit，缩写为 ECU，它是一种综合控制电子装置，其功用是存储该车型的特征参数和运算中所需的有关数据信息；给各传感器提供参考（基准）电压，接受传感器或其他装置输入的电信号，并对所接受的信号进行存储、计算和分析处理，根据计算和分析的结果向执行元件发出指令，或根据指令输出自身已存储的信息；具有自我修正功能等。

电控单元的形状有两种，如图 3-16 所示。

ECU 除了负责控制喷油器喷油外，还有一些附加的控制功能，见表 3-3。

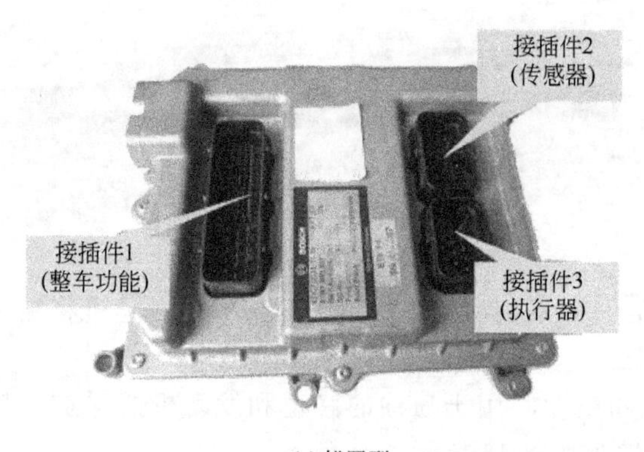

(a) 横置型

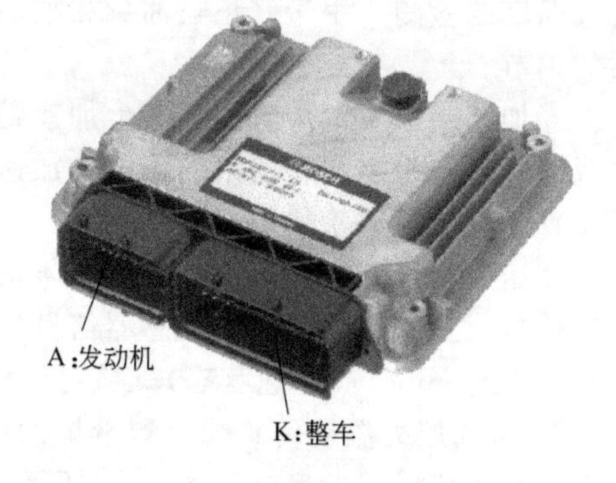

(b) 纵向型

图 3-16 电控单元的形状

表 3-3 ECU 的控制功能

功 能	描 述	备 注
启动预热控制	利用格栅预热器提高进气温度，改善冷启动性能	进气加热继电器、冷启动灯
空调控制	空调使用的控制	空调请求开关、空调继电器
启动控制	控制发动机的启动，实现空挡保护	启动继电器、T50 启动开关
排气制动控制	控制排气制动蝶阀的开启和关闭	排气制动开关及继电器
巡航控制	自动控制车速	巡航控制开关，全部点动
PTO	动力输出控制	
怠速微调[1]	通过怠速微调开关调节怠速	
CAN 总线(SAE J1939)	与整车其他电控单元进行通信	双绞线、120Ω 终端电阻
发动机转矩转速控制	控制发动机转速	多态开关
故障诊断	以闪码形式告知错误内存中的故障	诊断请求开关、闪码灯
油中有水水位报警	告知驾驶员处理粗滤器的积水	水位传感器、水位报警灯
车下启动/熄火	车下启动、关闭发动机	副启动开关
远程油门控制	第二油门对发动机转速的控制	

① 发动机本身就能够保证下列怠速提升：发动机根据冷却液温度调整发动机怠速，如 WP10 发动机冷却液温度 40℃时怠速为 600r/min，0℃时怠速为 700r/min；开空调时，怠速提升 100r/min；车辆起步时，怠速提升 100r/min。

3. 执行器

执行器是电控系统中的执行机构，功能是接受电控单元的指令，完成具体的控制动作。高压共轨系统中的主要执行器见表 3-4。

表 3-4 高压共轨系统中的主要执行器

名 称	功 能
燃油计量阀	用于控制高压油泵进油量，保持共轨压力满足指令需求
喷油器	用于精确控制喷油提前角、喷油量
继电器	用于空调压缩机、排气制动和冷启动装置的控制
指示灯	用于故障指示、冷启动指示
转速表	用于整车转速输出
CAN 总线	用于与整车动力总成、ABS、ASR、仪表、车身等系统的联合控制
K 线(ISO K-Line)	用于故障诊断和整车标定

① 喷油器。由 ECU 控制，当喷油器线圈通电时打开喷孔进行喷油，线圈断电时则喷孔关闭。喷油量与通电时间（脉宽）成正比。

② 燃油计量阀。受 ECU 控制，来控制高压油泵的进油量，从而控制轨压。

二、启动控制电路与预热控制电路

1. 启动控制电路

潍柴国三共轨柴油机启动控制电路如图 3-17 所示。与启动控制相关的开关有点火开关、空挡开关、车下启动开关和熄火开关等。

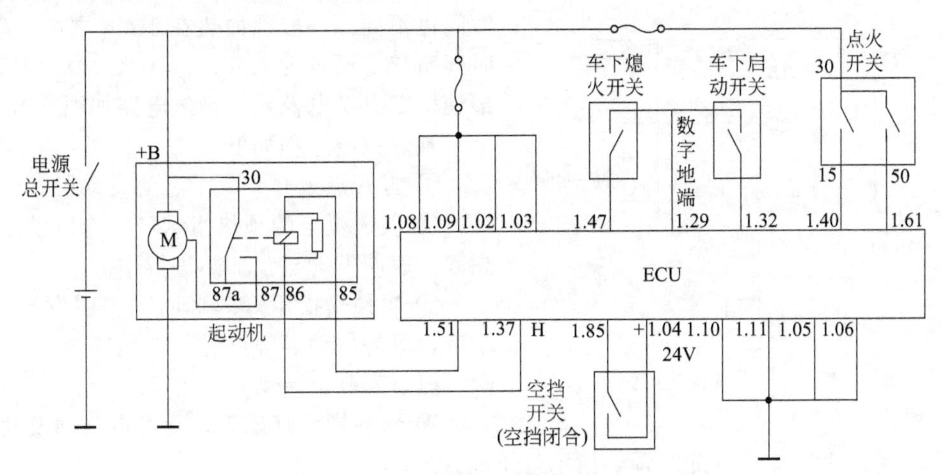

图 3-17　潍柴国三共轨柴油机启动控制电路

将点火开关打开，点火开关给 ECU 的 1.40 端子提供 24V 电源，ECU 随即被唤醒，进入工作状态。将点火开关打到启动挡，点火开关同时为 1.40 和 1.61 两端子提供 24V 电源，ECU 接收到此信号便认定为启动请求。ECU 首先要进行验挡。如果当前有挡，空挡开关就是断开的，ECU 的 1.85 端子因为未得电而保持低电位。只要 1.85 端子保持低电位，ECU 就认定有挡，对启动请求不予执行。如果当前为空挡，空挡开关就闭合，1.85 端子随即得电（ 24V)。只要 1.85 端子为高电位（24V)，启动请求便会被执行，ECU 为启动继电器线圈通电，完成启动过程。当空挡开关线路发生故障时，可将钥匙开关保持在启动挡 5s 以上，强行启动发动机（强启模式）。

ECU 还通过 1.32 端子电位判定启动请求。在点火开关打开的情况下，按下车下启动开关（开关闭合)，1.32 端子通过 1.29 端子完成搭铁，保持低电位，ECU 认定此信号为启动请求，接下来进行验挡，如果空挡开关闭合，ECU 就控制起动机运转，完成启动过程。在车下启动开关断开的情况下，1.32 端子保持高电位，ECU 认定开关处于释放状态。

车下熄火控制，ECU 通过检测 1.47 端子的电位来实现。发动机运转状态下，按下车下熄火开关，1.47 端子通过 1.29 端子完成搭铁，保持低电位，ECU 认定为熄火请求。如果此时车速信号为 0，ECU 将为熄火电磁阀通电，执行熄火。如果车速不为 0，熄火请求就被忽略。

发动机启动受 ECU 控制，使有挡启动无法完成，有效防止了误操作（有挡启动）导致的各类事故的发生。另外，当发动机处于运转状态时，曲轴转速信号输入到 ECU，此时启动请求信号再输入到 ECU 时，将被忽略，启动保护功能也得以实现。

注意：

当使用点火开关无法启动发动机时（即发动机不运转），应使用车下副启动开关尝试启动，如果发动机能够顺利启动，则检查点火开关 50 到 ECU 1.61 线路；如果使用副启动开关也无法使发动机启动，则检查点火开关 15 到 ECU 1.40 线路。

2. 预热控制电路

ECU根据发动机上的温度传感器来感应环境温度，通过进气加热继电器自动控制车辆进气格栅的工作（打开或关闭），以利于冷启动。

进气加热在气温0℃以下时起作用。进气加热分两个过程：启动前的“预加热”和启动后的“后加热”。根据环境温度的不同，加热的时间也不同。一般预加热在1min之内，后加热时间略长，通常为2min（-10℃时）。潍柴国三柴油机EDC7电控系统预热电路如图3-18所示。

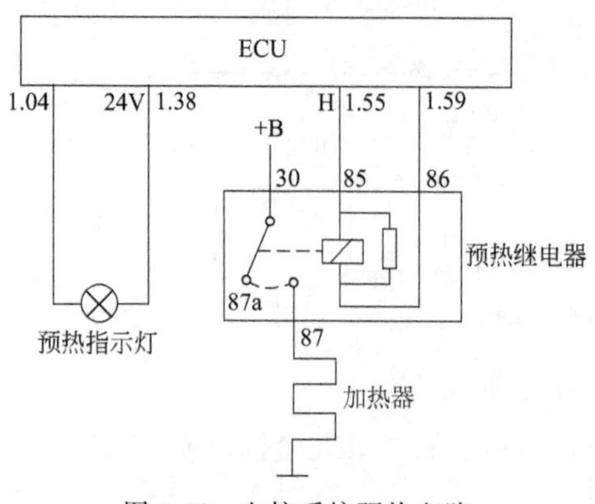

图3-18 电控系统预热电路

预热控制过程如下。

① 打开点火开关，不启动发动机。

② 仪表板上的预热指示灯（冷启动指示灯）亮起，表明发动机预加热进行中。

③ 当预热指示灯闪烁时，表明发动机预热结束，等待启动。等待过程中预热指示灯闪烁3次（提示驾驶员启动）。

④ 预热指示灯熄灭，则可以启动发动机。

⑤ 启动结束后加热（此时预热指示灯不亮）。

若预热指示灯亮或闪烁过程中启动发动机，则预热过程即刻中断。

三、高压共轨燃油系统

下面对博世（BOSCH）高压共轨燃油系统（潍柴WP10/12国三发动机配备）进行介绍。

1. 燃油系统的构成

在高压油泵上的两根高压油管负责将高压燃油输送到共轨油管，共轨油管有高压油管和各缸喷油器相连接。这部分油路经过了二次加压，油压较高，称为高压油路。

燃油由燃油箱内被吸出，经两级加压、两级过滤后进入共轨油管内储存，共轨油管内燃油压力最高可达160MPa。当喷油器受ECU控制打开时，高压燃油直接喷入燃烧室内，燃烧做功。

在整个燃油回路中，还有一类油路负责将多余燃油导入燃油箱内，称为回油油路。燃油箱的回油由溢流阀、限压阀、喷油器三路汇合构成。与高压油泵上的溢流阀相连的回油管路，为低压油路的多余燃油提供回流通道。当低压油路压力超过一定限值时，溢流阀会打开，低压油路的油压便得到了控制。当高压油路压力过高时，装于共轨油管上的限压阀打开，将多余的高压燃油导入回油油路。在每个缸喷油器上都装有回油管，这些回油管在发动机正常工作时也会有少量回流。

2. 轨压的控制原理

如图3-19所示，正常情况下，低压油路的压力受溢流阀控制，压力被控制在900kPa以下。燃油计量阀（油量计量单元）装于低压油路和高压油泵进油管路之间。ECU通过控制燃油计量阀的占空比，实现对高压油泵进油量的控制，进而控制高压油路的轨压，使轨压始终趋于设定值。零油量孔用于排除空气。

3. 燃油系统的元件

（1）带手油泵的燃油粗滤器

图3-20所示为带手油泵的燃油粗滤器。燃油粗滤器带有油水分离器。此外，燃油粗滤

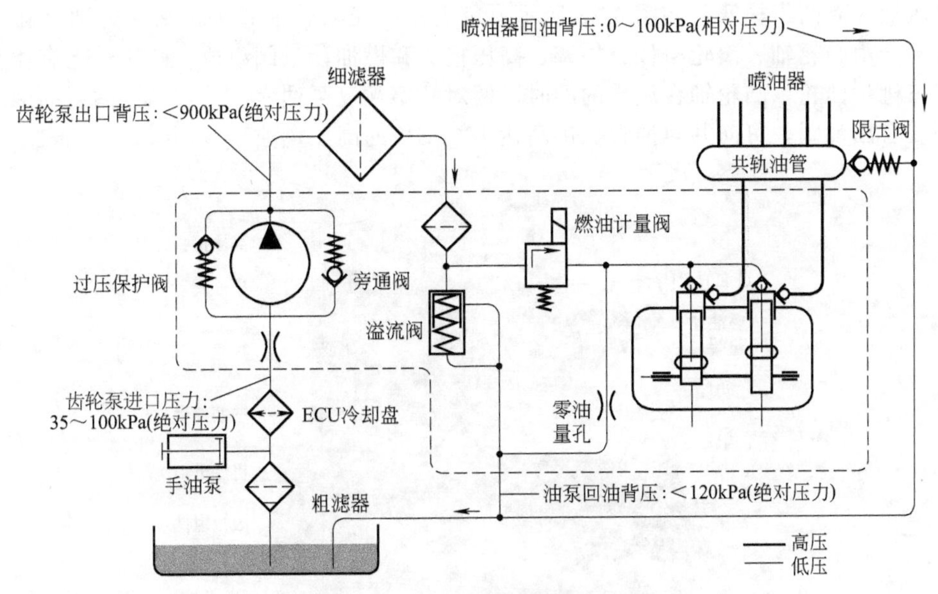

图 3-19　高压共轨发动机燃油油路

器上还带有油温传感器、水位感应开关和燃油加热器。

燃油粗滤器在过滤燃油的同时，将水分聚集在集水器内。在日常维护时，应及时地将分离出的水从排污螺塞处排空。

燃油粗滤器是旋装在滤清器壳体上的，维护时需定期更换。在粗滤器的过滤器盖上，安装有一个手油泵。当初次装配、维护更换滤清器或系统中存有空气时，需用手油泵排除低压回路中的空气。在燃油粗滤器连接法兰的壳体上，有一个排气螺塞，用于排除系统中的空气。旋松排气螺塞，反复压动手油泵，混有空气的燃油将从排气螺塞处排出，直到流出没有空气的燃油为止，将排气螺塞旋紧即可。

(2) 高压油泵

高压油泵总成集供油泵和高压油泵于一体。

供油泵是齿轮泵，如图 3-21 所示，它负责将燃油从油箱吸出，向高压油泵供油。

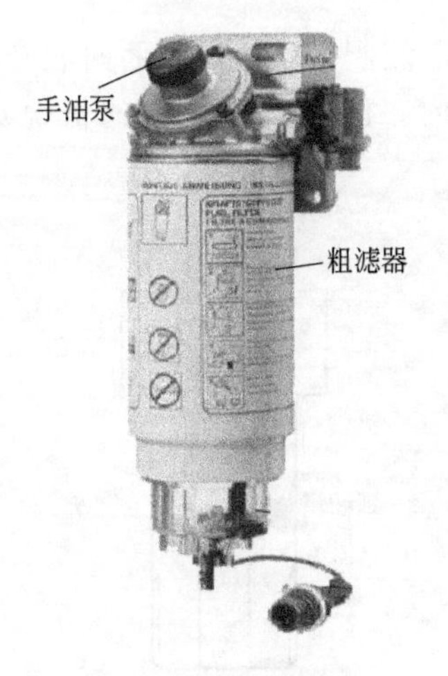

图 3-20　带手油泵的燃油粗滤器

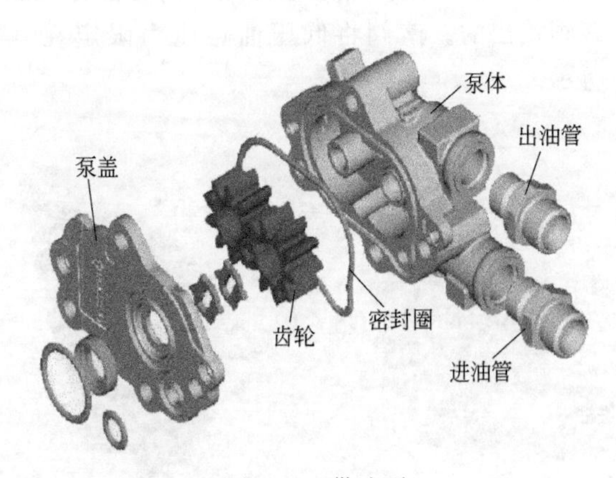

图 3-21　供油泵

高压油泵有两组柱塞，如图 3-22 所示，负责向高压共轨油管提供高压燃油。高压油泵的高压部分由凸轮轴、滚轮组件、柱塞、高压接头和燃油计量阀组成。凸轮轴上有相互交错的两个三桃尖凸轮，凸轮轴在旋转的同时，两对柱塞往复泵油六次。在高压油泵的两个高压接头内装有出油阀，可向共轨油管提供高达 160MPa 的高压燃油。

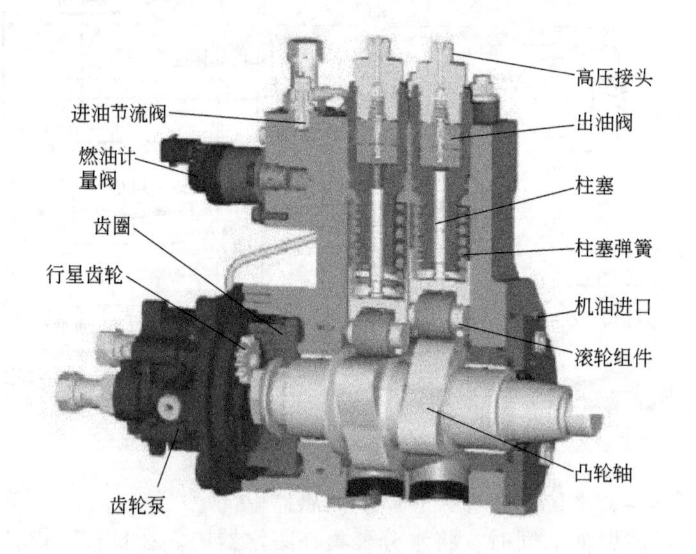

图 3-22　双柱塞高压油泵

（3）燃油计量阀

燃油计量阀如图 3-23 所示，其安装在高压油泵的进油管路上，它的主要任务是接收 ECU 的指令，改变高压油泵的进油量，从而改变高压油泵的输出压力，即共轨压力。燃油计量阀出现故障时，发动机将会限制在 1500r/min 的转速内运行。

燃油计量阀电阻值为 2.6～3.4Ω。当燃油计量阀断电时，阀门是打开的，可以提供最大的燃油流量，可以形成最高的共轨压力。当燃油计量阀通电时，阀门是关闭的。ECU 通过改变脉冲信号的占空比来控制高压油泵进油量。

（4）溢流阀

在高压油泵的低压供油侧，与燃油计量阀并联装有溢流阀，高压油泵的回油管线就是从该阀接出的。该阀将低压油路压力限定在 0.9MPa 之内。溢流阀打开时的情况如图 3-24 所示。

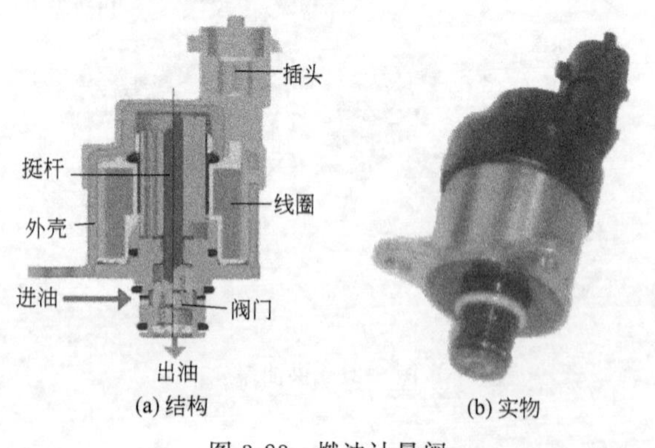

图 3-23　燃油计量阀

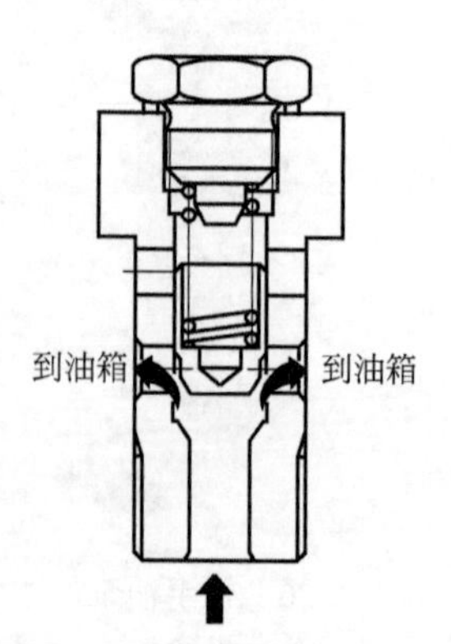

图 3-24　溢流阀打开时的情况

(5) 共轨油管

高压共轨油管是燃油储压装置，如图 3-25 所示，一方面它将高压油泵提供的高压燃油分配到各缸喷油器，另一方面减弱高压油泵的供油压力脉动以及由于喷油器喷油产生的压力振荡，使高压油路的压力波动控制在一定的范围内。

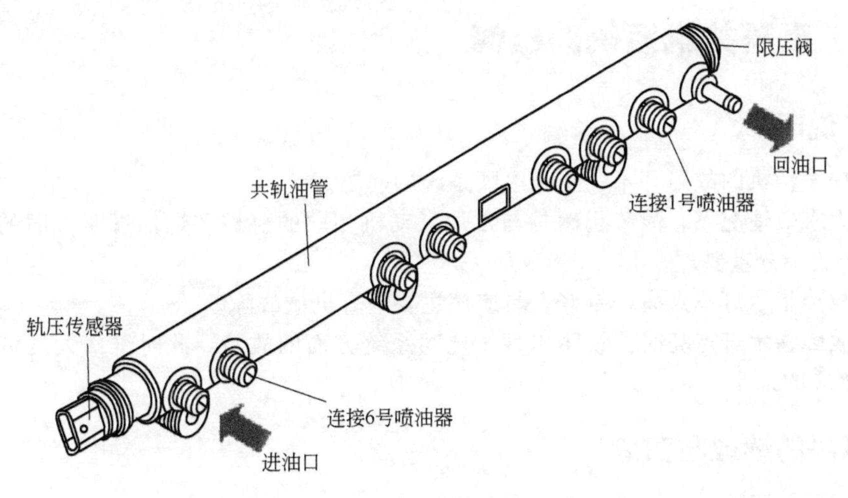

图 3-25　共轨油管

在共轨油管的左端安装有一个轨压传感器，该传感器将共轨油管中的燃油压力随时传输给 ECU，以便 ECU 对轨压进行调控。

在共轨油管上还安置了一个限压阀，如图 3-26 所示。当共轨油管内压力超过 160MPa 时，限压阀打开，从而使共轨油管内最高压力不超过 160MPa 的设定值。

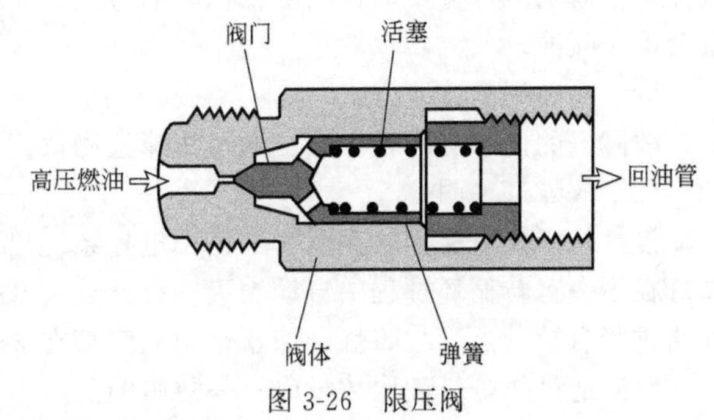

图 3-26　限压阀

(6) 喷油器

喷油器（图 3-27）是燃油喷射系统的关键部件，电控系统的几乎所有元件最终都是服务于喷油器的。它的喷射过程是受 ECU 控制的，ECU 根据发动机各个传感器输入的状态信息和驾驶员的指令来控制喷油器的喷油量、喷油正时，从而达到当前状态的最佳输出。

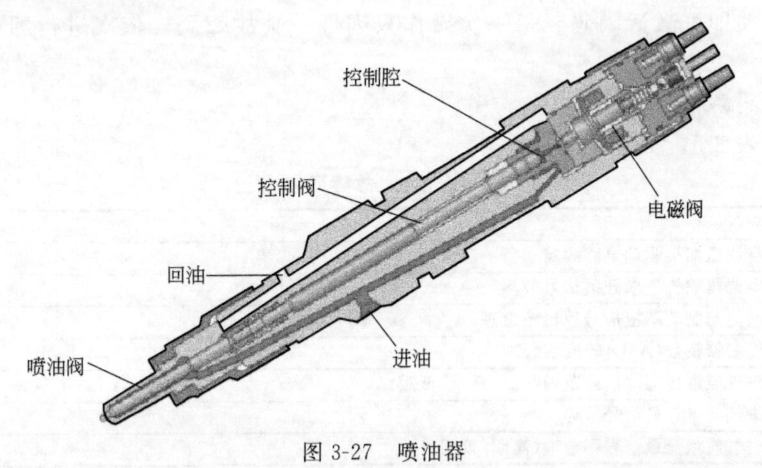

图 3-27　喷油器

喷油压力的控制是通过燃油计量阀控制高压油泵进油量实现的。而喷油正时、喷油持续时间的控制，是由ECU通过驱动喷油器电磁阀来完成的。喷油器的喷油量是由共轨压力和喷油器针阀开启时间来决定的，喷油压力越高，针阀开启时间越长，喷油量越大。

第二节 高压共轨系统的检修

一、检修说明

① 电控发动机的故障并不一定是电喷系统的问题。

② 在大多数情况下，故障仍然是与常规发动机相同的机械和燃油管路方面的故障，维修人员的经验十分重要。

③ 如故障指示灯不点亮，维修人员应该主要检查机械故障。

④ 当故障指示灯点亮时，说明出现了电喷系统方面的故障，此时维修人员可读取故障码，进行相应的工作。

二、故障码的读取与清除

1. 故障码的读取

（1）故障自诊断的功能说明

ECU具有故障自诊断的功能，一旦ECU检测出电控系统的故障，将产生对应的故障码并进行存储，同时依照故障的严重等级，自动进入不同的失效保护策略。大部分情况下，失效保护策略仍能保持发动机以降低功率的方式继续工作，少数极其严重的故障，失效保护策略会停止喷油。

（2）故障码的读取方式

故障码的读取有两种方式：通过故障检测仪读取；通过发动机故障灯的闪码读取。

（3）故障灯说明

该灯位于仪表板上，颜色为红色，电控系统出现故障后点亮。电控系统故障排除后，故障灯在下一运转循环过程中自动熄灭。打开点火开关，启动发动机后，电控系统对故障灯的线路进行自检，点亮故障灯，如正常则故障灯在2s后熄灭。

（4）通过故障灯读取故障码——故障闪码

将点火开关转到ON位置（不启动发动机或发动机运转过程中均可进行操作）。按下-松开诊断请求开关即可激活闪码。每一次操作只闪烁一个故障码，依次进行即可读完所有故障码。

（5）故障码解释

故障码见表3-5。

表3-5 故障码

故障码	解释
11	空调压缩机驱动电路故障
12	空调压缩机请求开关信号故障
13	油门与制动踏板信号逻辑不合理
14	控制器模数(A/D)转换不合理
15	进气温度传感器信号范围故障(高限/低限)
16	进气质量流量信号漂移
21	进气质量流量信号不合理(高限/低限)

续表

故障码	解　释
22	进气质量流量信号范围故障(高限/低限)
23	废气再循环控制偏差超过低限值
24	废气再循环控制偏差超过高限值
25	电压信号变动范围故障-进气预热开关接合(高限/低限)
26	电压信号变动范围故障-进气预热开关断开(高限/低限)
31	进气预热执行器黏滞(永久接合)
32	第一路油门信号范围故障(高限/低限/相关性)
33	第二路油门信号范围故障(高限/低限/相关性)
34	环境压力传感器信号范围故障(高限/低限/CAN 信号/与增压压力不合理)
35	进气加热执行器驱动电路故障(对电源短路/对地短路)
36	最大车速调节指示灯电路故障(开路/短路)
41	蓄电池电压信号范围故障(高限/低限)
42	增压压力调节器模/数转换模块故障(信号高限/低限/错误)
43	增压压力调节器驱动电路对电源短路
44	增压压力调节器驱动电路对地短路
45	增压压力调节器驱动电路开路/对接短路
46	增压压力传感器信号故障(CAN 信号/不合理/高限/低限)
51	制动踏板信号故障(失效/不合理)
52	中冷旁通阀驱动电路故障(对电源短路/对地短路/开路)
53	冷却水温信号动态测试不合理
54	冷却水温信号绝对测试不合理
55	冷却液位传感器信号范围故障(高限/低限/开路/不合理)
56	第 1 缸失火频率超高
61	第 2 缸失火频率超高
62	第 3 缸失火频率超高
63	第 4 缸失火频率超高
64	第 5 缸失火频率超高
65	第 6 缸失火频率超高
66	多缸失火频率超高
111	压缩测试试验报告故障
112	离合器开关信号故障
113	牵引力控制系统的输出转矩干涉超过上限
114	减压阀驱动线路故障(对电源短路/对地短路/开路)
115	冷启动指示灯线路故障(对电源短路/对地短路/开路)
116	冷却水温传感器信号范围故障(CAN 信号/不合理/高限/低限)
121	冷却水温超高故障
122	环境温度传感器信号故障(CAN 信号/不合理/高限/低限)
131	EGR(废气再循环)旁通阀驱动电路故障(对电源短路/对地短路/开路)
132	发动机舱启动开关信号故障
133	排气背压传感器信号范围故障(不合理/高限/低限)
134	EGR 驱动对电源短路
135	EGR 驱动电路对地短路
136	EGR 驱动电路开路/对接短路
141	仅采用凸轮相位传感器信号运行
142	凸轮相位信号故障(丢失/错误)
143	曲轴转速信号故障(丢失/错误)
144	凸轮相位/曲轴转速信号不同步
145	发动机超速
146	排气制动驱动线路故障(对电源短路)
151	排气制动驱动线路故障(开路)

续表

故障码	解　释
152	排气制动驱动线路故障(对地短路)
153	风扇驱动线路故障(对电源短路/对地短路/开路/对接短路)
154	风扇驱动线路 2 故障
155	风扇转速传感器信号故障(对电源短路/对地短路)
156	燃油滤清器脏污开关指示信号-超高
161	燃油滤清器脏污开关指示信号-超低
162	燃油滤清器脏污开关指示信号-不合理
163	燃油滤清器加热驱动线路故障(对电源短路/对地短路)
164	油水分离开关指示信号超上限
165	油水分离开关指示信号超下限
166	燃油滤清器脏污
211	油中含水指示信号
212	油量-转矩转换趋势错误
213	CAN 上得到的 EGR 流量信号不正确(对电源短路/对地短路/丢失)
214	CAN 上得到的 EGR 流量信号不正确(对电源短路/对地短路/开路/失效)
215	仪表板信息故障
216	CAN 上得到的电控制动信号不正确
221	CAN 上得到的废气再循环率信号不正确
222	CAN 上得到的缓速器信号不正确
223	CAN 上得到的自动变速器信号不正确
224	CAN 上的车辆行驶里程信息不正确
225	CAN 上的环境条件信息不正确
226	CAN 上的巡航控制/车速信息不正确
231	CAN 上的废气排放温度信息不正确
232	CAN 上的转速表信息不正确
233	CAN 上的传输速率信息不正确
234	CAN 上的时间/日期信息不正确
235	CAN 上的制动系统控制-速度限制信息不正确(激活/不激活)
236	CAN 上的制动系统控制-转矩限制信息不正确(激活/不激活)
241	CAN 上的制动系统控制-转矩限制信息不正确(激活/不激活)
242	CAN 上的减速器控制-转矩限制信息不正确(激活/不激活)
243	CAN 上的动力输出信息不正确(激活/不激活)
244	CAN 上的变速器控制-速度限制信息不正确(激活/不激活)
245	CAN 上的变速器控制-转矩限制信息不正确(激活/不激活)
246	CAN 上的车身控制-转矩限制信息不正确(激活/不激活)
251	CAN 上的车身控制-转矩限制信息不正确(激活/不激活)
252	CAN 上的轮速信息不正确
253	CAN 上周期性发出不正确信号
254	燃油温度传感器信号范围故障(高限/低限)
256	指示灯 1 驱动线路故障(对电源短路/对地短路/开路/对接短路)
261	指示灯 2 驱动线路故障(对电源短路/对地短路/开路/对接短路)
262	指示灯 3 驱动线路故障
263	高压试验报告故障
264	通信模块受到干扰
265	电可擦除存储器出错
266	控制器硬件恢复功能被锁
315	空气湿度传感器信号范围错误
316	空气温度传感器信号错误(低限/高限/CAN 信息错误)
321	燃油喷射功能受到限制
322	喷油器驱动线路故障组 1 短路,低端对地短路

续表

故障码	解　释
323	喷油器驱动线路故障组1开路
324	喷油器驱动线路故障-组2短路，低端对地短路
325	喷油器驱动线路故障-组2开路
326	喷油器驱动模块故障模式A
331	喷油器驱动模块故障模式B
332	喷油器1驱动线路故障-短路(低端对电源/对接)
333	喷油器1驱动线路故障-开路
334	喷油器2驱动线路故障-短路(低端对电源/对接)
335	喷油器2驱动线路故障-开路
336	喷油器3驱动线路故障-短路(低端对电源/对接)
341	喷油器3驱动线路故障-开路
342	喷油器4驱动线路故障-短路(低端对电源/对接)
343	喷油器4驱动线路故障-开路
344	喷油器5驱动线路故障-短路(低端对电源/对接)
345	喷油器5驱动线路故障-开路
346	喷油器6驱动线路故障-短路(低端对电源/对接)
351	喷油器6驱动线路故障-开路
352	多缸喷油系统出现故障
353	燃油计量阀信号范围故障(低限/高限)
354	燃油计量阀输出开路(开路/短路)
355	燃油计量阀输出对电源短路
356	燃油计量阀输出对地短路
361	巡航控制错误
362	MIL驱动线路故障
363	主继电器线路故障(对电源短路)
364	主继电器线路故障(对地短路)
365	硬件故障导致停机-监视狗或控制器
366	主继电器2线路故障(对电源短路/对地短路)
411	多状态开关电路故障
412	CAN　A　BUS OFF
413	CAN　B　BUS OFF
414	CAN　C　BUS OFF
415	机油液位传感器信号范围故障
421	机油压力传感器信号范围故障(CAN信号错误/不合理/低限/高限)
422	机油压力过低故障
423	机油温度传感器信号范围故障(CAN信号错误/不合理/低限/高限)
424	机油温度不合理故障
432	轨压控制偏差超过上限
433	轨压控制偏差超过下限
434	压力泄放阀驱动故障(无法打开/永久开/被冲开)
441	轨压传感器信号范围故障(低限/高限)
442	轨压传感器信号漂移
443	轨压控制偏差故障-模式0
444	轨压控制偏差故障-模式1
445	轨压控制偏差故障-模式10
451	轨压控制偏差故障-模式12
452	轨压控制偏差故障-模式2
453	轨压控制偏差故障-模式3
454	轨压控制偏差故障-模式4
455	轨压控制偏差故障-模式6

续表

故障码	解　释
511	轨压控制偏差故障-模式 7
512	加速测试报告故障
513	断缸测试报告故障
514	冗余断缸测试报告故障
515	参考电压 1(用于增压压力及温度传感器等)故障(低限/高限)
521	12V 传感器参考电压故障(低限/高限)
522	参考电压 2(用于油门等传感器)故障(低限/高限)
523	参考电压 3(用于轨压传感器等)故障(低限/高限)
524	启动电机开关故障-高边
525	启动电机开关故障-低边
531	系统灯驱动线路故障
532	点火开关信号故障
533	启动电机信号故障
534	控制器计时模块故障
535	进气节流阀驱动电路故障(对电源短路)
541	进气节流阀驱动电路故障(对地短路)
542	进气节流阀驱动电路故障(开路)
544	车速信号故障 1
545	车速信号故障 2-超范围(信号高限/低限//CAN 信号错误/信号不合理)
551	车速信号故障 3-脉宽故障(脉宽超高限/低限/频率错误)
552	通信模块故障
553	警告灯驱动线路故障(对电源短路/对地短路/开路/对接短路)

2. 故障码的清除

① 发动机熄火。

② 将点火开关关闭，至少关闭 20s 以上（等 ECU 内部主继电器断开）。

③ 打开故障请求开关。

④ 打开点火开关，在 4～8s 内迅速关闭故障请求开关（时间掌握非常重要）。

⑤ 再打开故障请求开关，故障码清除。

三、高压共轨系统的故障诊断

高压共轨系统常见故障诊断与排除如表 3-6 所示。

表 3-6　高压共轨系统常见故障诊断与排除

故障现象	故障可能原因及常见表现	维修建议
无法启动、难以启动、运行熄火	电喷系统无法上电： 通电自检时故障指示灯不亮；诊断仪无法连通；油门接插件没有 5V 参考电压	检查电喷系统线束及保险装置，特别是点火开关方面(包括熔丝，改装车还应看点火钥匙那条线是不是接在钥匙开关 ON 挡上)
	蓄电池电压不足： 万用表或诊断仪显示电压偏低；起动机运转无力；大灯昏暗	更换蓄电池或充电、与别的车并联蓄电池
	无法建立工作时序： 诊断仪显示同步信号故障；示波器显示曲轴/凸轮轴工作相位错误	检查曲轴/凸轮轴位置传感器是否完好无损；检查其接插件和导线是否完好无损
	预热不足： 高寒工况下，没有等到冷启动指示灯熄灭就启动；万用表或诊断仪显示预热过程蓄电池电压变动不正常	检查预热线路是否接线良好；检查预热塞电阻水平是否正常；检查蓄电池电容量是否足够
	ECU 软/硬件或高压系统故障： 诊断仪显示模/数转换模块故障；存在轨压超高的故障	确认后，更换 ECU 或通知专业人员是轨压过高

续表

故障现象	故障可能原因及常见表现	维修建议
无法启动、难以启动、运行熄火	喷油器不喷油： 怠速抖动较大；高压油管无脉动；诊断仪显示怠速油量增高；诊断仪显示喷油驱动线路故障	检查喷油驱动线路(含插接件)是否损坏/开路/短路；检查高压油管是否泄漏；检查喷油器是否损坏或积炭
	高压泵供油能力不足；诊断仪显示轨压偏小	检查高压油泵是否能够提供足够的油轨压力
	轨压持续超高： 诊断仪显示轨压持续2s高于160MPa	检查燃油计量阀是否损坏；检查低压油路是否供油不畅、喷油器是否卡死、高压油管是否有裂纹等；检查燃油计量阀是否损坏；检查燃油压力泄放阀是否卡滞
	轨压传感器损坏： 艰难启动后存在敲缸、冒白烟等现象	拔掉轨压传感器能顺利启动，则更换轨压传感器
	机械组件故障： 参照机械维修经验，如油路不畅或油路有气，输油泵进口压力不足，起动机损坏，阻力过大，缺机油或者未置空挡，进、排气门调整错误等	检查燃油和机油油路；检查气路；检查滤清器是否阻塞等
跛行回家模式(故障指示灯亮)	仅靠曲轴信号运行： 诊断仪显示凸轮信号丢失；对启动时间的影响不明显	检查凸轮轴位置传感器信号线路；检查凸轮轴位置传感器是否损坏
	仅靠凸轮信号运行： 诊断仪显示曲轴信号丢失；启动时间较长(如4s左右)，或者难以启动	检查曲轴位置传感器信号线路；检查曲轴位置传感器是否损坏
油门失效，且发动机无怠速(转速维持在1100r/min左右)	油门故障： 怠速升高至1100r/min，油门失效；诊断仪显示第一/二路油门信号故障；诊断仪显示两路油门信号不一致；诊断仪显示油门卡滞	检查油门线路(含接插件)是否损坏/开路/短路；检查油门电阻特性。检查加速踏板是否进水
热保护引起功率/转矩不足，转速不受限	水温过高导致热保护；进气温度过高导致热保护；燃油温度传感器/驱动线路故障；进气温度传感器/驱动线路故障；水温传感器/驱动线路故障	检查发动机冷却系统；检查发动机供油系统；检查发动机气路；检查水温传感器本身或信号线路是否损坏；检查进气温度传感器本身或信号线路是否损坏
电控系统进入失效模式后导致功率/转矩不足	轨压传感器损坏或线路故障；控制系统驱动故障，阀损坏或线路故障；诊断仪显示油门无法达到全开等；高原修正；油轨压力传感器信号漂移；高压油泵闭环控制类故障；增压压力传感器损坏或线路故障	诊断仪显示轨压固定于77.7MPa可能为轨压传感器或线路损坏；诊断仪显示轨压位于70～76MPa区间，随转速升高而升高，则可能燃油计量阀/驱动线路损坏；油门无法达到全开，发动机最高转速被限制在1600～1700r/min区间；高原修正导致回油管温度明显升高；油轨压力传感器信号漂移，检查其物理特性，酌情更换；高压油泵闭环控制类故障，首先检查高压油路是否正常，不正常更换高压油泵；增压压力传感器损坏或线路故障，酌情更换
机械系统原因导致功率/转矩不足	气路阻塞，冒烟限制起作用；增压后管路泄漏，冒烟限制起作用；增压器损坏(如旁通阀常开)；进、排气门调整错误；油路阻塞或泄漏；低压油路有空气或压力不足；机械阻力过大；喷油器雾化不良、卡滞等；其他机械原因	检查高压和低压燃油管路；检查进、排气系统；检查喷油器；参照机械维修经验进行
运行不稳、怠速不稳	信号同步间歇错误： 诊断仪显示同步信号出现偶发故障	检查曲轴/凸轮轴信号线路；检查曲轴/凸轮轴位置传感器间隙；检查曲轴/凸轮轴位置传感器信号盘
	喷油器驱动故障： 诊断仪显示喷油器驱动线路出现偶发故障(开路/短路等)	检查喷油器驱动线路

续表

故障现象	故障可能原因及常见表现	维修建议
运行不稳、怠速不稳	油门信号波动： 诊断仪显示松开油门后仍有开度信号；诊断仪显示固定油门位置后油门信号波动	检查油门信号线路是否进水或磨损导致油门开度信号漂移，酌情更换油门
	机械方面故障	参照机械维修经验进行判断
冒黑烟	进气管路或进、排气门泄漏；低压油路阻塞或油路进气；缺机油等导致阻力过大；喷油器积炭、磨损等；喷油器雾化不良、滴油等；诊断仪显示怠速油量增大；怠速转速波动	根据机械维修经验进行判断等，确认后拆检
	油轨压力信号漂移（实际值>检测值），诊断仪显示相关故障码	更换传感器或油轨
	机械方面故障，如气门漏气、进排气门调整错误等。诊断仪显示压缩测试结果不好	参照机械维修经验进行判断
加速性能差	前述各种电喷系统故障原因导致转矩受到限制。诊断仪显示相关故障码	按故障码提示进行维修
	负载过大： 各种附件的损坏导致阻力增大；缺机油/机油变质/组件磨损严重；排气制动系统故障导致排气受阻	检查风扇等附件的转动是否受阻；检查机油情况；检查排气制动
	喷油器机械故障： 积炭/针阀卡滞/喷油器体开裂/安装不当导致变形	拆检并更换喷油器
	进气管路泄漏；油路进气	拧紧松脱管路；排除油路中空气
	油门信号错误： 诊断仪显示油门踩到底时开度达不到100%	检查线路；更换油门

四、柴油机高压共轨燃油系统的检修

1. 燃油系统的排气

当更换粗滤器及对输油管进行拆装，或燃油箱排空时，空气会进入燃油系统。如有空气进入燃油系统中，会导致供油不畅，影响发动机正常工作，严重时发动机无法启动。当遇到以上情况时，应对燃油系统进行排气，具体步骤如下。

① 使发动机熄火，如图 3-28 所示，拆卸滤清器座上的放气螺塞。

② 如图 3-29 所示，反复按压手油泵，当有油从放气螺塞排出时，将放气螺塞拧紧即可。

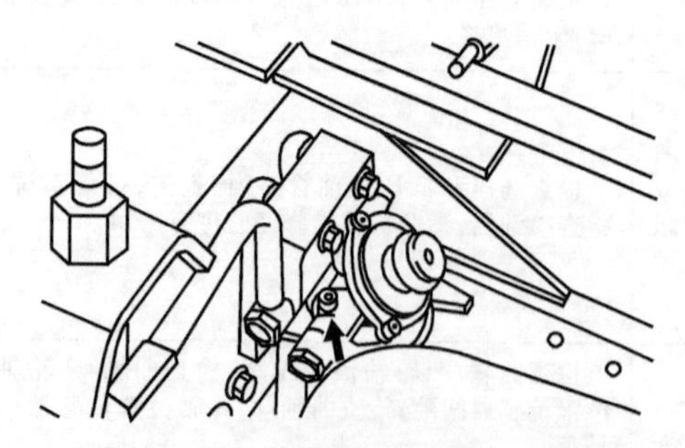

图 3-28 拆卸滤清器座上的放气螺塞

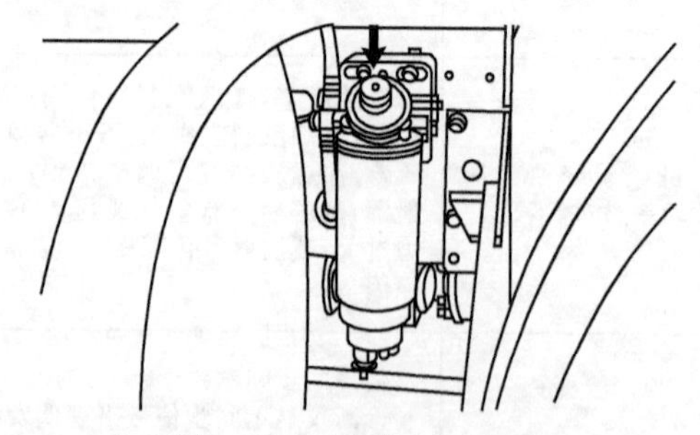

图 3-29 反复按压手油泵

2. 集水器排水

当集水器充满了水，则需要将收集到的水放出，以防冻结影响供油，水进入喷油器也会导致喷油器损坏。排水在停机条件下进行。

集水器底部有放水螺塞，如图3-30所示。松开放水螺塞即可将水排出。

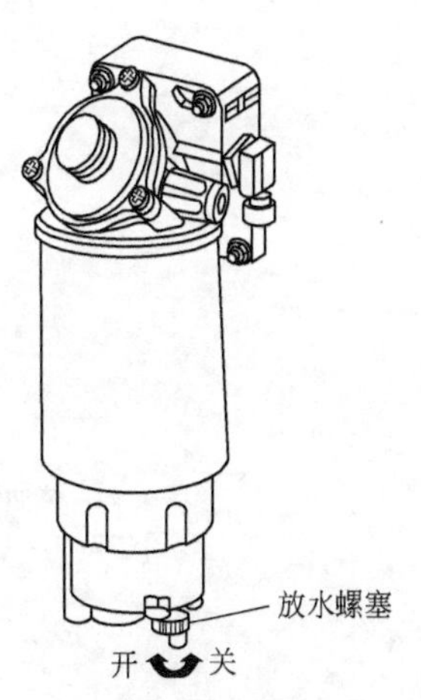

图3-30　集水器底部放水螺塞

3. 燃油系统的检测

（1）喷油器的回油量检测

正常情况下喷油器回油量是很少的。检测喷油器的回油量，便于发现损坏的喷油器。

① 检测时先断开各缸喷油器回油管。

② 用起动机带动发动机运转，检查各缸回油量。

③ 如果发现某一缸回油量明显高于其他缸，说明该缸喷油器有故障，应重点检查高压接头与喷油器锥孔之间的密封情况，必要时更换高压接头。

④ 如果更换高压接头后回油量仍然高，说明喷油器内漏严重，应更换喷油器，如图3-31所示。

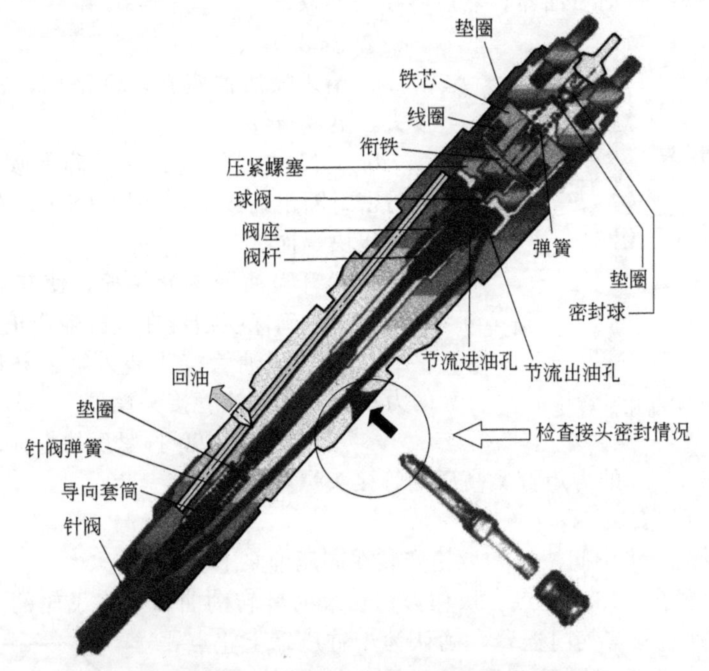

图3-31　喷油器进油口密封性检查

（2）高压油泵的检测

高压油泵磨损、损坏会导致轨压不能有效建立。检查高压油泵时，首先要断开高压油泵的两根出油管。用起动机带动发动机运转，观察油泵出油情况，出油孔喷出的油柱可达2～4cm为正常，明显低于2cm，说明泵已损坏，应换新件。出油观测点如图3-32所示。

4. 燃油系统的拆装

（1）喷油器的拆装

① 拆卸。

a. 断开喷油器油管，拆下高压油管接头，如图3-33所示。

b. 拆下气门室盖、接线柱的导线、压块螺栓，取下压块。

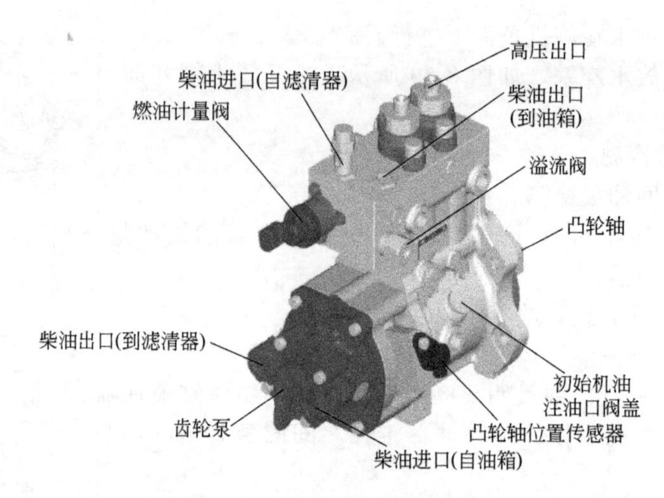

图 3-32　高压油泵出油观测点

c. 利用开口扳手转动喷油器，然后将喷油器取出。

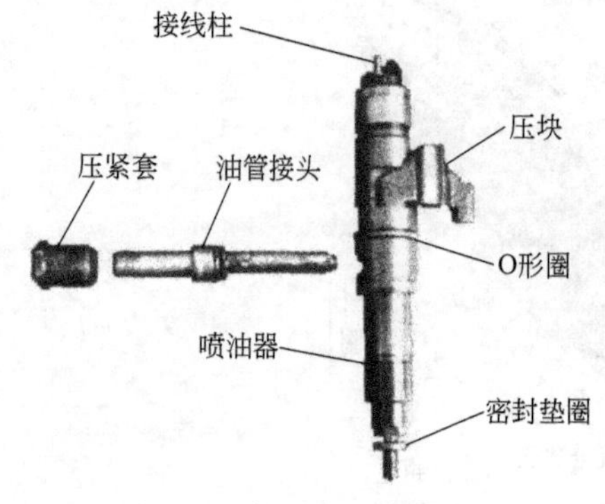

图 3-33　拆下高压油管接头

② 安装。

a. 清理喷油器座孔、O 形圈、密封垫圈、油管接头，更换新件。

b. 将喷油器放进缸盖，确保喷油器定位正确，并与密封圈正确接触，并用 3N·m 的力矩拧紧喷油器的压块螺栓。

c. 松开喷油器夹紧螺栓，使其对喷油器的轴向力为零，并确保喷油器在气缸盖内正确定位。

d. 将高压油管接头装入缸盖并用 15～20N·m 的力矩预紧高压油管接头螺母。

e. 用 8N·m＋90°拧紧压块螺栓。

f. 用 50～55N·m 的力矩拧紧高压油管接头螺母。

(2) 高压油泵的安装

① 组装油泵。先将中间法兰和齿轮安装在高压油泵上。

② 将 1 缸设置在压缩上止点。操作方法：顺时针转动曲轴，将飞轮的 OT 标记对正壳体上的指针，再通过检查气门摇臂，确认为 1 缸压缩上止点，如图 3-34 所示。如果是 6 缸压缩上止点，则盘转曲轴一周。

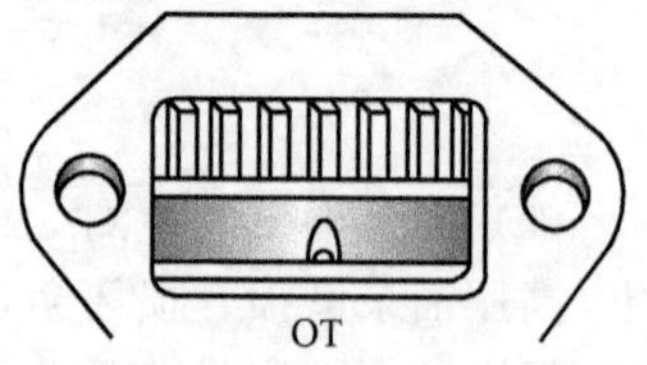

图 3-34　1 (6) 缸上止点标记

③ 将组件安装到柴油机上。在安装高压油泵组件时，通过一个销子插入中间法兰与齿轮对应的孔中。为检查高压油泵的正确位置，在中间法兰的上面加工了一个槽，与此槽相对应，在飞轮壳连接板上设置了一个沉孔。将中间法兰上的槽与飞轮壳连接板上的沉孔对正后，拧紧固定螺栓。

④ 拔出销子，并用涂有密封胶的螺钉封堵销孔。

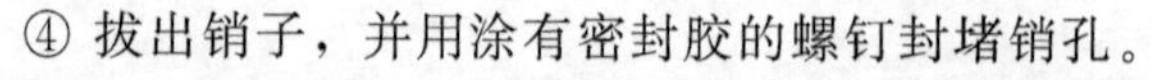

注意：

油泵装错，正时不对，会导致凸轮轴位置传感器信号失准，影响发动机启动，甚至不着火。

5. 燃油系统的故障诊断与排除

燃油系统的故障诊断与排除见表 3-7。

表 3-7　燃油系统的故障诊断与排除

故障名称	故障现象	故障原因	排除方法
不来油	发动机运转，低压油路不建压，断开低压油路没有燃油流出	燃油箱油量不足、燃油系统有空气、油路堵塞、油泵损坏等	检查燃油箱油位，不足时添加；检查低压油路有无泄漏、堵塞等情况；检查油泵是否损坏
来油不畅及轨压异常	发动机着火困难，或加速无力、加速熄火，利用诊断仪检查实际轨压明显低于设定轨压，严重时无法启动	与不来油的原因相同。除此之外，油号过低、燃油滤清器堵塞、油量计量阀故障、意外回油等也会导致此故障	检查燃油箱油位，不足时添加；检查低压油路有无泄漏、堵塞等情况；检查油泵是否损坏；检查、更换高号燃油；检查更换燃油滤清器；检查燃油计量阀；检查溢流阀和限压阀有无卡滞；检查喷油器是否回油异常、有无内漏；检查油压传感器是否损坏
喷油器故障	发动机排烟大、动力下降、运转不平稳、油耗增加，拆下喷油器检查会发现喷油器有油污	喷油器磨损、针阀卡滞	某缸喷油器损坏，会导致故障缸排烟异常。可以松开排气歧管，通过观察各缸排烟情况，确认故障缸、拆检喷油器

第三节　柴油机 SCR 系统检修

一、SCR 系统介绍

潍柴国四柴油机 WP12 系列由潍柴动力欧洲研发中心与奥地利 AVL 联合研发，可靠性、经济性指标都得到了较大提高，在国三基础上成功升级为国四、国五。

WP12 国四柴油机与 WP12 国三柴油机相比，两者的机械部分和燃油系统基本相同；电控系统由 BOSCH EDC7 升级为 BOSCH EDC17，ECU 端子进行了重新定义和布置；增设了 SCR 系统控制发动机排放，以满足国四排放要求。

SCR 是 Selective（选择性）、Catalytic（催化）、Reduction（还原）的英文首字母，全称为“选择性催化还原”技术，是柴油机尾气处理的一种方式（可称为尿素喷射系统）。目前采用的还原剂是尿素（就是肥料，不过这里用的要比农用的纯度高得多），尿素加水后在高温下分解为 NH_3 和 CO_2，与柴油车尾气中的 NO 和 NO_2 通过化学反应，产生氮气和水。降低柴油车尾气中的 NO 和 NO_2 排放，当然实际车辆使用还要增加其他设备。柴油车要达到欧四或国四排放标准，目前某些柴油发动机采用这套系统。

催化器的入口和出口处各安装有一个温度传感器，用于检测催化器是否达到要求的温度，以保证催化还原反应的正常进行，并据此确定需要喷入的尿素量。

催化还原反应所要求的最低排气温度为 200℃。催化器上还安装有一个氮氧化物传感器，用于监测经过催化器处理后的尾气中氮氧化物的排放是否达到了预期效果。

在国六阶段由于提出更多的低温控制要求，因此当温度达不到要求时，需采用主动升温技术手段如 HC 喷射技术，以保证催化反应的顺利进行。

1. 诊断接口的变化

WP12 国三柴油机与国四柴油机诊断接口均为标准的 OBD Ⅱ 16 端子接口，其对比如图 3-35 所示。

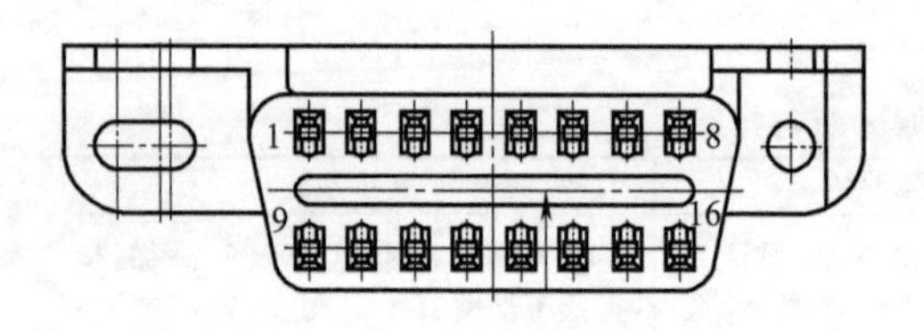

端子号	端子名称	端子说明
4	GND	搭铁线
6	135	CAN–H
7	189	K通信线
14	134	CAN–L
16	+24VDC	+24V

(a) 国三柴油机

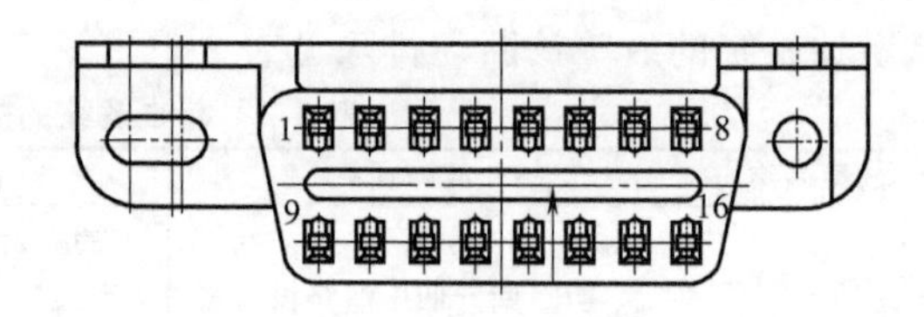

端子号	端子名称	端子说明
1	K75	CAN H_1
4	GND	搭铁线
6	K54	CAN H_0
7	K59	K线
9	K53	CAN L_1
14	K76	CAN L_0
16	BAT+	+24V

(b) 国四柴油机

图 3-35　WP12 国三柴油机与国四柴油机诊断接口对比

2. 国四车上的故障灯

（1）闪码灯

闪码灯也称 SVS 灯，用于读取故障码，包括后处理故障。各厂家标志不统一。

（2）OBD 灯

OBD 灯用于指示与排放相关的故障，只有亮和灭两种状态，不能读取故障码。

在点火开关转到 ON 挡但不启动发动机时，OBD 灯常亮。发动机启动后 10s 会自动熄灭。

3. ECU 插接器端子布置

BOSCH EDC17 电控系统 ECU 有两个插接器：插接器 A 是发动机区，连接传感器和喷油器；插接器 K 是整车区，连接整车功能和后处理元件。BOSCH EDC17 电控系统 ECU 插接器端子布置与 ECU 实物如图 3-36 所示。

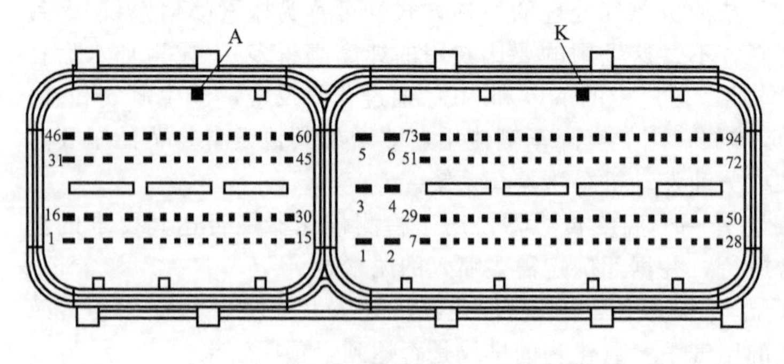

(a) ECU插接器端子布置

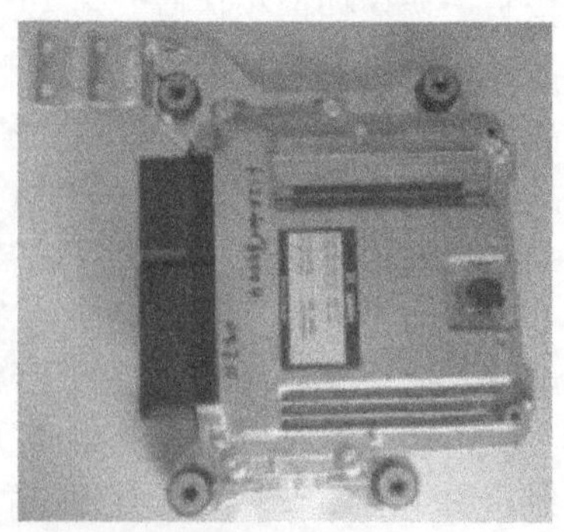

(b) ECU实物

图 3-36　BOSCH EDC17 电控系统 ECU 插接器端子布置与 ECU 实物

4. ECU 插接器端子功能

BOSCH EDC17 系统 ECU 插接器端子功能如图 3-37 所示。

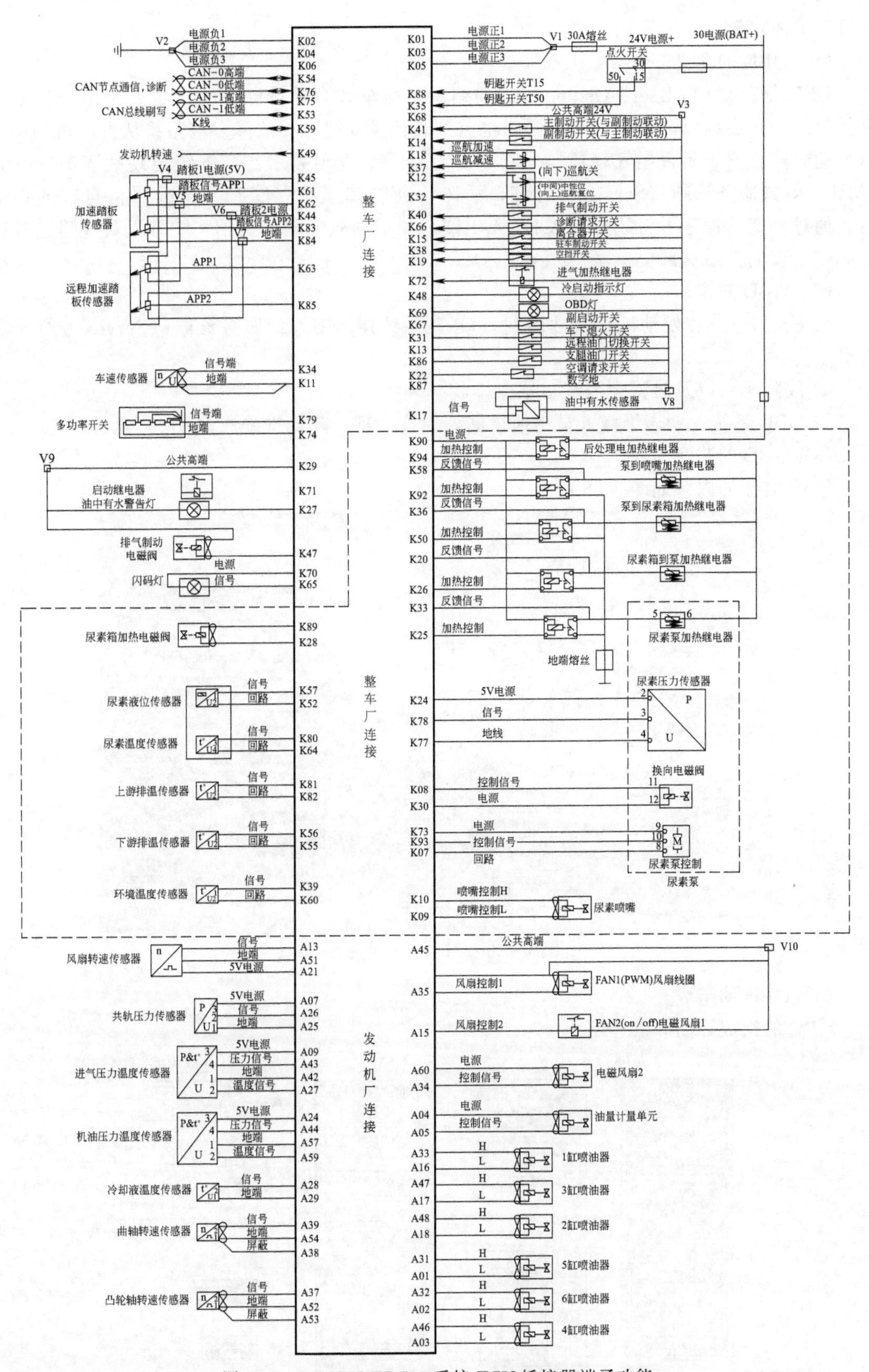

图 3-37　BOSCH EDC17 系统 ECU 插接器端子功能

5. OBD 简介

（1）OBD 的含义

OBD 是英文 On-Board Diagnostics 的缩写，即车载自动诊断系统，主要是用于控制车辆排放的一种在线监测诊断系统，同时也监测其他发动机相关故障。该系统从发动机的运行状况随时监控汽车是否尾气超标，一旦超标，会马上发出警示。当系统出现故障时，OBD（MIL）灯或服务诊断（Service）灯亮，故障诊断管理系统（DSM）将故障信息存入存储器，通过一定的程序可将故障码从 DSM 中读出。根据故障码的提示，维修人员能迅速准确地确定故障的性质和部位。

（2）OBD 的作用

① 检测到排放/发动机相关故障时，OBD 系统用 MIL 灯/服务诊断（Service）灯给驾驶员报警。

② 故障车可以及时得到提醒，减少排放。

③ OBD 系统有助于维修人员迅速诊断，对症修理，降低维修成本。

（3）OBD 的监测内容

OBD 监测的内容如图 3-38 所示。

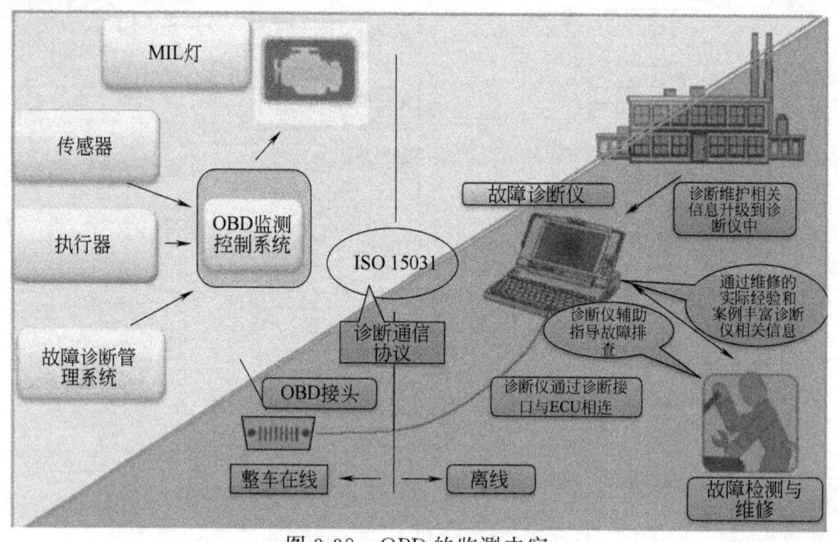

图 3-38　OBD 的监测内容

（4）OBD 的组成

OBD 的组成如图 3-39 所示。

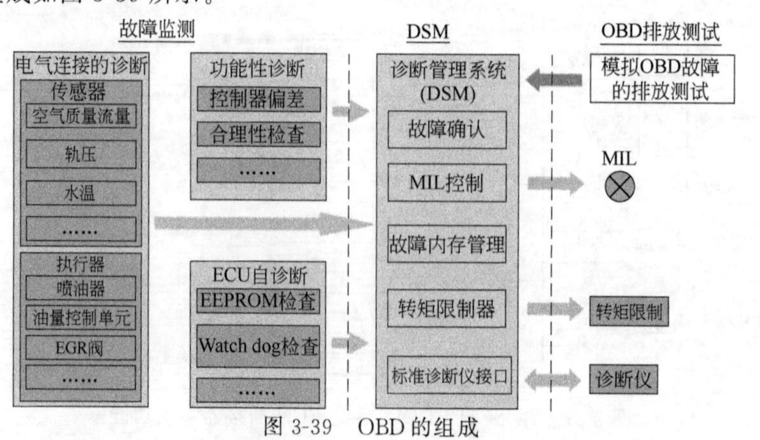

图 3-39　OBD 的组成

(5) OBD 的转矩限制

当尾气排放超过限值时，OBD 法规要求的 OBD 转矩限制的标准见表 3-8。

表 3-8　OBD 的转矩限制的标准

车辆类型	规　格	转矩限制
货车 1	$M \leqslant 3.5t$	75%
货车 2	$3.5t < M < 12t$	75%
货车 3	$12t \leqslant M < 16t$	75%
货车 4	$M \geqslant 16t$	60%
客车 1	9 座$\leqslant N <$22 座或 $M <$5t	75%
客车 2	$N \geqslant$22 人或 $M \geqslant$5t	60%

注：M 为载重量，N 为座位数。

(6) OBD 监测的临时中断

OBD 中断是法规允许的在某些特定的工况或者条件下（例如跛行回家），对于排放可以暂时性地不监测（MIL 灯不亮，不存在不可清除代码）。在以下条件时，OBD 对排放的监测可以临时中断。

① 环境温度不在 275～303K（2～30℃）范围内。

② 海拔高于 1000m。

③ 发动机冷却液温度不在 343～373K（70～100℃）范围内。

④ 油量低于 20%。

⑤ PTO 激活（工程机械对外做功时：如挖掘机挖掘作业时）。

⑥ 跛行回家。

二、SCR 系统的组成

国四柴油机 SCR 系统组成如图 3-40 所示，主要由控制单元（ECU）、尿素供给单元（尿素泵）、尿素喷嘴、尿素箱、后处理器及加热系统等组成。

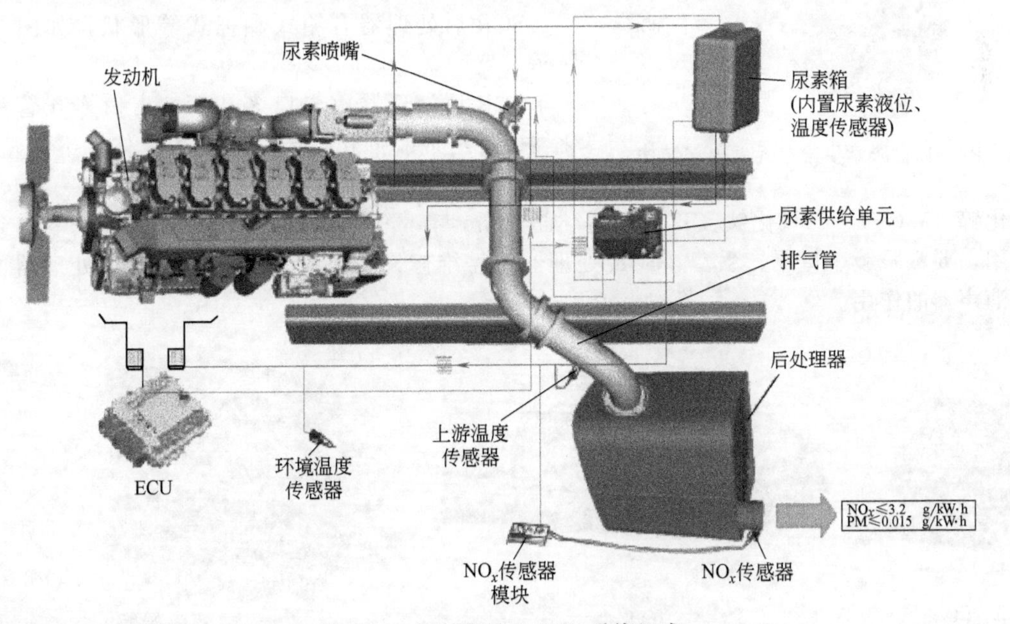

图 3-40　国四柴油机 SCR 系统组成

1. 控制单元（ECU）

国四柴油机SCR系统采用博世$DeNO_x$ 2.2系统，ECU接收发动机和车辆功能传感器等传感器的信息，通过发动机和车辆功能、喷射策略及喷射控制等功能的运算，对相关执行器进行控制。控制单元（ECU）组成如图3-41所示。

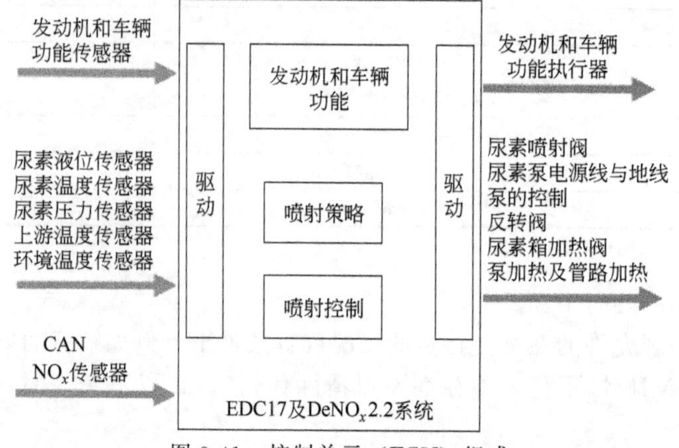

图3-41 控制单元（ECU）组成

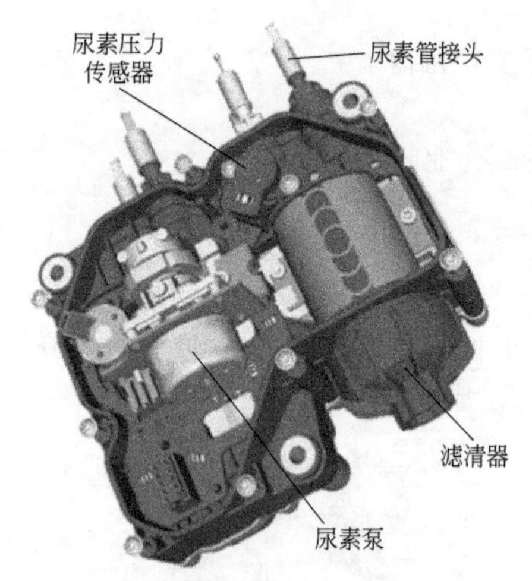

图3-42 尿素供给单元的内部结构

2. 尿素供给单元

尿素供给单元主要负责为尿素溶液建压。如图3-42所示，它由尿素泵、尿素压力传感器、滤清器等几个组成部分。其中滤清器需要定期更换。尿素供给单元内装有主过滤器、入口过滤器和回流过滤器，主过滤器更换周期一般为30000km，但如果进入尿素计量单元的尿素清洁程度不符合要求，则更换周期要缩短。

3. SCR后处理器

SCR后处理器有箱式和桶式等形状，如图3-43所示。

SCR后处理器由入口多孔管、出口多孔管和催化器砖等组成。催化器砖是多孔陶瓷体，不能磕碰，涂层为催化剂，主要成分为五氧化二钒（V_2O_5）、三氧化钨（WO_3）、二氧化钛（TiO_2）等化学物质，有毒。接触催化器砖时，因其材料有致癌作用，要戴眼镜、口罩、手套。SCR处理器不需维修，失效时直接更换。SCR处理器也起到消声器的作用。

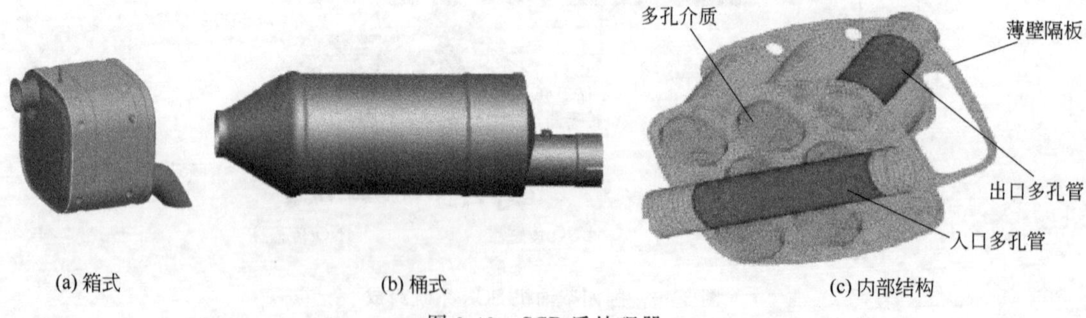

图3-43 SCR后处理器

4. 尿素喷嘴

如图 3-44 所示，尿素喷嘴上装有喷射阀，它接受发动机 ECU 的控制信号，被激活后打开，具有一定压力的尿素水溶液便由喷射阀喷入排气管中。在尿素喷嘴上有两个冷却水管接头，与发动机冷却液路相连，为尿素喷嘴冷却。

5. 尿素箱

尿素箱如图 3-45 所示，尿素箱用于储存尿素水溶液。为实现必要时对尿素箱的加热，在尿素箱内还设有冷却液加热盘管。尿素箱内部的液位传感器和温度传感器，将尿素液位和温度信号送给 ECU，以便于尿素喷射控制和尿素箱加热控制。尿素箱内使用的是 32.5%（质量分数）的尿素水溶液（因为在此浓度下冰点最低，为－11.5℃）。尿素水溶液质量应符合国标要求。

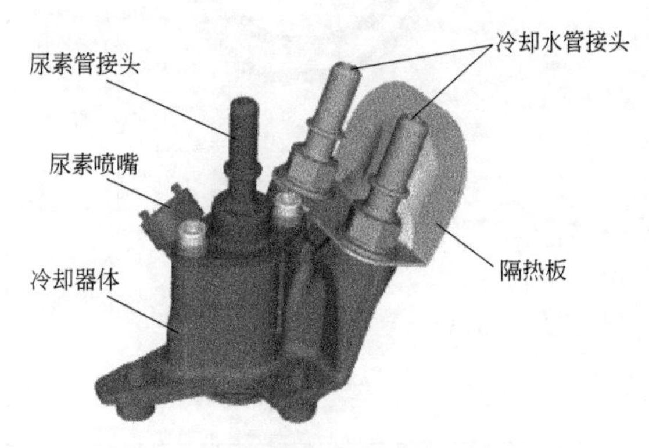

图 3-44　尿素喷嘴

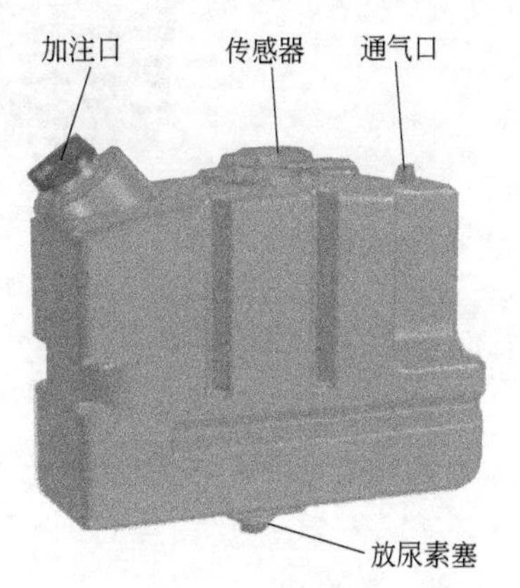

图 3-45　尿素箱

6. SCR 电控喷射系统

SCR 电控喷射系统如图 3-46 所示。SCR 系统的控制单元与发动机的控制单元（ECU）集成在一起，用来执行 SCR 控制策略，并根据环境温度、排气温度、尿素液位、尿素温度、尿素压力等传感器信号控制供给单元和尿素喷嘴，根据需求定时定量地将尿素溶液喷射到排气气流中。

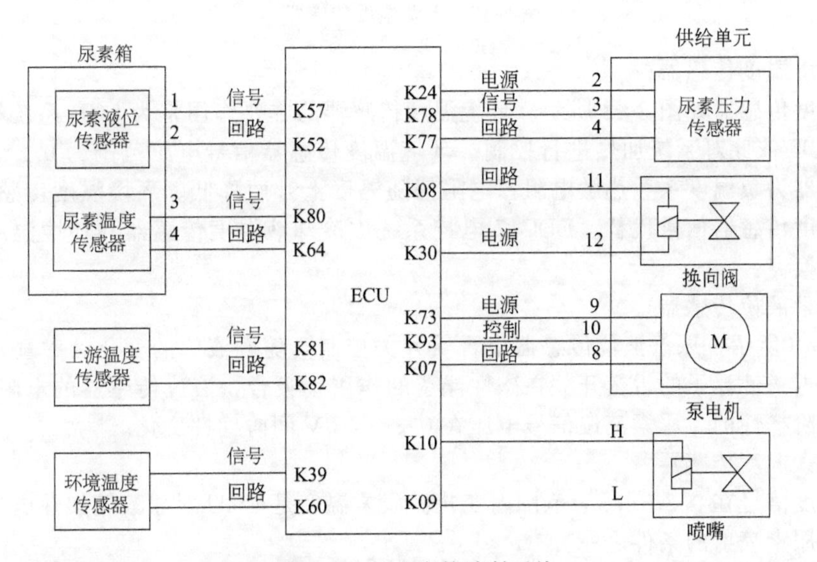

图 3-46　SCR 电控喷射系统

（1）上游温度传感器

如图 3-47 所示，上游温度传感器（也称排气温度传感器）固定在催化转化器的上游连接管的温度传感器座上。上游温度传感器用于检测排气管中废气温度，将温度信号送给 ECU。上游温度传感器信号电压范围为 0.3～4.7V，额定电阻为 200Ω（0℃）。

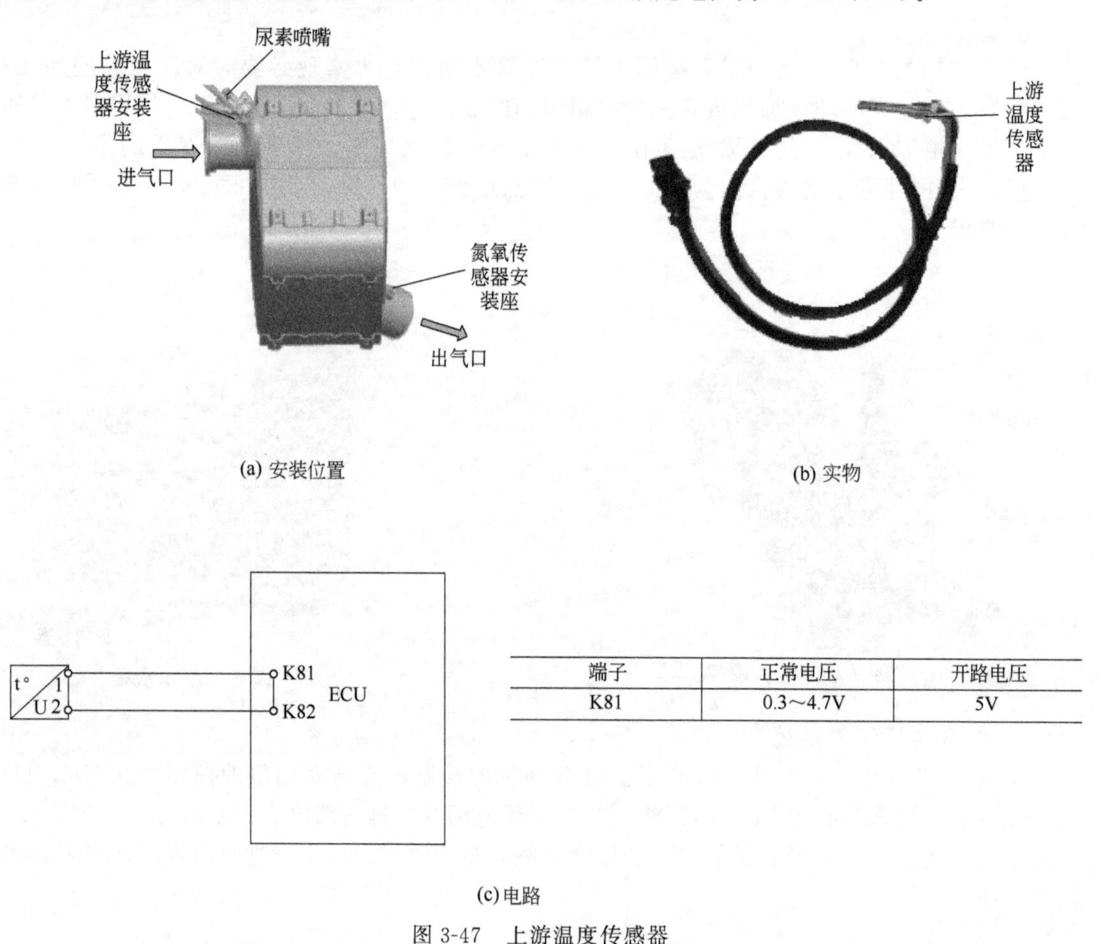

端子	正常电压	开路电压
K81	0.3～4.7V	5V

(a) 安装位置

(b) 实物

(c) 电路

图 3-47　上游温度传感器

（2）环境温度传感器

环境温度传感器如图 3-48 所示。环境温度传感器的主要作用是为 SCR 系统提供外界温度信号，ECU 依此对系统加热进行控制。环境温度传感器信号电压范围为 0.2～4.9V。环境温度传感器为负温度系数热敏电阻，电阻值随温度上升而降低。环境温度传感器失效时，以冷却液温度传感器信号代替。EDC17 电控系统中冷却液温度传感器和环境温度传感器相同，可以互换。

（3）尿素液位传感器

如图 3-49 所示，尿素液位传感器由舌簧开关控制，随着液位的变化，磁性浮子随之上下移动，靠近磁性浮子的舌簧开关在磁性浮子的作用下吸合，液位传感器的电阻随之变化。电阻变化是阶梯性的，尿素液位信号电压在 0.3～4.3V 间阶梯性变化。

（4）尿素温度传感器

尿素温度信号在 0.3～4.3V 范围内变化。尿素温度是 ECU 对尿素箱加热电磁阀控制的依据，也是尿素喷射的条件之一。

（5）NO_x 传感器和传感器 ECU

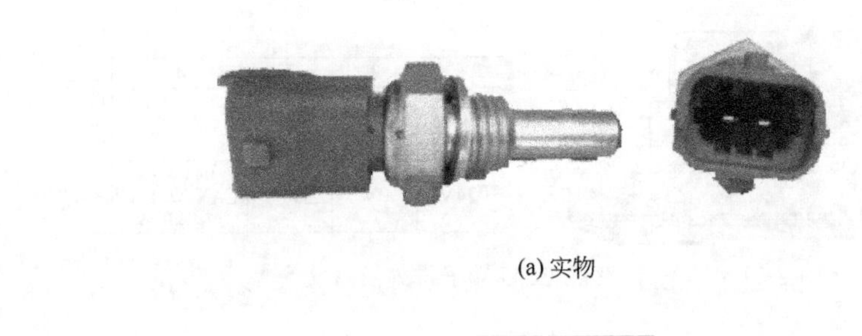

(a) 实物

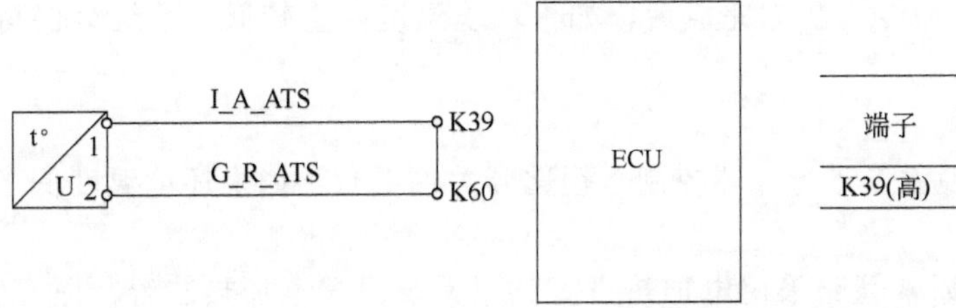

端子	正常电压	开路电压
K39(高)	0.2～4.9V	5V

(b) 电路

图 3-48　环境温度传感器

NO_x 传感器和传感器 ECU 如图 3-50 所示，NO_x 传感器 ECU 端子排列及含义如图 3-51 所示。

NO_x 传感器为发动机 ECU 提供 NO_x 浓度信号。NO_x 传感器首先将废气中的 NO_x 浓度信号送给 NO_x 传感器 ECU，传感器 ECU 对信号进行处理后，通过 CAN 总线将信号最终送给 ECU。当 NO_x 的浓度超标时，ECU 会记录故障，并在一定时间后实施转矩限制。

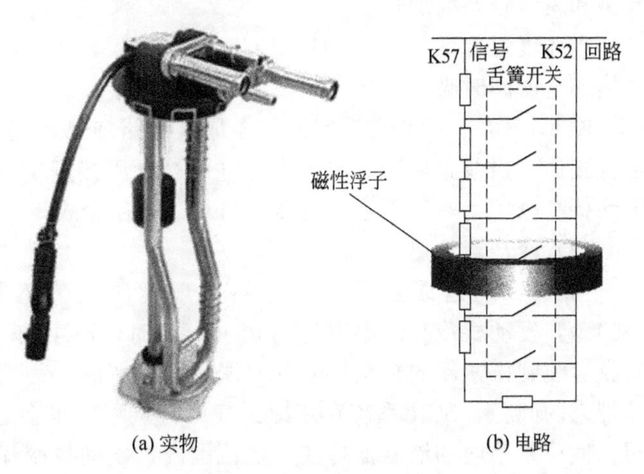

(a) 实物　　(b) 电路

图 3-49　尿素液位传感器

NO_x 传感器和传感器 ECU 是一个不可拆分的整体。NO_x 传感器 ECU 通过 CAN 总线将 NO_x 浓度信号传递给发动机 ECU。

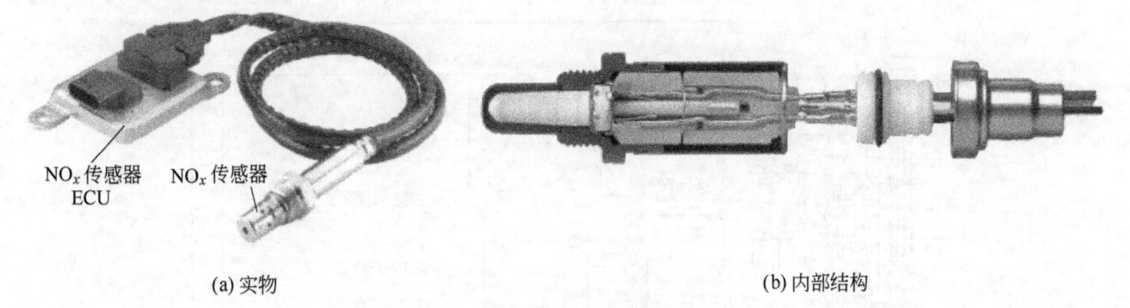

(a) 实物　　(b) 内部结构

图 3-50　NO_x 传感器和传感器 ECU

7. SCR 加热系统

ECU 通过环境温度传感器和尿素温度传感器信号来控制加热系统工作。如果环境温度过低或尿素温度过低，ECU 会先为系统加热，要等到系统解冻完成后（尿素泵、尿素罐和

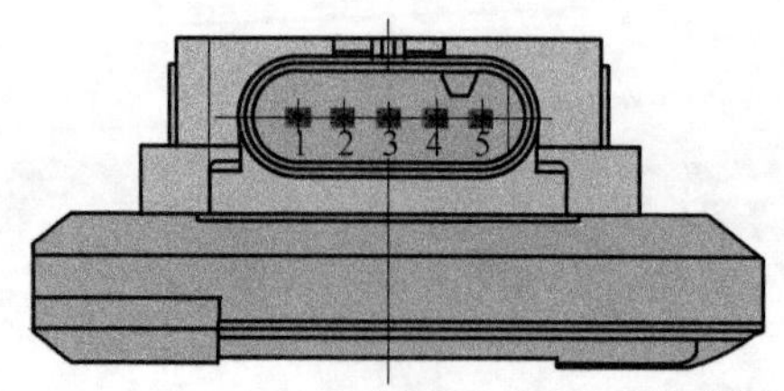

1	2	3	4	5
电源正	电源负	CAN低	CAN高	标识位
24V	0V	2.3V左右	2.8V左右(CAN高与CAN低相差0.5V)	

图 3-51　NO_x 传感器 ECU 端子排列及含义

尿素管路)，才会发出预注命令。解冻完成后，如果环境温度一直较低，系统会保持加热，防止尿素再次冻结。

(1) 电加热

尿素管的解冻根据环境温度进行开环控制。钥匙开关加电时，如果环境温度低于限值，ECU 将先开始加热。

SCR 系统对尿素泵和尿素管路采用电加热方式。尿素泵内置电加热装置，尿素管路由加热电阻元件包裹。ECU 根据环境温度传感器的信号判断是否需要开启电加热，需要电加热时 ECU 使加热继电器吸合，由 24V 电源对需要加热部分的加热元件供电，从而实现对尿素泵和尿素管路的加热。

当环境温度低于－5℃时，ECU 为 K94、K92、K50、K26、K25 端子完成搭铁，五个加热继电器同时吸合，四路加热线路同时被接通。

K58、K36、K20 负责监测三条尿素管路加热电路是否接通；K33 监测尿素泵加热电路是否接通。当线路接通时端子为低电位（电压接近零）；如果某一回路没能接通，则相应端子保持高电压（24V 蓄电池电压），ECU 会存储故障码。

(2) 冷却液加热

当 ECU 通过尿素温度传感器及环境温度传感器判断出尿素需要解冻（温度低于－5℃），发动机冷却液温度达到 55℃以上时，ECU 就会通电打开冷却液电磁阀，热的冷却液就会流到尿素箱的热交换器内对尿素进行解冻。为了避免寒冷天气由于管路结冰或尿素结晶带来的问题，SCR 系统在寒冷天气运行过程中也会进行加热，反复打开/关闭冷却液电磁阀，使尿素箱内的液温保持在一定范围内。发动机冷却液也不断地流过尿素喷嘴为其进行冷却，使其保持在安全的工作温度范围内。喷嘴两个水管接头无先后顺序之分。只要发动机运转，冷却液就会对尿素喷嘴冷却。发动机冷却液经过打开的冷却液电磁阀进入尿素箱内，完成与尿素的热交换后从尿素箱流回发动机冷却系统。系统的冷却液管路布置如图 3-52 所示。

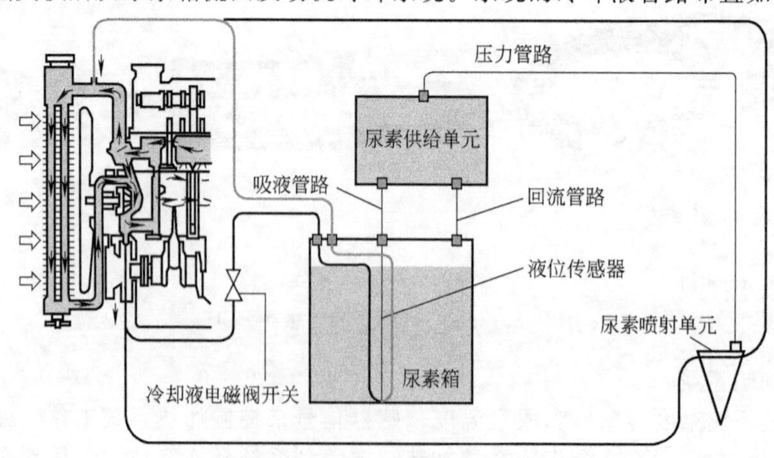

图 3-52　冷却液管路布置

三、SCR 系统的工作原理与工作过程

1. SCR 系统的工作原理

SCR 系统的控制原理如图 3-53 所示，当 SCR 系统工作时，ECU 接收柴油机的转速和转矩信号、排气管中的排气温度信号后，查找存储的尿素喷射脉谱图，计算出此时的尿素喷射量。当排气温度达到 180℃时，ECU 控制尿素泵动作，进行预注过程。如果预注过程顺利完成，排气温度达到 200℃以上时，ECU 驱动尿素喷嘴动作，将一定量的尿素喷入 SCR 催化器入口前端。

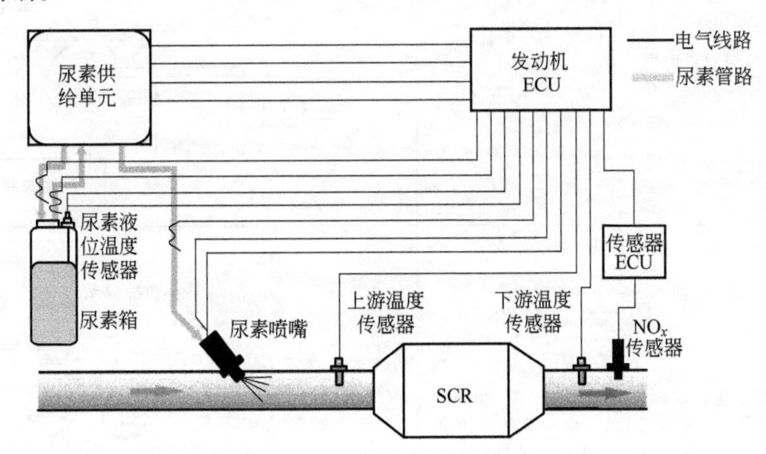

图 3-53 SCR 系统的控制原理

在排气管的混合区，尿素遇高温分解成 NH_3 和 CO_2，与排气充分混合后进入 SCR 反应装置。在催化反应区，NH_3 和 NO_x 反应生成 N_2 和 H_2O 排到大气中。整个处理过程的反应式如下。

尿素水解为氨气（尿素喷射系统）：

$$(NH_2)_2CO+H_2O \xrightarrow{\text{温度 200℃以上}} 2NH_3+CO_2$$

SCR 后处理反应（SCR 催化转化器）：

$$NO+NO_2+2NH_3 \longrightarrow 2N_2+3H_2O$$
$$4NO+O_2+4NH_3 \longrightarrow 4N_2+6H_2O$$
$$2NO_2+O_2+4NH_3 \longrightarrow 3N_2+6H_2O$$

2. SCR 系统的工作过程

SCR 系统的工作过程分为初始化、预注、加料、排空四个阶段。

（1）初始化

系统从 T15 上电后开始进入系统自检状态，如果有误，系统会一直停留在此状态。如经过检查没有错误或者存在的错误不影响系统工作则转入下一状态。

（2）预注

发动机启动后，正常状况下系统会很快进入预注阶段。预注可分为除气、建压和喷射阀检查三个步骤，预注阶段的内容及图示见表 3-9。

（3）加料

当排气温度达到 200℃后，发动机 ECU 发出命令，控制喷射阀开启，向排气气流中喷射尿素。只要加料系统处于加料状态，无论喷射阀是否喷射，尿素泵都会连续运转，以保持合适的系统压力。尿素喷射速率取决于车辆的负荷率。在车辆的正常行驶中，多数情况下，

喷射速率不是恒定的。喷射阀以脉冲形式向排气气流喷入指定数量的尿素溶液。多余的尿素回流尿素罐。

表 3-9 预注阶段的内容及图示

步骤	内容	图示
除气	尿素泵运转，喷射阀打开，将管路中空气排出，从而为建压做准备	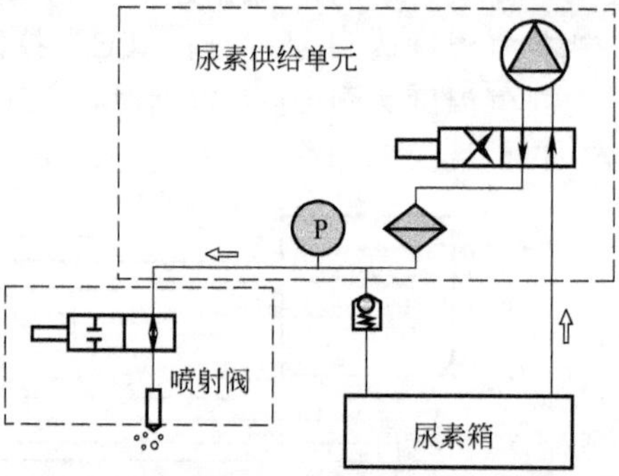 尿素供给单元 P 喷射阀 尿素箱
建压	尿素泵运转，喷射阀关闭，建立起 900kPa 的系统压力。潍柴 EDC17 电控系统尿素泵运转、建压的条件是排气温度达到 180℃	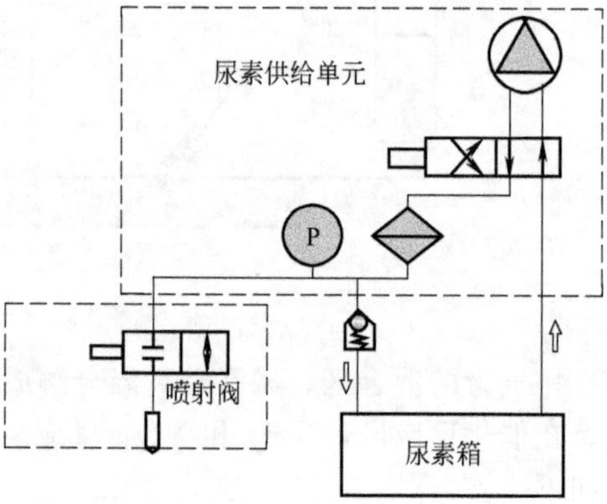 尿素供给单元 P 喷射阀 尿素箱
喷射阀检查	尿素泵运转，喷射阀打开一下，管路内压力下降，尿素泵提速，将管路内压力维持在 900kPa。这个步骤顺利完成就完成了对喷射回路的检验	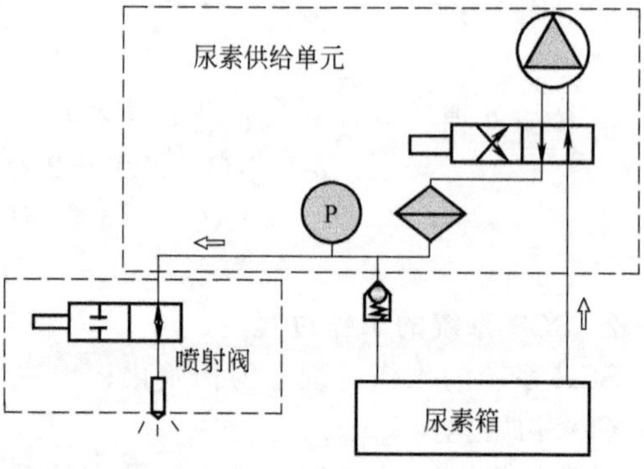 尿素供给单元 P 喷射阀 尿素箱

注意：

加入尿素条件如下。

① 排气处理器进口排气温度超过 200℃。

② 没有某些现行的与 SCR 系统相关的故障码。

③ 回路压力在 775～1050kPa 范围内，喷射阀开闭正常。

④ 尿素罐液位高于 3%。

⑤ 尿素罐内尿素溶液温度上限为 80℃，下限为－3℃。

当 SCR 系统各元件发生故障时，对尿素喷射的影响见表 3-10。

表 3-10　不同故障对尿素喷射的影响

出现的故障	产生的影响
尿素温度传感器故障	环境温度低于－3℃、高于 80℃停止喷射
尿素液位传感器故障	停止喷射，50h 后会限转矩
上游温度传感器故障	停止喷射，50h 后会限转矩
尿素压力传感器故障	停止喷射，50h 后会限转矩
NO_x 传感器故障	继续喷射，同时故障指示灯会点亮
电加热系统故障	环境温度低于－5℃停止喷射
冷位液加热电磁阀故障	环境温度低于－5℃停止喷射
环境温度传感器故障	不影响喷射(冷却液温度作为替代信号)

（4）排空

当驾驶员断开点火开关后，SCR 系统需要经过排空过程后才能自动关闭，以防止尿素溶液留在系统中且水分蒸发后形成结晶。排空需要 90s。

排空状态时，可以听到供给单元内换向阀动作的“咔嗒”声和泵运转的声音，换向阀动作改变尿素溶液的流动方向。尿素泵抽出喷射阀和压力管中的所有尿素溶液，将其泵送回尿素罐。

如图 3-54 所示，在此过程中，喷射阀将开启，消除管路中产生的真空，以使排空更彻底。完成净化后，系统的大部分部件中都将没有任何剩余尿素。如果在完成排空前，因蓄电池断开或其他原因使 ECU 断电，ECU 将会记录一个故障码“上次驾驶循环未排空”。

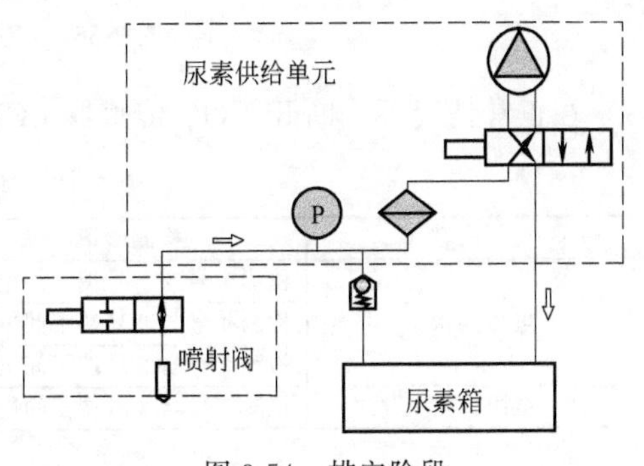

图 3-54　排空阶段

四、SCR 系统的检测

1. 尿素泵的检测

尿素泵内置有压力传感器、电机、换向阀等元件。其常规检测规范见表 3-11。

表 3-11　尿素泵的常规检测规范

部件	尿素泵端子号	对应 ECU 端子	工作时搭铁电压/V	T15 上电，但 SCR 系统不工作时的常态电压值/V	开路电压/V	开路时常态电阻
压力传感器	2	K24(电源正)	4.9～5	4.9～5	5	端子 2、4 之间电阻：55.4kΩ
	3	K78(信号线)	0.5～4.5	约 0.8	—	
	4	K77(电源负)	0～0.3	0～0.3	0	
电机	8	K07	0	0	0	端子 8、9 之间电阻：0.8Ω
	9	K73	24	24	24	
	10	K93	—	约 8.5	3.5	
换向阀	11	K30	—	24	24	端子 11、12 之间电阻：22Ω
	12	K08	—	—	24	

2. NO_x 传感器的通信线路检测

NO_x 传感器的通信线路如图 3-55 所示（以欧曼 GTL 重卡为例）。NO_x 传感器 ECU 的 1 号端子为 24V 电源，2 号端子搭铁，3 号端子为 CANL，4 号端子为 CANH。

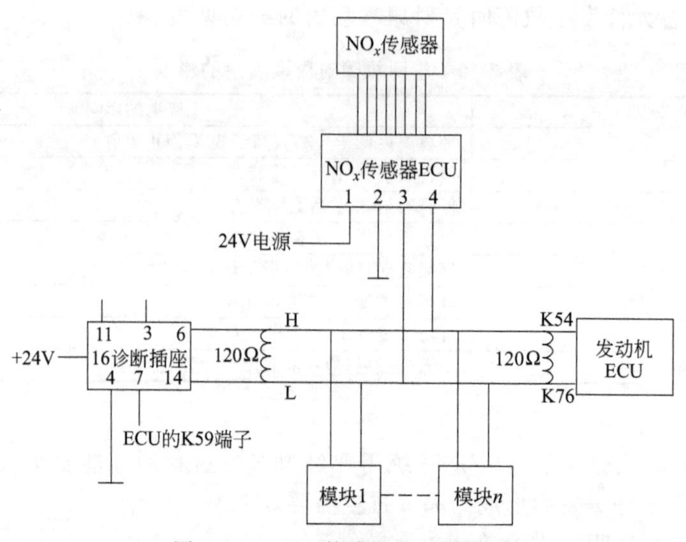

图 3-55 NO$_x$ 传感器的通信线路

在正常情况下，断开 NO$_x$ 传感器 ECU 插接器，检测结果应符合表 3-12 中的要求。

表 3-12 NO$_x$ 传感器线路检测

检测内容	检测端子	标准值	检测条件
电压测量	检测 1 号与 2 号端子间电压	24V	点火开关 ON
	检测 4 号与 2 号端子间电压	(3.5±0.5)V	点火开关 ON
	检测 3 号与 2 号端子间电压	(1.5±0.5)V	点火开关 ON
电阻测量	检测 3 号与 4 号端子间电阻	(60±10)Ω	点火开关 OFF

五、SCR 系统的故障诊断

1. SCR 系统常见故障检查

SCR 系统故障包括电控系统故障、尿素循环系统故障、加热水路故障、NO$_x$ 传感器故障及通信故障、排放超标故障等多种类型。表 3-13 给出了 SCR 系统常见故障的检查方法。

表 3-13 SCR 系统常见故障的检查方法

故障名称	故障现象	检查方法
NO$_x$ 传感器无法正常通信	CAN 接收帧 AT101 超时错误(SPN:522009;FMI:19)	检查 NO$_x$ 传感器模块 24V 供电电压
		打开点火开关，检查 NO$_x$ 传感器模块 CANH 和 CANL 电压
		关闭点火开关，检查 NO$_x$ 传感器模块 CANH 和 CANL 间电阻
		酌情更换 NO$_x$ 传感器
尿素喷射故障	尿素泵不工作、无法建立压力	检查尿素泵 12 孔插接器，确认端子连接正确、接触良好
		检查尿素管路及电气连接，确认是否存在故障或管路错接
		检查尿素液位或温度传感器是否正常
		检查排气温度传感器是否正常
	正常建压，但不喷尿素	检查尿素喷嘴、管路是否存在故障
	压力建立后随即泄压	检查尿素回流管、尿素泵回流管接头、尿素喷嘴是否堵塞
		排除尿素泵、喷嘴电路故障

续表

故障名称	故障现象	检查方法
尿素加热异常	加热电路故障	检查加热电路熔断器
		检查插接器及导线
	冷却液管路循环故障	检查加热电磁阀安装是否正确,水管是否弯折
	尿素温度传感器、环境温度传感器故障	通过数据流读取尿素箱温度、环境温度,检查有无异常
尿素液位传感器故障	尿素液位不显示或显示异常	检查液位传感器是否完好
		检查液位传感器线路是否完好
上游温度传感器故障	上游温度显示异常	检查上游温度传感器是否连接及是否出现对电源短路、搭铁短路或断路故障等
环境温度传感器故障	环境温度显示异常	检查环境温度传感器是否连接及是否出现对电源短路、搭铁短路或断路故障等

2. SCR 系统主要部件故障诊断

(1) 尿素泵故障诊断

尿素泵安装位置及端子排列如图 3-56 所示，端子含义见表 3-14。

表 3-14　尿素泵端子含义

尿素泵端子	ECU 端子	端子含义
2	K24	压力传感器(正)
3	K78	压力传感器(信号)
4	K77	压力传感器(地)
5	—	加热装置
6	—	加热装置(信号)
8	K07	尿素泵电机(地)
9	K73	尿素泵电机(正)
10	K93	尿素泵电机信号(PWM)
11	K30	换向阀
12	K08	换向阀(信号)

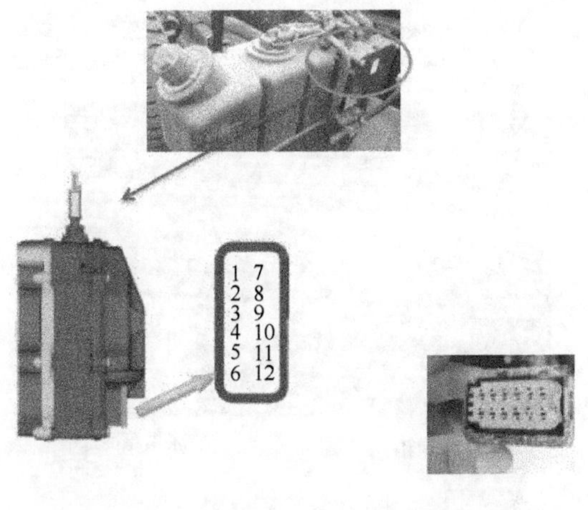

图 3-56　尿素泵安装位置及端子排列

尿素泵出现故障时，仪表板上的 MIL 灯（故障指示灯）点亮，后处理系统不工作，尿素不消耗，一般会导致发动机转矩受限。尿素泵故障码见表 3-15。

表 3-15　尿素泵故障码

闪码	故障码	含　义	闪码	故障码	含　义
451	P3006	尿素泵电机驱动开路	465	P3033	尿素泵加热继电器开路
452	P3010	换向阀执行器开路			

故障诊断思路如下。

① 排查部件端子信号线或搭铁是否存在开路。

② 检查部件正端和搭铁电压是否正常。

③ 检查线束有无虚接和退针的端子，对应端子有无接反或接错情况。

④ 检查 ECU 端的相应端子有没有歪斜或折断的情况。

⑤ 泵本身失效。

(2) 尿素喷嘴故障诊断

尿素喷嘴出现故障时，仪表板上的 MIL 灯（故障指示灯）点亮，后处理系统不工作，尿素不消耗，一般会导致发动机转矩受限。尿素喷嘴故障码见表 3-16。尿素喷嘴电路如图 3-57 所示。

表 3-16　尿素喷嘴故障码

闪码	故障码	含　义
453	P2047	SCR 尿素喷嘴驱动高端短路
	P2048	SCR 尿素喷嘴驱动对搭铁短路
	P2049	SCR 尿素喷嘴驱动高端对电源短路或开路

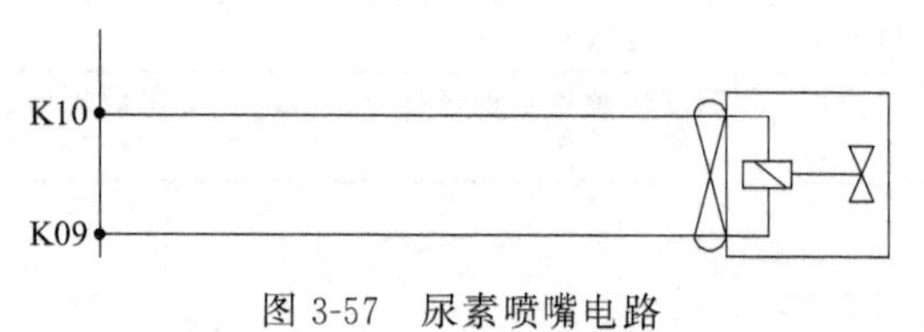

图 3-57　尿素喷嘴电路

故障诊断思路如下。

① 排查部件端子信号线或搭铁是否存在开路、短路。

② 检查部件正端和搭铁电压是否正常。

③ 检查线束有无虚接和退针的端子，K10 与 K09 有没有接反。

④ 检查喷嘴电阻是否正常，确定喷嘴的好坏。

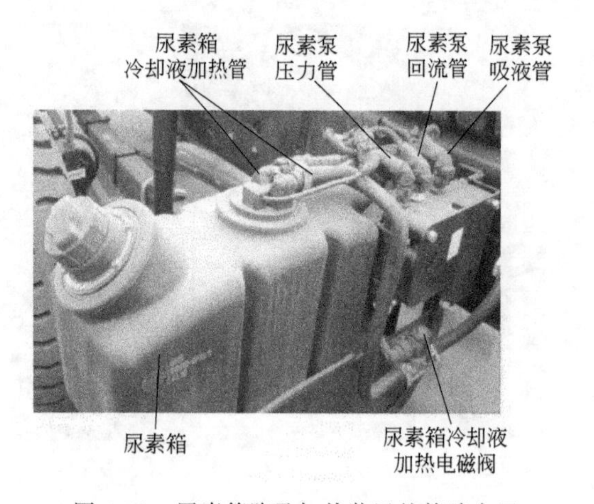

图 3-58　尿素管路及加热装置的管路布置

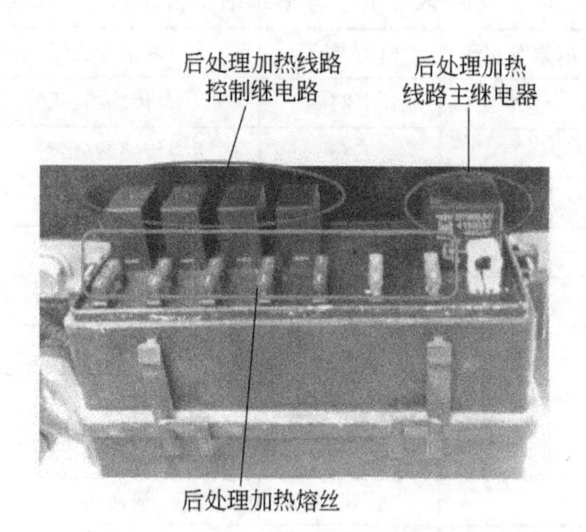

图 3-59　后处理线路的熔丝及继电器

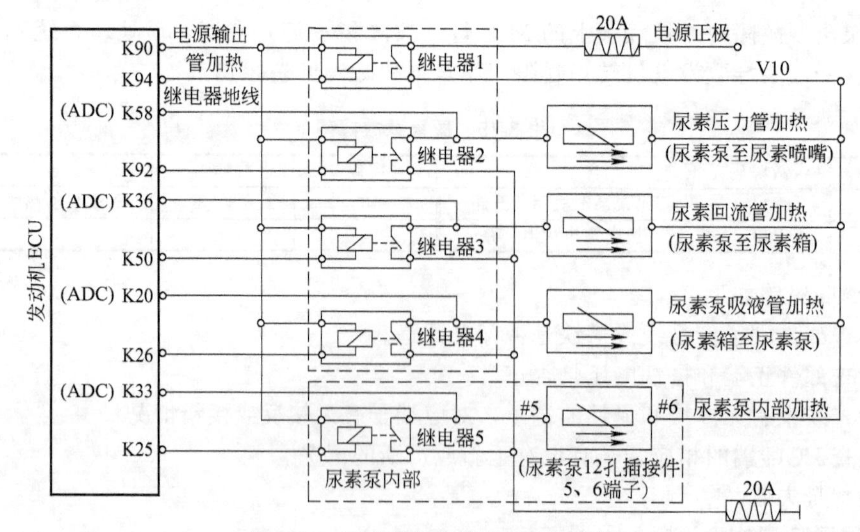

图 3-60　尿素泵及管路加热控制电路

⑤ 检查 ECU 端的相应端子有没有歪斜或折断的情况。

(3) 尿素管路及加热装置故障诊断

尿素管路中采用电阻线加热，尿素箱中采用冷却液加热。尿素管路及加热装置的管路布置如图 3-58 所示，后处理线路的熔丝及继电器如图 3-59 所示。尿素泵及管路加热控制电路如图 3-60 所示。

尿素管路及加热装置的故障码见表 3-17。

表 3-17　尿素管路及加热装置的故障码

闪码	故障码	含　义
464	P3078	吸液管(箱到泵)加热电阻丝反馈不可信
	P3079	吸液管(箱到泵)加热电阻丝开路
	P3080	吸液管(箱到泵)加热电阻丝对地短路
	P3028	吸液管(箱到泵)加热继电器开路
	P3032	吸液管(箱到泵)加热继电器对电源短路
	P3031	吸液管(箱到泵)加热继电器对地短路
465	P3082	尿素泵加热电阻丝反馈不可信
	P3083	尿素泵加热电阻丝开路
	P3084	尿素泵加热电阻丝对地短路
	P3033	尿素泵加热继电器开路
	P3037	尿素泵加热继电器对电源短路
	P3036	尿素泵加热继电器对地短路
466	P3016	尿素箱加热电磁阀开路
	P3020	尿素箱加热电磁阀对电源短路
	P3019	尿素箱加热电磁阀对地短路
461	P3070	回流管(泵到箱)加热电阻丝开路
	P3071	回流管(泵到箱)加热电阻丝对地短路
	P3021	回流管(泵到箱)加热继电器开路
	P3023	回流管(泵到箱)加热继电器对电源短路
	P3022	回流管(泵到箱)加热继电器对地短路
462	P3073	压力管(泵到嘴)加热电阻丝反馈不可信
	P3074	压力管(泵到嘴)加热电阻丝开路
	P3075	压力管(泵到嘴)加热电阻丝对地短路
	P3024	压力管(泵到嘴)加热继电器开路
	P3027	压力管(泵到嘴)加热继电器对电源短路
	P3026	压力管(泵到嘴)加热继电器对地短路
463	P3077	尿素加热主继电器负载对电源短路
	P3043	尿素加热主继电器开路
	P3045	尿素加热主继电器对电源短路
	P3046	尿素加热主继电器对地短路

上述故障码如果出现在环境温度低于－7℃时，通常会引起后处理系统不工作。这种情况共有两类故障点：继电器故障、加热电阻丝故障。一般会有三种故障模式：短路（对搭铁和对电源）、开路（断路）、不可信故障。

故障诊断思路如下。

① 根据故障码检查相应的加热线路或加热继电器。

② 检查加热的各个熔丝有无烧断情况。

③ 检查各个线路的通断和有无错接、混接的情况。

④ 检查加热端子的电压和有无退针情况。

⑤ 检查尿素管路中电阻丝的通断并酌情进行更换。

(4) 尿素管路压力建立故障诊断

尿素管路压力建立故障码见表 3-18，故障码中除 P3015 外，都会引起后处理系统不工作，故障指示灯点亮，发动机动力不足。

表 3-18 尿素管路压力建立故障码

故障码	含 义	故障码	含 义
P3050	SCR 尿素回流管不可信	P3015	上一驾驶循环末 SCR 未排空
P3053	SCR 尿素喷射压力压降错误	P3040	SCR 尿素压力建立错误
P3054	SCR 尿素喷射压力错误		

故障诊断思路如下。

① P3050：尿素回流管有结晶或堵塞的情况，及时清理或更换。

② P3053：尿素压力管有结晶或堵塞的情况，及时清理或更换。

③ P3054：管路存在泄漏，特别检查压力管及其管接头垫圈，并进行更换。

④ P3015：驾驶员驾驶习惯不好，造成排空没有完成。断电排空的过程时间为 90s，该过程中严禁关闭整车电源。

⑤ P3040：系统在较长时间尿素压力没有建立起来：管路存在泄漏。特别检查吸液管及其管接头垫圈，并酌情进行更换。

(5) 上游温度传感器故障诊断

图 3-61 上游温度传感器损坏

上游温度传感器（排气温度传感器）常见故障为线束断路、短路、错接等，另外还有传感器自身故障（如内部断裂，图 3-61）。

闪码为 448，故障码为 P0420，含义为 SCR 催化剂上游温度传感器电压高于上限。出现这一故障码时，故障指示灯（MIL 灯）点亮，后处理系统工作，但尿素消耗不正常，发动机转矩受限。

故障诊断思路如下。

① 检查对应端子的电压，并确定端子是否接对。

② 检查上游温度传感器的外观和电阻，确认传感器本身是否正常。

③ 检查 ECU 整车线束及端子。

(6) 环境温度传感器故障诊断

闪码为 453，故障码为 P2229，含义为环境温度传感器电压高于上限。出现这一故障码时，故障指示灯（MIL 灯）点亮。

故障诊断思路如下。

① 检查环境温度传感器是否连接。

② 检查环境温度传感器端子电压及传感器电阻。

③ 检查环境温度传感器线束是否存在短路、断路情况。

④ 线束插接件有无虚接和退针情况。

(7) NO_x 传感器故障诊断

闪码为 422，故障码为 U0113，含义为 NO_x 传感器 CAN 通信超时。出现这一故障码时，故障指示灯（MIL 灯）点亮。若该故障一直存在，50h 后发动机转矩受限。

故障诊断思路如下。

① 检查 NO_x 传感器线束是否存在短路、断路情况。

② 线束接插件有无虚接和退针情况。

③ NO_x 传感器的供电应为常供电，检查是否为常供电。如果发动机上电后故障变为历史故障，则怀疑 NO_x 传感器为 T15 供电，应改为常供电。

④ 检查 NO_x 传感器的好坏并酌情更换。

第四章 底盘结构与检修

第一节 离合器

一、离合器的结构

1. 离合器总成

重型载货汽车（如斯太尔系列）大都采用传统结构的单片干式膜片弹簧离合器，有的汽车装用加强型离合器。离合器由离合器压盘、从动盘（离合器摩擦片）、压盘盖、离合器弹簧、分离杆（压爪）和分离环以及安装在变速器分离滑套上的分离轴承及拨叉、拨叉轴等组成。

膜片弹簧离合器按分离时分离杠杆内端受推力还是拉力分为推式和拉式两种。图 4-1 所示为依维柯汽车用推式膜片弹簧离合器。图 4-2 所示为依维柯 S 系列汽车上用拉式膜片弹簧离合器。与推式膜片弹簧离合器相比，拉式膜片弹簧离合器更为先进，其膜片弹簧反装，这样使支承结构大为简化。

2. 离合器操纵机构

斯太尔系列重型汽车离合器操纵机构由机械传动和气压助力两部分组成，如图 4-3 所示。机械传动部分由踏板、踏板臂、钢绳、传动摆臂和回位弹簧等主要机件组成。气压助力部分由助力控制阀（助力按钮阀）、气缸等机件组成。助力控制阀的作用是在离合器分离过程中，操纵离合器助力缸，使驾驶员踩下离合器踏板时省力。

二、离合器的检修

1. 离合器的分解

用吊具将变速器吊住、将小滑车推入车底，拆下离合器壳与发动机连接螺栓，在左右晃动变速器的同时，用撬杠向后撬动，使变速器轴从离合器从动盘毂中脱出，然后将离合器壳连同变速器一起慢慢落到小滑车上。

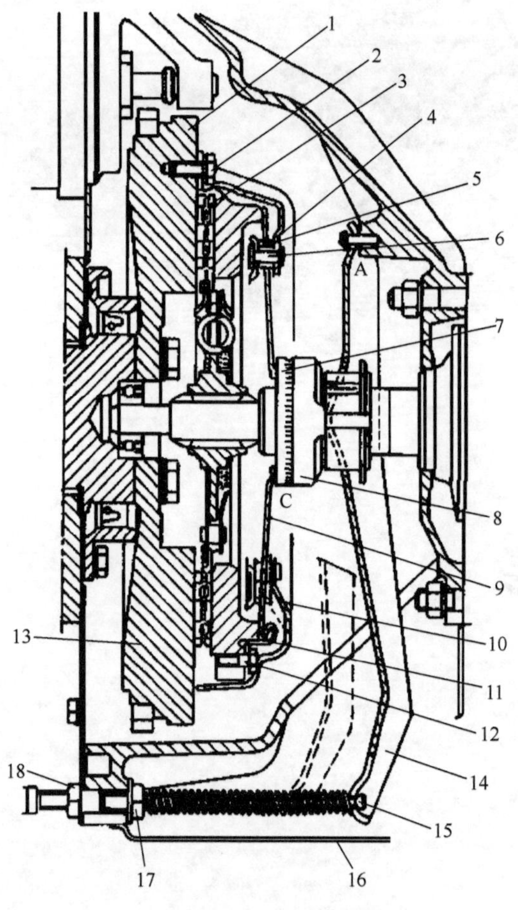

图 4-1　推式膜片弹簧离合器

1—飞轮；2,12—螺栓；3—从动盘总成；4—接合环；5—分离环；6—铆钉；7—分离轴承；8—分离套筒；9—膜片弹簧；10—离合器盖；11—分离钩；13—压盘；14—分离叉；15—分离拉杆；16—回位弹簧；17—锁紧螺母；18—调整螺母；A—分离叉支点；C—间隙值为 1.5mm

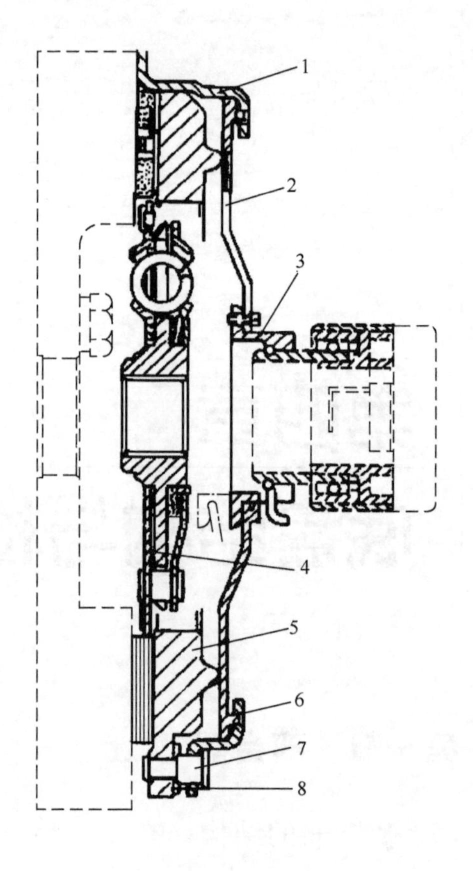

图 4-2　拉式膜片弹簧离合器

1—离合器盖；2—膜片弹簧；3—分离凸缘；4—从动盘总成；5—压盘；6—支承环；7—驱动销；8—传动片

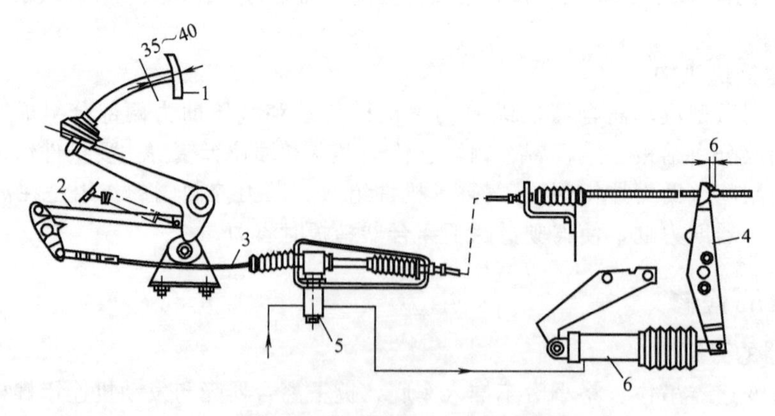

图 4-3　斯太尔系列重型汽车离合器操纵机构

1—踏板；2—拉杆；3—钢绳；4—分离拐臂；5—助力控制阀；6—助力气缸

① 在分解离合器之前，应在离合器盖与飞轮之间做一安装标记。

② 将专用工具——导向心轴（也称定心轴）1插入离合器从动盘总成的花键毂中，起定位作用，如图 4-4 所示。

③ 按对角拆下离合器盖与飞轮间的连接螺栓，应先松一圈，然后逐渐卸下，取下离合器总成和从动盘总成。

④ 拆下固定分离环的卡簧，取下分离环，在离合器与压盘之间做上安装标记。

⑤ 松开调整螺母锁片固定螺钉，取下锁片并保存好。

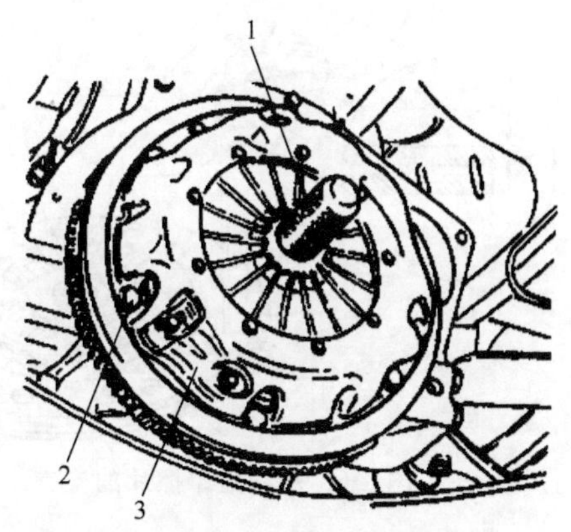

图 4-4　离合器的拆卸

1—导向心轴；2—螺栓；3—压盘总成

⑥ 将离合器总成置于离合器拆装专用工具上，拧紧专用工具，压下离合器盖，拆下分离杠杆调整螺母，松开专用工具，取下离合器盖。

⑦ 记住不同颜色的弹簧个数和位置后，取下压盘弹簧和弹簧座，冲出分离杠杆轴销，保存好滚针，按同样的方法分解其他分离杠杆。

> **维修提示：**
>
> ◆所有机件应用洗油清洗干净，并用压缩空气吹干，以备重新装用。

2. 离合器压盘工作面的检查

① 首先观察压盘工作面有无划伤，如果划伤沟痕尺寸大于 0.5mm，应酌情修整或更换。

② 检查工作表面翘曲，可以通过测量工作面的轴向跳动量来确定。如图 4-5 所示，检查工作面变形情况可以用一钢直尺靠在工作面上，用塞尺测量磨损后的偏差。

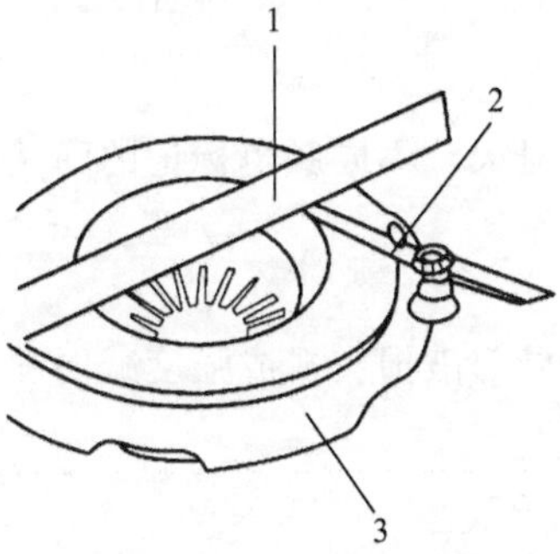

图 4-5　工作面翘曲的检查

1—钢直尺；2—塞尺；3—压盘

> **维修提示：**
>
> ◆若工作面跳动量或磨损偏差超过 0.4mm，则应对工作面进行修整。

③ 压盘工作面允许进行光削，但最大磨削量不能超过 1mm。光削后的压盘应进行平衡试验。

> **维修提示：**
>
> ◆当磨削量大于 0.5mm 时，应注意在组装时最好在离合器弹簧下加一相应厚度的垫片。

④ 如果离合器压盘由于过热而变色或严重龟裂，应更换。

3. 从动盘的检查

① 从动盘在检修时，观察其表面是否被油污染，是否烧损，摩擦片是否局部脱落以及是否翘曲。

> **维修提示：**
>
> ◆如果表面有油污，可用汽油或碱水清洗。

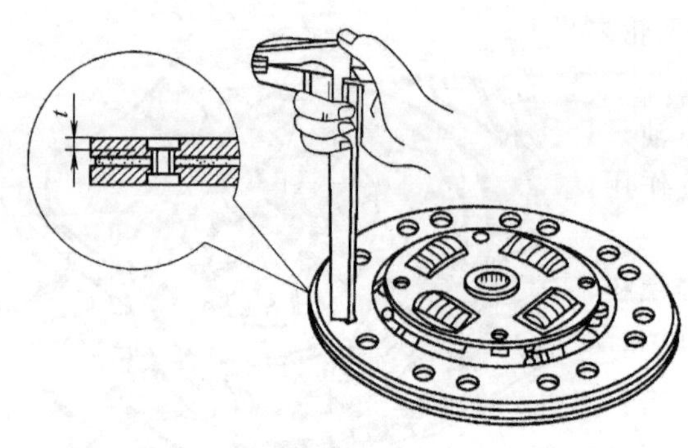

图 4-6　从动盘摩擦片的检查

② 测量从动盘的极限厚度，如果厚度小于极限值，应更换从动盘。

③ 测量从动盘摩擦片的磨损程度。用游标卡尺测量铆钉埋头坑深度，摩擦片铆钉埋头坑深度 t 不应小于 0.2mm，如图 4-6 所示，超过此极限时，应更换从动盘。

④ 从动盘翘曲是造成离合器接合不稳的主要原因，如果发现摩擦片翘曲、局部脱落或是缓冲弹簧松弛、从动盘内毂花键孔松旷等都应更换从动盘。

维修提示：

◆在换用新从动盘时，一定要测量从动盘摩擦片的厚度，该厚度必须小于（10±0.3）mm，否则装机后可能会造成离合器分离不彻底的故障。

4. 膜片弹簧的检查

① 观察膜片弹簧的颜色是否发蓝，发蓝应更换。

② 检查膜片弹簧从膜簧中心沿径向切出的弹性分离杠杆是否平齐，磨损若超过极限值 0.6mm 或磨出较深的阶梯则应更换，如图 4-7 所示。

③ 检查膜片弹簧有无疲软和龟裂，若有应及时处理，否则容易引起离合器打滑。

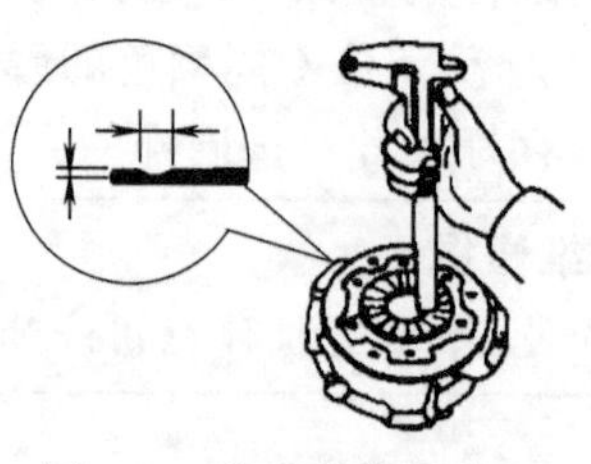

图 4-7　膜片弹簧的检查

5. 离合器弹簧的检查

离合器弹簧不应有裂纹或者歪斜，应检查弹簧不因过热而退火，不同颜色标记的弹簧其弹力必须符合要求。

6. 离合器盖的检查

离合器盖不应有明显的裂纹或局部破损，因为离合器盖的局部破损会造成强度减弱和破坏动平衡，严重时会造成发动机的振动。

7. 分离杠杆的检查

分离杠杆不应变形或有裂纹，其销孔与销轴间不应有明显的间隙。分离环工作表面应光滑平整，磨损严重或厚薄不均时应予更换。

8. 分离轴承的检查

① 检查分离轴承的转动是否平顺，可用手转动分离轴承，同时加轴向压力，检查是否有卡滞现象或异常感觉。

② 检查分离套筒是否有损坏及磨损，若有损坏或卡滞现象应及时修理，否则将会造成分离不彻底。

维修提示：

◆在安装分离轴承、分离套筒、变速器主动轴承、分离叉端头及中间支点时应涂上润滑油后再安装。

9. 离合器功能的检查

① 拉起驻车制动，启动发动机，将变速器挂入 1 挡。

② 松开离合器踏板，使离合器接合，稍许加大油门后，发动机的转速应下降直至熄火。

③ 如果加大油门后，发动机运转正常，或是发动机的转速下降很少，说明离合器已经打滑，应检查离合器的自由行程，检查摩擦片是否有油污或破碎。

> **维修提示：**
> ◆如果发现汽车前部抖动厉害，说明离合器摩擦片过硬或已烧毁，钢片翘曲。

10. 踏板自由行程的检查与调整

货车离合器踏板的自由行程一般为20～30mm。随着使用时间的延长，摩擦片磨损变薄，自由行程将变大，易造成分离不彻底，可通过调整拉索的长度来调整自由行程。

> **维修提示：**
> ◆调整时先松开锁紧螺母，再调整螺母直至规定值，最后再拧紧锁紧螺母。

踏板的自由行程调整不当，会增加踏板力及损坏离合器分离轴承，应经常进行检查并调整到正确的位置。一般来说，应使离合器踏板和制动器踏板处于同一平面上，若离合器踏板高于制动器踏板10～11mm就应再进行此项调整。

11. 其他部件的检查

① 检修时，还应检查离合器拉索是否松动、损坏，如果松动、损坏应修复。

② 检查离合器拉索是否有磨损或变形，如有磨损或变形应更换。

③ 检修时，还应检查踏板臂是否磨损或变形，限位块是否磨损或损坏，如有应及时更换。

上述所有检查完成后，应再一次检查并调整踏板的自由行程。

12. 斯太尔系列汽车离合器的检查与调整

因斯太尔系列汽车离合器壳的观察口较小，在装配好离合器壳之后根本无法调整分离杠杆的高度，所以上述检查与调整工作必须在安装变速器之前进行。该数值如果调整不准，将会造成离合器分离不彻底的故障。

> **维修提示：**
> ◆针对斯太尔汽车气压助力的离合器，在气压较高时，离合器踏板在全行程上都很轻。自由行程和工作行程很难区分，因此这时调整离合器踏板自由行程很难把握，往往调整是不准确的。在检查和调整离合器踏板自由行程时，最好把气压放低一些，使离合器踏板自由行程比较明显，这样调整出来才是准确的。

三、离合器的故障诊断

离合器在使用过程中经常出现的故障有离合器打滑、离合器分离不彻底、离合器抖动、离合器发响等。

1. 离合器打滑

离合器必须可靠地传递发动机的最大转矩。因此，摩擦式离合器的摩擦力矩必须大于或等于发动机输出的最大转矩。也就是说，当离合器完全接合时，离合器的从动盘必须与压盘紧密接合，有足够的摩擦力，以此来传递发动机的最大转矩。否则，传递效率会降低，严重时，甚至不能传递动力，这种故障称为离合器打滑。

(1) 故障现象

① 当汽车起步时，离合器踏板完全放松后，发动机的动力不能全部输出，造成起步困难。

② 汽车在行驶中车速不能随发动机转速提高而迅速提高，即加速性能差。

③ 汽车重载、爬坡或行驶阻力大时，由于摩擦产生高热而烧毁摩擦片，可闻到焦臭味。

（2）故障原因

导致离合器产生打滑的根本原因是离合器压紧力下降和摩擦片表面状态恶化，使摩擦因数降低，从而导致摩擦力矩变小。其具体原因如下。

① 离合器踏板自由行程过小，当摩擦片稍有磨损，使分离轴承经常压在膜片弹簧上，导致压盘处于半分离状态。

② 离合器盖与飞轮的固定螺栓松动或摩擦片磨损变薄，膜片弹簧的弹力减弱，或弹簧因高温退火、疲劳、折断等原因而使弹力减小，致使压盘上的压力降低。

③ 摩擦片磨损过甚，铆钉外露。

④ 摩擦片表面有油污、老化或烧毁。

⑤ 分离轴承与分离套筒运动不自如。

（3）故障诊断方法

检查时把手制动拉杆拉紧，变速器挂上低速挡，启动发动机后，踩下加速踏板，缓抬离合器踏板，若汽车不能前进而发动机又不熄火，即为离合器打滑。

定期调整离合器踏板自由行程，是防止离合器打滑的措施之一。

2. 离合器分离不彻底

（1）故障现象

当踏板完全踏到底时，动力仍不能全部切断，表现在起步时，挂挡困难；挂挡时变速器齿轮发出“咯咯”响声，若强行挂挡且离合器踏板尚未抬起，车辆就有前冲起步趋势或发动机熄火。

（2）故障原因与故障排除

① 离合器踏板自由行程过大，应调整至规定值。

② 膜片弹簧分离杠杆调整过低，致使工作行程减小或分离杠杆高度不在同一平面，使作用于离合器压盘上的压力不均，应调整或更换新件。

③ 从动盘花键毂键槽与变速器第一轴的花键配合过紧或拉毛、锈蚀而发卡，应修理或更换新件。

④ 离合器压盘和从动盘翘曲严重，应更换新件。

⑤ 膜片弹簧分离杠杆长期工作后强度变弱产生变形，应更换新件。

⑥ 新装的从动盘过厚，或调整不当，使离合器分离不彻底，应更换新件或重新进行调整。

⑦ 新换的摩擦片厚度过厚，应重新更换新件。

3. 离合器抖动

（1）故障现象

离合器发抖，通常在起步时表现明显，挂低速挡起步时，车辆常发生“哽当、哽当”的冲击声，严重时可能使发动机熄火。

（2）故障原因与故障排除

① 膜片弹簧分离杠杆内端面调整高低不平，应重新进行调整或更换新件。

② 膜片弹簧弹力变弱或减振器弹簧松弛，减振器弹簧折断，应更换新件。

③ 摩擦片接触不均，表面硬化或粘上胶状物，应更换新件。

④ 飞轮工作面与从动盘磨损不均，翘曲变形，铆钉松动或折断，应更换新件。

⑤ 从动盘花键毂键槽磨损过甚，与变速器第一轴花键配合间隙变大（一般不大于0.6mm）、或花键锈蚀、脏污、滑动不灵活，应更换新件。

⑥ 发动机前、后支架的橡胶老化，固定螺栓松动或变速器连接螺栓松动，应更换新件或紧固。

⑦ 变速器第一轴与发动机曲轴中心线不同轴，应重新进行调整。

4. 离合器发响

（1）故障现象

离合器在接合后或接合过程中出现响声，离合器分离时响声消失或减弱。

（2）故障原因

① 离合器踏板没有自由行程，膜片弹簧分离杠杆内端和分离轴承总是在接触状态。

② 离合器踏板回位弹簧过软、折断或脱落，分离轴承不能回位而与膜片弹簧分离杠杆接触。

③ 离合器分离轴承润滑不良、磨损松旷或烧毁卡滞。

④ 从动盘扭转减振器弹簧折断后，发生扭转振动时，发出振动声。

⑤ 分离套筒回位弹簧过软、折断或脱落。

（3）故障诊断方法

① 发动机启动后，少许落下离合器踏板，使分离轴承刚与分离杠杆接触时，若听到“沙沙”的响声，先给分离轴承加油润滑，加油后如响声消失为轴承缺油，若加油后响声仍不消失，则是分离轴承损坏。

② 踏下离合器踏板，听到“沙啦、沙啦”的响声，抬起离合器踏板后声音消失，可断定不是分离轴承的故障，而是变速器第一轴前轴承缺油或损坏。

③ 当离合器踏板完全抬起时，听到有摩擦碰撞声，一般为分离轴承和膜片弹簧分离杠杆之间间隙太小所致。如分离轴承回位弹簧失效，踏板虽已抬起，但分离轴承没有回位，或踏板回位弹簧失效，当用手将离合器踏板拉起时，声音消失，则证明是踏板回位弹簧失效。

④ 连续踩下和抬起离合器踏板，当离合器在接合或分离过程中发响，则为支承环松旷所致。

第二节 变速器

一、变速器的作用与结构

1. 变速器的作用

① 改变传动比，适应变化的行驶条件，同时使发动机在有利的工况下工作。

② 使汽车能倒退行驶。

③ 利用空挡，中断动力传递，发动机能够启动、怠速，并使变速器换挡或进行动力输出。

2. 变速器的结构

东风系列汽车的变速器分五挡变速器和六挡变速器两种，六挡变速器采用较多，六个前进挡全部装有同步器，其中一、二挡为惯性锁销式同步器，三、四挡和五、六挡采用的是惯性锁齿（滑块）式同步器，倒挡采用滑动齿套换挡。六个前进挡全部为常啮合斜齿轮传动。

解放系列汽车的变速器多采用同步器式六挡变速器。二挡为锁销式惯性同步器，三～六挡装有锁环式惯性同步器。变速器为三轴式，定轴传动，带超速挡变速器。变速器的操纵机构分为单杆式和双杆式两种。

依维柯汽车装用机械式变速器，有 28015、28019、28024 和 28026 四种型号，都有 5 个前进挡和 1 个倒挡，前进挡为带同步器常啮合齿轮，倒挡无同步器。

28019、28024 和 28026 型变速器的壳体为铝合金压铸件，由一个主壳体、一个前盖（即离合器盖）和一个后盖组成。变速器后盖上装有变速杆支架，主壳体的侧面设有取力口。28015 型变速器的主壳体分为两半，取力口设在后半壳体上，变速杆支架也装在后盖上。图 4-8 所示为 28026 型变速器。

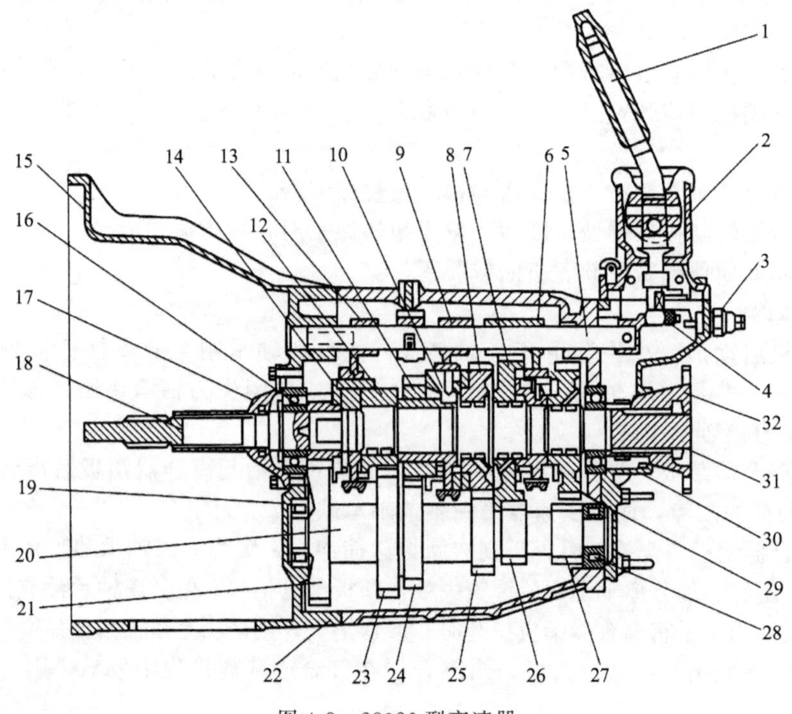

图 4-8　28026 型变速器

1—变速杆；2—变速杆支座；3—倒挡灯开关；4—拨叉轴头；5—拨叉轴；6—一、倒挡拨叉；7—一挡齿轮（输出轴）；8—二挡齿轮（输出轴）；9—二、三挡拨叉；10—二、三挡同步器总成；11—三挡齿轮（输出轴）；12—四挡齿轮（输出轴）；13—四、五挡拨叉；14—四、五挡同步器；15—前盖（离合器盖）；16—四点接触式球轴承（选用）；17—输入轴轴承盖；18—输入轴；19—中间轴前轴承；20—中间轴；21—中间轴常啮合齿轮；22—主壳体；23—中间轴四挡齿轮；24—中间轴三挡齿轮；25—中间轴二挡齿轮；26—中间轴一挡齿轮；27—中间轴倒挡齿轮；28—中间轴后轴承；29—输出轴倒挡齿轮；30—后盖（壳体）；31—输出轴；32—输出轴凸缘盘

斯太尔系列汽车装有美国伊顿（Eaton）公司制造的富勒（Fuller）变速器，该变速器是一种大功率、多挡位、双副轴及主、副变速器组合式变速器。其主、副变速器均采用双副轴及二轴与二轴齿轮全浮动式结构。它采用双 H 换挡操纵机构，主变速器采用传统的啮合套，副变速器采用惯性锁销式同步器。该变速器结构简单、便于维修。斯太尔和延安等重型汽车普遍装用该变速器。富勒 RT11509C 型变速器如图 4-9 所示。

富勒 RT11509C 型变速器是由一个具有 5 个前进挡、1 个倒挡的主变速器和 1 个具有高、低两挡的副变速器组合而成的一个具有 9 个前进挡和 1 个倒挡的整体式变速器。其主、副变速器都采用双副轴结构，它们共用一个变速器壳体，壳体内有一中间隔板将前箱和后箱划分为主变速器与副变速器。主变速器由两根副轴支承在变速器前壳与中间隔板之间，主变速器二轴前端插在一轴轴孔内，后端支承在中间隔板上。变速器输出端有一个整体式端盖与变速器壳体相连，在变速器壳体后端面上有两个定位销钉，以确保后端盖与壳体的同轴度，副变速器两根副轴支承在中间隔板与后端盖之间，副变速器输出轴 16 用双联锥轴承悬臂支

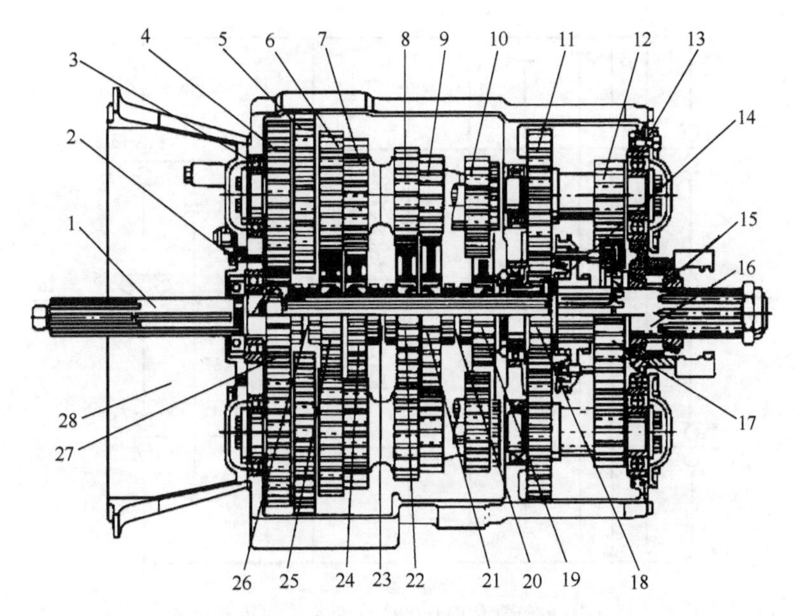

图 4-9 富勒 RT11509C 型变速器

1—主变速器一轴；2——一轴轴承；3—副轴轴承；4—右副轴被动齿轮；5—右副轴取力器齿轮；6—主变速器副轴三挡齿轮；7—主变速器副轴二挡齿轮；8—主变速器副轴一挡齿轮；9—主变速器副轴爬行挡齿轮；10—主变速器倒挡中间齿轮；11—副变速器被动齿轮；12,17—副变速器输出齿轮；13—副变速器副轴轴承；14—高、低挡换挡同步器；15—输出轴双联轴承；16—副变速器输出轴；18—副变速器输入齿轮；19—主变速器二轴倒挡齿轮；20—倒爬行挡换挡啮合套；21—主变速器二轴爬行挡齿轮；22—主变速器二轴一挡齿轮；23—主变速器一、二挡换挡啮合套；24—主变速器二轴二挡齿轮；25—主变速器二轴三挡齿轮；26—主变速器三、四挡换挡啮合套；27——轴主动齿轮；28—离合器壳

承在端盖上。

富勒变速器结构的最大特点是采用双副轴结构，使变速器传动非常平稳，噪声低，无需采用斜齿轮，直齿轮已完全达到要求。换挡机构也无需使用同步器，除了起步挂挡以及副变速器高、低挡操纵换挡机构使用同步器外，富勒变速器主变速器仍采用最简单的啮合套式换挡机构而不使用同步器。

图 4-10 给出了富勒 RT11509C 型变速器的传动简图。其主变速器是一个具有 5 个前进挡（一至四挡和爬行挡）和 1 个倒挡的双副轴变速器，其换挡机构是传统的啮合套而没有同步器；副变速器也是双副轴结构，高、低挡换挡是由高、低挡换挡气缸控制的惯性锁销式同步器来实现的。当操纵变速杆在低挡（一至四挡）区域时，双 H 换挡阀（高、低挡换挡气阀）通过气缸推动同步器啮合套向后与副变速器输出齿轮挂合，此时由主变速器输入的动力由齿轮 18 和副轴被动齿轮 11 将动力传递给两根副轴，再由输出齿轮 12 将动力传递给副变速器输出齿轮 17，通过同步器啮合套（同步器式挂挡装置 14）再将动力传递给副变速器输出轴 16 输出。当变速杆置高挡（五至八挡）区域时，双 H 换挡阀通过换挡气缸推动同步器向前与副变速器输入一轴啮合，此时由主变速器输入的动力直接由同步器啮合套传递给副变速器输出轴 16 输出，实现直接挡即高挡。双 H 换挡阀即是高、低挡换挡阀。

由图 4-10 分析可知，主变速器二轴 30 的前轴插在一轴主动齿轮轴孔内，这里没有支承轴承，这是与常规变速器不同的一点，另一端通过轴承支承在变速器壳体上。副变速器输出轴 16 通过副变速器输出轴双联锥轴承 15 悬臂支承在副变速器后端盖上。

该变速器采用了双副轴传动，有许多结构上的特点和使用维修方面应注意的事项。

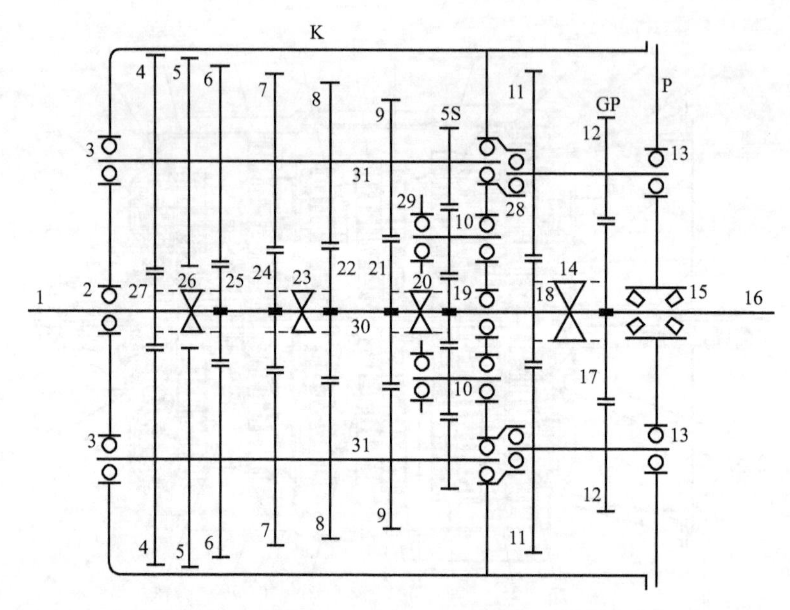

图 4-10 富勒 RT11509C 型变速器的传动简图

1—主变速器一轴；2—一轴轴承；3—主变速器副轴轴承；4—副轴被动齿轮；5—主变速器副轴取力器齿轮；6—主变速器副轴三挡齿轮；7—主变速器副轴二挡齿轮；8—主变速器副轴一挡齿轮；9—主变速器副轴爬行挡齿轮；10—主变速器倒挡中间齿轮及轴；11—副变速器副轴被动齿轮；12—副变速器副轴输出齿轮；13—副变速器副轴轴承；14—副变速器高、低挡同步器式挂挡装置；15—副变速器输出轴双联锥轴承；16—副变速器输出轴；17—副变速器输出齿轮；18—副变速器输入轴主动齿轮；19—主变速器二轴倒挡齿轮；20—倒挡爬行挡啮合套；21—主变速器二轴爬行挡齿轮；22—主变速器二轴一挡齿轮；23—一、二（五、六）挡啮合套；24—主变速器二轴二挡齿轮；25—主变速器二轴三挡齿轮；26—三、四（七、八）挡啮合套；27—主变速器一轴主动齿轮；28—主变速器倒挡中间轴后轴承；29—主变速器倒挡中间轴前轴承；30—主变速器二轴；31—主变速器副轴；K—变速器壳；P—副变速器后端盖

维修提示：

◆为了保证充分发挥双副轴传动的优点，二轴上各挡齿轮不仅是空套在二轴上的，而且齿轮的轴孔与二轴在径向还必须有 1.12mm 的径向间隙，即二轴上各挡齿轮是极松旷地套在二轴上的。这种结构与常规变速器的结构完全不同，它是确保双副轴同时传递动力所必需的。

◆二轴上的啮合套与二轴是通过花键对中连接的，在挂挡后啮合套与齿轮咬合传力过程中，齿轮相对啮合套来讲处于平面运动状态，因此润滑条件要严格保证。

二、变速器的拆卸

下面以富勒变速器为例，介绍变速器的拆卸方法。

1. 分解双 H 换挡机构

① 拆卸双 H 换挡阀及连接气管。

② 拆卸换挡操纵机构。

③ 拆卸后端盖并取出平衡弹簧。

④ 拆卸两侧端盖，取出弹簧与定位锁销。

⑤ 拆卸操纵拐臂和防尘套。

⑥ 拆卸锁紧铁丝，并拔出堵塞。

⑦ 冲出圆柱销，取出换挡轴定位销，拔出倒挡控制块的连接销。

⑧ 抽出换挡轴，取出换挡拨块和倒挡控制块。

⑨ 拆卸锁止螺钉，注意弹簧弹出时的安全，取出弹簧座、定位环和弹簧，拆下倒车灯开关和销轴。

2. 拆卸变速器上盖及部件

① 拆卸固定螺栓，取下上盖。

② 取出挡位自锁弹簧和钢球。

③ 将上盖夹在台虎钳上。

④ 拆卸三、四（七、八）挡锁止螺钉，抽出拨叉轴、拨叉和拨块。

⑤ 拆卸一、二（五、六）挡锁止螺钉，抽出拨叉轴、拨叉和拨块。

⑥ 取出两个互锁钢球。

⑦ 拆卸低、倒挡锁止螺钉，抽出低挡拨叉轴、拨叉。

⑧ 拆卸倒挡拨叉。

3. 拆卸副变速器

① 将主变速器同时挂上两个挡，用专用扳手拆卸输出法兰固定螺母。

② 拆卸输出法兰，并取出里程表蜗轮轴套，将副变速器挂低速挡。

③ 拆卸主、副变速器连接螺栓。

④ 用3个螺栓将副变速器顶出13mm。

维修提示：

◆在副变速器上装一个吊架，用吊架提起副变速器向后平移，直到主变速器定位销与变速器脱开。

4. 分解换挡气缸

① 拆卸换挡气缸盖，拆卸活塞杆固定螺母。

② 拆除锁定铁丝，拆卸拨叉固定螺母。向外敲打拨叉轴，从同步器滑套上取出拨叉。

③ 把活塞杆向外推出壳体，取出活塞和拨叉杆。

④ 拆卸换挡气缸体。

5. 拆卸副变速器副轴

① 拆卸两个副轴的轴承盖，取出轴承内圈定位卡簧。

② 用铜棒轻轻敲打副轴，将副轴连同副轴齿轮打出副变速器壳，然后再将另一边轴承打出壳体座孔。

6. 拆卸副变速器同步器

① 向外拔同步器总成，使其从输出轴上脱离。

② 从同步器低挡锁止销上拔出高挡同步器锥环，要用布包住高挡同步器锥环以防丢失3个压缩弹簧，由低挡同步器锥环上取下同步器滑动齿套。

7. 分解副变速器输出轴

① 用铜棒将副变速器输出轴打出去。

② 由输出轴上取出轴承内圈隔套。用压床将输出轴压出低速挡齿轮。

③ 从输出轴上取下花键垫和垫圈。

④ 拆卸轴承后盖。如果需要更换油封，可将油封打下来。将两个锥轴承外圈和隔圈从轴承孔中打出来。

8. 拆卸主变速器输出齿轮

① 取出主变速器输出轴上的定位卡簧。

② 剪断锁紧铁丝，拆除支承法兰上的固定螺栓。用 3 个螺栓将支承法兰顶出来。

③ 拆卸输出齿轮上的卡簧，将齿轮从支承法兰和轴承上压出。

9. 拆卸主变速器左倒挡中间齿轮

① 从主变速器倒挡齿轮轴孔内取出定位卡簧，把倒挡齿轮尽量向前移动，使它与倒挡滑套啮合。

② 从主变速器副轴孔内将轴承取出。

③ 拆卸倒挡轴锁紧螺母和垫圈。拧出倒挡中间轴上的螺塞，并在中间轴上装一个倒挡轴拔出器，将倒挡轴拔出。

④ 取出倒挡中间齿轮及垫圈，压出倒挡齿轮轴孔内的轴承外圈。从倒挡轴上取出轴承内圈。

10. 拆卸主变速器二轴

① 取出主变速器副轴后端轴承定位卡簧。

② 拆卸副轴前端定位挡板。新型结构的副轴前端挡板是由一个中心螺栓锁固的。

③ 用铜冲将副轴后轴承打出壳体，注意不要将轴承损坏。

④ 用铜棒向后敲副轴，使副轴向后移动。再将副轴向前敲移，使副轴前轴承移出壳体，用专用拉器将轴承拉出，将副轴连同副轴齿轮紧靠在变速器壁上，使副轴及齿轮脱开二轴齿轮，尽量远离二轴及齿轮。为此，首先把离合器制动装置拆除。

⑤ 使二轴倒挡齿轮紧靠爬行挡齿轮，并使整个二轴连同其他齿轮向后移动以使二轴前端脱开一轴。把整个二轴及齿轮向上倾斜并提出主变速器。

维修提示：

◆此时倒挡齿轮是自由的，小心不要让它从二轴上滑出。

⑥ 从二轴前端取出滑套，从后端取出开口环。从二轴上拔出单键，松开调整垫使其脱离二轴。从轴上取下倒挡齿轮调整垫和花键垫。

⑦ 把二轴的前端朝上并且来回扭转它。齿轮将从主轴后端按顺序从二轴上滑出来，如有必要，再取出每只齿轮内的开口环。

11. 拆卸主变速器一轴

① 拆卸一轴轴承盖。

② 向前敲打一轴，使轴承外圈定位卡簧能露出并拆掉，然后将一轴从壳体内侧抽出。

③ 将一轴轴承固定螺母拆除。

维修提示：

◆螺母是左旋螺纹。

④ 将一轴从轴承与齿轮上压出来。

12. 拆卸主变速器副轴

① 将副轴从变速器中取出来。

② 用 20t 以上的压床将副轴四个大齿轮压出。

③ 然后再把剩余的两个齿轮一个一个地压出来，如有必要可将长键和半圆键取出。

三、变速器的安装

以富勒变速器为例，介绍其安装方法。

1. 装配主变速器右倒挡中间齿轮

倒挡轴分解图如图 4-11 所示。

① 把偏心支承板、轴承内圈装到倒挡中间齿轮轴上。

② 将轴承外圈压入齿轮轴孔中。

③ 将倒挡中间齿轮轴组件及中间齿轮装到座孔中。

④ 用锁紧螺母将倒挡中间齿轮轴锁固。

2. 装配主变速器副轴

主变速器副轴分解图如图 4-12 所示。

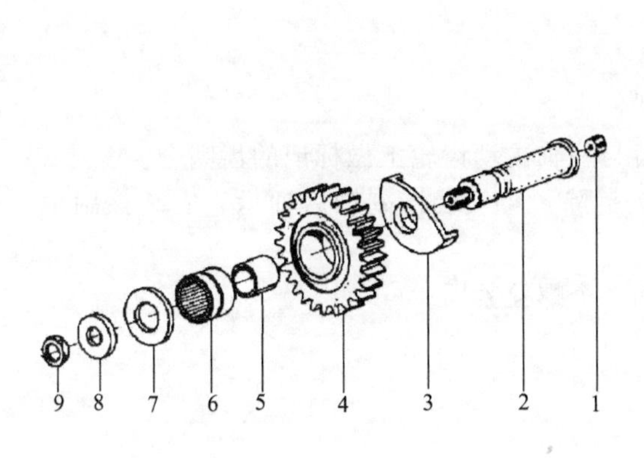

图 4-11 倒挡轴分解图

1—螺塞；2—倒挡中间齿轮轴；3—偏心支承板；4—倒挡中间齿轮；5—轴承内圈；6—轴承外圈；7—止推垫片；8—挡圈；9—锁紧螺母

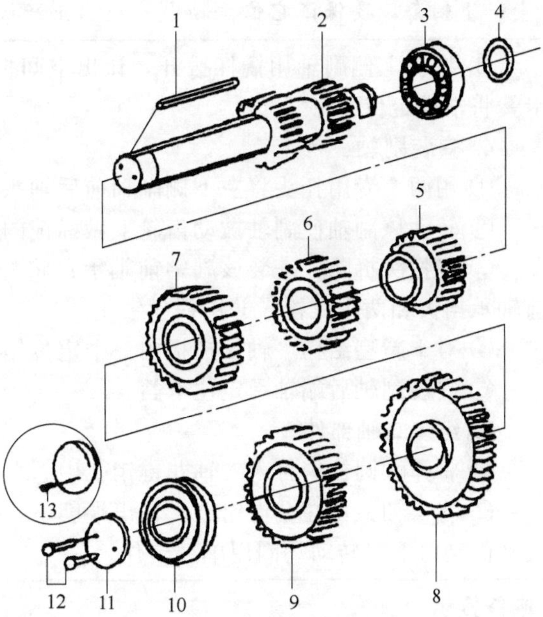

图 4-12 主变速器副轴分解图

1—长键；2—副轴；3—副轴后轴承；4—卡环；5—一挡齿轮；6—二挡齿轮；7—三挡齿轮；8—取力器齿轮；9—副轴被动齿轮；10—副轴前轴承；11—挡板；12—固定螺钉；13—锁止销

① 在副轴上安装销钉、长键和半圆键。

② 把一挡和二挡齿轮压入副轴。

维修提示：

◆一挡齿轮凸缘朝下，二挡齿轮凸缘朝上。

③ 分别将三挡齿轮、取力器齿轮和副轴被动齿轮一个个压入副轴。

维修提示：

◆三挡齿轮凸缘朝下，取力器齿轮圆弧倒角的一面朝上，被动齿轮的凸缘朝上安装。

④ 在两个副轴被动齿轮上做出对齿装配标记，做标记的齿应与副轴键槽对应。

⑤ 把左下侧的副轴总成放入箱体座孔内就位。注意左下侧的副轴上安装大的取力器齿轮，此时不要安装轴承。

⑥ 再将右上侧副轴总成装入，同时仍不要安装轴承。

3. 装配主变速器一轴

① 如果原先拆卸过，就在一轴齿轮内侧安放一个开口环，并把一轴齿轮装到花键轴上，有开口环的一侧朝前。

② 在轴上装入一个隔套，使其靠住开口环。把一轴轴承压到轴上，要用挡板挡住前面。

③ 清洗轴及螺母上的螺纹，然后在一轴齿轮开槽螺母内涂上乐泰242螺纹锁固密封胶。

④ 用340～410N·m力矩把开槽螺母装到轴上（左旋螺纹），把螺母凸缘边敲入轴上的两个槽内，以定位锁紧。

维修提示：

◆在一轴齿轮上任意两相邻齿上做出标记，然后在相对称的两个轮齿上做出标记，检查一下轴套，要保证它位于轴内并处于良好状态。

⑤ 将右上侧副轴用撬杠拨开，让出空间把一轴由里向外安装到一轴轴承座孔位置。用卡簧将轴承定位。

4. 安装副轴

① 用两个专用托头将左下侧副轴前后轴头托住定心。

② 转动该副轴使副轴被动齿轮上做标记的齿与一轴主动齿轮上做标记的齿啮合。

③ 将托头拆除，安装该副轴前轴承；将托头拆除，再安装该副轴后轴承。安装该副轴前轴承挡板和两个螺栓，并用铁丝锁止。

④ 对于新型结构，轴承挡板由一个定位销和一个螺栓紧固。

⑤ 安装副轴后端轴承定位卡簧。

5. 组装二轴部件

① 将弹性圆柱销打入二轴花键销孔中。

② 将二轴夹持在台虎钳上，输出端朝下，把三挡齿轮垫圈放到二轴最低的一个环槽内，其平面端向下，转动垫圈用单键卡住。

维修提示：

◆安装垫圈时要保证内花键上的大缺口离开键槽。

③ 把二挡齿轮装到三挡齿轮上面，有圆弧倒角的齿面朝上。

④ 把三挡齿轮装到花键垫上，啮合齿在下面。

⑤ 把花键垫装入二挡齿轮内，平面朝上。

⑥ 取出单键，把二挡齿轮调整垫平面端朝下装到二挡齿轮内，转动垫片使单键重新插入将垫片定位。垫片的厚度应保持齿轮轴向间隙为0.13～0.3mm。该间隙可用塞尺在齿轮凸缘处测得。

⑦ 把一、二挡啮合套装入二轴。

⑧ 取出单键并把一挡齿轮调整垫装到轴上，平面端朝上，把单键再次装上。

⑨ 把花键垫装到轴上并靠住调整垫，平面端朝下。

⑩ 把一挡齿轮装到轴上，有圆弧倒角的齿面朝上。

⑪ 把低挡齿轮装到轴上，有圆弧倒角的齿面朝上。

⑫ 把花键垫装到低挡齿轮的凸缘内，平面端朝上。

⑬ 取下单键，把调整垫平面朝下装入二轴低挡齿轮轴孔内，转动调整垫再次插入单键使调整垫定位。调整垫的厚度应保证0.13～0.3mm齿轮轴向间隙。

⑭ 把低、倒挡滑套装到轴上，使滑套的键槽对准轴上的键。

⑮ 取出单键，装入倒挡齿轮调整垫，平面端向上，再次插入单键。

⑯ 把花键垫套在轴上靠住调整垫，平面端向下。

⑰ 把倒挡齿轮装到轴上，有圆弧倒角的齿面朝下。

⑱ 从上边把开口环装入第二个环槽内，开口环的缺口必须避开键槽。

⑲ 把副变速器主动齿轮装到二轴上，并用二轴尾端的开口环卡住它。

维修提示：

◆在副变速器主动齿轮与倒挡齿轮之间插入2把旋具并向上撬，然后在两个齿轮凸缘之间对着插入两把塞尺检查间隙，如有必要，则更换倒挡齿轮调整垫并且再次测量间隙。倒挡齿轮间隙应为0.3～0.9mm。

6. 调整齿轮间隙

为了获得正确的间隙范围，有6种厚度的调整垫可供选择。调整垫的厚度及颜色见表4-1。

表4-1 调整垫的厚度及颜色

厚度范围/mm	颜色标记	厚度范围/mm	颜色标记
6.30～6.35	白	6.68～6.73	紫红
6.43～6.48	绿	6.80～6.86	黄
6.55～6.60	橘黄	6.93～6.99	黑

倒挡齿轮轴向间隙的范围为0.3～0.9mm；前进挡齿轮轴向间隙的范围为0.13～0.3mm。

倒挡齿轮的轴向间隙调整如下。

① 把开口环装入倒挡齿轮内，把调整垫（6.30～6.35mm）装到二轴上，把它旋入锁止槽内并用键卡住。把花键垫装到二轴上靠住调整垫，用开口环把它卡住。

② 把倒挡齿轮和副变速器主动齿轮装到二轴上，并用开口环卡住。

③ 测量倒挡齿轮和主动齿轮之间的间隙。

如有必要，更换位于倒挡齿轮前面的调整垫。

7. 安装二轴

① 从台虎钳上取下二轴，把三、四挡滑套装到轴上。

② 向里推右上侧副轴使之顶住壳体内壁。把二轴放在变速器壳体上，此时仍要紧靠住倒挡齿轮定位。通过副变速器驱动齿轮孔把二轴向前移，使轴端在一轴轴套内就位，并使二轴各挡齿轮与左下侧副轴各挡齿轮全部啮合。

8. 安装右上侧副轴

① 在保证左下侧副轴齿轮对齿的前提下，转动右上侧副轴使副轴被动齿轮上标记的齿与一轴主动齿轮上标记的两齿啮合。

② 把二轴输出齿轮临时套在二轴上以使二轴定心。同时用托头将右上侧副轴后端定心，此时两个副轴上所有齿轮都应同时与二轴齿轮进入啮合。

维修提示：

◆如果不能同时进入啮合，说明一轴与副轴对齿错误。

③ 安装右上侧副轴前端轴承。

④ 取下二轴输出齿轮，用木块将二轴支承，安装右上侧副轴后端轴承。

⑤ 装上右上侧副轴前轴承挡板，并用铁丝锁住。

⑥ 新型结构的挡板是用定位销和螺栓固定的。

⑦ 把卡簧装入副轴后端的环槽内。

9. 安装右上侧倒挡中间齿轮

① 将螺塞、偏心支承板和轴承内圈装入倒挡齿轮轴。

② 将轴承外圈压入倒挡中间齿轮。

③ 使倒挡中间齿轮与止推垫片在壳体孔内就位。

④ 将倒挡中间齿轮轴装入，确保轴承外圈与内圈对准。

⑤ 把副变速器副轴的前轴承外圈装到倒挡齿轮的壳体孔内。

⑥ 使二轴倒挡齿轮与两个倒挡中间齿轮啮合，并把开口环放入二轴倒挡齿轮的内侧。

10. 安装副变速器主动齿轮（主变速器二轴输出齿轮）

① 把定位盘装到主动齿轮上，平面端靠着齿轮。

② 把轴承压到主动齿轮上，开口环端向上。

③ 把开口环装入齿轮台肩内的环槽里。

④ 把副变速器主动齿轮套在二轴花键上，使轴承在壳体后孔内就位。

⑤ 用 6 个螺钉锁紧定位盘和齿轮，分两组把螺钉用铁丝锁住。

⑥ 把开口环装入二轴的环槽里。

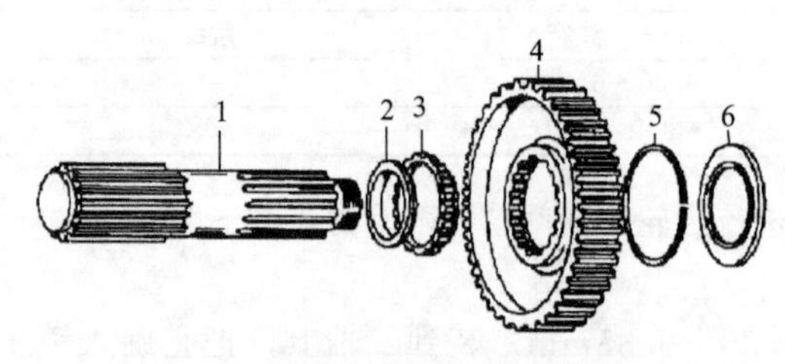

图 4-13　副变速器输出轴分解图

1—输出轴；2—垫圈；3—花键垫；4—输出齿轮；5—输出齿轮开口环；6—减速齿轮后垫圈

11. 安装副变速器输出轴

副变速器输出轴分解图如图 4-13 所示。

① 把输出轴的螺纹端朝上放在工作台上，将垫圈的大台肩朝下，小轴径一侧朝上套入轴内。

② 将花键垫的小轴径一侧朝上套入轴内并靠住垫圈。

③ 如果预先拆卸过，就在齿轮内环槽中放入一个卡簧，把齿轮装到轴上并靠住花键垫，要使其平面端朝上。

④ 把垫圈套在轴上，台肩朝着齿轮并顶住齿轮。

⑤ 加热前锥轴承的内圈到 130℃并安装到轴上，使其靠住齿轮上面的垫圈。

⑥ 把前锥轴承的外圈装入箱孔内，其锥面必须指向下方。

⑦ 把轴承内圈隔套装到轴上。

⑧ 把轴承外圈隔套及后锥轴承的外圈轻轻打入壳体孔内，使台肩一侧朝上。

维修提示：

◆副变速器输出轴两个锥轴承和内、外圈隔套是成套提供的，因此更换时必须成套更换。

12. 安装高、低挡同步器

① 把滑动齿套放到低挡同步器锥环上的锁止销上。

② 把 3 个压缩弹簧放入高挡同步器锥环内。

③ 把高挡同步器锥环放在低挡同步器锥环的锁止销上。

④ 顶着弹簧的张力同时旋转并向下压高挡同步器锥环，使低挡同步器锥环进入锁止销上面的孔内。

13. 安装副变速器副轴和输出轴

① 将轴承内圈装入两个副变速器副轴端。

② 在每根中间轴小齿轮上打印着“O”字母的齿轮上做出标记。

③ 在输出齿轮上任意两个相邻的轮齿上做出标记，然后在相对称的两个轮齿上做出相应的标记。

④ 把同步器总成放在一个高约 50mm 的木块上，使高挡同步器锥环朝下。

⑤ 把输出轴放到同步器上，使轴上的花键与滑动齿套内的键槽相配合。

⑥ 使两根副轴靠住输出轴。每根副轴上有标记的两个轮齿必须位于输出齿轮上有标记的两个轮齿中间。

⑦ 把副变速器壳体朝下放到输出轴上面，副轴要对准壳体的轴承孔。

⑧ 把锥轴承的内圈加热后压到输出轴上。

⑨ 在里程表壳体上装上输出轴油封，应使光滑面朝上。

⑩ 把里程表壳体和衬垫装到副变速器壳体上并紧固，在衬垫上涂抹乐泰 510 平面密封胶。

⑪ 把后轴承装到副轴上并使用轴承安装工具将其敲入壳体孔内，再装上卡簧。

⑫ 把副轴后轴承盖连同衬垫一起拧紧，衬垫上涂抹乐泰 510 平面密封胶。

14. 安装高、低挡操纵气缸

① 把气缸壳体和衬垫装到变速器壳体上，要使气管接头朝上，衬垫上涂抹乐泰 510 平面密封胶。

② 在同步器滑动齿套上装上拨叉，并插入拨叉杆，使其穿入拨叉和气缸壳体。用 2 个锁止螺钉紧固拨叉并用铁丝卡住。

③ 在活塞的内孔和外圈上安装 O 形圈。

> **维修提示：**
>
> ◆应预先在 O 形圈上涂一薄层硅脂润滑剂。

④ 把活塞插到拨叉杆上，然后装入气缸内，要使其平面端向外。

> **维修提示：**
>
> ◆拨叉是不对称的，要从下面安装螺钉。

⑤ 用自锁螺母紧固活塞，然后装上换挡气缸盖和衬垫，使气管接头处在顶部，最后在连接端面上涂抹平面密封胶。

15. 整体吊装副变速器

① 在副变速器壳体接合面装上衬垫。在副变速器上装一个专用吊架，使副变速器壳对准主变速器上的定位销。两个副轴都要与主动齿轮相啮合，并且每根副轴的前端要插入装在主变速器隔板上的轴承孔内。

> **维修提示：**
>
> ◆使副变速器向主变速器平稳地移动，必要时转动一下副变速器主动齿轮，以便齿轮正确地啮合。
>
> ◆在装连接衬垫时，需要在衬垫两侧涂抹乐泰 510 密封胶。

② 装上螺钉并按规定力矩拧紧。

> **维修提示：**
>
> ◆副变速器的安装也可以采用垂直方式，把主变速器竖直地放在木块上，用装在输出轴吊架上的吊链使副变速器下降。

③ 在法兰盘轴端部装上里程表蜗轮或者隔套，再将法兰盘套到输出轴的花键上。

> **维修提示：**
>
> ◆在向主变速器部分安装副变速器时，一开始应使副变速器同步器处于低挡位置。

④ 将主变速器同时挂上两个挡，以 610～680N・m 力矩将输出轴螺母锁紧。

16. 装配变速器上盖

变速器上盖分解图如图 4-14 所示。

① 安装倒、低挡拨叉和拨叉杆，并用锁止螺钉紧固。

② 装入换挡互锁钢球。

维修提示：

◆所有的拨叉杆上用于换挡锁止的缺口必须朝着上盖。

③ 安装一、二挡（五、六挡）的拨叉、拨块和拨叉杆及互锁销。装入换挡互锁用螺钉，并锁紧锁止螺钉。安装三、四挡（七、八挡）的拨叉、拨块和拨叉杆，安装并锁紧锁止螺钉。

④ 把上盖装到变速器上并锁紧。安装自锁钢球和压缩弹簧。

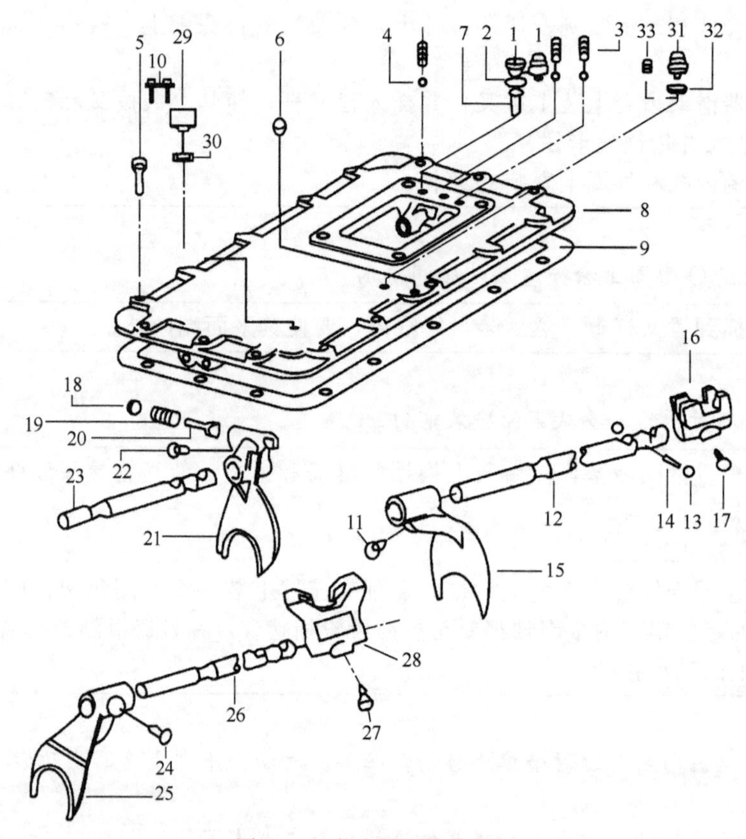

图 4-14　变速器上盖分解图

1—倒车灯开关；2,9—衬垫；3—压缩弹簧；4—自锁钢球；5—螺钉；6,18—螺塞；7—倒车灯柱销（选用）；8—上盖；10—六角头螺钉支架（选用）；11,17,22,24,27—锁止螺钉；12,23,26—拨叉杆；13—互锁钢球；14—互锁销；15—一、二挡和五、六挡拨叉；16—一、二挡和五、六挡拨块；19—弹簧；20—倒挡锁柱塞；21—低、倒挡拨叉；25—三、四挡和七、八挡拨叉；28—三、四挡和七、八挡拨块；29—气阀（选用）；30—空挡开关（选用）；31—紧固螺钉；32—密封圈（选用）；33—旋塞螺钉

17. 装配双 H 换挡机构

双 H 换挡机构分解图如图 4-15 所示。

① 安装油封及衬套。安装弹簧、弹簧座、隔套和定位环。

② 压缩弹簧，用锁止螺钉将定位环固定。

③ 安装换挡轴、换挡拨块和倒挡开关控制块。

④ 用圆柱销固定倒挡开关控制块与换挡轴。

⑤ 安装倒挡开关和销。用圆柱销将换挡拨块与换挡轴固定，并用铁丝将其锁定。

⑥ 安装换挡摇臂与防尘套。安装定位锁销、弹簧及侧盖。安装另一侧定位锁销、弹簧及侧盖。安装后弹簧及端盖。将堵塞敲入。

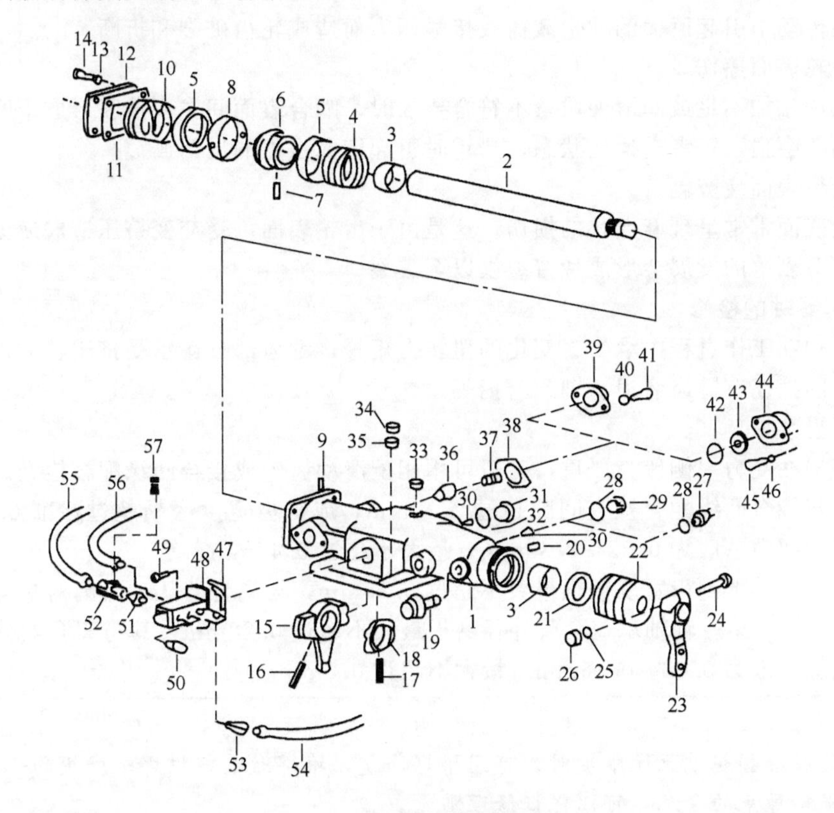

图 4-15 双 H 换挡机构分解图

1—壳体；2—换挡轴；3—衬套；4,10,37—弹簧；5—弹簧座；6—定位环；7,17—弹性圆柱销；8—弹簧隔套；9—锁止螺钉；11,38,47—衬垫；12—壳体盖；13,25,40,46—弹簧垫圈；14,24,41,45—螺钉；15—换挡拨块；16—圆柱销；18—倒挡开关控制块；19,50—通气塞；20,29,57—螺塞；21—油封；22—防尘套；23—换挡摇臂；26—螺母；27—倒挡开关；28,32,42—O 形圈；30—销；31—螺塞（空挡开关）；33—堵塞；34—锁止螺母；35—六角头螺母；36,43—定位锁销；39,44—盖；48—换向气阀；49—内六角头螺钉；51—螺纹管接头；52—三通；53—弯管接头；54～56—气管

四、变速器的检修

1. 变速器齿轮的检修

变速器齿轮经常在不断变化的高转速高负荷工况下进行工作，就一般载重汽车来说，齿轮的圆周速度在 10～20m/s 之间，特别是齿面上经常受到冲击交变载荷。此外，加工的齿形不太符合要求，相啮合的轮齿工作表面存在着滑动和滚动两种摩擦，装配时轴线不平行破坏了齿面的正常啮合条件，因此齿轮工作条件恶化，再加之在制造上的材料和热处理工艺有缺陷，在使用和保养上不够合理，这就会加速齿轮损伤。其损伤情况一般有以下几种。

(1) 磨损

凡属正常工作条件下造成的磨损，齿轮呈现均匀的光洁表面，但要求齿长磨损不应超过原齿长的30%，齿厚磨损不应超过0.5mm，齿轮啮合面积不低于工作面的2/3，齿轮啮合间隙不大于0.7mm。上述情况允许成对继续使用，否则应进行修理或更换。如果齿轮由于啮合不良，产生不均匀磨损，可对齿轮轴的轴线及变速叉的技术情况进行检查。

(2) 轮齿破碎

破碎多半是由裂损开始，其原因大多是由于齿轮啮合过紧或过松或啮合不当（啮合印痕太少等）在传动中引起巨大的冲击载荷或接触压力而造成轮齿破裂和折断。

(3) 齿轮表面擦伤

当齿轮油添加不足或润滑油质量不符合要求时，啮合表面间失去油膜形成干摩擦产生高热，出现黏着磨损，轻者呈擦伤状态，严重时引起齿面强烈的局部撕痕。

(4) 轮齿表面疲劳剥落

在齿轮表面常常呈现麻点状的损伤，这是由于齿轮表面承受交变挤压造成疲劳破坏的一种现象，疲劳剥落的发展会形成疲劳裂纹以至破裂。

2. 变速器轴的检修

变速器轴在工作过程中承受着变化的扭转力矩等，键齿部分还承受挤压、冲击和滑磨等负荷。常见的损伤有键齿磨损、轴颈磨损等。

(1) 键齿磨损

键齿磨损在受力一侧较为严重，一般可用相配滑动齿轮或接合凸缘配合检查。第二轴键齿磨损，当与接合凸缘配合检查间隙超过0.30mm，或键齿宽度磨损超过标准0.2mm。键齿与键槽配合间隙一般为0.02～0.30mm，最大不超过0.45mm。

变速器第一轴上键齿宽度磨损最大不超过0.25mm，与离合器从动盘键槽配合间隙最大不超过0.44mm，第一轴轴承盖套管外径磨损最大不超过0.22mm，其与离合器分离轴承座孔的配合间隙一般为0.08～0.16mm，最大不超过0.5mm。

维修提示：

◆当键齿磨损超过上述限度时，可用堆焊修复，堆焊时最好堆焊未磨损的一侧，这样使受力面保持原来的金属，可以保证修理质量。

(2) 轴颈磨损

这是变速器零件中常见的损伤现象。轴颈磨损过大，不但会使齿轮轴线偏移，带来齿轮啮合齿隙改变，传动时噪声也变大，而且使轴颈在轴承孔内转动引起烧蚀，因此装滚柱轴承的动配合轴颈磨损超过0.07mm时以及与滚珠轴承内圈静配合的轴颈产生0.02mm以上间隙时，均应将轴颈镀铬或堆焊修复。

倒挡齿轮衬套外径与齿轮上的衬套孔的配合为静配合，其过盈量为0.13～0.18mm，衬套内径与倒挡轴的配合间隙一般为0.06～0.10mm，最大不超过0.2mm，否则应更换新件。

(3) 第二轴凸缘油封颈的磨损

第二轴凸缘油封颈的磨损是常见的，磨损严重时会使油封颈起槽而导致漏油，因此当其磨损沟槽深度超过0.35mm时，应予以堆焊后进行镶套修复。

3. 变速器壳与盖的检修

变速器壳与盖的损伤一般为裂纹、磨损等。

变速器壳与盖的裂纹可用目测法或敲击法检查，凡未延伸到轴承孔的裂纹可采用环氧树脂胶粘接，或用螺钉填补法修复，此外还可用焊接方法修复，但要特别注意，以防焊后再裂。

检查变速器壳和盖接合平面的平面度时，可用平板或将两者靠合在一起，用塞尺检验，当间隙超过 0.2mm 时，可用刨刀、铲刀、锉刀修平，刨削平面时要注意基准的选择。

变速器壳轴承孔的磨损，将使齿轮轴线偏移和两轴线不平行，齿轮正常啮合遭到破坏，因此当轴承与轴承孔配合间隙超过 0.08mm 时，应进行扩孔镶套修复，在进行扩孔镶套之前应检查各轴轴线与平面相互位置的偏差，然后取加工基准，镗削时既要恢复轴承孔的几何形状，又要消除轴线与平面之间的误差，采用整形和加工相结合的方法来修理轴承是保证修理质量的关键。

变速器盖经常磨损的部位是变速杆球节座及变速叉轴轴孔。球节座磨损通常是把球节装入座孔后进行检查，修理方法一般有两种。一种是修复座孔，用低碳钢焊条堆焊后，再经车削使其达到正常配合尺寸，或采用局部更换修复法将磨损的座孔部分切除，另配制原形新件镶接在切除部位，并在接缝处预制坡口，最后进行焊接。另一种是将变速杆球节堆焊后再车削，在车削时应先将变速杆压直，车削后再恢复原状。

五、变速器的故障诊断

变速器的常见故障有变速器发响、变速器跳挡、变速器乱挡、变速器漏油和变速器过热等。

1. 变速器发响

变速器内的响声有良性和恶性两种。良性响声多属于变速器内缺油或润滑油过稀，轴承磨损后松旷，齿轮磨损后啮合间隙过大而产生的噪声。齿轮的噪声随着汽车行驶速度和负荷变化而变化。而恶性响声多属于齿轮上轮齿损坏或齿隙被脏物垫住，发出间断而有规律的冲击声。此种故障一旦产生，应立即停车检查，查明原因予以排除。

由于变速器与离合器位置相近，两者发出的响声一时难以分辨。当启动发动机变速杆在空挡位置时，如出现声响，可将离合器踏板踩下再听，如声响消失，则说明声响产生于变速器。变速器产生响声的主要原因如下。

① 变速器轴承经常处在高速、重载条件下工作，并承受较大的交变载荷，因而轴承的滚柱（珠）与滚道会产生磨损、斑点、疲劳剥落、烧蚀等现象，使轴承的轴向和径向间隙增大，发生撞击而产生响声。

② 齿轮在啮合传动时，轮齿从齿顶到齿根存在着滑动摩擦，所以磨损是不可避免的。由于齿轮的磨损，导致啮合间隙变大。因此，车辆在起步、换挡时齿轮间会撞击产生响声。

③ 轴承磨损后松旷；轴的变形或壳体变形引起两啮合齿轮中心距变化及轴线之间不平行；轴上滑动键槽与滑动齿轮内端花键槽磨损；操纵机构中紧固螺钉松动及变速叉的磨损变形，引起齿轮位移；驾驶操作不当，如起步过猛，换挡时手与脚配合不当，均会在传动中引起较大的冲击负荷，导致轮齿断裂或破碎后产生异响。

2. 变速器跳挡

（1）故障现象

汽车在某一挡位行驶时，变速杆自动跳回空挡，一般在突然踩下或突然松开加速踏板以及汽车行驶在不平道路上产生剧烈振动时发生。

（2）故障原因

① 滑动齿轮与接合套啮合轮齿磨成锥形。由于频繁换挡，换挡部件若采用滑动齿轮与接合套时，工作中因撞击和磨损，啮合轮齿逐渐磨短并呈锥形。当磨损成锥形的啮合轮齿相互作用而传递转矩时，就会产生一轴向力，这个轴向力随着啮合轮齿磨成锥形的程度增加而加大，也随着传递转矩的增加而增大，当轴向力超过自锁机构的锁紧力时，即造成变速器跳挡。

② 自锁机构失效。自锁钢球磨损、自锁弹簧弹力减弱或折断以及变速叉轴定位凹槽磨损等，均使自锁机构的锁紧定位作用失效或减弱。

③ 轴承松旷。变速器第一、二轴与前后轴承配合松旷以及轴承与轴承孔配合松旷，在工作过程中会引起轴和齿轮的轴向窜动，导致跳挡的产生。

④ 变速叉端面磨损过大。变速叉与齿轮槽接合端磨损过大，使其与齿轮槽的配合间隙过大，使换挡齿轮换上挡位后，轴向失去约束而产生跳挡。

⑤ 飞轮壳变形。飞轮壳座孔中心线与曲轴中心线不同轴，飞轮壳和变速器接合平面与曲轴中心线不垂直，产生跳挡。

3. 变速器乱挡

(1) 故障现象

在离合器技术状况正常时，变速杆不能挂入所需要的挡位，或挂入挡位后不能退回空挡，或同时挂入两个挡位，即变速器乱挡。

(2) 故障原因

① 变速杆球头定位销松旷。定位销磨损或脱出，变速杆球头磨损过大。

② 变速杆下端弧形工作面磨损或脱出。

③ 变速叉轴互锁机构中的锁销或锁球磨损过大（超过 0.02mm），失去了互锁作用。

4. 变速器漏油

一般变速器漏油部位可循迹发现，漏油原因如下。

① 变速器内齿轮油加注过多，超过规定的液面高度。

② 油封磨损、硬化或失去弹性。

③ 油封处轴颈磨损过大。

④ 变速器盖及轴承盖安装螺栓松动或密封垫片损坏。

⑤ 变速器上的通气孔堵塞。

⑥ 壳体裂纹与放油螺塞松动等。

5. 变速器过热

变速器过热的原因如下。

① 齿轮啮合间隙过小。

② 齿轮轴弯曲或壳体轴孔不同轴或不平行。

③ 齿轮油量不足或黏度太小。

④ 轴承或垫圈装配过紧。

第三节 分动器

一、分动器的结构

有的重型货车采用 6×4、6×6 等驱动形式，它是利用传统的分动器结构把从变速器传来的转矩分别传递到前、中、后桥。

依维柯 NJ2045 和 NJ2046 汽车装有分动器，与变速器是整体连接的方式，这样可以减轻重量、减少传动噪声和降低油耗。分动器的壳体为铝压铸件，内部零件多为粉末冶金件。行星齿轮减速机构能进一步节省空间、减轻重量。

前桥传动由传动链实现（图 4-16），两轮驱动时啮合机构能减少传动功率损失，减速比为 2.74∶1，最大输出转矩为 1380N·m。

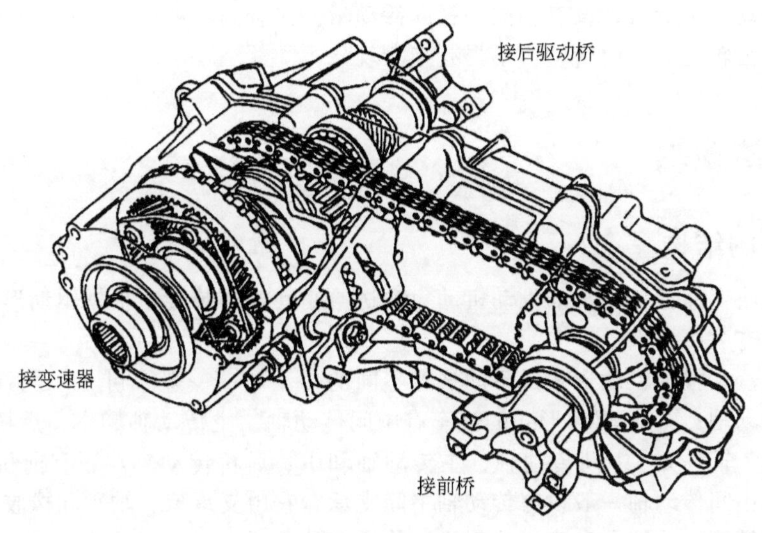

图 4-16　分动器总成

斯太尔系列越野汽车目前装用的是VG1200型带轴间差速器的分动器，其结构如图4-17所示。分动器由壳体和四根轴及传动齿轮组成。变速器的动力经短传动轴由驱动法兰10传递给输入轴11，在输入轴11上安装有两个传动齿轮13和15，这两个传动齿轮是空套在轴上的，与轴以花键连接的啮合套14可以向左、右移动，从而使输入轴分别与传动齿轮13和15啮合。中间轴9是一个双联齿轮轴，其左、右齿轮分别与齿轮13和15啮合。前驱动轴2一端插在太阳轮4的中心孔中，另一端用轴承支承在端盖上。

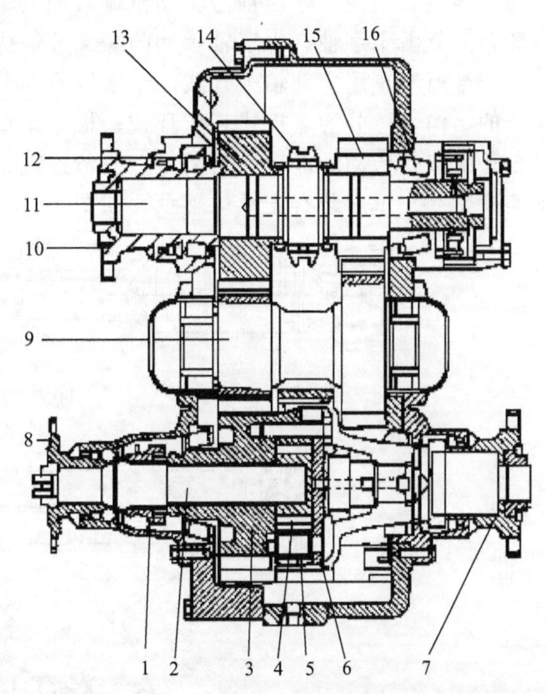

图 4-17　分动器（带轴间差速器）结构

1—差速锁啮合套；2—前驱动轴；3—输出轴齿轮（行星架）；4—太阳轮；5—行星齿轮；6—齿圈；7—后驱动轴；8—前驱动法兰；9—中间轴；10—输入轴驱动法兰；11—输入轴；12，16—圆锥滚子轴承；13—高挡齿轮；14—啮合套；15—低挡齿轮

二、分动器的使用与检查

① 正常行驶时，分动器应接合高挡，不接合前桥。

② 道路环境恶劣时，可按需要挂上低挡，但必须同时挂上前桥，以免中、后桥超载，损坏机件。

③ 分动器挡位使用要点：分动器接合低挡必须在停车时操作，先接前桥后接低挡，先摘低挡后摘前桥。

④ 定期检查分动器两侧支座固定螺栓和支撑杆支座，检查分动器与各部件的连接凸缘固定螺栓，如有松动，应予以拧紧。

⑤ 清洗分动器通气孔，检查润滑油，如不足，应添加规定牌号的润滑油至标准油面。

⑥ 分动器圆锥滚子轴承应有一定的预紧力。选用调整垫片按需调整，调整后转动一轴，

能自由均匀转动，不卡滞，没有轴向、径向活动量。接合高挡或低挡时转动一轴，各轴上的齿轮及里程表齿轮应能自由转动，不得有卡滞现象。

第四节　传动轴

一、传动轴的结构

传动轴是将变速器传递出的发动机动力输送给驱动桥的装置，根据驱动形式的不同，传动轴的结构也有一些差别。

重型载货汽车根据驱动形式的不同选择不同的传动轴。一般来讲 4×2 驱动形式的汽车仅有一根主传动轴；6×4 驱动形式的汽车有中间传动轴、主传动轴和中、后桥传动轴；6×6 驱动形式的汽车不仅有中间传动轴、主传动轴和中、后桥传动轴，还有前桥驱动传动轴。长轴距车辆的中间传动轴一般设有传动轴中间支承，它由支承架、轴承和橡胶支承组成。

传动轴由轴管、伸缩套和万向节组成。伸缩套能自动调节变速器与驱动桥之间的距离。万向节能适应变速器输出轴与驱动桥输入轴两轴线夹角的变化，并实现两轴的等角速传动。一般万向节由十字轴、十字轴承和凸缘叉等组成。

依维柯汽车用传动轴为开式、十字轴万向节传动机构。依维柯汽车传动轴根据十字轴万向节的结构，可分为盖板式和卡环式；根据车型的不同要求，可有单节、两节或三节的不同组合。两节式传动轴前、后两节由万向节连接，在前一节的后部有一个弹性支承，它固定在车架横梁上，里面装有支承球轴承，如图 4-18（a）所示；三节式传动轴的前、后部分用凸

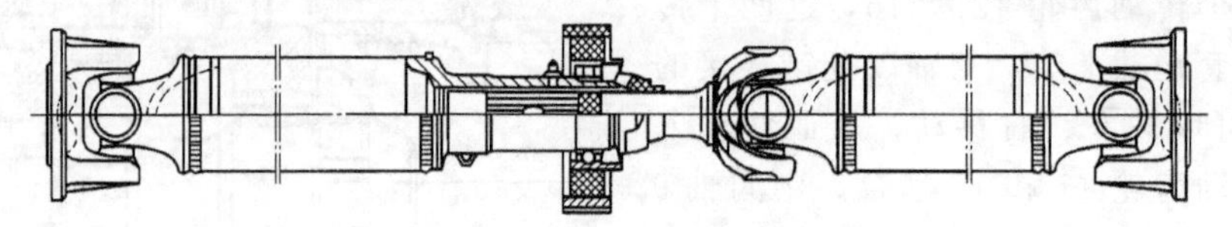

(a) 两节式传动轴

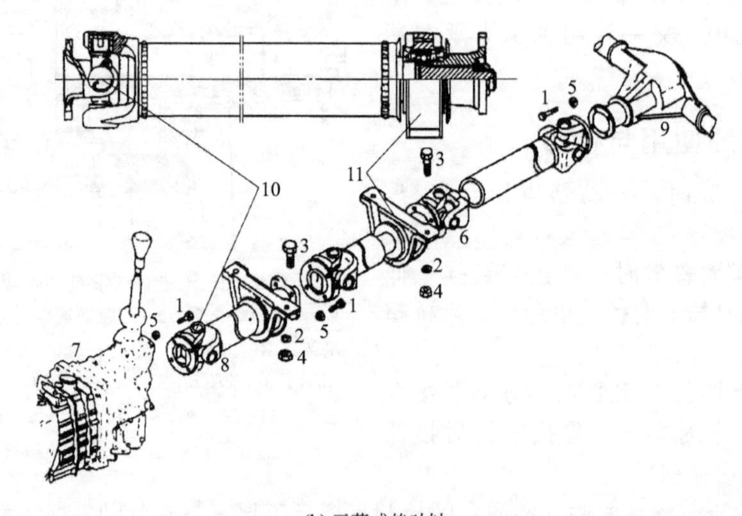

(b) 三节式传动轴

图 4-18　传动轴

1—传动轴螺栓；2—弹性垫片；3—螺栓；4,5—螺母；6—后传动轴总成；7—变速器；8—前传动轴总成；9—后桥；10—万向节；11—中间支承

缘盘连接，各自都有一个球轴承中间支承，如图 4-18（b）所示。这两种传动轴前、后端均以万向节分别与变速器输出凸缘和后驱动桥主动齿轮凸缘连接。为了适应汽车行驶中后驱动桥颠簸的需要，传动轴前、后段采用花键连接。

斯太尔系列重型汽车使用的传动轴万向节采用滚柱十字轴轴承，配合以短而粗的十字轴，可传递较大的转矩。在轴承端面设有碟形弹簧，以压紧滚柱。十字轴的端面增加了具有螺旋槽的强化尼龙垫片，可防止大夹角或大转矩传递动力时烧结。

二、传动轴的使用与检查

1. 传动轴的使用

为了确保传动轴的正常工作，延长其使用寿命，在使用中应注意以下事项。

① 严禁汽车用高挡起步。

② 起步时应轻抬离合器踏板，使离合器平稳接合以减轻传动轴的冲击载荷。

③ 严禁汽车超载、超速行驶。

④ 应经常检查传动轴的工作状况。

⑤ 应经常检查传动轴吊架紧固情况，支承橡胶是否损坏，传动轴各连接部位是否松旷，传动轴是否变形。

⑥ 为了保证传动轴的动平衡，应经常注意平衡焊片是否脱焊。新传动轴组件是配套提供的，在新传动轴装车时应注意伸缩套的装配标记，应保证凸缘叉在一个平面内。在维修拆卸传动轴时，应在伸缩套与凸缘轴上打印装配标记，以备重新装配时保持原装配关系不变。

⑦ 应经常为万向节十字轴承加注润滑脂，夏季应注入 3 号锂基润滑脂，冬季注入 2 号锂基润滑脂。

2. 传动轴的检查

① 总成分解前应检查总成上的装配标记是否齐全清晰，如果标记不齐全或不清晰，应在拆检前做出清晰的标记，注意装配标记应在同一轴向平面内，如图 4-19 所示。

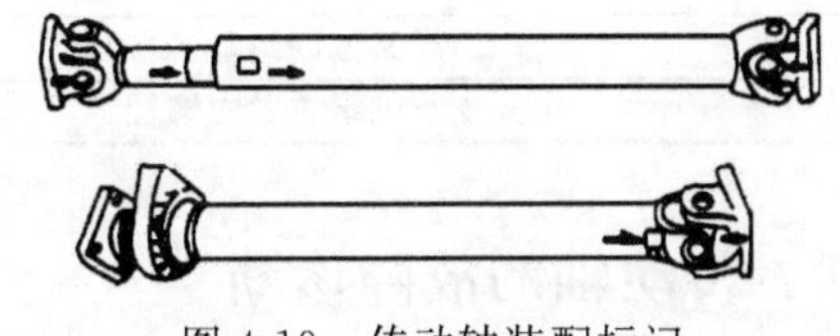

图 4-19 传动轴装配标记

② 如图 4-20 所示，检查十字轴轴颈表面剥落或被滚针轴承压坏的情况，使用极限为 0.10mm。检查万向节和滚针轴承间隙：标准尺寸为 0.02～0.09mm，使用极限为 0.25mm。检查十字轴和滚针轴承十字方向间隙：标准尺寸为 0.02～0.20mm，使用极限为 0.25mm。

③ 如图 4-21 所示，进行零件检查。传动轴摆差：标准尺寸为 0～0.75mm，使用极限为 1.5mm。滑动花键齿隙：标准尺寸为 0.025～0.115mm，使用极限为 0.4mm。

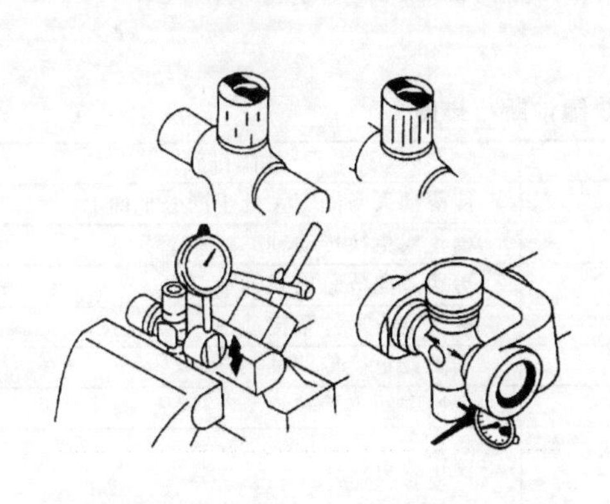

图 4-20 十字轴的检测

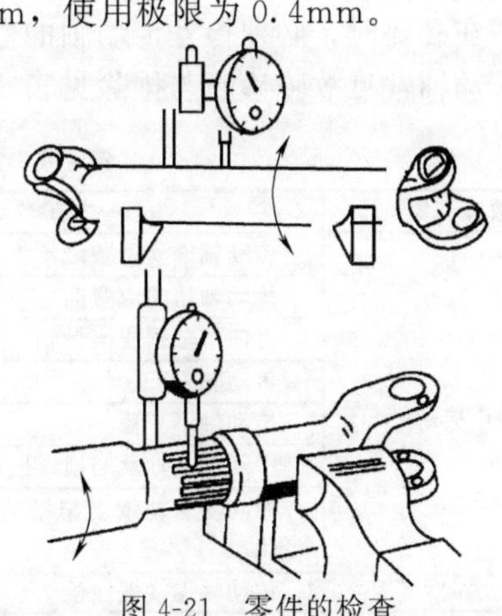

图 4-21 零件的检查

三、传动轴的维修技术数据

表 4-2 和表 4-3 所列分别为东风系列汽车传动轴维修标准与主要螺栓拧紧力矩，其他车型可参考使用。

表 4-2 传动轴维修标准

项目	标准尺寸/mm		使用极限/mm	
车型	EQ1108G EQ1141G	EQ2100E6D EQ2102	EQ1108G EQ1141G	EQ2100E6D EQ2102
传动轴摆差	0～0.75	0～0.60	1.50	1.20
滑动花键齿隙	0.025～0.115	0.025～0.115	0.4	0.4
万向节和滚针轴承间隙	—	−0.035～0.018	0.1	0.3
十字轴轴向间隙	0.02～0.20		0.40	
十字轴轴颈与滚针轴承间隙	0.02～0.09		0.25	
十字轴轴颈表面剥落或被滚针轴承压坏	—	—	0.10(压痕深度)	
中间支撑轴向游隙	—	—	0.5	
中间支撑轴承座孔表面磨损量	—	—	0.05	

表 4-3 主要螺栓拧紧力矩

项目	拧紧力矩/(N·m)
传动轴凸缘叉连接螺母	160～240
中间支承 V 形支架螺栓、螺母	157～216
十字轴承压板螺栓	30～40
凸缘叉紧固螺母	400～500
中间支承轴承盖紧固螺栓	35～45

四、传动轴的故障诊断

当传动轴有故障时，车辆起步和开始行驶时会出现异响，或者是行驶中频繁引起振动。异响和振动与车辆速度有关，因为它们是由传动轴转动产生的离心力传递到车身上所致。一般情况下，异响和振动是与行驶系统的振动一起发生的，但是这种故障发生在传动轴某一转速范围内。

通常传动轴的振动是由于差速器连接凸缘法兰安装不正确引起的。在检修过程中容易被忽视。在必要时，必须检查传动轴的弯曲情况和传动轴与凸缘法兰的连接情况。

传动轴常见故障诊断与排除见表 4-4。

表 4-4 传动轴常见故障诊断与排除

故障现象	故障原因	故障排除
行驶中振动	传动轴滑动叉装配不正确	使滑动叉与固定叉处于同一平面上
	传动轴扭曲或弯曲	校正或更换传动轴
	万向节轴颈或滚针轴承磨损、损坏	更换万向节总成或轴承
	传动轴松旷	按规定力矩拧紧传动轴
	传动轴不平稳	调整或更换传动轴
	中间支承轴承磨损或损伤	更换中间支承轴承
	中间支承轴承支架松动或橡胶减振块材料老化	校正或更换
	传动轴连接螺栓松旷	拧紧螺栓或螺母

续表

故障现象	故障原因	故障排除
在起步和行驶期间有异响	万向节磨损或损坏	更换万向节
	滑动叉磨损或损坏	更换滑动叉
	传动轴松旷	按规定力矩拧紧
	滚针轴承、滑动叉、中间支承轴承等缺乏润滑	进行润滑
传动轴振动	传动轴未按标记装复	按标记装复
	传动轴轴管弯曲	校直或更换
	更换了主要零件未进行动平衡	进行动平衡
传动轴噪声	万向节过度磨损,轴承间隙大	更换
	滑动花键过度磨损,间隙大	更换
万向节或滑动叉磨损	油封失效	更换
	没有定期加注润滑脂或注油不充分	定期加注润滑脂并充分注油

第五节　前桥

一、前桥的结构与技术参数

1. 前桥的结构

前桥的作用是承受汽车的前部载荷，并可使两侧车轮偏转一定角度，以实现汽车转向。

各种货车的前桥结构及原理基本相同，如图 4-22 所示。前桥多为传统的反弯工字梁型，两级落差，工艺简单。前桥两端各有一拳形部分，有通孔，通过主销与左、右转向节连接，用带有螺纹的楔形锁销将主销固定在前桥孔内，使它不能相对于前桥转动。当汽车转向时，转向垂臂在纵向平面内摆动，通过转向直拉杆、转向节上节臂、左转向节臂、右转向节臂和转向横拉杆，操纵汽车前轮转过一定的角度，从而改变汽车的行驶方向。

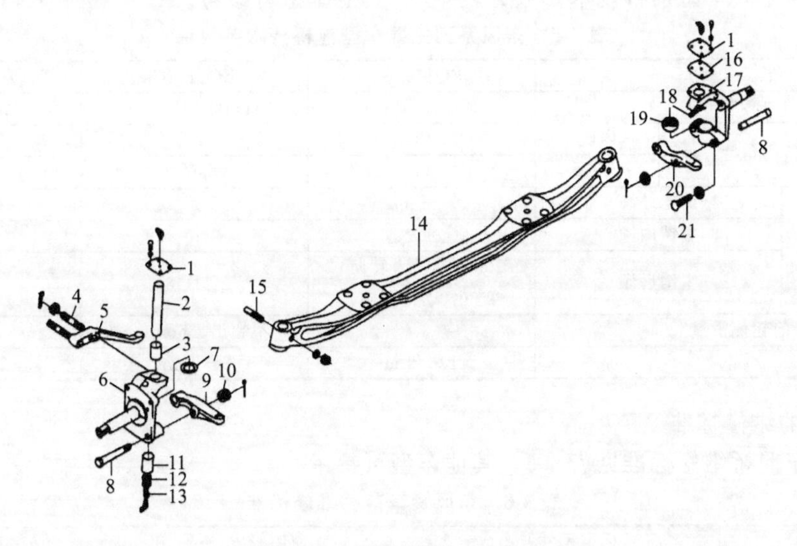

图 4-22　货车前桥、转向节

1—转向节上盖；2—主销；3—上衬套；4—双头螺栓；5—上节臂；6—左转向节；7—调整垫片；8,13—螺栓；9—左转向节臂；10—槽形螺母；11—下衬套；12—油封总成；14—前桥；15—楔形锁销；16—密封垫片；17—右转向节；18—堵塞；19—圆柱滚子止推轴承；20—右转向节臂；21—转向限位螺栓

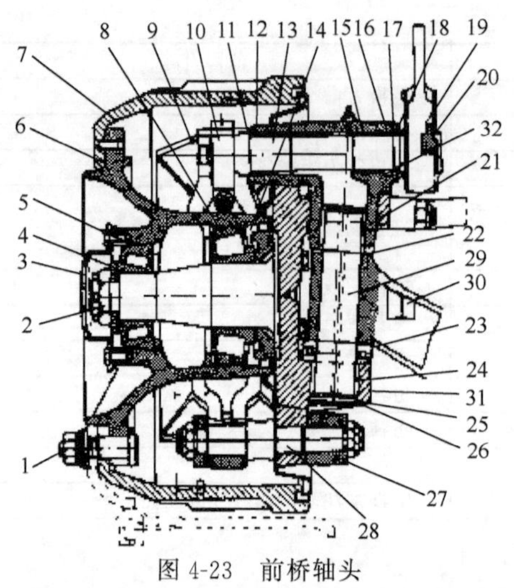

图 4-23 前桥轴头

1—轮胎钢圈螺栓；2—轴头开槽螺母；3—轴头端盖；4—轴头挡板；5—轴头外轴承；6—轮毂；7—制动鼓；8—轴头内轴承；9—制动蹄；10—制动凸轮；11,17—隔圈；12,16—密封环；13—制动凸轮轴；14—轴头油封；15—凸轮轴衬套；18—垫圈；19—制动调节臂；20—调整垫片和卡簧；21—主销上衬套；22—调整垫圈；23—平面推力轴承；24—主销下衬套；25—主销堵盘；26—卡簧；27—横拉杆拐臂；28—制动蹄支承轴；29—主销；30—工字梁；31—转向节；32—主销上座

斯太尔系列重型载货汽车采用拳形支承中凹型工字梁以及常规结构的轴头。前桥负荷为6500kg，其轴头如图4-23所示，主销29与工字梁30是紧配合装配的。转向节31通过上衬套21和下衬套24支承在主销29上，衬套与主销的配合间隙为0.018～0.059mm。在转向节下衬套与工字梁之间安装有一平面推力轴承23，以减轻转向阻力矩。在上衬套21与工字梁之间有一调整垫圈22，用来调整转向节与工字梁主销孔上平面之间的间隙，其间隙应为0.05～0.10mm。与常规结构不同的是，转向节上衬套不是安装在转向节本体，而是装在制动凸轮轴座上，这样便于转向节的拆装，但增加了凸轮轴座与转向节本体的安装精度。凸轮轴座用四个固定螺栓通过定位销紧紧地与转向节相连。制动凸轮轴13安装在主销上座32上，由两个衬套15支承，其配合间隙为0.155～0.256mm。在衬套两侧安装有橡胶密封环12和16，并用隔圈11和垫圈18定位。在凸轮轴外侧的花键轴上套装有制动调节臂19，制动调节臂用调整垫片和卡簧20定位，使凸轮轴的轴向间隙达0.1mm。在安装时应将润滑脂涂抹在主销、凸轮轴工作表面并将其空腔注满润滑脂。

2. 前桥的技术参数

东风系列主要车型前桥技术参数见表4-5，其他车型可参考。

表 4-5 东风系列主要车型前桥技术参数

车型		EQ1108G	EQ1141G	EQ2100E
动力转向形式		HFB52(IPS40)	HFB64(IPS55)	M6或HFB
前轮最大转向角度	内轮	40°	47°	36°
	外轮	33°	36°	30°
前轮定位角	前轮外倾	1°	1°	1°
	主销内倾	7°	7°	8°
	主销后倾	0°30′(非动力转向) 2°30′(动力转向)	2°11′43″	0°30′
前轮侧滑量		不超出±5mm/m		
前束		1～5mm	0～2mm	2～5mm

3. 前桥的维修标准

东风货车前桥维修标准见表4-6，其他车型可参考。

表 4-6 东风货车前桥维修标准

项目	标准尺寸/mm		使用极限/mm		备注
车型	EQ1108G	EQ1141G	EQ1108G	EQ1141G	
主销与衬套的间隙	0.025～0.077	0.01～0.1	0.2	0.2	更换
衬套与转向节的间隙	−0.175～0.1086				更换
主销与前轴孔的间隙	0.01～0.052	<0.04	0.1	0.15	更换

续表

项　　目	标准尺寸/mm		使用极限/mm		备　　注
前轴与转向节的间隙	0.05	＜0.1	0.15		调整垫片
轮毂转动力	18～40N	20～55N			
转向节转动力	＜10N	20～55N			在轴颈开口销孔处测量
横拉杆球销转动力		＜50N			在开口销处测量

4. 前桥的拧紧力矩

东风货车前桥零件拧紧力矩见表 4-7 所示，其他车型可参考。

表 4-7　东风货车前桥零件拧紧力矩　　单位：N·m

车　　型	EQ1108G	EQ1141G
钢板弹簧 U 形螺栓、螺母	180～120	350～400
楔形锁销螺母	35～70	25～40
转向节限位螺栓锁止螺母	80～100	80～100
转向节臂固定螺母	280～350	280～350
横拉杆节臂固定螺母	350～450	350～450
球头销固定螺母	200～250	250～310
横拉杆卡箍紧固螺母	40～50	38～42
主销螺塞	40～60	60～80
制动器底板固定螺栓	160～220	130～160
轮胎螺母	350～420	420～490
轮毂轴承盖紧固螺钉	9～15	12

二、前桥的检查与调整

1. 前轮定位的检查

① 车辆停放在坚实平坦的地面上。

② 若轮胎气压不符合要求，按规定充足；检查轮胎是否有使用标志。

③ 检查轮胎磨损情况和轮辋的变形量。

④ 检查车架是否有扭曲和弯曲变形。

⑤ 检查前桥，确保轴线与前进方向垂直。

2. 前轮外倾角的测量

① 选择一平坦的地方将后轮停放在与转角测量仪同高的垫块上。

② 用千斤顶顶起前桥，并把车轮摆正（直行位置）。

③ 将转角测量仪放在车轮下面，慢慢将车轮放在转盘中心，调整读数为零。

④ 取下轮毂轴承，小心地将前轮定位测量仪水平安装在轮毂上。

⑤ 根据外倾角标尺上的气泡中心位置读出车轮外倾角。

⑥ 如果所测度数超出规定值，应检查主销和衬套的磨损情况、轮毂轴承的间隙、前桥的弯曲变形，根据需要修理或更换损坏零件。

3. 主销后倾角和内倾角的测量

① 测量车辆外倾角后，缓慢转动转向盘，使车轮转角从零转到 20°，测量左轮向左转，测量右转向右转。

② 当转动了 20°后，将前轮定位测量仪上后倾角标尺的零点对好气泡中心位置，读取后倾角和内倾角的数值。如果后倾角和内倾角数值超出规定值，应检查前钢板弹簧是否疲劳失效，主销和衬套是否磨损，前桥是否变形或弯曲。

4. 前桥与转向节间隙的调整

① 将转向节及推力轴承装于前桥上，选择适当的调整垫片（注意只能用一片）来调整间隙，保证间隙符合要求。

② 在主销与衬套接触区涂一层薄薄的润滑脂，将主销上的锁销槽与前桥上的锁销孔对齐，然后插进主销，并将锁销锁止螺母按规定的拧紧力矩紧固。

> 维修提示：
> ◆锁销必须由汽车前方插入。

③ 在转向节轴颈开口销孔处用弹簧秤测量转向节的转动力，应在注润滑脂前，左右单独测定，转动力应不大于10N（图4-24）。

5. 前轮毂轴承的调整

① 先在转向节轴螺纹和减摩垫片上涂抹2号锂基润滑脂。

② 装上转向节减摩垫片，在转动轮毂的同时，按规定的拧紧力矩拧紧锁止螺母。

③ 转动轮毂2～3圈，使轴承处于正确位置。

④ 用200N·m的力矩拧紧锁止螺母。

⑤ 为了得到正确的轮毂轴承预紧力，而且使开口销孔和锁止螺母上的槽对准，可以将锁止螺母回转30°。

⑥ 确认得到的轴承预紧力是否正确，先将轮毂转动2～3圈，再进行测量（图4-25），EQ1141G为20～55N，EQ1108G6D和EQ1118GA为18～40N。

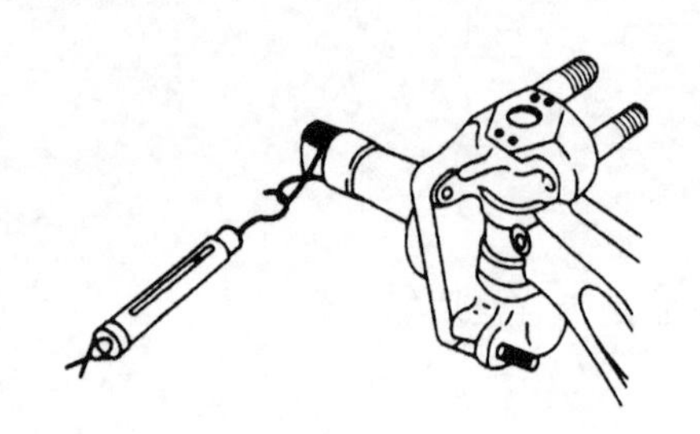

图4-24　转向节转动力的测量

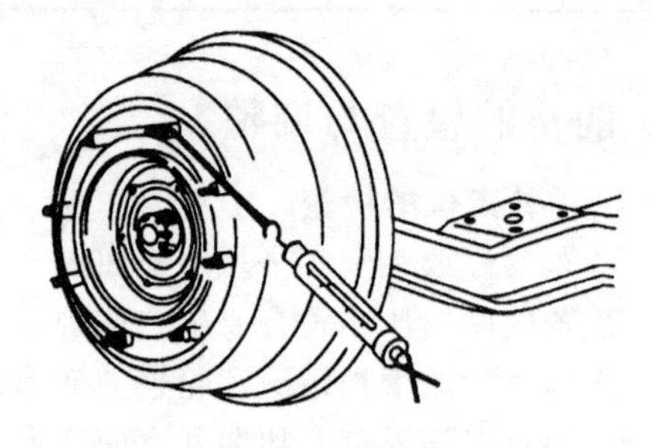

图4-25　轮毂轴承预紧力的测量

6. 转向角的调整

① 调整转向限位螺钉，使内轮至最大转角，EQ1141G标准为47°，以转到极限位置轮胎不与机件刮碰为准。

② 限位螺钉调整好后，将锁紧螺母拧紧。

7. 前束的调整

如图4-26所示。

① 将横拉杆紧固螺母松开。

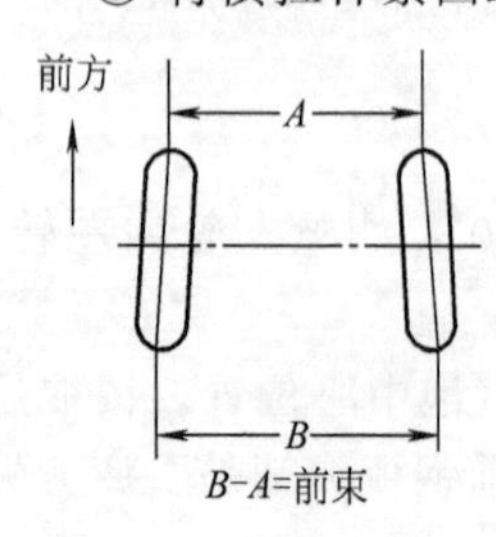

图4-26　前束的调整

② 转动横拉杆，在轮胎外表面纵向中心线处测量前束值（用图中的B减去A）。

③ 在拧紧横拉杆紧固螺母时，左右接头的相互夹角不大于4°，在最大转角时，横拉杆接头的摆动角应有余量。

三、前桥的故障诊断

前桥结构简单，故障较少，主要故障一般有轴头发热、制动鼓发热、轻踩制动时前轮发摆、转向沉重、前制动鼓甩油、前轮轮胎磨损不正常、前轮制动跑偏、制动不灵等。

1. 轴头发热

轴头发热一般发生在修理保养之后，往往在装配轮毂时，轴承预压过紧使轴承配合过紧所致。轮毂轴承损坏或点蚀不仅会发热而且会有噪声。轮毂轴承缺油也会造成轴头发热。

2. 制动鼓发热

制动鼓发热的主要原因是制动气室膜片不回位或回位太慢所致。制动蹄片与制动鼓没有间隙，显然也会造成制动鼓发热。此时除检查调整间隙外，应查找气室膜片不回位的原因，除检查气路故障外，还应检查制动凸轮轴是否发卡。

制动蹄回位弹簧断裂或弹力不足也会造成制动鼓发热。要指出的是，斯太尔汽车制动鼓与轮胎钢圈之间的间隙较小，而且国产制动鼓的制造精度较低，制动鼓外圈上导风槽较浅，散热效果较差。因此在长距离下坡行驶时，应使用发动机排气制动减速而尽量少使用行车制动，以避免制动鼓过热。

3. 轻踩制动时前轮发摆

部分斯太尔汽车在全负荷制动时，前桥工作正常，往往在轻踩制动时前轮发摆，这主要是制动鼓圆度超差所致。当两前轮在部分负荷制动时，由于制动力小，两前轮产生制动效果不同步，时而左刹、时而右刹从而造成前轮摆动，此时应将制动鼓拆检并进行光削修理。轮胎钢圈变形有时也会产生这种故障。

4. 转向沉重

转向沉重的原因有两个方面：一方面是前桥转向系统机械部分造成的；另一方面是转向液压动力系统的故障。由于机械部分造成的转向沉重的主要原因是转向节主销缺油。长期不保养，不向转向节主销内加注润滑脂造成主销与衬套干摩擦，不仅增加转向阻力，使转向沉重，而且严重时甚至会造成主销与衬套烧结。因此要求在保养中应向转向节主销中加润滑脂，一般先将前桥工字梁顶起，用黄油枪向安装在凸轮轴座上的黄油嘴注油，直到工字梁与销孔上、下平面挤出油为止。

5. 前制动鼓甩油

前制动鼓向外甩油显然是轮毂油封损坏所致。轮毂油封漏油不仅造成甩油，而且使前轮制动失灵，只有更换新油封才能排除。

6. 前轮轮胎磨损不正常

前轮轮胎磨损不正常的因素较为复杂，前束值不正确显然要造成磨前轮轮胎，钢圈变形、轴头松旷、工字梁变形、主销间隙过大等也都会造成磨前轮轮胎。排除此故障是一项复杂的工作，既要考虑到前轮定位各项参数的变化，又要考虑其他方面因素的影响。

7. 前轮制动跑偏

前轮制动跑偏有两方面的因素：一方面是左、右制动蹄片间隙不同，使开始投入制动的时间不同步造成的；另一方面是左、右制动蹄片与制动鼓接触面积不同或由于油污造成接触摩擦力矩的差异，从而产生不同的制动力矩导致的。因此当汽车制动跑偏，通过调整制动蹄片间隙不能排除时，就应拆卸制动鼓进行检查和光磨。

8. 制动不灵

制动不灵，除制动控制系统的原因外，就是制动鼓与制动蹄片的问题。在实际维修中，往往用制动鼓与制动蹄片接触面积来保证制动效果，一般要求制动鼓与制动蹄片接触面积在70%以上。由实践经验可知，制动蹄片两端接触要比中间接触效果好得多。在光磨蹄片时，其直径应略大于制动鼓的直径，以保证制动蹄片两端接触，以便获得最佳的制动效果。

四、前桥的使用与维护

1. 前桥的使用

前桥在使用中应注意不要超负荷运行，以免过载而损坏。

2. 前桥的维护

前桥应按规定的行驶里程进行检查与维护。维护时应拆卸轮毂检查轮毂轴承并加注润滑脂；同时应检查转向节主销与衬套的配合，如发现烧结或间隙过大则应解体修理或更换。在对转向节主销衬套进行铰削时，一定要注意同轴度。

第六节　转向系统

一、转向系统的结构

重型汽车绝大部分采用液压动力转向系统。按照助力介质的工作状态，动力转向系统可分为常流式与常压式两种。常流式动力转向系统就是助力介质总是处于循环流动状态，是一种动态液压系统；常压式则不同，它是靠蓄能器的静态液压进行助力。按照助力机构的组成，动力转向系统又可分为整体式与分置式两种。整体式即是助力机构（分配阀）、执行机构（油缸）和转向机制成一体；分置式则是上述机构各自分开。

斯太尔系列重型载货汽车采用德国 ZF 公司的液压动力转向系统，是整体式液压常流式动力转向系统。它的转向机采用循环球螺母式，因此又称为循环球螺母整体式动力转向系统，如图 4-27 所示。其动力转向系统由转向机械部分和转向助力部分两部分组成。转向机械部分由转向盘、转向机、转向拐臂、转向横拉杆、转向直拉杆和转向节等组成。转向助力系统由动力源（包括助力油泵、安全阀、流量控制阀）、操纵装置（包括安置在转向机内的方向控制阀、定心装置）、执行机构（安置在转向机内的油缸）和辅助装置（包括储油罐、滤清器和管线等）四部分组成。

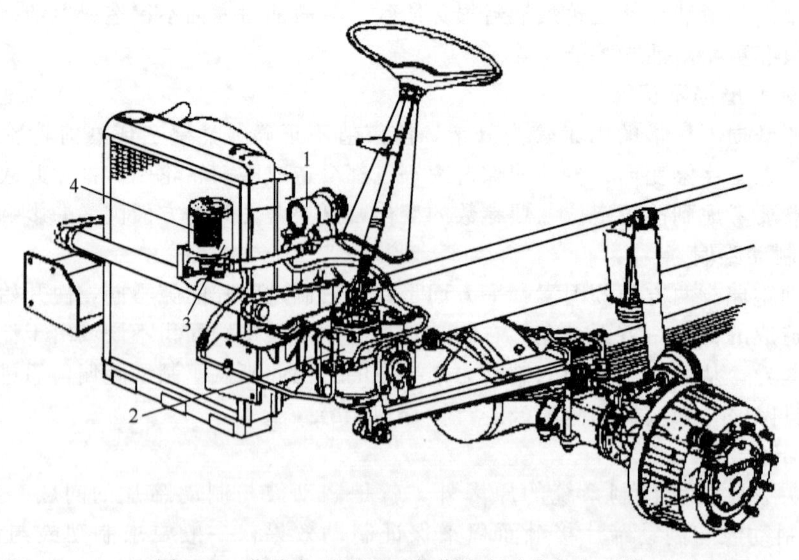

图 4-27　斯太尔系列重型载货汽车动力转向系统

1—转向助力泵；2—转向机；3—转向储油罐；4—转向储油罐滤芯

转向助力泵为转向助力提供力源。斯太尔系列重型载货汽车配套 ZF7672 等三种型号转向叶片泵。转向助力泵安装在发动机正时齿轮壳上，由凸轮轴正时齿轮带动助力泵驱动齿轮旋转。转子叶片泵的结构如图 4-28 所示，它主要是由泵壳 1、转子轴 15、叶片 13 和转子 14 以及转子外圈 16 组成。为了确保转子叶片泵的输出端排量基本稳定（不随转速变化而变化），以及限定输出压力的最大值，在泵的输入端还安装有流量控制阀 3 和安全阀 4。

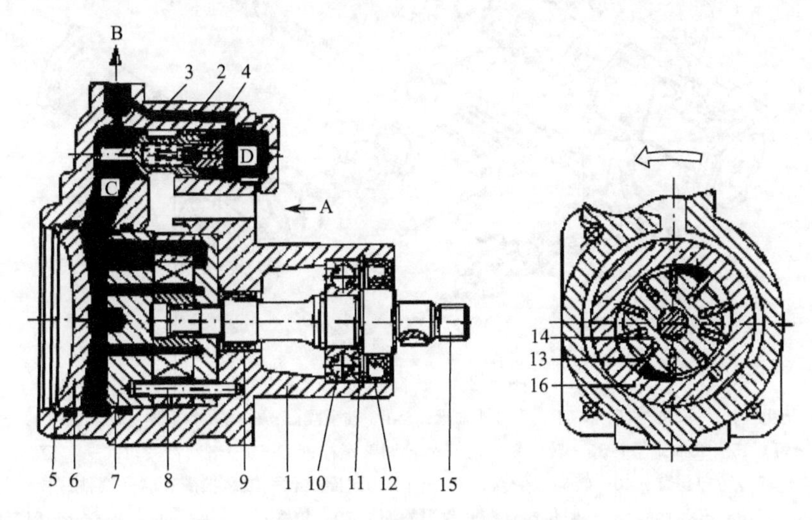

图 4-28　转子叶片泵的结构

1—泵壳；2—弹簧；3—流量控制阀；4—安全阀；5—端盖卡簧；6—端盖；7—分油盘；8—定位销；9—滚针轴承；10—轴承；11—轴承卡簧；12—油封；13—转子叶片；14—转子；15—转子轴；16—转子外圈；A—进油口（低压）；B—出油口（高压）；C—前油腔；D—后油腔

斯太尔系列重型载货汽车采用整体式动力转向机构，转向助力油缸、分配阀与转向机装配成一体，其转向机工作原理完全一样，结构大同小异，只是输出转矩和体积大小不同。如图 4-29 所示，转向机主要由转向机壳 1、转向螺杆 3、循环球式转向螺母 100、带直齿的活塞、转向轴 30、上盖 128 和侧盖 40 等组成（按资料中编号未作改动）。

二、转向系统的检查与调整

转向机的拆装修理在规定的清洁条件下，必须要有一定修理技能的人员，具备一定的工具和设备才能完成，不允许不具备条件的单位进行拆装和修理。但是下面的工作却是用户以及修理部门必须进行的工作。

1. 油量检查、加油与放气

在储油罐上安装有油尺，当发动机不工作时，要求油量加至油尺的上限刻度，当发动机以中速稳定运转时，储油罐的油量以高于上限刻度 1～2cm 为正常。当动力转向系统缺油时，可直接向储油罐中补充新油至上述标准。

当系统换油或严重缺油时，在系统中存在空气的情况下，补充新油的同时要进行放气。首先用千斤顶将汽车前桥顶起，启动发动机在低速稳定转速下运转，随着向储油罐逐渐加注新油的同时，慢慢地转动转向盘从一侧极限位置至另一侧极限位置，反复进行，直至储油罐回油没有空气排出为止，将油液补充至上述标准。

检查助力系统是否有空气的方法：在发动机不工作时，将油加至油尺上限刻度位置，然后启动发动机并以中速运转，观察储油罐液面，如果高出上限刻度 2cm 以上，说明系统内还存有空气。助力系统存有空气，转向助力系统在工作时会产生噪声。

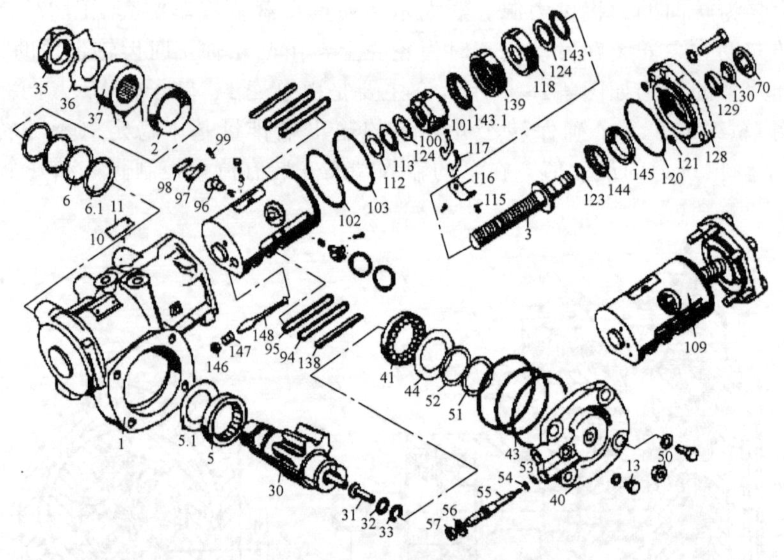

图 4-29　转向机分解图

1—转向机壳；2—防尘罩；3—转向螺杆；5,41—转向轴轴承；5.1—轴承隔圈；6—密封挡圈；6.1,52～54,121,123—密封圈；10—铭牌；11—螺钉；13—放油螺塞；30—转向轴；31—齿轮调整螺栓；32,56—垫圈；33,130—卡簧；35—转向轴螺母；36—锁片；37—转向拐臂；40—转向机侧盖；43—侧盖密封圈；44—轴承挡圈；50—调整螺栓锁紧螺母；51,94,95,97,98—密封环；55—限位阀；57—锁紧螺母；70—护罩；96—路感阀；99—滑阀固定螺钉；100—转向螺母；101—循环钢球；102,103—活塞密封环；109—活塞组件；112,124—止推片；113,143—平面轴承；115—护罩螺钉；116—导管护罩；117—循环球导管；118—螺纹盖；120—上盖密封圈；128—上盖；129—油封；138—锁紧片；139—螺纹盖；143.1,144—锥轴承；145—轴承外圈；146—锁紧螺母；147—锁紧环；148—偏摆杆

2. 转向助力泵的检查

转向助力泵是通过测量泵压来检查其好坏的。如图 4-30 所示，将泵至转向机的管路接头 2 拆开，在其间串接一个量程为 15MPa 的压力表 3 和开关 4。首先将开关 4 全开，启动发

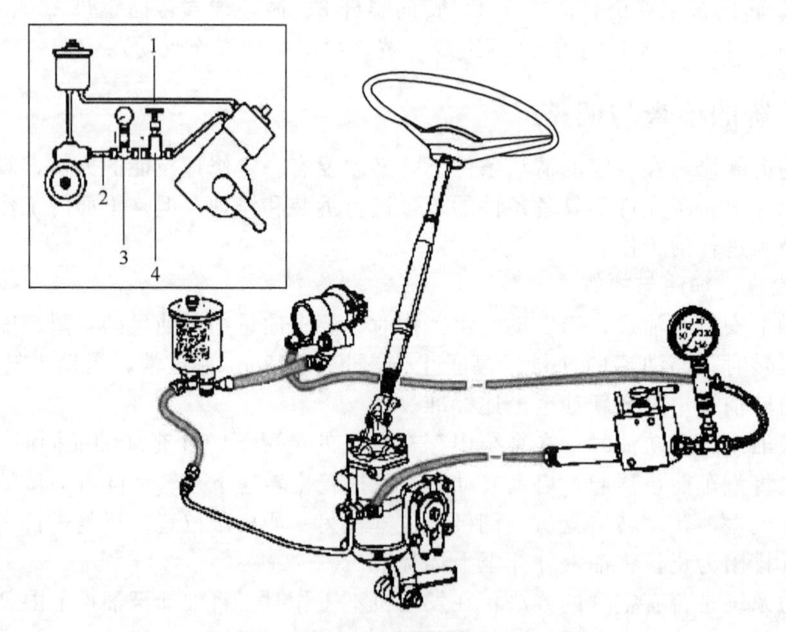

图 4-30　测量泵压

1—油管；2—管路接头；3—压力表；4—开关

动机并稳定在低速运转，逐渐关闭开关4，注意观察压力表读数，直至将开关全部关闭，如果压力表指示（13±1.3）MPa，则泵是正常的。如果泵压达不到规定值，则说明泵的流量控制阀、安全阀产生故障或泵损坏。泵压的检查应注意开关4要逐渐关闭，同时关闭时间不能过长。检查过程中发动机要在稳定低速状态下工作。

3. 转向限位阀的检查与调整

首先将前轮分别向左、右转至极限位置，检查和调整前轮转向角使其符合要求。启动发动机并使其低速稳定运转，然后将前轮落地以增加转向阻力，向左转动转向盘，注意观察压力表读数。如图4-31所示，当转向极限位置调整螺钉距前桥转向限位凸块3mm时表压明显下降，说明左极限位置限位阀2此刻开启卸荷，若此刻表压读数仍不下降或过早下降都说明需要调整。调整方法是将限位阀调整螺栓锁紧螺母松开，表压过早下降则需将调整螺栓向外拧出，然后用3mm厚的钢板置于转向极限位置调整螺钉和前桥转向限位凸台之间，将转向盘打到底，使螺钉与凸台将钢板夹紧。此时压力表读数将持续升高，拧入限位阀调整螺栓直到压力表指示值突然降低为止，将调整螺栓锁紧螺母锁紧。

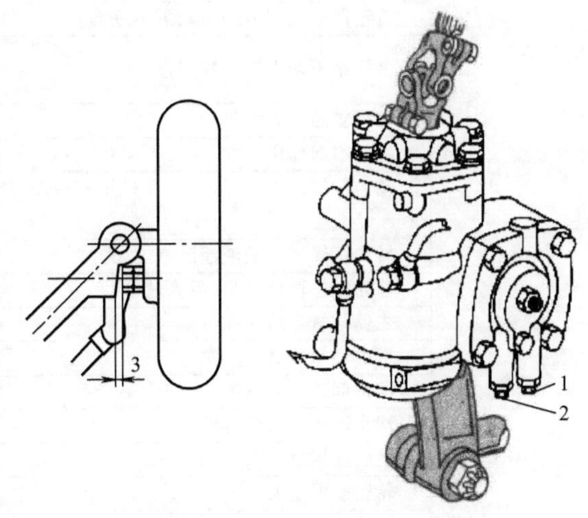

图4-31 检查与调整转向限位阀

1—右极限位置限位阀；2—左极限位置限位阀

另一侧的限位阀调整方法相同。

如果方向转至极限位置，表压不仅不下降，而且持续上升，则说明转向节已到极限位置，而限位阀还没有打开。此时只需将调整螺栓向里拧入，直到压力表指示值突然降低为止，将锁紧螺母锁紧。

4. 转向机密封性的检查

在转向限位阀调整完毕后，将前桥用千斤顶顶起使车轮离开地面，在转向极限位置调整螺钉与前桥转向限位凸块之间放置一块约15mm厚的钢板，使发动机保持低速稳定运转状态，将前轮转至极限位置，观察压力表读数是否达到（13±1.3）MPa，如压力低于规定数值说明转向机内部泄漏，必须检查修理。注意该项检查左、右两个方向都必须进行。

5. 转向盘自由行程的检查与调整

将压力表更换成量程为1MPa的表头，使发动机保持低速稳定运转，将车轮转至直线行驶位置，此时测出的系统无负荷循环压力约为0.5MPa，然后向一侧慢慢转动转向盘直到表压上升0.1MPa时，测量转向盘的这一侧游动量应小于20mm，再测量另一侧转向盘游动量同样应小于20mm，两侧相加，转向盘总自由行程应小于40mm。转向盘自由行程主要取决于转向机活塞齿与转向轴扇形齿间的间隙。因扇形齿轮制成锥形结构，因此调整转向轴的轴向位置即可调整转向盘的自由行程。在转向机侧端盖上有一调整螺杆，向里旋进该螺杆可将自由行程调小，调整结束应将锁紧螺母锁紧。转向横、直拉杆接头如果间隙过大会影响转向盘自由行程，检查时应予注意。

三、转向系统的故障诊断

转向系统常见故障诊断与排除如表4-8所示。

表 4-8 转向系统常见故障诊断与排除

故障现象	故障原因	故障排除
转向沉重	润滑油平面过低	添加润滑油到规定的平面高度
	润滑油变质或油中有杂质	更换润滑油
	转向连接点磨损(球头销等)	更换球头销
	管道凹陷使润滑油流动阻力过大	测量背压,如果超过规定值,修理或更换管道
	液压泵不起作用使油压过低	测量油压和分流量,如果低于规定值,分解和修理液压泵
	液压管路中有空气	排气并添加润滑油
	滑阀不起作用	分解并修理滑阀
	动力油缸磨损或损伤,活塞O形密封圈磨损或损伤	分解并修理
	转向机壳体内油液泄漏量过大	分解和修理转向机壳体
	前轮定位调整不当(后倾过量)	检查和调整前轮定位
	主销与衬套的间隙过小	检查和调整间隙
	推力轴承装反	重新装配
	前桥部件缺乏润滑	添加润滑脂
	球头连接过紧或过松	检查、调整和润滑球头销
	轮胎气压过低	补充到规定压力
	轮胎磨损过大	更换轮胎
	机械转向器内部调整不当	重新调整
	机械转向器内无润滑油	添加润滑油至规定液面高度
	前桥负荷过重	按规定装载
转向盘抖动	转向机壳螺栓或转向支承松旷	按规定力矩拧紧
	转向连接点松旷	校正连接点
	转向机间隙过大	调整间隙
	轮辋、轮辐和车轮不平衡或磨损	平衡所有部件,如必要更换有故障部件
	前轮轴承磨损	更换轴承
	主销和衬套磨损过大	修理或更换有故障部件
	转向节变形	更换转向节
	前轮定位不适当	检查并调整前轮定位
	前钢板弹簧疲劳,U形螺栓松动或中心螺栓损坏	更换有故障部件
	车轮或制动鼓失衡	更换
转向盘回正失灵	齿轮啮合困难	调整齿轮啮合
	动力活塞接触不当	校正或更换动力活塞
	反馈弹簧疲劳	更换弹簧
	滑阀不起作用	检查滑阀和壳体,如果必要,更换滑阀或壳体
	主销的后倾角过大	检查和调整前轮定位
行驶方向跑偏	前轮定位调整不正确	检查和调整前轮定位
	前钢板弹簧有疲劳和损伤	更换有故障的弹簧
	前桥弯曲	校正或更换前桥
	制动发涩	酌情处理
	前轮毂轴承螺母松动	按规定力矩拧紧
	轮胎气压不等	补充到规定的压力
	使用了不同尺寸的轮胎	更换适当的轮胎
轮胎非正常磨损	前轮定位不正确	检查和调整前轮定位
	轮毂轴承磨损或破碎,轴承螺母松动	更换轴承或按规定拧紧螺母
	球头销、主销和衬套过松或过紧	校正,如必要更换有故障部件
	前桥的车轮定位未校准	调整车轮定位
	轮胎气压不正确	补充到规定气压
	轮胎和车轮不同心	更换轮胎或车轮总成
	由于车辆突然起步或紧急制动造成的故障	改正驾驶方式
	超载	按规定装载

续表

故障现象	故障原因	故障排除
动力转向油罐上有油溢出	滤网或滤芯堵塞	清洁滤网或更换滤芯
	管路中有空气	添加油并排气

四、转向系统的使用与维护

采用整体式液压动力转向系统的重型载货汽车，在使用与保养中应注意如下几点。

① 因助力泵采用转子叶片泵，转子叶片泵的最大优点是体积小、效率高，然而与其他泵相比，叶片泵最大的弱点就是低压腔的吸油能力较低，因此储油罐中的助力油滤清器并没有安装在泵的吸油端，而是安装在转向机的回油端，亦即转向助力系统采用的是回油滤清方式。这种滤清器仅起一个系统净化的作用，即系统的机械磨料经滤清器过滤使助力油总保持纯净。如果储油罐里掉进脏物或机械杂质，会被直接吸入助力泵，造成助力泵的早期磨损或拉伤，因此保持储油罐内的油液清洁是至关重要的，这就要求在更换或补充助力油时，应注意首先将储油罐外部擦干净，而且应在无尘的场所进行作业，特别要注意不要将脏物掉进储油罐。事实证明，助力泵以及转向机磨损、拉伤、损坏的主要原因就是油液脏污。

② 动力转向系统是高度精密的液压系统，因此在使用中应注意经常进行检查和调整，发生故障应及时处理，否则造成机件的磨损与损坏后，有时将是不能修复的，往往会因为一个很小的精密配合零件的损坏而造成整个部件的报废。

③ 不同品牌的油不可混用，以免油液变质，影响动力转向系统的正常工作。

第七节　驱动桥

一、驱动桥的结构

1. 后驱动桥

载货汽车后驱动桥是中央一级减速再加轮边行星齿轮减速式驱动桥。图 4-32 所示为后驱动桥中央减速器的结构。由传动轴传递来的动力通过驱动法兰 1 传递给主动齿轮轴 5，再经过从动齿轮 20 传递给差速器。差速器由十字轴 19、四个行星齿轮 18 和两个半轴齿轮 17、23 以及两半壳 15、21 组成。连接螺栓将两半壳 15 和 21 连为一体，因此在差速器壳旋转时，十字架同时旋转，行星齿轮产生公转，同时带动左、右半轴齿轮 23 和 17 旋转，从而由左、右两半轴将动力传递给左、右车轮，使汽车顺利地直线行驶。当汽车拐弯时，由于内侧车轮应比外侧车轮转动慢，这时行星齿轮不仅公转，而且绕十字轴产生自转，从而使两半轴齿轮实现差速旋转，保证了汽车顺利转弯。

中央减速器的主、从动齿轮在加工时是配对研磨的，因此组装时必须配对装配，更换齿轮时也应成对更换。为了保证齿轮的啮合间隙和齿面的合理啮合，在装配时应计算和调整垫片的厚度，选择合适的垫片安装。

后驱动桥采用轮边行星减速机构，如图 4-33 所示，用以提高速比，减小了中央主减速器的尺寸，从而加大了底盘的离地间隙，提高了汽车的通过性。

2. 驱动双联桥

驱动双联桥的外形如图 4-34 所示。

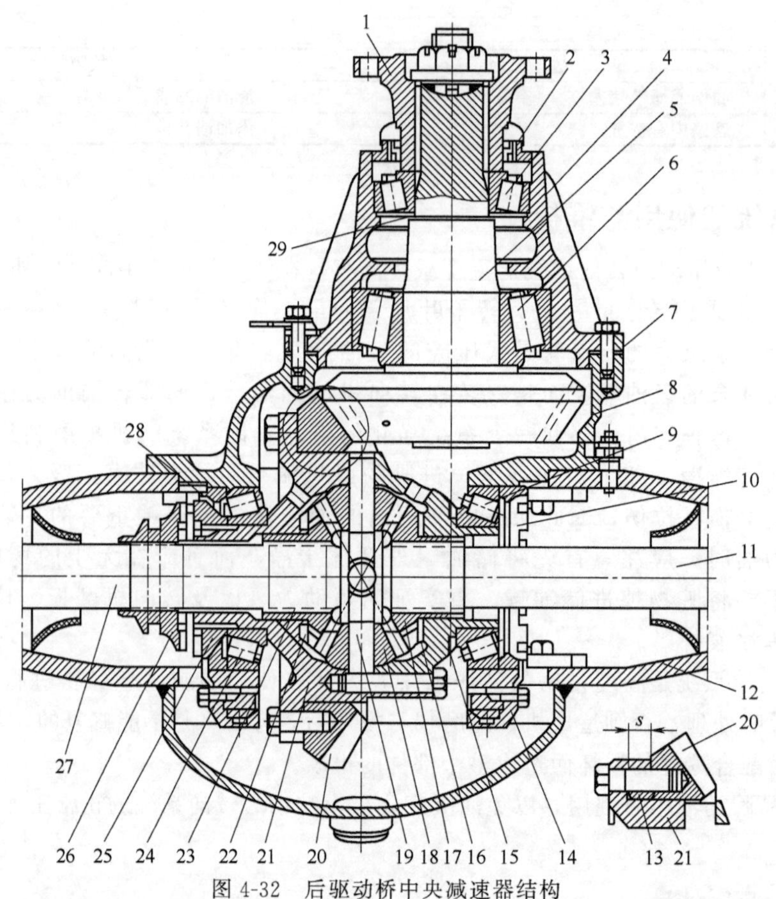

图 4-32 后驱动桥中央减速器结构

1—驱动法兰；2—油封；3—主动齿轮外轴承；4—主动齿轮壳；5—主动齿轮轴；6—主动齿轮内轴承；7,29—调整垫片；8—主减速器壳；9—差速器右轴承；10—差速器右轴承调整花螺母；11—右半轴；12—桥壳；13—从动齿轮垫圈；14—差速器轴承盖；15—差速器右半壳；16—右半轴齿轮止推垫片；17—右半轴齿轮；18—行星齿轮及球形垫圈；19—十字轴；20—从动齿轮；21—差速器左半壳；22—左半轴齿轮止推垫片；23—左半轴齿轮；24—差速器左轴承；25,26—差速锁啮合套；27—左半轴；28—差速器左轴承调整花螺母

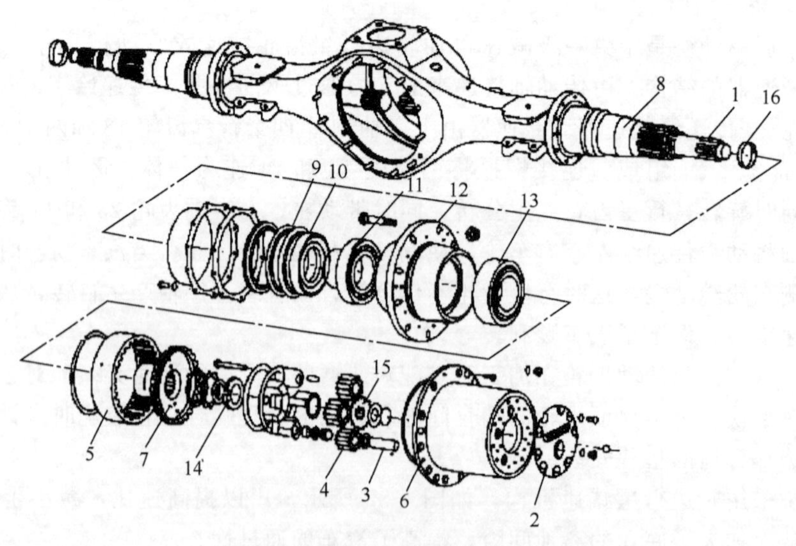

图 4-33 轮边行星减速机构分解图

1—半轴；2—轴头端盖；3—行星齿轮轴；4—行星齿轮；5—齿圈；6—行星架轴头；7—齿圈轴套；8—桥壳轴管；9—轮毂油封；10—油封轴套；11—轮毂内轴承；12—轮毂；13—轮毂外轴承；14—轴头花螺母；15—太阳轮；16—半轴油封

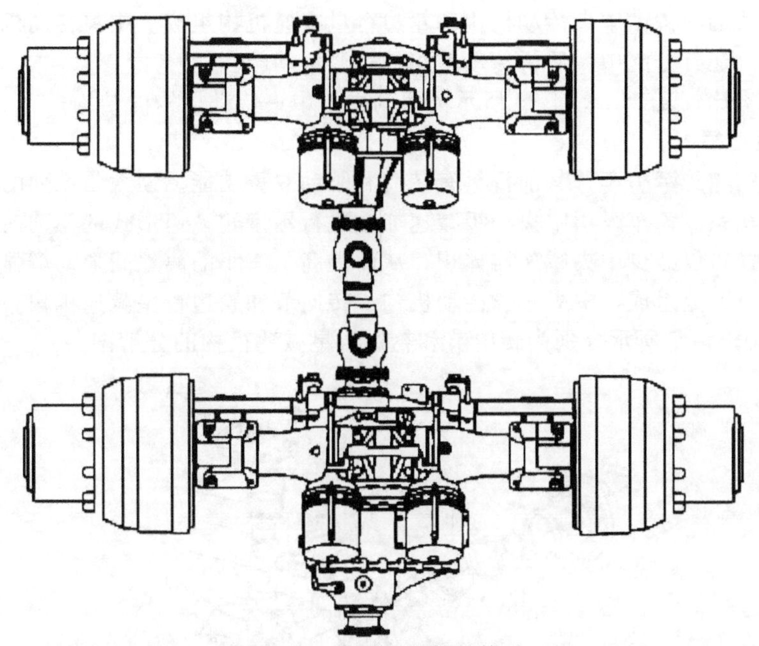

图 4-34　驱动双联桥的外形

驱动双联桥是由中桥和后桥组成的，传动轴将动力输入中桥，中桥设置有桥间差速器，桥间差速器把动力分别传递给中桥和后桥。后桥与后驱动桥没有任何区别，它也是由中央减速器加轮边行星减速器组成。轮边行星减速器配合装用不同齿数的中央主、从动圆锥齿轮可以形成多种速比以供选用。

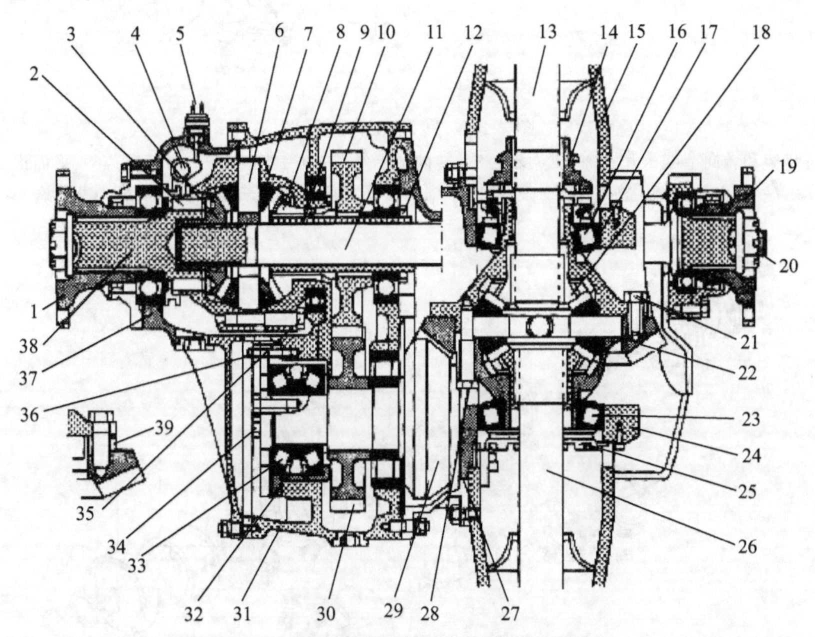

图 4-35　驱动中桥中央传动机构的结构

1—输入驱动法兰；2—桥间差速锁；3—后桥驱动半轴齿轮；4—桥间差速锁拨叉；5—桥间差速锁指示灯开关；6—桥间差速锁十字轴；7—行星齿轮；8—中桥驱动半轴齿轮；9—中桥传动轴套；10—主动圆柱齿轮；11—贯通轴；12—锁紧螺母；13—右半轴；14—差速锁啮合套；15—桥壳；16—差速器右轴承；17—差速器壳；18—右半轴齿轮；19—输出法兰；20—固定螺母；21—从动齿轮固定螺栓；22—从动圆锥齿轮；23—差速器左轴承；24—轴承压盖；25—轴承轴向调整花螺母；26—左半轴；27—主减速器壳；28—差速器壳连接螺栓；29—主动圆锥齿轮轴；30—从动圆柱齿轮；31—过渡箱壳；32—主动齿轮轴承壳；33—主动齿轮轴承；34—主动齿轮固定挡板；35—桥间差速器壳连接螺栓；36—盖板固定螺栓；37—输入轴壳；38—输入轴；39—从动齿轮垫环

驱动双联桥的中桥由中央传动机构和轮边行星减速机构组成。中央传动机构除有一级中央减速机构外，还有分配中、后桥传动转矩的过渡传动箱。

中桥的结构比较复杂，图 4-35 所示为驱动中桥中央传动机构的结构。

3. 转向驱动桥

全轮驱动的越野牵引车，其前桥具有转向和驱动双重功能。斯太尔系列的越野牵引车更是有别于其他车系。该车采用中央一级减速加轮边行星齿轮减速形式的驱动前桥。轮边行星减速比大，这样可以减少中央减速器体积，从而提高了汽车的离地间隙，增强了汽车的通过性。驱动桥由三部分组成，中央减速传动机构、转向节和轮边行星减速机构。

图 4-36 和图 4-37 所示分别为转向节和轮边行星减速机构的分解图。

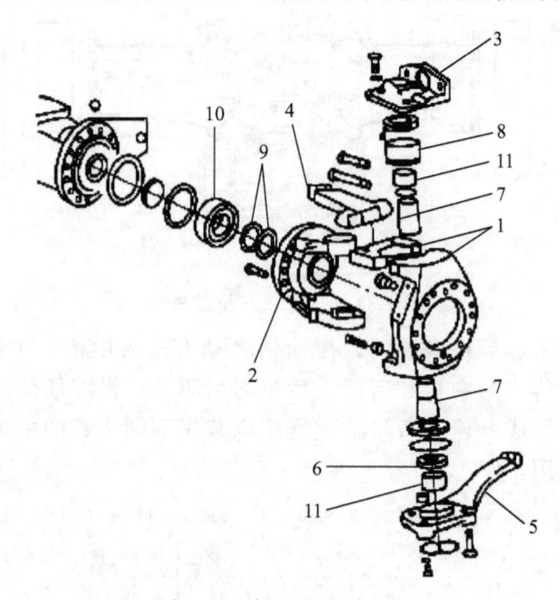

图 4-36　转向节的分解图

1—转向节架和转向节架卡瓦；2—支架轴；3—转向节上端盖；4—拐臂；5—拐臂座；6—平面推力轴承；7—转向节主销；8—上衬套架；9—半轴油封；10—半轴支承轴承；11—转向节衬套

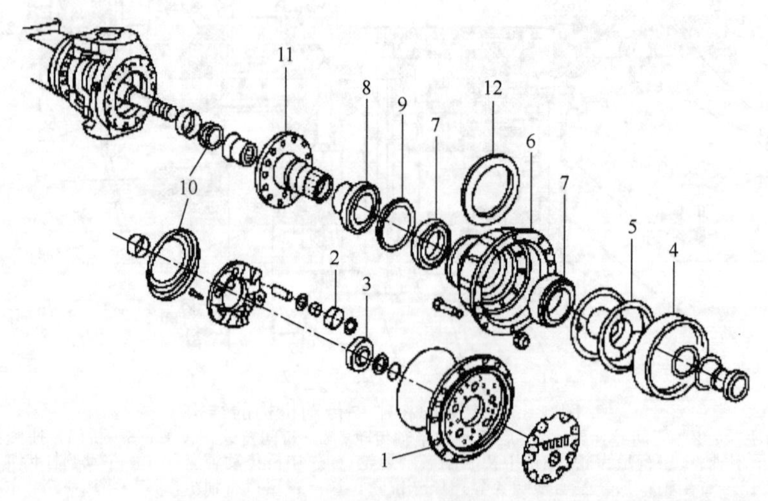

图 4-37　轮边行星减速机构的分解图

1—轴头端盖；2—行星齿轮；3—半轴太阳齿轮；4—齿圈；5—齿圈轴套；6—轮毂；7—轮毂内轴承；8—密封轴套；9—轮毂油封；10—半轴油封；11—转向节轴套；12—(自动防抱死) 齿圈

二、主减速器齿轮接触痕迹的检查

用红丹等颜料涂在齿轮齿面上，往复旋转主、从动齿轮，观察啮合痕迹，如图 4-38 所示。图 4-38（a）所示为正确的啮合痕迹；图 4-38（b）所示为啮合痕迹偏于齿顶，需将主动齿轮壳与主减速器壳调整垫片厚度减薄；图 4-38（c）所示为啮合痕迹偏于齿根，需将主动齿轮壳与主减速器壳调整垫片厚度增厚。

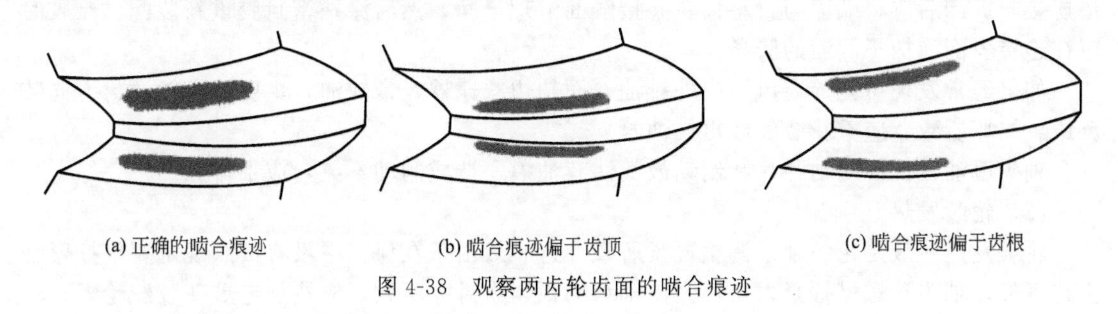

(a) 正确的啮合痕迹　　(b) 啮合痕迹偏于齿顶　　(c) 啮合痕迹偏于齿根

图 4-38　观察两齿轮齿面的啮合痕迹

三、驱动桥的故障诊断

1. 转向驱动桥的常见故障诊断

转向驱动桥常见故障诊断与排除见表 4-9。

表 4-9　转向驱动桥常见故障诊断与排除

故障现象	故障原因	排除方法
转向沉重	助力系统问题	检查储油罐油面高度，检查储油罐中滤芯及各阀门工作性能，检查油路中是否有空气
	转向节与主销问题	上、下主销轴加润滑脂，维修时注意上、下主销衬套应保证同轴度
	前束调整不当	调整前束
传动部分漏油	短半轴油封漏油	更换
	轮毂油封漏油	更换
前桥异响	轴承烧蚀	更换
	主、从动齿轮齿面接触位置不正确	主、从动齿轮是配对加工研磨的，更换中央减速齿轮时必须成对更换
轴头发热	轮毂轴承预紧力过大	按规定力矩拧紧
制动发热	制动蹄片与制动鼓间隙过小	调整间隙
	制动分室不回位或回位慢	检查气路和制动凸轮轴
	制动蹄片回位弹簧折断	更换

2. 后驱动桥的常见故障诊断

（1）漏油

中央减速器漏油的部位常发生在输入轴处。这是由于输入轴（主动齿轮轴）油封损坏或磨损，或是油封弹簧松弛。在维修时应注意，如果是油封外圈处向外漏油，则说明是油封外圈与外壳配合松旷。在重新装配时应将油封外圈及外壳油封座孔清洗干净，在油封外圈处涂抹密封胶将油封打入油封座孔。如果油封完好无损，但仍然漏油严重，则应检查桥壳的通气装置。如果通气口被油污堵塞，汽车运行中，由于齿轮轴承摩擦产生的热量使桥壳内空气压力增加，从而迫使润滑油向外排出。

轮毂甩油主要应检查三个部位，轮毂与行星架轴头 O 形密封圈、轮毂油封座与桥壳轴管间的 O 形密封圈和轮毂油封，一般来说轮毂油封漏油的可能性较大。

维修提示：

◆在重新安装轮毂油封时应注意，轮毂有两个尺寸完全相同但材质不同的油封，一般应将有黄色标记，或有刻记的油封装在内侧，而将另外一个油封装在外侧。如果油封外圈与轮毂油封座孔配合松旷时，可在油封外圈涂抹密封胶。

如果是轴头端盖向外漏油，说明端盖与行星齿轮架接触面不密封，端盖与轴头端面是无垫连接，拆卸后应将端盖与行星齿轮架接触面清理干净，然后涂抹密封胶重新装配，涂胶时应在连接表面涂抹不间断的胶条。

如果经常发现桥壳的通风孔向外排油，而轮边减速器经常缺油，主要是半轴油封方向装反或者损坏所致，应重新装配或更换油封。

轴头甩油往往使制动蹄片和制动鼓上沾有油痕，造成制动不灵，应予排除。

(2) 轮毂发热

轮毂发热一般是轮毂轴承调整过紧所致。这一般由于在保养中没有按照规定要求拧紧轴头花螺母，轴头花螺母拧紧力矩过大使轴承的顶紧力过大所致，应按规定重新装配轮毂。轮毂轴承变形、损坏也会造成轮毂过热，应予更换。

(3) 驱动桥中央传动异响

汽车行驶中如果突然发生后桥异响，则应立即停车进行检查。因为这种异响往往是机件损坏造成的。

差速器支承轴承散架、轴承严重点蚀或磨损、被动齿轮固定螺栓松动或脱落、差速锁啮合套松动以及传动齿轮或差速器齿轮打齿等都会造成严重异响。

发生齿轮磨损持续的响声，一般随车速的提高响声增大。这是由于轴承的点蚀、传动齿轮磨损或齿面划伤、点蚀产生的。如果正常行驶时没有明显的声音，而在抬起加速踏板汽车减速时反而噪声明显，这是由于传动齿轮齿面磨蚀、点蚀造成的。

汽车在直线行驶时没有明显的噪声，而在拐弯时产生的声音明显，显然是差速器齿轮损伤或烧蚀，或是差速锁啮合套松旷窜动所致，应进行调整或更换损坏零件。

维修提示：

◆如果在更换新的主、从动齿轮后还产生持续的异响，而且随车速的提高响声增大，就应检查主、从动齿轮啮合间隙和齿面接触痕迹是否合格，特别应注意主、从动齿轮是否是配套装配。

◆桥壳变形也会产生后桥异响，在检查时应予注意。

发现后桥异响，不要再强行行驶，应立即进行拆检。因为轴承的散架、固定螺栓的松动、齿轮的损伤若不及时修理或更换可能会造成更严重的后果。

(4) 差速锁挂不上

当需要挂合差速锁时，按下差速锁开关，挂合指示灯并不点亮。应首先检查在按下开关时，差速锁工作缸活塞推杆是否动作。当发现工作缸活塞推杆虽然伸出，但仍挂不到位，说明啮合套齿顶和齿轮对顶而没有啮合到位，可将汽车前后活动一下，自然就会挂合。如果工作缸没有任何反响，显然是电磁阀的电控或气控系统的问题，可将电磁阀输出气接头松开，观察有无压缩空气输出。如没有，显然是电磁阀的控制系统或是电磁阀本身的问题；如果有压缩空气输出，则显然是工作缸本身的问题。

如果在按下差速锁开关后，工作缸活塞推杆明显将差速锁挂合到位，然而开关内指示灯未点亮，显然问题在差速锁指示灯开关或灯泡上，应用试验灯进行检查、判断和排除。

（5）后轮胎异常磨损

后轮胎异常磨损有几种可能，轮胎钢圈变形、轮毂轴承松旷以及后桥错位都会造成轮胎的磨损。

3. 驱动双联桥的常见故障诊断

驱动双联桥是传动系统中较为复杂的总成，它的常见故障如下。

（1）桥间差速器烧损

造成桥间差速器烧损的主要原因有两个：一个是缺油；另一个是中桥与后桥速比不对。

中桥主减速器与过渡传动箱采用飞溅润滑，而桥间差速器的位置最高，因此桥间差速器的润滑条件较差，稍一缺油就会对桥间差速器产生直接影响。新车加油或在更换齿轮油时，新油必须由桥间差速器壳上的加油口加注，待油面到中桥过渡箱检查口为止。

在维修时，单独更换中桥或后桥主、从动圆锥齿轮时没有注意原车速比，使中桥或后桥所更换的主、从动圆锥齿轮速比与原车的不同，这将造成中桥与后桥速比的差异，从而导致在行驶时桥间差速器的高差速转动，加上差速器本身润滑条件较差，很快会将差速器烧损。

维修提示：

◆在更换主、从动圆锥齿轮时，必须注意与原车的主、从动圆锥齿轮齿数相同。

（2）驱动桥异响

在发现驱动桥异响时，应首先判断是中桥异响还是后桥异响。然后再判断异响的基本部位。特别是突然产生的明显异响应特别注意，必须立即进行检查。

维修提示：

◆检查异响的部位可以用千斤顶将中桥（或后桥）全部顶起，启动发动机并挂低挡，使被顶起的桥缓慢地转动，观察异响的部位。

中桥异响主要有以下原因。

① 从动圆锥齿轮固定螺栓松动或断裂。由于装配从动圆锥齿轮时，连接螺栓没有涂胶，力矩又不够，致使行驶一段时间后螺栓松动，甚至完全脱落。这种异响往往是突然的、无规律的而且响声较大。这时不能再继续行驶，必须及时进行拆检。

在维修更换从动圆锥齿轮时，必须在连接螺栓螺纹部位涂抹螺纹防松胶并按规定力矩拧紧。

② 齿轮损坏。汽车运行中由于种种原因造成齿轮部分打坏，这种异响也是突然产生的，而且十分明显，应立即拆检。

③ 轴承散架。中桥有 7 个轴承，轴承散架后的异响也比较明显，应先确诊异响的部位，然后进行拆检。

维修提示：

◆特别应注意的是轮间差速器两个圆锥滚子轴承是比较容易损坏的部位。

④ 差速锁啮合套窜动。轮间差速锁啮合套花螺母松旷使啮合套窜动，会产生两啮合套碰撞的声音。桥间差速锁销窜动也会产生敲击的声音。这种异响也是没有规律的机械碰击的声音。

⑤ 差速器齿轮烧损。轮间差速器和桥间差速器行星齿轮与半轴齿轮烧蚀或轮齿损坏，都会产生明显的噪声。

以上由于机件损坏产生的噪声是突然的，异响比较明显，遇有这种异响应立即进行拆卸，不能再继续行驶，否则将会造成更严重的后果。

⑥ 随负荷和运转速度的增大而增大的持续噪声，往往是由于轴承点蚀、齿轮磨损与拉伤、齿轮间隙过小或过大、圆锥齿轮齿面接触部位偏差等所致，这种异响严重时也应及时检修，否则将会使响声扩大，甚至造成事故。

当更换圆锥主、从动齿轮后产生这种异响，说明齿轮间隙或调整垫片厚度不正确，使两齿面没有接触在合适的位置。主、从动圆锥齿轮是配对研磨的，因此若更换的不是一对配套齿轮，就会产生这种异响而且无法排除。

在拆卸主、从动圆锥齿轮时，应将调整垫片保存好，在重新组装时必须将原垫片装复。否则由于调整垫片的偏差也会造成主、从动齿轮啮合的噪声。

⑦ 汽车在正常行驶时没有异响，而一旦减速抬起加速踏板时反而有“嗡嗡”声，一般都是由于齿轮的齿背拉伤或点蚀所造成的。这种响声轻微时可继续使用，严重时应拆检。

⑧ 齿轮间隙过大，各花键轴、孔松旷，急加速或起步时会产生“嘎噔”声，而且明显有松旷的感觉。

（3）中桥发热

中桥发热可能会有两个原因：润滑油不足；轴承预紧力过大。

由于缺油，机件得不到润滑，会使机件发热。差速器支承轴承、主动齿轮轴支承轴承在预紧力过大时也会产生过热现象，后者应通过调整垫片厚度来解决。

（4）中桥漏油

中桥漏油的故障除了油封本身的问题外还有其他因素，如桥壳或过渡箱通气孔堵塞。通气孔堵塞后，机件转动产生的热量使空气膨胀产生压力，迫使润滑油从油封处流出。

维修提示：

◆油封外圈和座孔松旷产生漏油往往不被注意。解决的方法是安装油封前需将油封外圈与座孔擦干净，在油封外圈涂抹圆柱固持胶，再将油封打入。

（5）轮胎异常磨损

轮胎异常磨损的因素很多，如钢圈变形、轴头轴承松旷、双排轮胎的气压相差较大，驱动双联桥轮胎异常磨损还有一个重要因素，就是桥错位。

驱动双联桥的平衡轴衬套磨损松旷，平衡悬架推力杆橡胶支承损坏，平衡推力杆支座与桥壳开焊等都会造成桥错位，导致轮胎的异常磨损。

第八节 行驶系统

汽车行驶系统主要包括车架、悬架和车轮。悬架的功用主要是缓和与衰减地面对车辆所引起的冲击和振动，它对于车辆的主要使用性能，如行驶的平顺性、操作的稳定性、车辆的通过性、燃油的经济性等均有较大的影响。我国引进的斯太尔系列重型汽车悬架的种类较多，但常见车型多采用普通悬架，由前悬架和后悬架两部分组成。

一、前、后悬架的结构

1. 前悬架结构

前悬架如图 4-39 所示（按资料中编号未作改动）。

2. 后悬架结构

后悬架主要由钢板弹簧、支承轴、推力杆和限位装置等组成。后悬架结构依车辆驱动形式不同而有所不同。

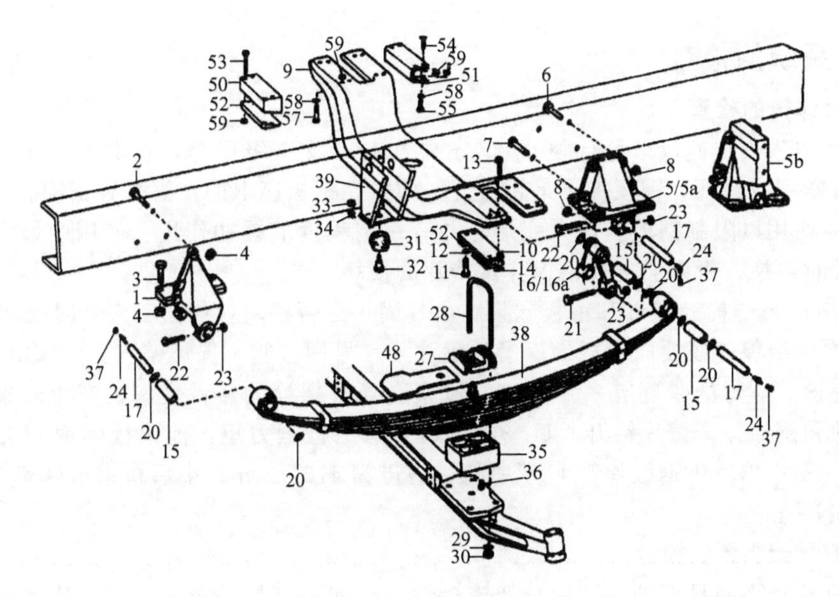

图 4-39　前悬架

1—前钢板弹簧前支架；2,3,6,7,11,13,21,22,53～55,57—螺栓；4,8,14,23,30,33,59—自锁螺母；
5—前钢板弹簧后支架；9—盆形横梁；10—支板；12,20,29,34,58—垫圈；15—吊耳衬套；16—钢板吊耳；
17—弹簧销轴；24—黄油嘴；27—前钢板弹簧压板；28—骑马螺栓；31—限位块；32—紧固件；35—弹簧座；
36—定位销；37—黄油嘴保护帽；38—前钢板；39—缓冲块支架；48—弹簧盖板；50～52—盆形支架底座部件

对于 4×2 驱动形式的车辆，其后钢板弹簧采用抛物线主、副簧式常规结构，主簧 9 片，副簧 5 片。当汽车装载较轻时，由主钢板弹簧单独承载而副钢板弹簧不参加承载；当重载或满载时，车架受载相对于车桥下移，车架上支座与副簧接触，主、副簧共同承载。对于 6×4、6×6 驱动形式的车辆，后悬架采用传统的平衡式悬架，如图 4-40 所示。其中，后桥装于一平衡杆（钢板弹簧）的两端，这样可以使中、后桥的所有车轮均与地面始终保持良好的接触。

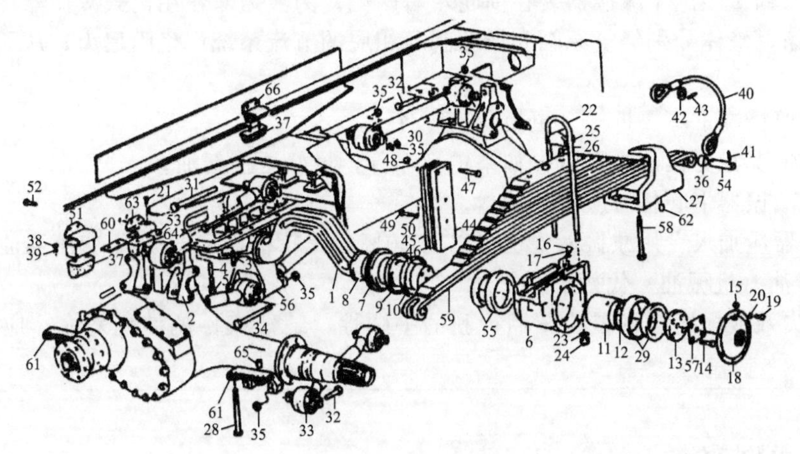

图 4-40　平衡式悬架

1—平衡轴总成；2—连接座；3,4,14,16,19,28,31,32,34,47,49,52,58—螺栓；5,15,24,35,38,48,50,53—螺母；
6—平衡轴壳；7—轴承油封盖；8,9,17—密封圈；10—轴密封环；11—间隔衬；12—定位垫圈；13—轴承压板；
18—壳盖；20,23,39,42—垫圈；21—螺钉；22—后簧骑马螺栓；25—骑马螺栓座；26—钢板弹簧定位销；27—钢板弹簧座；
29,55—推力轴承；30,33—推力杆；36—锥形轴套；37—缓冲块；40—限位钢丝绳；41,43—钢丝绳固定销；44—滑轨；
45,46—平衡板；51,66—缓冲块支架；54—连接销；56—推力杆支架；57—挡板；59—后钢板弹簧；
60—连接板；61—右下推力杆支架；62,65—钢板弹簧座定位销；63—U 形夹；64—后桥限位块总成

二、行驶系统的检查

1. 钢板弹簧的检查

① 斯太尔系列重型汽车每行驶5000km需进行一次一级保养，在保养时应检查钢板弹簧簧片是否断裂或错开，钢板夹子是否松开，弹簧在钢板座上的位置是否正确。

② 缓冲块用以限制钢板的最大变形，并有一定程度的缓冲作用。使用中如发现缓冲块损坏，应及时更换，否则会造成钢板弹簧簧片的损坏。

③ 检查U形螺栓、螺母和钢板支架、吊耳固定是否松动，如松动应及时处理。

④ 每次一级保养还要向钢板销润滑油嘴注入三号锂基脂，保证销和套的润滑良好。

U形螺栓、螺母的紧度有一定要求，过紧会导致螺栓的塑性变形，产生断裂；过松易使螺母松动和钢板弹簧簧片错开。U形螺栓、螺母的拧紧力矩：前钢板弹簧U形螺栓、螺母为260N·m；单后桥钢板弹簧U形螺栓、螺母为470N·m；中后桥钢板弹簧U形螺栓、螺母为490N·m。

2. 平衡悬架装置的检查

① 经常检查平衡悬架轴支架和车架连接情况，如果有松动及时拧紧；检查钢板弹簧U形螺栓、螺母有无松动，松动应拧紧。

② 每次一级保养应检查平衡悬架轴轴承座内的润滑油情况，不足的应予添加；每次二级保养应检查平衡轴承的紧固情况。

③ 每次一级保养应检查推力杆球头的紧固情况，如松动应紧固。

④ 每次二级保养应拆卸推力杆球头并进行润滑，对损坏的衬垫应更换。

⑤ 推力杆变形、球头磨损应及时更换，防止由于推力杆损坏造成中、后桥移动。

⑥ 对经常超载运行的车辆，应增加检查次数，特别是检查平衡轴承毂的紧固情况，对损坏的油封应及时更换，不能向平衡轴承座内添加润滑脂。

3. 减振器使用、保养的注意事项

斯太尔系列重型汽车减振器装在前轮左右两侧，为液力双作用筒式减振器。通过减振器的拉伸和压缩，液体分别经复原阀和压缩阀及相应的节流系统产生阻尼力，从而使车辆的振动迅速衰减。

① 非必要情况下不要拆卸、更换阀门零件。

② 一般情况只更换油封即可，如果更换零件，最好更换新油。

③ 更换减振器中心杆时应更换油封。

④ 减振器应加入专用减振液，也可以用50%的汽轮机油和50%的变压器油兑制，或者用13号锭子油（机械油）代替。

减振器失效或损坏，将影响车辆行驶的平顺性，缩短机件的使用寿命，应加强检查和保养。

维修提示：

减振器的检查保养应注意以下几点。

◆车辆在较坏路面上行驶一段距离后，停下车，用手摸减振器，如果不热，表明减振器没有阻力，不起减振作用；如果一高一低，相差较大，说明温度低的阻力小，可能缺油或有机件损坏，应拆卸修理。

◆如果车辆在行驶中发现不正常的连续振动，应停车检查减振器是否有漏油痕迹，如漏油应修理并加油。

◆每次二级保养检查减振器工作情况的方法为，将减振器直立，下端连接环卡于台虎钳上，用力拉减振器几次，此时应有稳定阻力，往上拉的阻力应大于向下压的阻力，如果阻力不稳或无阻力，即说明减振器出现故障，应拆检。

4. 钢板弹簧拆卸和装配的注意事项

为了延长钢板弹簧的使用寿命，在拆卸和装配钢板弹簧时应注意以下几点。

① 钢板弹簧在装配时应将表面锈蚀除净，在各片中间涂上石墨钙基脂。这种润滑脂能保证钢板弹簧各片之间的平滑性，提高耐压性。

② 如果钢板弹簧中心螺栓断裂需加工其中心螺栓时，中心螺栓的直径应不小于钢板中心孔直径 1.5mm。如果中心螺栓的直径偏小，其就有可能被钢板弹簧切断。

③ 钢板卡子的固定铆钉如有松动，应重新铆好，卡子的宽度应适当，与钢板两侧应有 0.7～1.0mm 的间隙。卡子套管和钢板弹簧顶面距离应为 1～2mm，以保证钢板弹簧的自由伸张。目前不少工厂生产的钢板卡子已去掉套管改为焊接，和钢板顶面的距离也应为 1～2mm。

④ 钢板弹簧装配后，各片之间应紧密相连，允许相邻两片之间有不大于总接触长度的 1/4 即不大于 1.5mm 的间隙。总接触长度过小，钢板弹簧簧片有折断的危险。

⑤ 前钢板弹簧装车时，第一、二片簧片的卷耳和钢板支架的配合间隙不得大于 1mm，间隙过大可加装垫圈进行调整。间隙过大时，侧摆差冲击大，卷耳处易折断。

⑥ 钢板弹簧的 U 形螺栓应按规定力矩均匀地交叉拧紧，紧固后螺栓应露出螺纹 3 扣以上，如果螺纹不露出螺母，螺母有滑扣的可能。

三、轮胎的使用

1. 轮胎的拆装和调整

① 轮胎必须装配在车型规定的轮辋上，否则不仅拆装困难，而且影响汽车行驶的稳定性，还会降低轮胎的使用性能和缩短其使用寿命。

② 后轮双胎并装时应尽量选用同厂、同规格、同层级、同花纹的轮胎。普通结构轮胎和子午线结构轮胎不可搭配使用。

③ 部分车型装用的是有方向的花纹（如人字形花纹）轮胎。安装时应使轮胎的旋转方向标记与车辆行驶方向一致，并且在使用中左右车轮不得换位。

④ 换装新胎时应尽量做到同车或同轴同换。前轮更换时应尽量装用新胎。汽车制造厂装车时，前轮一般都进行过动平衡，所以在轮胎换位时要保证前轮的不平衡量不超过规定值。如果前轮的不平衡量过大，容易出现明显的汽车摆头现象。

⑤ 拆装轮胎时应尽量使用专用工具或器械（如撬棒、胎圈脱卸器、轮胎拆装机等）。

2. 轮胎的使用注意事项

轮胎在使用时应注意以下几个方面。

① 高速行驶时应注意轮胎温度的升高。斜交胎的高速性能低于子午线轮胎，可在高速行驶中停歇数次以降低轮胎的温度。

② 装防滑链时必须对称装用。

③ 要定时检查轮胎气压，保证内胎气压正常，特别是左右转向轮气压相差不可太大。

④ 经常检查轮胎螺母紧固情况，按规定力矩拧紧。

⑤ 车上装载货物时应分布均匀，轮胎不得超负荷使用。

⑥ 子午线轮胎的胎侧较薄，易于受机械损伤而变形，在有石块、尖锐物的地面上行驶

时应注意。发现胎侧顺线裂口应及时修补，如裂口扩展到胎体帘线层时应停止使用。子午线轮胎的侧向稳定性较差，在汽车转向时，或在路面左右倾斜的坡道上行驶时要注意，特别是装载重心高的汽车更应特别注意。

四、车轮与轮胎的维护

1. 轮毂轴承润滑脂的更换

① 拆下车轮和轮毂，取出油封和内轴承，将轮毂和轴颈上的润滑脂刮去，用油布擦干净。彻底清洗滚锥轴承，用压缩空气吹干。

② 将滚锥轴承填满润滑脂，并在轮毂腔内涂上一层润滑脂防锈，装回内轴承和油封。

③ 润滑后按轮毂分解的相反顺序装复并进行调整，然后装上车轮。由于轮胎螺栓的螺纹方向（左侧逆时针拧紧，右侧顺时针拧紧），所以左右轮毂切不可装错。

2. 轮毂轴承的调整

① 将轮毂轴承装回转向节轴上，套上外轴承，然后一边转动车轮一边用轮毂扳手旋紧调整螺母，使其紧到当停止旋转动力后车轮能立即停止转动为止，再把调整螺母退回1/8～1/2圈，使轮毂既能转动自如又无轴向间隙为宜。

② 调好后将锁止垫圈、锁片装复，拧紧固定螺母（或插上开口销）并用锁片锁牢，最后装回轴承盖或半轴凸缘。

③ 调整好轮毂轴承后，在途中检查时，用手摸轮毂不应有烫手的感觉。

3. 轮胎的拆卸与装复

拧下气门芯，放出内胎中的气，把气门嘴推入外胎内（指轮辋未开槽的），用撬棒插入锁圈槽口处，用锤子敲打锁圈槽口的对面，同时撬动或用两根撬棒接替逐渐将锁圈取出，取下压环。使轮辐的凸起朝下，放在垫木上，使轮胎自行脱出，或用轮胎拆卸器拆下外胎，取出衬胎和内胎。

装复时要注意以下几个方面。

① 将内、外胎和衬胎擦干净，并涂滑石粉于外胎的内侧。同时还要擦净轮辋上的锈蚀，最好涂上石墨粉。

② 检查胎侧，如有“△”“○”“□”“×”等标记的部位，则表示较轻部位。内胎嘴应安装在此处，以保证轮胎在转动时的不平衡量。

③ 把内胎放入外胎中，将内胎稍微充气以免折皱，将气门嘴穿过衬带孔，装合衬带。

④ 将已装好的内、外胎套入轮辋，使气门嘴正直地伸入轮辋孔，装好气门芯，然后用撬棒及锤子安装压环和锁圈。

4. 轮胎的充气

① 充气时，为防止压环、锁圈弹出造成事故，可事先用铁杆穿过轮辋孔两边挡住压环和锁圈。

② 将充气管插入气门嘴上进行充气，在充气时可用锤子轻敲锁圈和压环四周紧外胎，使压环服帖。

③ 充气不可过量，隔一段时间用气压表检查一下，直到达到规定的气压标准为止。充气完毕后，应检查气门嘴有无漏气。

5. 安装轮胎时的注意事项

① 人字形花纹轮胎应按图4-41所示方向安装，胎侧上有旋转方向的轮胎应按规定方向安装。

图4-41 人字形花纹轮胎的安装

② 气门嘴应与制动鼓间隙检视孔错开，以便检查蹄片间隙。

③ 双胎并装时，高、低压胎或大、小花纹轮胎均不得混装。为保证轮胎旋转时的平衡，气门嘴应对称排列（互为 180°），轮辐孔应对正，以便检查内侧轮胎气压和充气。

6. 轮胎换位

为了使轮胎磨损均匀，延长轮胎的使用寿命，应按规定的里程进行换位，轮胎的换位方法如图 4-42 所示。

轮胎换位时应注意以下事项。

① 标有旋转方向的轮胎如换位后不符合规定，必须将外胎拆下重装。

② 换位后应按前、后轮的充气标准重新调整气压。

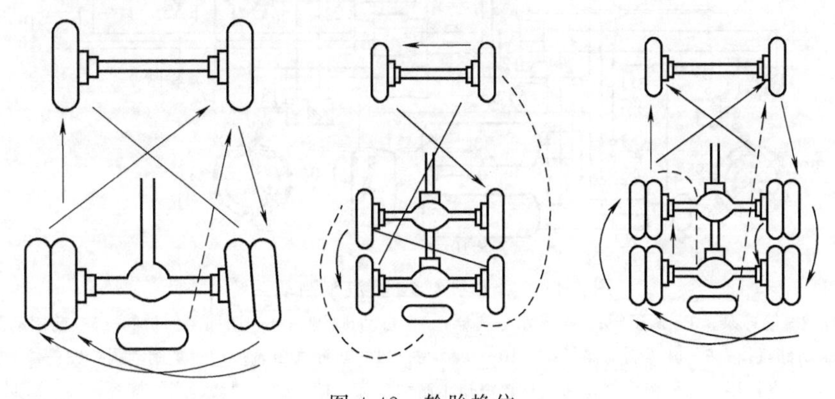

图 4-42 轮胎换位

第九节 制动系统

一、制动系统的功用

制动系统是汽车上用于使外界（主要是路面）在汽车某些部分（主要是车轮）施加一定的力，从而对其进行一定程度的强制制动的一系列专门装置。制动系统的功用如下。

① 按照需要使汽车减速或在最短距离内停车。

② 下坡行驶时限制车速。

③ 使汽车可靠地停放在原地，保持不动。

二、制动系统的分类与组成

1. 分类

（1）行车制动系统

用于使行驶中的车辆减速或停车，制动器安装在全部车轮上，通常由驾驶员用脚操纵。包括制动器（左、右前轮制动器及后轮制动器）、真空助力器、制动管路、制动总泵、制动液罐和踏板。

（2）驻车制动系统

用于停驶的汽车驻留原地，通常由驾驶员用手操纵。包括驻车操纵机构总成、制动拉索、驻车制动器等。

（3）ABS 系统

包括 ABS 制动压力调节器、车轮转速传感器和 ABS 控制单元（ECU）等。

2. 组成

斯太尔系列重型汽车采用双回路制动的主制动系统、弹簧储能放气驻车制动（兼应急制动）系统以及排气制动的辅助制动系统。制动系统如图 4-43 和图 4-44 所示。

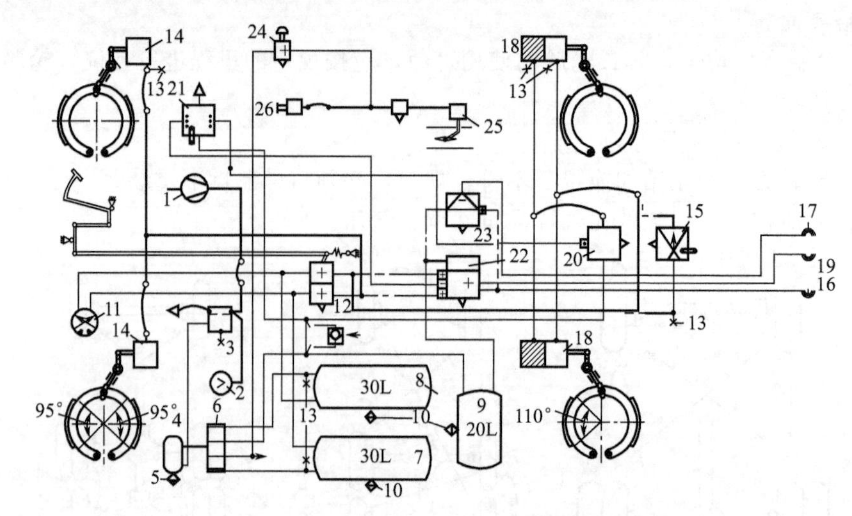

图 4-43　斯太尔 4×2 型汽车制动系统

1—气泵；2—防冻泵；3—调压阀；4—气水分离器；5—自动排污阀；6—四回路保护阀；7—前制动储气筒；8—后制动储气筒；9—驻车制动储气筒；10—单流阀；11—双针气压表；12—主制动阀；13—检测接头；14—前制动气室；15—载荷调整阀；16—双管路挂车制动接头；17—挂车制动、充气接头；18—后制动气室；19—双管路挂车充气接头；20—主制动继动阀；21—驻车制动阀；22—双管路挂车制动继动阀；23—单管路挂车制动继动阀；24—熄火器开关阀；25—熄火工作缸；26—断油工作缸

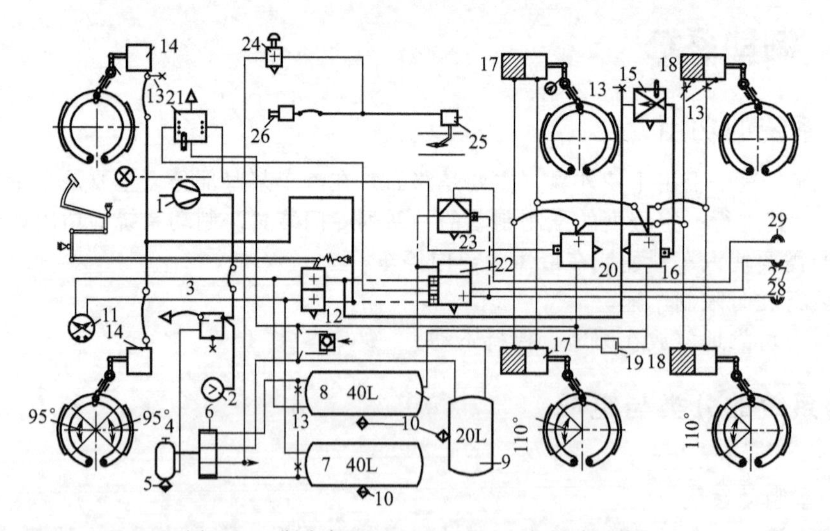

图 4-44　斯太尔 6×4、6×6 型汽车制动系统

1—气泵；2—防冻泵；3—调压阀；4—气水分离器；5—自动排污阀；6—四回路保护阀；7—前制动储气筒；8—中、后制动储气筒；9—驻车制动储气筒；10—单流阀；11—双针气压表；12—主制动阀；13—检测接口；14—前制动气室；15—载荷调整阀；16—主制动继动阀；17—中制动气室；18—后制动气室；19—闸阀；20—应急制动阀；21—驻车制动阀；22—双管路挂车制动继动阀；23—单管路挂车制动继动阀；24—熄火器开关阀；25—熄火工作缸；26—断油工作缸、充气接头；27—双管路挂车充气接头；28—双管路挂车制动接头；29—单管路挂车接头

为了更清晰地表示制动系统的关系，图 4-45 给出了制动气路框图。

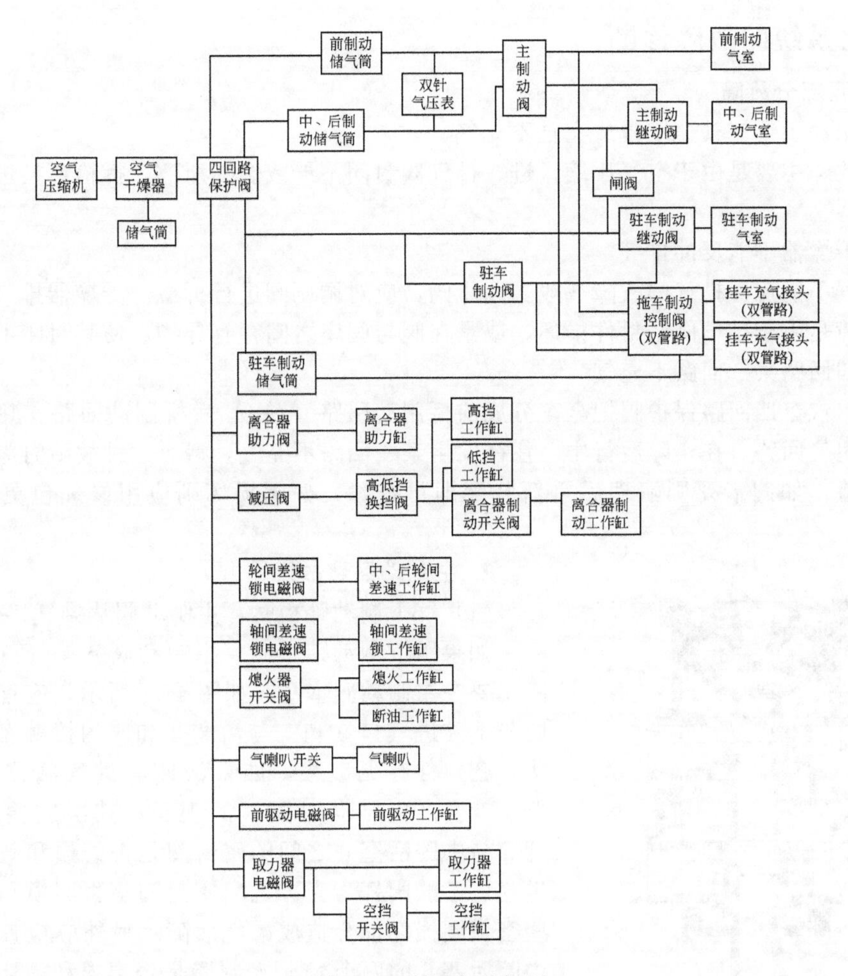

图 4-45　制动气路框图

双回路主制动系统即将前桥与（中）后桥分成既相互关联又相互独立的两个回路，当其中任一回路出现故障时，不影响另一回路的正常工作，以确保制动的可靠。

以斯太尔 6×4 型载货汽车制动系统为例简要予以说明。空气压缩机压缩的空气经过空气干燥器通向四回路保护阀，从而使全车气路分成既相互关联又相互独立的四个回路，即前桥制动回路、（中）后桥制动回路、驻车制动回路及辅助用气回路。

图 4-46 所示为典型双管路拖车制动气路框图。

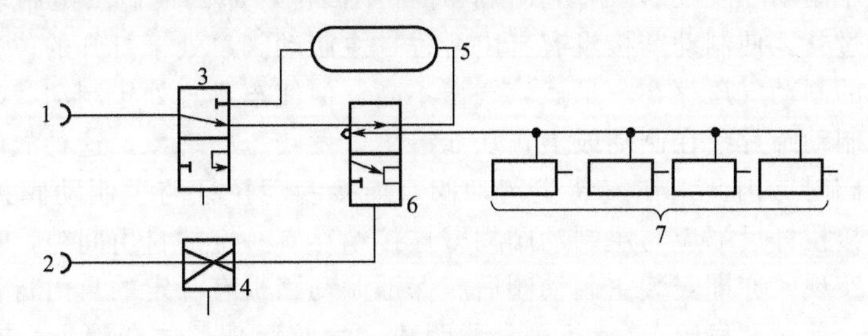

图 4-46　典型双管路拖车制动气路框图

1，2—管路接头；3—拖车制动释放阀；4—手动载荷调节阀；
5—拖车储气筒；6—拖车制动阀；7—挂车制动分室

三、制动系统的故障诊断

1. 气源部分故障

（1）制动系统充气速度慢或完全不充气

这一故障主要是由于空气压缩机进、排气阀封闭不严或烧损所致，拆检更换进、排气阀即可排除。

（2）干燥器不能反冲排气

干燥器不能反冲排气的故障一般在调压阀，应对调压阀进行拆检。干燥器排气阀常出现漏气的故障是由于排气阀密封件损坏，或是在阀与阀座之间存有异物，使其封闭不严。

（3）四回路某一回路不充气

斯太尔汽车四回路保护阀把全车分成前桥制动回路、（中）后桥制动回路、驻车制动回路和辅助用气回路。在实际运行中，往往发生某一回路不充气，遇有这种故障时应对四回路阀进行拆检，如阀卡死则清理后重新装配即可排除，如阀损坏则应用修理包更换损坏的部件。

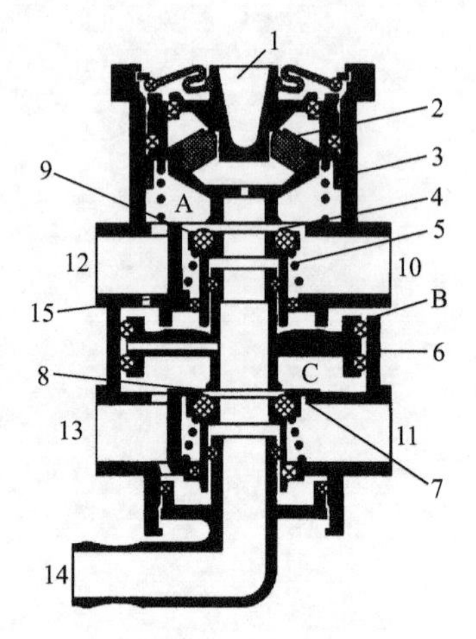

图 4-47　主制动阀

1—顶杆；2—橡胶弹簧；3,6—活塞；4,8,14—排气口；5—阀杆；7,9—进气口；10～13—接口；15—控制气孔；A—上腔；B—中腔；C—下腔

2. 主制动回路故障

（1）踩下制动踏板时，主制动阀从排气口处漏气

如果踩下制动踏板时，主制动阀从排气口漏气，故障主要在主制动阀本身。如图 4-47 所示，应首先检查上腔与下腔进气口 9 和 7 与活塞 3 和 6 的接触面上有无异物，密封件有无破损，如果活塞与进气阀接触封闭不严，就会产生制动时漏气的现象；其次应检查进气阀杆 5 与中腔活塞 6 之间的密封圈是否磨损和破损，下腔进气口 7 的阀杆与壳体之间密封圈是否磨损和损坏，这些密封圈损坏都会造成漏气故障；另外应检查主制动阀中腔活塞 6 的两个 O 形密封圈是否磨损和损坏，这两个密封圈破损同样会造成漏气故障。

（2）不踩制动踏板时，主制动阀漏气

如果在制动解除后，主制动阀从排气口 14 处向外漏气，一般是上腔或下腔进气口 9、7 和排气口 8 密封件破损，或是在阀与阀座之间存有异物，导致主制动阀漏气。进气阀杆与壳体之间密封圈破损也会产生漏气。

（3）解除制动后，制动气室膜片不回位或回位太慢

如果发现全车制动“发咬”，制动气室膜片都不回位，那么很显然是制动踏板与主制动阀连接杠杆连接过紧，使制动踏板没有自由行程，主制动阀总处于打开的位置，因此全车制动回路总有一定的制动气压存在。虽然该气压不高，但使车辆总处于制动状态，气室推杆总以一定的力迫使制动蹄片贴在制动鼓上，从而产生“发咬”的现象，这种故障往往发生在更换或安装主制动阀时。因此，在安装主制动阀，连接制动拉杆与主制动阀拐臂时一定应注意，安装后，连接拉杆后端应与主制动阀拐臂连接销存有一定的自由间隙，这一间隙可通过调整拉杆长度来实现，亦即安装主制动阀后应保证制动踏板有一定的自由行程。

制动解除后，前轮“发咬”，待行驶一段距离“发咬”现象才会消失，亦即前制动气室膜片回位太缓慢。这一般是由于主制动阀下腔放气不畅造成的。主制动阀下腔进气口 7 密封件与中腔活塞 6 之间有油污和脏物堵塞，活塞上行回不到位（活塞卡住）便会产生这一故

障。前制动回路管路部分被油泥堵塞、前气室弹簧失效也会产生这一故障。

如果是单边“发咬”，很可能是制动机械部分的问题。例如制动凸轮轴锈蚀、制动凸轮轴弯曲变形等都会产生制动后“发咬”的故障。制动蹄回位弹簧断裂或弹力太小显然也会产生此故障。

制动解除后，（中）后桥制动“发咬”，随汽车行驶一段后制动完全解除。这种故障原因较多，如主制动阀上腔回气不畅、继动阀回气不畅、制动管路部分堵塞等。主制动阀回气不畅主要是进气口 9 与活塞 3 之间被油污和脏物堵塞，或是活塞 3 在制动解除后回不到位，使排气口 4 形成节流，造成放气缓慢。继动阀放气不畅也会出现这种问题。

如果（中）后桥仅是个别车轮制动“发咬”，则很可能是该部位机械部分的故障，制动蹄片回位弹簧折断，制动凸轮轴与衬套锈蚀，凸轮轴弯曲变形，桥壳变形，制动气室回位簧失效，均会产生制动后“发咬”故障。如果是某个车轮突然“发咬”，很可能是制动蹄片脱落或者破碎。

如果（中）后桥车轮持续“发咬”，显然问题出在驻车制动系统上。驻车制动阀漏气或者是（中）后桥某一弹簧储能制动气室漏气，都会造成（中）后桥全部车轮持续“发咬”的故障。应急制动继动阀漏气也会产生上述故障。

（4）前轮制动效果差，前轮制动气室制动气压偏低

这一般是由于主制动阀上腔与中腔的控制气孔 15 被油泥或脏物堵塞而使压缩空气节流，使前轮制动的活塞 6 上腔 B 中气压降低所致，此时应对主制动阀拆检清洗。

3. 驻车制动与应急制动回路故障

（1）驻车制动阀漏气

当驻车制动阀置于“驻车制动”位置时，驻车制动阀从排气口 14 持续漏气，一般是阀的进气阀与阀座封闭不严，或是阀与阀座之间存在异物，或是进气阀密封件损坏所致。在驻车制动时，驻车制动阀漏气不会产生其他故障。然而当把驻车制动阀手柄置于“行驶”位置时，驻车制动阀漏气，将会产生汽车行驶时（中）后桥车轮“发咬”的故障。这是由于驻车制动阀的阀杆与气阀的接触密封不严所致。造成该排气口封闭不严的原因，可能是密封件的损坏，或是由于阀杆与气阀之间有异物或油污。拆检清洗或更换进气阀密封件，故障就可排除。

（2）弹簧储能制动气室漏气

弹簧储能制动气室活塞密封圈损坏、拉伤，气室气缸拉伤等，都会造成气室漏气。因（中）后桥车轮的各弹簧储能制动气室都是气路连通的，因此只要有一个气室漏气，就会造成各个气室气压的降低，因此导致行驶时（中）后桥车轮“发咬”的结果。遇有这种故障，则需将漏气的制动气室拆检修理。拆卸和安装弹簧储能制动气室时，必须在压床上进行，以确保安全。

（3）驻车制动继动阀漏气

当汽车在驻车制动工况时继动阀漏气，对汽车不会造成影响。漏气的原因是继动阀的进气阀密封件损伤或阀与阀座之间有异物或杂质，使阀门封闭不严造成的。

当汽车处于行驶状态时，继动阀从排气口持续漏气，原因是排气阀与活塞封闭不严，此时会使弹簧储能制动气室的气压不足，导致行车制动“发咬”的故障。

4. 挂车制动系统的故障

（1）挂车储气筒不充气

遇有挂车储气筒不充气的故障，首先应检查主车至挂车的充气管路有没有气。如果充气管路没有气压（可通过按下充气管接头的单向阀来检查），说明故障在挂车制动控制阀（安

装在主车上)；如果充气管路有气压，主车与挂车连接接头也没有问题，说明故障在挂车制动阀（安装在挂车上)，需分别对其进行拆检。

(2) 挂车没有制动

当踩下制动踏板时，挂车没有制动。遇到这种故障应首先检查当踩下制动踏板时，挂车制动控制管路有没有气压（可以按下挂车制动控制管路接头的单向阀，然后踩下制动踏板，观察是否出气)。如果没有气压输出，则说明故障在主车上安装的挂车制动控制阀，如果有气压输出时，则说明问题在挂车上安装的挂车制动阀上，应分别对其进行拆检修理。

(3) 挂车制动“发咬”

在正常行驶时，挂车车轮“发咬”、制动鼓发热，一般是由于充气管路或接头漏气，挂车制动阀自动产生制动造成的，应对充气管路与接头进行检查。

(4) 挂车制动阀漏气

这是由于阀内的进气口与排气口的密封件损坏，或是由于阀与阀座之间有异物造成封闭不严所致。

制动系统是较为复杂的系统，因此一个故障往往并不是由一个原因引起的，而是由几种原因产生的“综合症”。因此，在分析判断时可能要远比上述分析复杂得多，但只要了解系统的结构与工作原理，掌握科学的分析方法，再加上一定的实践经验，故障便会被查清并排除。

制动系统常见故障诊断与排除见表 4-10。

表 4-10 制动系统常见故障诊断与排除

故障现象	故障原因	故障排除
制动效能差	制动蹄片和制动鼓间隙过大	调整间隙
	摩擦片老化、破裂、脱落	更换
	制动蹄片上有油污	擦拭干净
	制动蹄片脱落	更换制动蹄片时采用 $\phi 10mm \times 22mm$ 铜铆钉铆接
制动单边	左右车轮制动蹄片材质不一	采用材质相同的制动蹄片
	左右车轮制动蹄片和制动鼓间隙不一致	调整间隙
	制动蹄片有油污，制动蹄片硬化，铆钉外露	擦拭干净，酌情修理或更换
	制动气室推杆弯曲变形，膜片破裂，各车轮的制动蹄回位弹簧弹力相差太大	酌情修理或更换
	制动鼓失圆	镗销制动鼓
制动拖滞	制动分室推杆伸出过长或弯曲被卡死，制动蹄回位弹簧折断或太软	调整或更换
	制动蹄片和制动鼓的间隙太小	调整蹄片间隙
	前轮制动蹄支承销锈死	拆卸前轮制动蹄，打磨蹄销轴、铜套，并加入少量锂基润滑脂
制动无力、制动鼓发烫	道路的影响	多采用发动机排气制动来达到减速的目的
	驾驶操作不当	均衡地使用制动器
	制动器间隙过小	调整制动器间隙
	制动鼓变形	镗削制动鼓
	制动蹄回位弹簧松软、断裂	更换回位弹簧
	前轮制动蹄支承销锈死	拆卸前轮制动蹄，打磨蹄销轴、铜套，并加入少量锂基润滑脂

续表

故障现象	故障原因	故障排除
制动“发咬”	制动踏板无自由行程	检查气路或调整主制动阀拉杆
	制动凸轮轴烧死、卡住，回位阻力大，制动回位弹簧太软、折断	酌情修理或更换
	制动蹄和制动鼓间隙太小	调整间隙
	前轮制动蹄支承销锈死	打磨蹄销轴、铜套，并加入少量锂基润滑脂
制动噪声	制动蹄轴弯曲变形	更换制动蹄
	蹄片磨损严重，铜铆钉头露出蹄表面	更换新制动蹄片
	制动蹄片的摩擦材料不好或蹄片烧损后表面过硬	用酒精擦洗蹄片表面油污，用粗砂纸打磨
	制动蹄片铆钉松动	更换铆钉，注意铆合质量
	制动鼓内表面磨损不均匀，圆柱度误差过大	在专用车床上车削制动鼓

第五章 电气设备结构与检修

第一节 蓄电池

一、蓄电池的结构

蓄电池（俗称电瓶），是汽车上的两个电源之一，在汽车上与发电机并联，共同向用电设备供电。重型货车上使用的蓄电池为普通铅酸蓄电池，采用两组蓄电池串联而成，输出电压为 24V。

蓄电池由多个单格电池组成，每个单格电池由正极板、负极板、隔板、电解液和壳体等组成。蓄电池实物如图 5-1 所示，构造如图 5-2 所示。蓄电池壳体一般分为 3 格、6 格或 12 格等，每格均添加电解液，正、负极板浸入电解液中成为单格电池。每个单格电池的标准电压为 2.06V，3 个单格电池串联在一起成为 6V 蓄电池，6 个单格电池串联在一起成为 12V 蓄电池。

图 5-1 蓄电池实物

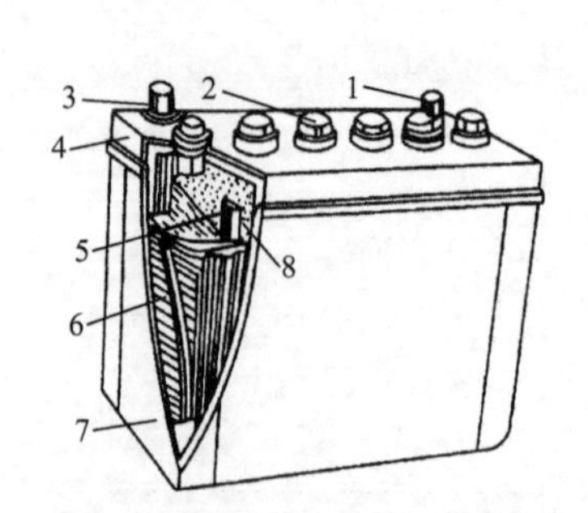

图 5-2 蓄电池构造

1—负极柱；2—带通气孔的加液口盖；
3—正极柱；4—密封盖；5—内穿壁式连接条；
6—隔板；7—外壳；8—单格隔壁

二、蓄电池的检查

1. 清洁、检查蓄电池外部

① 取下蓄电池座架防尘罩，检查蓄电池的固定情况，固定框架应无松动现象。

② 蓄电池盖和封胶应无开裂、损坏，极柱应无烧损，壳体应无泄漏处，否则应将蓄电池从车上拆下予以修复或更换。

③ 检查电线夹头应不松动，否则应予拧紧。

④ 堵塞加液口盖上的通气孔，拧紧加液口盖，用温水刷洗蓄电池外部的灰尘泥污，然后用碱水擦洗蓄电池上部和极柱、夹头，必要时将夹头拆下清洁极柱。

维修提示：

◆擦干蓄电池外部，疏通加液口盖通气孔，拧紧加液口盖，极柱和夹头应涂一薄层工业凡士林或润滑脂。

2. 检查电解液液面高度

① 用内径 4～6mm、长约 150mm 的玻璃量管垂直插入加液口内，直到极板的边缘为止，然后用拇指压紧上管口，将量管取出，管中电解液柱的高度，即为蓄电池内电解液液面高出极板的高度，应为 10～15mm。

② 液面过低时，应补加蒸馏水，不允许加入自来水、河水或稀硫酸。

3. 检查电解液密度

① 拧下单格电池的加液口盖，用温度计测量电解液温度，记下当时的温度。

② 用密度计从加液口吸出电解液至密度计内的浮子漂起时为止，观看读数时，应使浮子漂在玻璃管中央而不与管壁接触，并把密度计提至与眼睛视线平齐的位置，以免影响读数的准确性。在蓄电池大电流放电和添加蒸馏水后，不要马上测量密度，因为此时电解液还没有混合均匀，所测的密度不准确。

③ 同一蓄电池各单格的电解液密度相差不应超过 $0.01g/cm^3$，如某一单格密度下降过大，则该单格内部可能有故障，应用高率放电计进一步检查。

三、蓄电池的充电

蓄电池的充电作业方法通常有恒压充电、恒流充电和脉冲快速充电三种，目前比较流行的充电方法是脉冲快速充电。蓄电池的充电作业根据使用情况，分初充电和补充充电两种工艺过程。

1. 蓄电池充电作业注意事项

① 严格遵守各种充电方法的操作规范。

② 充电过程中，要及时检查记录各单格电池电解液密度和端电压。在充电初期和中期，每 2h 检查记录一次即可，接近充电终了时，每 1h 检查记录一次。

③ 若发现个别单格电池的端电压和电解液密度上升比其他单格电池缓慢，甚至变化不明显时，应停止充电，及时查明原因。

④ 在充电过程中，必须随时测量各单格电池的温度，以免温度过高影响蓄电池的性能。当电解液温度上升到 40℃时，应立即将充电电流减半，减小充电电流后，如电解液温度仍继续升高，应停止充电，待温度降低到 35℃以下时再继续充电。

⑤ 初充电作业应连续进行，不可长时间间断。

⑥ 充电时，应旋开通气孔盖，使产生的气体能顺利逸出，充电室要安装通风和防火设备，在充电过程中，严禁烟火，以免发生事故。

⑦ 就车充电时，一定要将蓄电池负极断开，否则充电机的高电压会将电控系统的电气元件损坏。

⑧ 如果蓄电池长时间未在行车中使用，如库存车蓄电池等，必须以小电流进行充电。

维修提示：

◆对过度放电的蓄电池（空载电压为 11.6V 或更低）进行充电，不可采用快速充电方法充电，这种蓄电池充电时间应为 24h 左右。

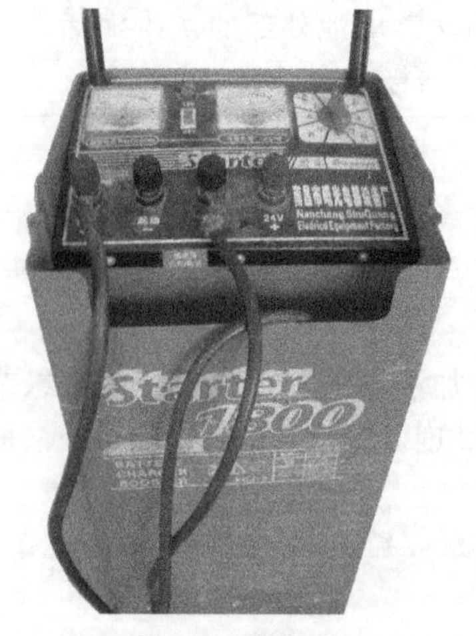

图 5-3　充电机

2. 蓄电池充电作业方法

目前较常用的充电机如图 5-3 所示。

① 在将蓄电池与充电机连接前，应将蓄电池极柱和表面清理干净，将液面高度调整至正常水平。

② 按图 5-4 所示正确连接充电机和蓄电池。

③ 将充电机上的电压调节旋钮调至最小位置。

④ 打开交流电源开关。

⑤ 打开充电机上的电源开关，调节电压旋钮，观察电流表读数，直到电流表读数指示出所确定的电流值为止(按照充电规范，确定充电电流大小)。

⑥ 通过加液口观察蓄电池的内部情况，用万用表测量蓄电池两端的电压，当有连续气泡冒出或连续 3h 电压不变时，应停止充电。

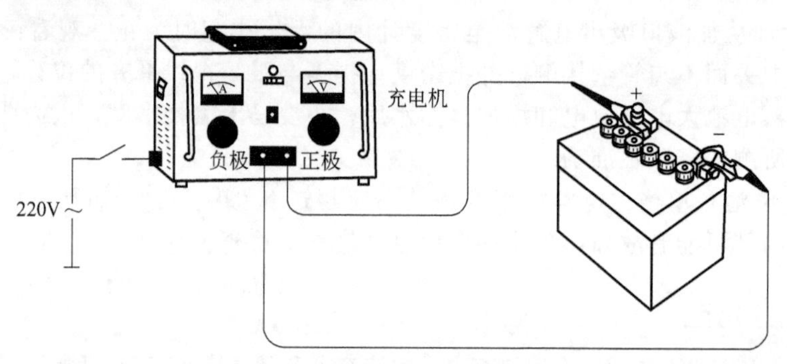

图 5-4　连接充电机与蓄电池

第二节　发电机

一、发电机的结构

如图 5-5 所示，发电机采用内装晶体管集成电路电压调节式的自整流交流发电机，其功率可达 750W，该发电机是 3 相 12 极，其中除有 6 个整流二极管负责全波整流外，还有 3 个功率较小的二极管专门负责磁场线圈励磁。

二、发电机的检查

1. 拆卸发电机

① 取下电源开关钥匙，切断励磁电路。

② 拆下交流发电机接线柱上的导线，将从电枢接线柱上拆下的红色粗导线用绝缘布包扎好，以防搭铁。

③ 按顺序松开发电机固定螺栓和锁紧螺母，调整螺栓上的锁紧螺母，旋动调整螺栓，放松传动带，将传动带取下。

④ 卸下固定螺栓和夹紧螺母，取下交流发电机。

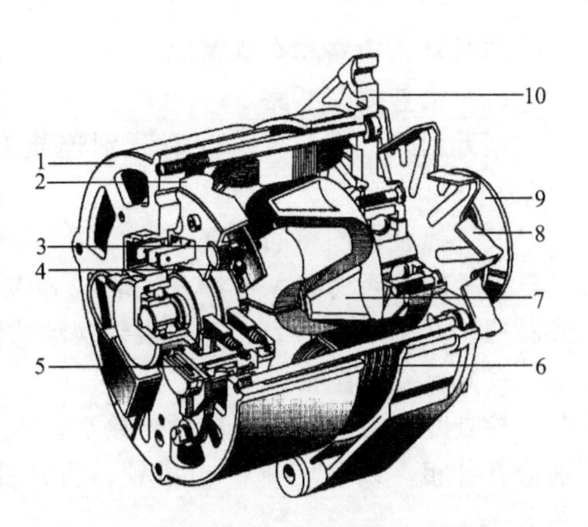

图 5-5　自整流交流发电机结构

1—后端盖；2—护板；3—二极管；4—极板；5—晶体管调节器；6—定子；7—转子；8—风扇；9—带轮；10—前端盖

2. 分解发电机

① 将发电机外部油污擦拭干净，拧下带盘固定螺母，取下带盘及半圆键。

② 拧下固定元件板用的接线柱上的固定螺母，将元件板从电枢接线柱上取下。

③ 用电铬铁烫脱正极管引线和电枢线圈线头的焊点，把元件板和整流器端盖分离。

④ 取下整流器端盖上电刷检视孔上的橡胶塞，用旋具辅助将电刷从电刷架上拔出。

⑤ 拧下固定两端盖的三个贯通固定螺栓。

⑥ 用橡胶锤轻击两端盖，使其从定子铁芯上松脱下来。若过紧，可用拉器先拆下传动带轮一侧的端盖。

⑦ 从整流器端盖上拆下转子。

⑧ 从整流器端盖上拆下定子，定子线圈的导线不能反复折弯，以防折断。

⑨ 拧下整流器端盖上电刷架盖固定螺钉，取下电刷架盖。

⑩ 拆下两电刷，拆下端盖轴承。

3. 检查转子

转子是发电机的磁场部分，实际使用中常出现问题的是线圈和集电环。

（1）检查线圈断路、短路

转子线圈正常的电阻为 9Ω。用万用表或试灯检查时，将万用表两表笔或试灯两触针分别与转子两集电环相触，若表针不动或试灯不亮，表明有断路故障，若电阻过小，在 6Ω 以下，则表明有匝间短路故障。

（2）检查线圈搭铁

用万用表或试灯检查时，将万用表两表笔或试灯两触针分别与转子轴相触，若表针动或试灯亮，表明有搭铁故障。

（3）检查集电环

集电环表面如果不光滑或有烧损现象会影响发电机的正常工作。轻微烧损可用 00 号砂布打光；严重烧损、刮伤和失圆超过 0.03mm，必须在车床上精车，而不能用手工对集电环局部打光，否则集电环在运转中电刷会跳动，容易造成火花，加快集电环烧蚀。集电环允许最小直径为 31.5mm。

（4）检查爪极在轴上的固定情况

爪极在转子轴上应固定牢固，不能有松动，否则会影响转子线圈建立磁场。

4. 检查定子

检查定子线圈，主要是外部观察导线是否折断，线头连接处是否脱焊，导线绝缘漆有无老化损伤，以及定子铁芯内圆周面有无刮擦痕迹。当外部检查没有问题时，应进一步检查定子线圈断路、短路和搭铁情况。

(1) 检查线圈断路

用万用表检查，将两表笔分别连接在每相绕组的首尾两端，若表针不动，表明该相断路。

(2) 检查线圈相间短路

各相间是否短路，可用万用表或80V交流试灯检查。方法是拆开星形连接点，将表笔或触针接在两相引出线上，如表针摆动或试灯亮，表明该两相间短路。

(3) 检查线圈搭铁

检查时，可先不分开星形连接点，若发现存在搭铁故障时，则必须分开星形连接点，分别检查各相，以确定哪一相搭铁。方法是将试灯的两触针分别连接在线的一端和定子铁芯上。

5. 检查二极管

检查二极管的故障可使用万用表测量其电阻来确定。测量前，应将二极管的引线与其他零件脱离，以便逐个对二极管进行检查。

(1) 检查正极管

元件板上的3个二极管，其引线是二极管的阳极。测量时，用万用表的电阻挡。将黑表笔接二极管的引线，红表笔接二极管的外壳，所测的二极管正向电阻应较小，为8～10Ω，然后两表笔换位，测二极管反向电阻应很大，在10000Ω以上。以上表明二极管良好。若出现正、反向电阻均极小，则说明二极管已短路；若正、反向电阻均较大，则说明二极管内断路。正极管外壳有红字。

(2) 检查负极管

整流端盖上的3个二极管为负极管，其引线是二极管的阴极。测二极管正向电阻时，应将黑表笔接二极管外壳，红表笔接二极管的引线；测反向电阻时，应将两表笔换位。负极管外壳印有黑字。

(3) 检查励磁二极管

3个励磁二极管安装在一块绝缘板上，黑色外壳靠近白色环形标记的一端为阴极，3个阴极焊接在一起。检查前应将它们烫脱。励磁二极管的检查方法与前述相同。

6. 检查电刷及电刷架

① 电刷长度应符合要求，当磨损到14mm时，应换新件。

② 电刷表面应无油污，并具有圆弧接触面，电刷在电刷架内应能上下自由活动。

③ 电刷弹簧弹力小于2.94～3.92N或折断时，应更换弹簧。

7. 检查轴承及绝缘垫

① 轴承应转动灵活，且无明显的径向间隙，内、外滚道和滚珠无麻点。

② 用锂基润滑脂润滑轴承。

③ 检查各绝缘垫片有无折裂、损坏。

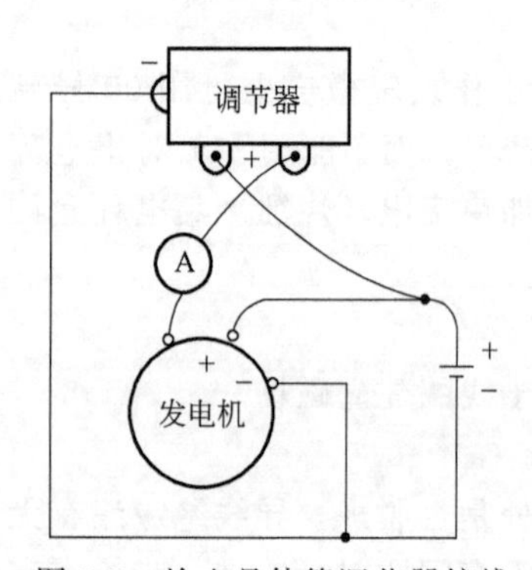

图5-6 检查晶体管调节器接线

8. 检查晶体管调节器

晶体管调节器因内部元件用封胶密闭，故无需维护和调整，但在使用中应检查其技术状态。检查晶体管调节器应在电气试验台上进行，也可就车检查。方法如下。

① 在调节器DF（磁场）接柱和发电机DF（磁场）接柱之间串入一个量程为5A的电流表（图5-6），用来检查励磁电

流与发电机转速之间的关系。

② 慢慢提高发电机转速，若电流表的读数始终为零，一般多为控制励磁回路的大功率晶体管断路，发电机在运行中将出现不充电现象。

③ 如果电流表的指针在低速时指示某一读数，当转速升高时，随转速的升高而增加，可能是大功率晶体管短路，不能截止，或稳压管和小功率晶体管不起作用，发电机在运行中将出现发电机端电压过高、烧损灯泡、蓄电池过充现象。

维修提示：

◆如果电流表的读数随转速的升高逐渐减小，则表示调节器技术状态良好。

三、发电机的故障诊断

1. 发电机常见故障的诊断

有的货车装用两种发电机，一种是有刷式发电机，另一种是无刷发电机。两种发电机工作原理完全相同，只是结构和励磁方式略有区别。

发电机常见故障如下。

① 闭合钥匙开关后，充电指示灯不亮。当钥匙开关闭合后，在没有启动发动机前，充电指示灯应当点亮。闭合钥匙开关后，充电指示灯不亮说明发电机励磁回路断路。此时，可将发动机线束插接器X56/3拔开，用一根搭铁线与X56/3插头的端子1（浅蓝色线）连线。若此时充电指示灯不亮，说明故障在充电指示灯线路一侧，可检查充电指示灯H2/3本身和熔丝F10是否完好。若此时充电指示灯点亮，说明故障在发电机励磁回路，应拆检发电机，对电压调节器和励磁线圈进行检查。有刷式发电机应对电刷与滑环的接触进行检查。发电机励磁线圈的电阻应在10Ω左右。

维修提示：

◆电压调节器内部开路，电刷与滑环接触不良，励磁线圈断路，都会引起这种故障。

② 发动机启动运转后，充电指示灯常亮。这说明发电机不发电。此时可拔下发电机D＋端子的连线。如果充电指示灯熄灭，显然故障在发电机内部；如果指示灯仍然点亮，说明充电指示灯线路外部有搭铁现象。发电机内部故障一般是整流二极管短路或断路、定子线圈短路或断路产生的发电机不发电。整流二极管烧损的一个主要原因是蓄电池反接。

维修提示：

◆在更换蓄电池时，应特别注意蓄电池的极性，不要将搭铁线与火线接错。

充电指示灯的外部线路搭铁时，即使是正常的发电机也不会发电。

③ 发动机在怠速时充电指示灯闪亮，高速时熄灭。此故障说明发电机工作不正常，发电量不足。遇有这样故障，首先应检查发电机V带是否松弛，如果V带松紧度是合适的，那么故障在发电机内部，这种故障一般是发电机整流回路部分二极管损坏或三相线圈中的一相断路造成的。

④ 发动机在怠速运转时充电指示灯熄灭，高速时闪亮。这一般是由于发电机转子与定子偏心，转子轴承松旷，使发电机在运转过程中出现“扫膛”现象。发电机在高速运转时定子与转子摩擦严重就会产生这种故障。

⑤ 发动机启动运转后，充电指示灯熄灭，但发动机转速表不工作。发动机的转速表实际上是一个频率表，它的信号取自发电机W接线柱上的一相火线，它测量和指示的实际上是发电机的频率，也就是转速，然后根据发电机与发动机V带轮的速比，在仪表盘上对应

标刻出发动机的转速。

充电指示灯熄灭，说明发电机工作正常，故障一般在连接线路或仪表本身，特别注意插接件是否接触不良。用万用表测量转速表的输入线（浅蓝、紫、黑三色线）中测得有12V电压，则说明仪表本身损坏。

维修提示：

在实际工作中，一般常用万用表测量的方法初步判断发电机的故障。

◆首先测量电压调节器。有刷式发电机的电压调节器为三端器件，无刷式发电机的电压调节器为四端器件，用万用表的电阻挡正、负（红、黑）表笔反复测量相同的两个端子，万用表显示同时为零或无穷大时，说明调节器损坏。

◆发电机外壳与W端子间的正向电阻为450Ω，反向电阻为无穷大（即表笔反接）。

◆W端子与B+、D+端子的正向电阻都为450Ω，反向电阻为无穷大。

◆B+、D+端子之间，正常时电阻测得都是无穷大。

◆当进行该项检测时，电阻显示为零时，有两种可能：一种是3个共阳极整流二极管中，至少有1个被击穿短路；另一种可能就是定子线圈绝缘损坏与铁芯短路。

◆如果测试的结果与上述数值大致相等时，则表明该发电机大体上是好的，但不排除定子线圈或个别整流二极管内部断路的情况。

◆如果检测到两端子之间的正向电阻为零或无穷大时，即表示该端点之间的3个整流二极管中，出现某个被击穿短路或全部被击穿短路的故障。

2. 发电机工作中的注意事项

为保证发电机正常工作，应在实际工作中注意以下几点。

① 装车的蓄电池应当是电量充足的，如果汽车蓄电池亏电，若依靠外接电源或用拖拽的方法使发动机着火，为蓄电池充电，将极易造成发电机过载烧损。

② 发动机工作以后，不得整理电气线路或进行电路维修，以避免出现电源短路故障，因为电路中一旦产生短路电流，首先遭受冲击、损害的是发电机，这是造成整流二极管损坏的主要原因。

③ 电路中不得随意加装标准配置之外的电器，若确实需要增容的部分超过原功率的25%，则需选装大一级功率的发电机。

④ 新型发电机有较高的效率，原因在于其机械加工的精度较过去的产品有很大提高，转子与定子之间的气隙只有0.1mm，这样对V带张力调整的要求就更为严格。有时出现发动机转速表实际读数较低的情况，就是发电机V带过松造成的，需将其调紧一些。

维修提示：

◆V带过紧是造成发电机早期损坏的主要原因之一，并且往往由此引发相邻机械部件被损毁的连带性故障。

第三节　起动机

一、起动机的结构

德国博世（BOSCH）公司生产的K.B型齿轮移动式起动机结构如图5-7所示，额定电压为24V，额定功率为5.4kW，采用电磁式操纵。

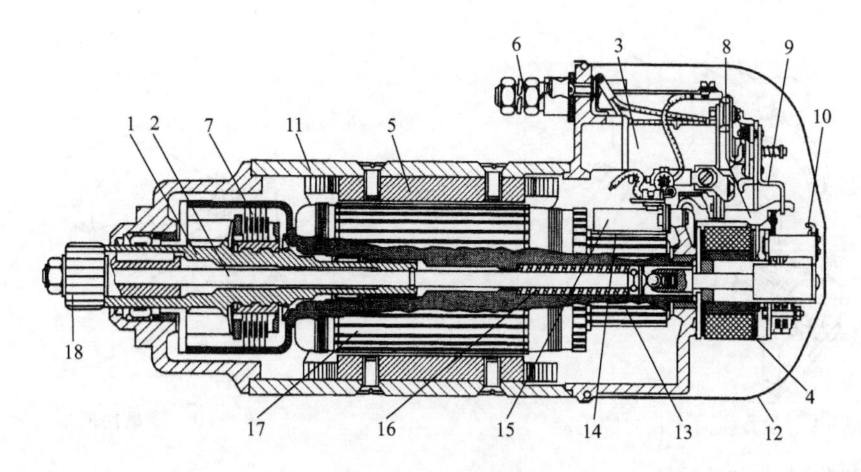

图 5-7　起动机结构

1—花键轴；2—移动齿轮轴；3—启动继电器；4—联动继电器；5—磁极；6—30 接线柱；7—单向离合器；8—凸缘；9—接触桥动触点；10—推动杆；11—壳体；12—后罩盖；13—换向器；14—电刷；15—电刷架；16—回位弹簧；17—电枢（转子）；18—驱动齿轮

二、起动机的检修

清洗金属零件，用干净布蘸汽油擦拭电枢和磁场线圈，用压缩空气吹干。

1. 检查启动继电器

① 观察启动继电器接电桥上下触点状况，发现触点烧蚀凸凹不平，应修磨平整。

② 用万用表检查启动继电器线圈有无断路、短路和搭铁故障。

2. 检查联动继电器

① 检查联动继电器上的锁止臂、移动臂有无变形和卡滞现象。

② 用万用表检查联动继电器的吸引线圈和保持线圈有无断路、短路和搭铁故障。

③ 联动继电器活动铁芯的轴向移动应灵活自如、无卡滞现象。

④ 检查联动继电器铁芯上的解脱凸缘有无磨损变形和移位现象。

3. 检查起动机电枢轴

用千分表检查起动机电枢轴是否弯曲，如图 5-8 所示。若摆差超过 0.1mm，应进行校正。电枢轴上的花键齿槽严重磨损或损坏，应进行修复或更换。

电枢轴轴颈与衬套的配合间隙不得超过 0.15mm，间隙过大，应更换新套，进行铰配。

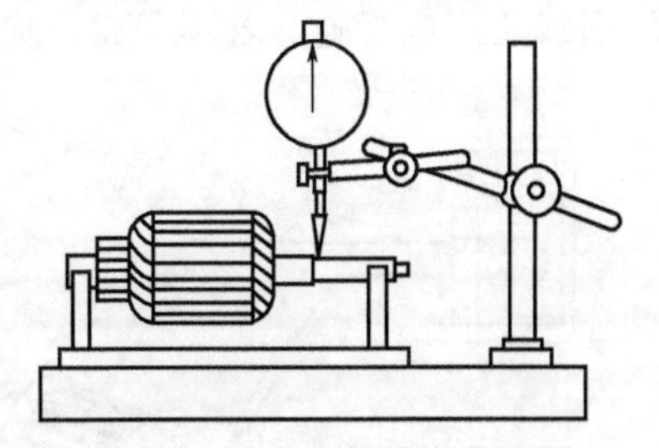

图 5-8　检查电枢轴弯曲程度

4. 检查起动机换向器

① 检查换向器有无脏污和表面烧蚀，若脏污应清理，若烧蚀可用 400 号砂纸或在车床上修整。

② 检查换向器径向圆跳动，如图 5-9 所示。将换向器放在 V 形铁上，用百分表测量圆周，最大允许径向圆跳动为 0.05mm。若径向圆跳动大于规定值，应在车床上校正。

③ 用游标卡尺测量换向器直径，如图 5-10 所示。其标准值为 30.0mm，最小直径为 29.0mm。若直径小于最小值，应更换电枢。

④ 检查底部凹槽深度，应清洁无异物，边缘光滑，如图 5-11 所示。标准凹槽深度为 0.6mm，最小凹槽深度为 0.2mm。若凹槽深度小于最小值，用手锯条修正。

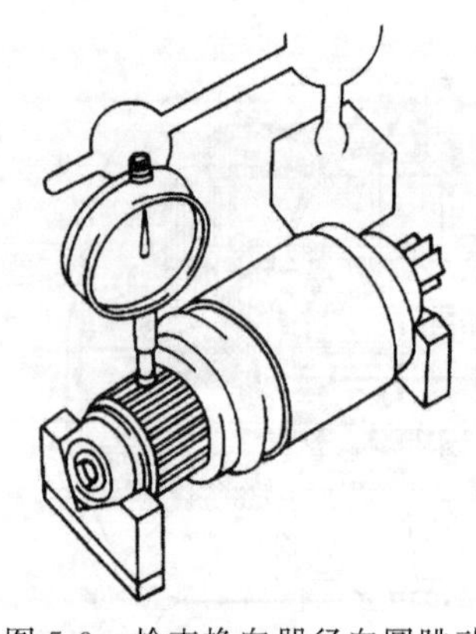

图 5-9　检查换向器径向圆跳动

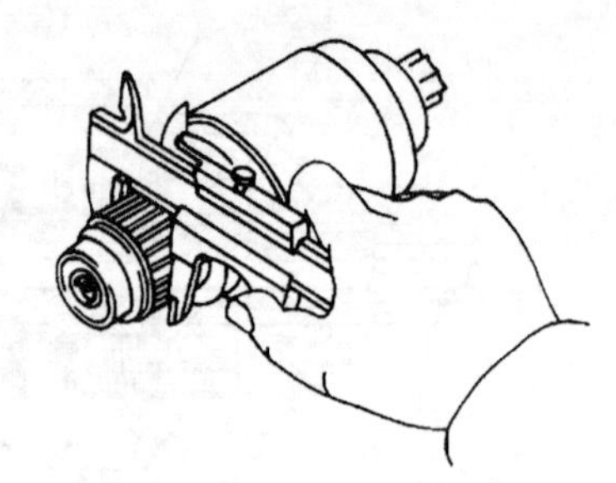

图 5-10　测量换向器直径

5. 检查起动机电枢线圈

① 检查换向器是否开路。如图 5-12 所示，用万用表检查换向片之间应导通。若不导通，应更换电枢。

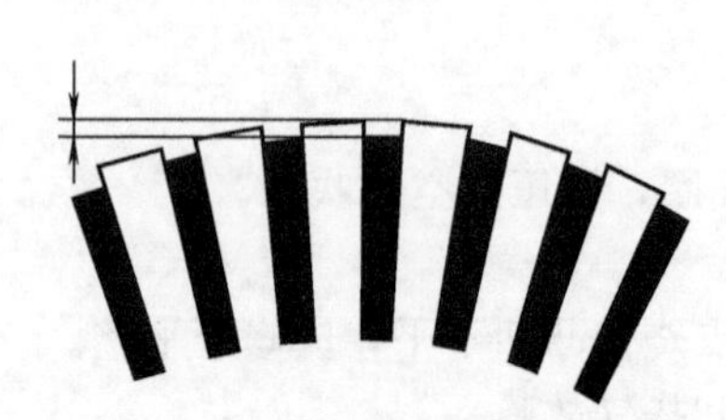

图 5-11　检查换向器底部凹槽深度

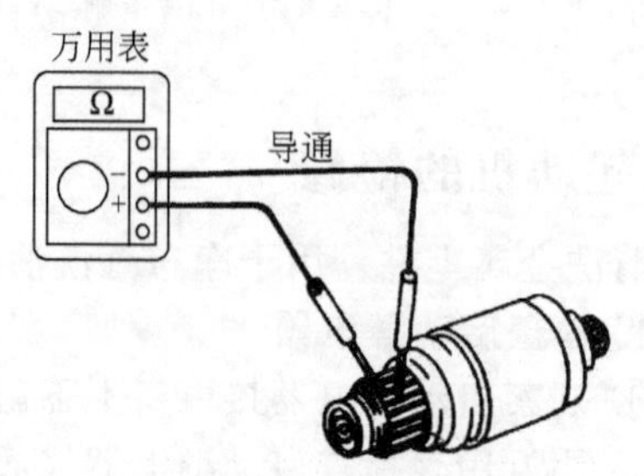

图 5-12　检查换向器是否开路

② 检查换向器是否搭铁。如图 5-13 所示，用万用表检查换向器与电枢铁芯之间应不导通。若导通，应更换电枢。

6. 检查起动机磁场线圈

① 检查磁场线圈是否开路。如图 5-14 所示，用万用表检查磁场线圈引线和磁场线圈电刷引线之间应导通。若不导通，应更换磁极框架。

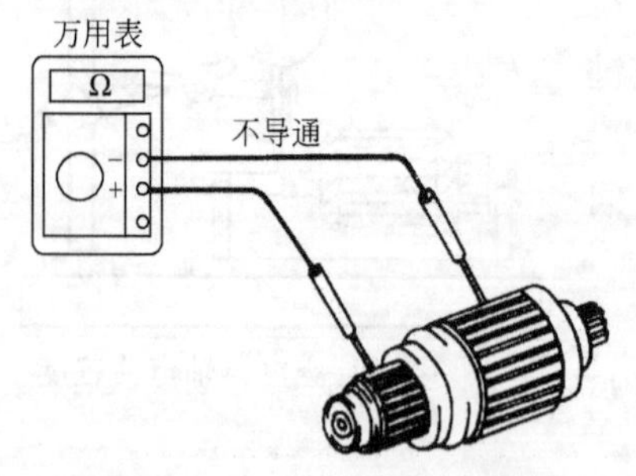

图 5-13　检查换向器是否搭铁

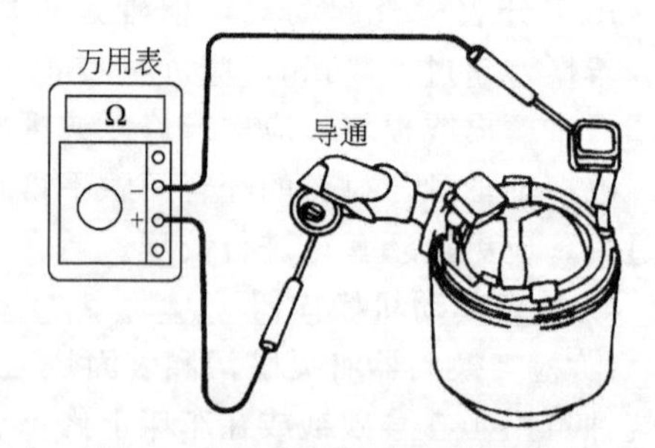

图 5-14　检查磁场线圈是否开路

② 检查磁场线圈是否搭铁。如图 5-15 所示，用万用表检查磁场线圈电刷引线与磁极框架之间应不导通。若导通，应修理或更换磁极框架。

7. 检查电刷和电刷架

① 检查电刷高度小于 10mm 时，应更换；电刷在电刷架内上下移动应灵活，无卡滞现象。

② 电刷弹簧应能将电刷可靠地压在换向器上，若弹簧折断或弹力减弱，应更换弹簧。如图 5-16 所示，读取电刷弹簧与电刷分离瞬间的拉力计读数。标准弹簧安装载荷为 17～23N，最小载荷为 12N。若载荷小于规定值，应更换电刷弹簧。

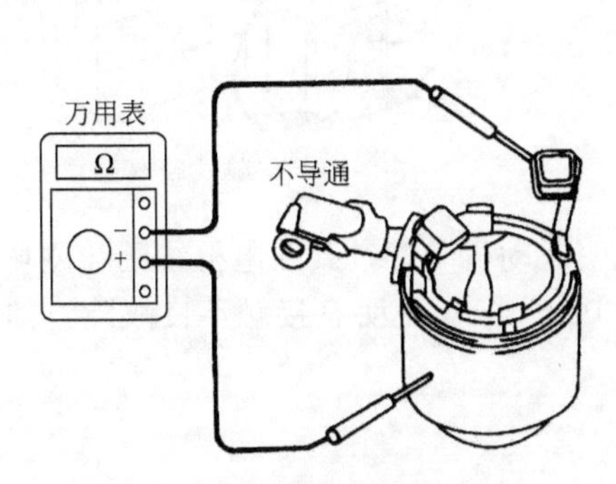

图 5-15 检查磁场线圈是否搭铁

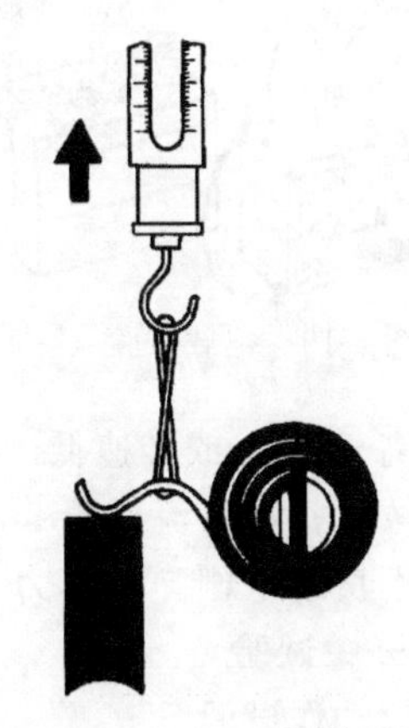

图 5-16 检查电刷弹簧载荷

③ 用万用表检查电刷架正极（＋）与负极（－）之间应不导通，如图 5-17 所示。若导通，修理或更换电刷架。

8. 检查起动机离合器驱动齿轮

① 检查离合器驱动齿轮是否严重损伤或磨损。如有损坏，应更换。

② 检查起动机离合器是否打滑或卡滞，如图 5-18 所示，可用扳手将离合器驱动齿轮夹在台虎钳上，在花键套筒中套入花键轴，使扳手接在花键轴上，测得力矩应大于规定值（24～26N・m），否则说明离合器打滑。反向转动离合器应不卡滞，否则修理或更换离合器总成。

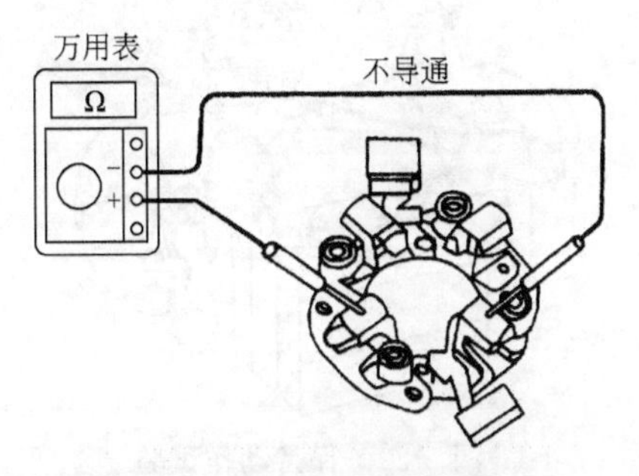

图 5-17 检查电刷架绝缘情况

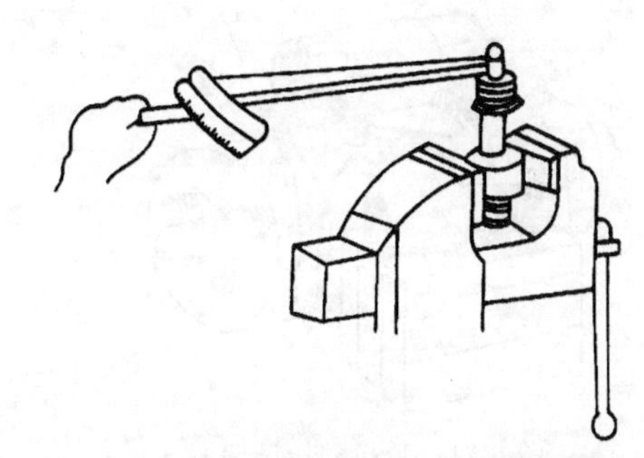

图 5-18 检查起动机离合器工作是否正常

三、起动机的测试

1. 起动机空载性能试验

试验时，先将蓄电池充足电，每项试验应在 3～5s 内完成，以防线圈被烧坏。

如图 5-19 所示，蓄电池正极与电流表正极连接（量程为 0～100A 以上的直流电流表），电流表负极与起动机 30 端子连接，蓄电池的负极与起动机外壳连接。

如图 5-20 所示，用带夹电缆将 30 端子与 50 端子连接起来，此时驱动齿轮应向外伸出，起动机应平稳运转。当蓄电池电压大于或等于 11.5V 时，消耗电流应不超过 50A，用转速表测量电枢轴的转速应不低于 5000r/min。

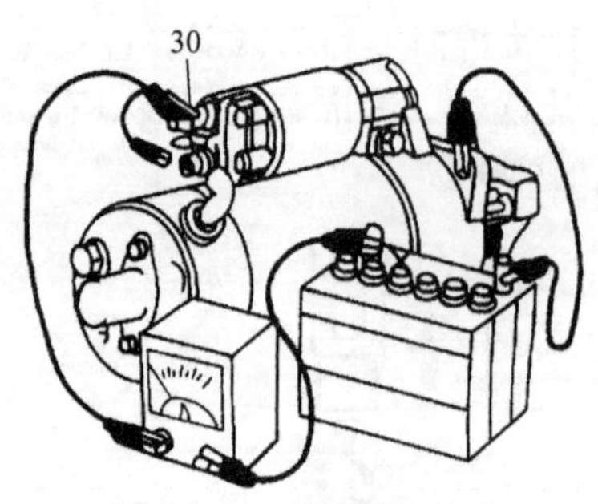

图 5-19　空载试验（一）

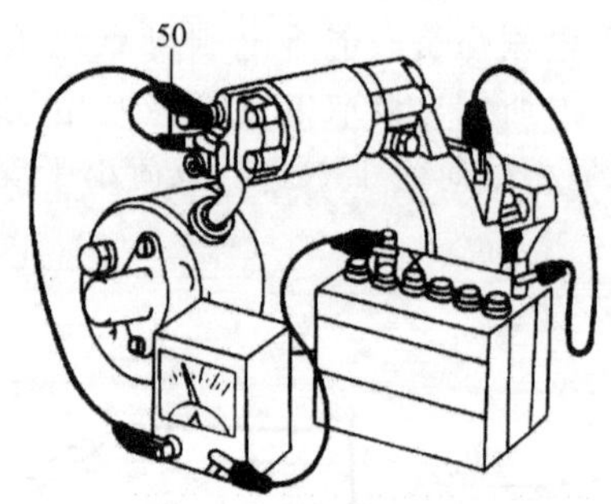

图 5-20　空载试验（二）

如电流高于 50A 或转速低于 5000r/min，说明起动机装配过紧或电枢线圈和磁场线圈有短路或搭铁故障；如电流低于 50A、转速低于 5000r/min，说明有接触不良故障，如电刷与换向器接触不良或电刷弹簧弹力不足等。

2. 电磁开关试验

（1）吸拉动作试验

将起动机固定到台虎钳上，拆下起动机端子 C 上的磁场线圈电缆引线端子，用带夹电缆将起动机 C 端子和电磁开关壳体与蓄电池负极连接，用带夹电缆将起动机 50 端子与蓄电池正极连接，如图 5-21 所示，此时驱动齿轮应向外移动。如驱动齿轮不动，说明电磁开关有故障，应予修理或更换。

（2）保持动作试验

在吸拉动作基础上，当驱动齿轮保持在伸出位置时，拆下电磁开关 C 端子上的电缆夹，如图 5-22 所示，此时驱动齿轮应保持在伸出位置不动。如驱动齿轮回位，说明保持线圈断路，应予修理。

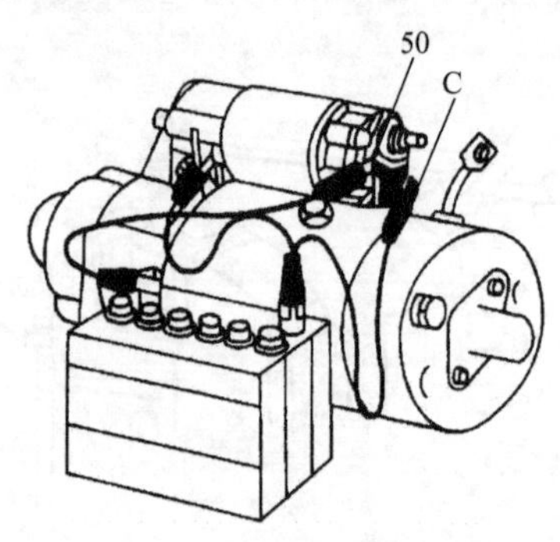

图 5-21　吸拉动作试验

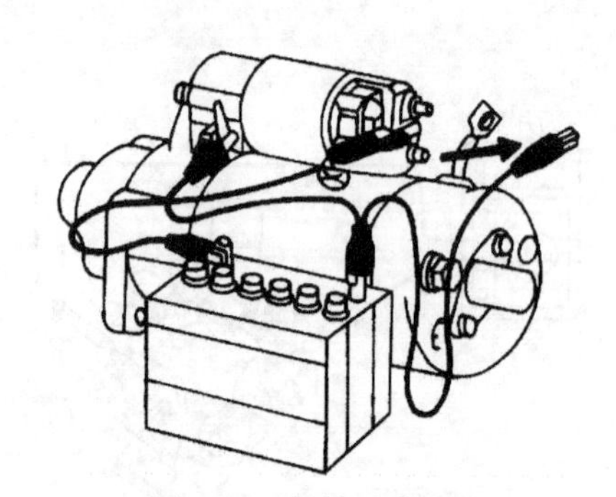
图 5-22　保持动作试验

（3）回位动作试验

在保持动作的基础上，再拆下起动机壳体上的电缆夹，如图 5-23 所示，此时驱动齿轮应迅速回位。如驱动齿轮不能回位，说明回位弹簧失效，应更换弹簧或电磁开关总成。

3. 全制动试验

如图 5-24 所示，将起动机放在测矩台上，用弹簧秤 5 测出其发出的转矩，当制动电流小于 480A 时，输出最大转矩不小于 13N·m。

四、起动机的使用与维护

1. 起动机的使用注意事项

① 启动前应将变速器挂上空挡，自动变速器的汽车应将变速杆置于 P 位或 N 位，启动

同时踩下离合器踏板。

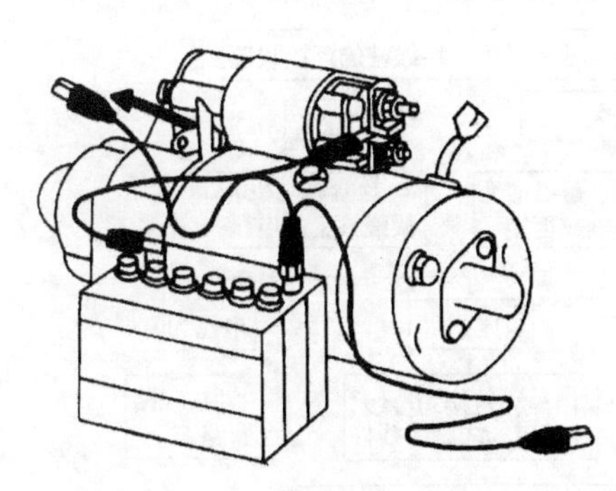

图 5-23　回位动作试验

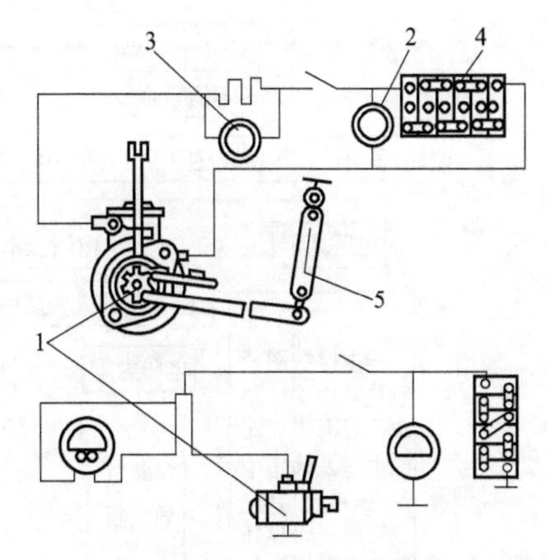

图 5-24　全制动试验

1—起动机；2—电压表；3—电流表；4—蓄电池；5—弹簧秤

② 每次接通起动机的时间不得超过 5s，两次之间应间歇 15s 以上。

③ 当发动机启动后应立刻松开点火开关，切断 ST 挡，使启动机停止工作。

④ 经过三次启动，发动机仍没有启动着火，则停止启动，进行简单的检查，如蓄电池的容量、极柱的连接、油电路等，否则蓄电池的容量将严重下降，启动发动机变得更加困难。

2. 起动机的维修注意事项

① 在车上进行启动检测之前，一定要将变速器挂上空挡，并实施驻车制动。

② 在拆卸起动机之前，应先拆下蓄电池的搭铁电缆线。

③ 有些起动机在起动机与法兰盘之间使用了多块薄垫片，在装配时应按原样装回。

五、起动机的故障诊断

1. 起动机不转动

（1）故障现象

接通点火开关至启动挡，起动机不转动。

（2）故障原因

① 蓄电池内部有故障或严重亏电。

② 蓄电池接线柱严重锈蚀或导线连接松动。

③ 点火开关启动挡接触不良。

④ 电磁开关吸拉线圈或保持线圈出现断路、短路故障；接触盘与接触头严重烧蚀。

⑤ 换向器严重油污或烧蚀。

⑥ 电刷磨损严重；电刷弹簧过软、折断或电刷在电刷架内卡住，以致电刷与换向器不能接触。

⑦ 起动机电枢线圈或磁场线圈断路、短路。

⑧ 起动机与蓄电池间连接导线断路。

⑨ 中央线路板内部线路或连接导线断路。

（3）故障诊断与排除

起动机不转动故障诊断与排除如图 5-25 所示。

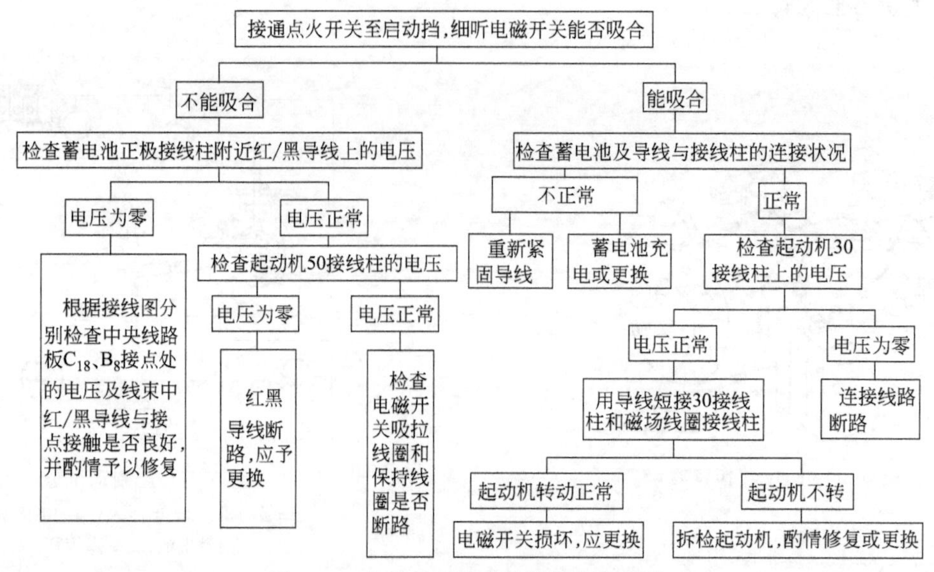

图 5-25　起动机不转动故障诊断与排除

2. 起动机转动无力

(1) 故障现象

接通点火开关至启动挡，起动机转动缓慢无力，发动机曲轴转速太低，甚至启动时发出“咔喀”一声响后便不再转动。

检查蓄电池接线柱与导线连接状况
良好
松动、锈蚀
检查蓄电池放电程度
紧固、清洁
放电不超过50%
放电超过50%
检查起动机30接线柱上的电压
蓄电池充电或更换
低于9.5V
高于9.5V
导线接触不良
用导线短接30接线柱和磁场接线柱
修复
运转正常
运转不良
电磁开关损坏
检修起动机
更换
酌情修复或更换

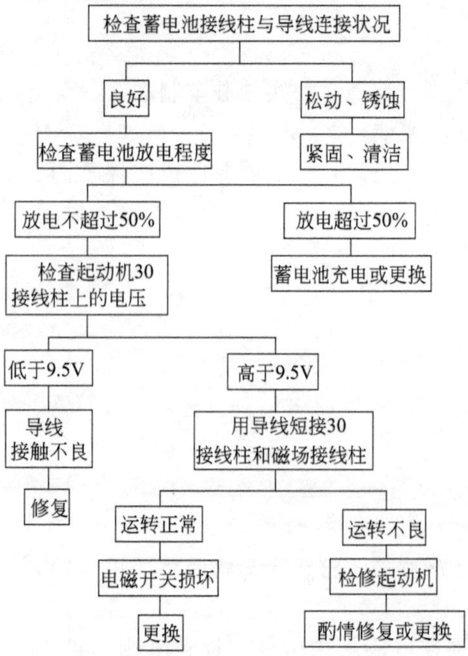

图 5-26　起动机转动无力故障诊断与排除

(2) 故障原因

① 蓄电池内部有故障或亏电。

② 蓄电池接线柱与导线接触不良。

③ 电磁开关接触盘与接触头接触不良。

④ 换向器与电刷接触不良。

⑤ 电枢线圈或磁场线圈匝间短路。

⑥ 前、后支承衬套磨损严重或转子轴弯曲致使电枢与磁极相碰。

(3) 故障诊断与排除

起动机转动无力故障诊断与排除如图 5-26 所示。

3. 起动机空转

(1) 故障现象

接通点火开关至启动挡，起动机高速空转，但发动机曲轴不转动。

(2) 故障原因

① 单向离合器打滑。

② 拨叉与电磁开关或单向离合器与拨叉环脱开。

③ 飞轮齿圈或驱动齿轮损坏。

④ 起动机电枢轴支承衬套磨损严重。

(3) 故障诊断与排除

① 将曲轴转动一定角度后重新启动发动机，若启动正常，说明飞轮齿圈少数轮齿损坏，

应更换齿圈。

② 若起动机仍然空转，应拆下起动机检查变速器壳上电枢轴支承衬套是否磨损严重。

③ 若衬套良好，应检查单向离合器是否打滑，驱动齿轮是否损坏，拨叉与电磁开关是否脱开，拨叉各铰接部件是否磨损松旷等，并酌情予以修复或更换。

4. 电磁开关吸合不牢

(1) 故障现象

接通点火开关至启动挡，电磁开关吸合不牢，发出“嗒嗒”声。

(2) 故障原因

① 蓄电池亏电或内部有故障。

② 蓄电池接线柱与连接导线接触不良。

③ 电磁开关的保持线圈存在断路故障。

(3) 故障诊断与排除

① 检查蓄电池连接导线处有无松动、锈蚀。若松动，应紧固；若锈蚀，应拆下连接导线，用00号砂纸清洁接线柱和夹子后重新紧固。

② 检查蓄电池的放电程度，若亏电严重，应进行充电或更换。

③ 若蓄电池正常，应检查电磁开关保持线圈是否断路。若有断路故障，应予以更换。

5. 起动机单向离合器不回位

(1) 故障现象

启动发动机时，发动机不能启动且起动机不停转动或启动后驱动齿轮仍然与飞轮齿圈啮合高速运转。

(2) 故障原因

① 点火开关启动挡不回位。

② 起动机驱动齿轮齿形与飞轮齿圈齿形不相符。

③ 蓄电池亏电或内部有故障。

④ 电磁开关触点烧蚀严重。

⑤ 电磁开关回位弹簧折断、活动铁芯卡住。

⑥ 单向离合器在转子轴上卡住。

(3) 故障诊断与排除

① 遇此故障时，应迅速切断电源，防止长时间通电烧坏起动机。

② 切断电源后，若单向离合器能自动回位，应检查点火开关启动挡回位是否良好，不符合要求时，应予以更换。

③ 若单向离合器不能回位，再转动曲轴检查单向离合器是否回位，回位时应检查蓄电池的放电程度及电磁开关触点是否严重烧蚀，并酌情予以充电或更换。不回位则应拆检起动机，检查电磁开关回位弹簧是否折断，活动铁芯是否卡滞，单向离合器在电枢轴上移动是否灵活，并酌情予以修复或更换。

6. 热车时起动机不转

(1) 故障现象

热车熄火后，随即启动发动机时，电磁开关无反应，但冷车时启动正常。

(2) 故障原因

电磁开关吸拉线圈、保持线圈温度升高后，因绝缘性能下降而产生短路或搭铁。

(3) 故障诊断与排除

发动机热状态时起动机不转，待发动机降温后，重新启动，若起动机运转正常，说明电磁开关有故障，应更换。

第四节　组合仪表

一、组合仪表的组成

货车的组合仪表主要由机油压力表、双针气压表、指示及信号灯、启动按钮、车速里程表或行驶记录仪、发动机转速表或室外温度表（为冬季公路维护用车辆的选用件）、冷却液温度表、燃油表、前照灯调节旋钮等组成。

图 5-27 所示为仪表盘布置。

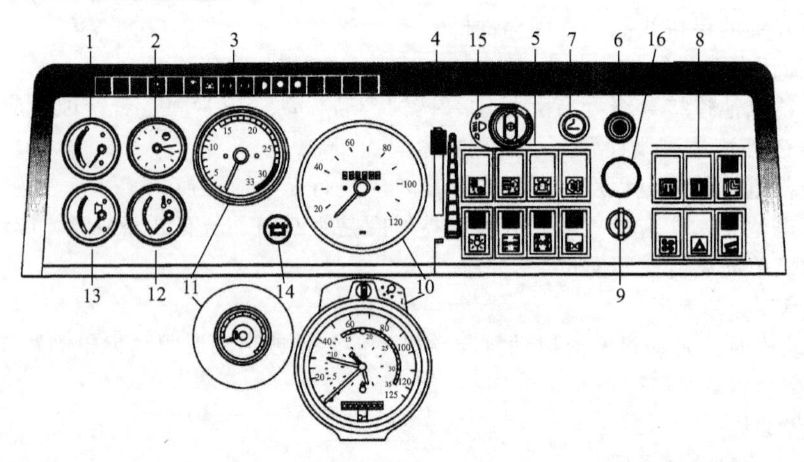

图 5-27　仪表盘布置

1—机油压力表；2—双针气压表；3—指示及信号灯；4—手油门；5,8—跷板开关；6—启动按钮；7—点烟器；9—启动/电源钥匙开关；10—车速里程表或行驶记录仪（选用）；11—发动机转速表或室外温度表（选用）；12—冷却液温度表；13—燃油表；14—液罐车用蓄电池“紧急切断”总开关；15—前照灯调节旋钮；16—差速锁信号灯

图 5-28 所示为新款车辆仪表盘。仪表盘的左侧是跷板开关，右侧也是跷板开关，中间

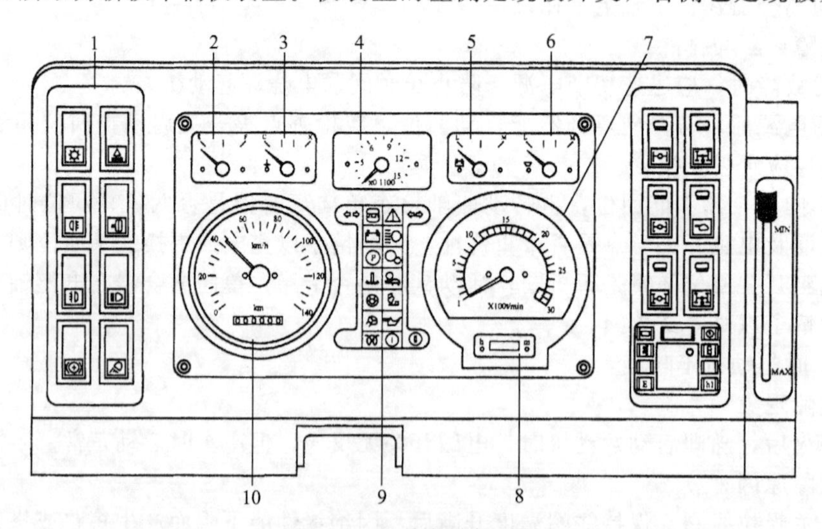

图 5-28　新款车辆仪表盘

1—跷板开关；2—燃油表；3—冷却液温度表；4—气压表；5—电压表；6—机油压力表；7—电子车速里程表；8—时钟；9—指示灯；10—电子转速表

部位是警报指示系统。跷板开关的具体位置视不同车型而不同，跷板开关的标识符号见表5-1，指示灯与信号灯标识符号如图5-29所示。

表5-1　新款汽车跷板开关标识符号

灯光总开关	危急警报	后视镜加热	雾灯	后雾灯	警告灯	风扇	二级风窗玻璃加热	取力器	全轮驱动
轮间差速器锁止	远光灯	工作灯	座椅加热	空气悬架升降	分动器取力器	分动器空挡	分动器越野挡/公路挡	空气悬架	玻璃升降
顶灯	轴间差速器锁止	支承轴提升	顶灯	电源总开关	ABC越野开关	自动限速			

二、组合仪表的故障诊断

1. 机油压力表与燃油表故障

机油压力表与燃油表的结构及电气特性基本相同，其传感器电气特性也大致一样，即仪表指示零位时，传感器电阻为8Ω左右，仪表指示在满刻度位置时，传感器电阻为200Ω左右。

正常情况下，钥匙开关闭合后，机油压力表的指针应动一下，启动发动机后，指针慢慢指示发动机机油压力值，副燃油表则应指示实际油量位置。如果在开关闭合后，仪表指针均不动作，一般是电路问题，应检查仪表熔丝（可用试灯检查仪表电源线）。如果仪表电源线有电，则是仪表本身的问题。

如果开关闭合后，仪表指针指示最高位，则可用仪表与传感器的连接导线直接搭铁，若仪表指针回落，则说明故障在传感器，如果指针仍保持高位不动，说明故障在仪表内部。

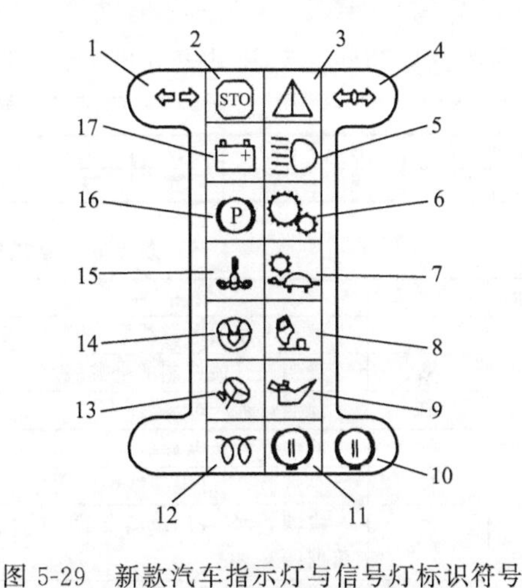

图5-29　新款汽车指示灯与信号灯标识符号
1—主车转向指示灯；2—警告停车指示灯；3—公共警报指示灯；4—拖、挂车转向指示灯；5—远光指示灯；6—前置副箱指示灯；7—低挡指示灯；8—驾驶室锁止警告灯；9—机油压力警告灯；10—中桥制动回路低气压警告灯；11—前桥制动回路低气压警告灯；12—预热指示灯；13—转向油位警告灯；14—空滤堵塞警告灯；15—冷却液温度警报灯；16—驻车制动回路低气压警告灯；17—充电指示灯

2. 冷却液温度表故障

冷却液温度表的特性与上述两仪表正好相反，当传感器出现短路搭铁时，冷却液温度表指示高位，当传感器完全断路时，冷却液温度表指示低位。

冷却液温度表传感器是一个热敏电阻，在0℃时其电阻为1000Ω左右，在100℃时，其电阻为 38Ω 左右，根据这一特性不难判断它们的故障位置。

第五节　全车线路

一、斯太尔汽车全车线路

1. 全车线路

斯太尔汽车全系列采用同一模式的电气线路，各车型仅在不同功能的选装系统上有所区别。为了区别不同连接导线在整车电气安装线路中的作用，各连接导线用三种颜色加以区分，用三位字母和不同数字来表示导线的三种颜色与编号，如图 5-30 所示。

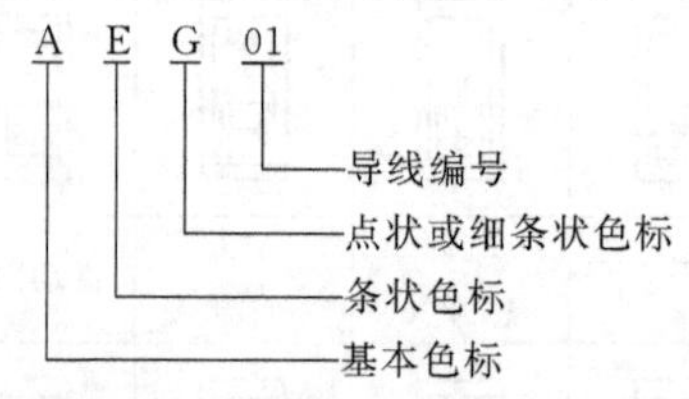

图 5-30　导线颜色与编号示例

图 5-30 中的示例表示该导线的主要基本色为红色，在红色基色上面有灰色条状标记，同时在灰色条状标记上还有紫色点状标记，或在灰色条状标记旁有紫色细条状标记，导线编号为 01 号。

导线色标与颜色对照见表 5-2。导线的色标与其线路性质对照见表 5-3。

表 5-2　导线色标与颜色对照

字母	A	B	C	D	E	F	G	H	I	L	M	N	K
色符	红	黑	白	黄	灰	绿	紫	橙	深蓝	棕	无色	粉色	浅蓝

表 5-3　导线色标与其线路性质对照

色标	颜色		线路性质	色标	颜色		线路性质
单色标	红		整车电路的电源线	双色标	棕	黑	燃油表至燃油传感器线
	黑		受钥匙开关控制的电源线			绿	水温表至水温传感器线
	白		前照灯远光电源线		白	绿	左前照灯远光
	黄		前照灯近光电源线			红	右前照灯远光
	灰		小灯、示宽灯电源线		黄	绿	左前照灯近光
	棕		搭铁线，各种用电器负载、开关的电流回线			红	右前照灯近光
双色标	红	黑	点烟器电源线		紫	绿	左转向信号灯
		白	室内灯、收录机电源线			红	右转向信号灯
		绿	雾灯电源线		灰	绿	左小灯（位置灯）
	黑	绿	仪表及踏板开关电源线		红	红	右小灯（位置灯）
		红	制动灯及充电指示灯电源线	三色标	黑绿	红	轮间差速
		棕	暖风机及警报信号灯电源线			白	桥间差速
		紫	转向闪光灯电源线			黄	举升
		白	倒车及警告灯电源线			灰	全轮驱动
		深蓝	刮水器电源线			紫	取力器
	棕	黄	机油压力表至机油压力传感器线				

注：1. 红色的线路是整车电路的电源线，它只受蓄电池开关的控制，线径也较粗，该线路一旦出现搭铁故障，应迅速关断蓄电池开关。

2. 黑线是受钥匙开关控制的电源线。因此，一旦出现搭铁故障，应迅速关断钥匙开关。

3. 单色标红、黑、白、黄、灰五种颜色的导线是熔断器总成的进线，本身不受熔断器的保护，在维修中应予注意。

4. 上述色标适用于欧洲的标准，与国内标准有所区别。

2. 熔丝与继电器

图 5-31 所示为斯太尔系列汽车老款车型全车共有的 16 个熔丝，它们控制的电路及部件见表 5-4。老款车型全车电气系统共有 7 个继电器，即前照灯继电器、小灯继电器、雾灯继电器、制动灯继电器、弱光继电器、转向闪光继电器和间歇刮水继电器。

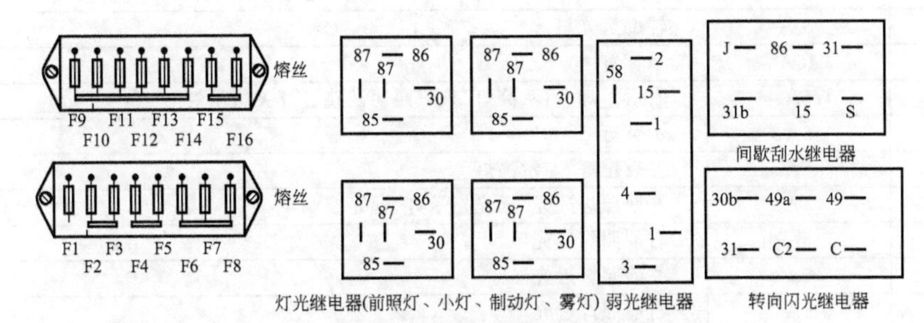

图 5-31　老款车型熔丝与继电器安装位置

表 5-4　老款车型熔丝控制的电路及部件

熔丝编号	熔丝容量	熔丝控制的电路及部件
F1	10A	雾灯
F2	5A	右前照灯远光
F3	5A	左前照灯远光
F4	5A	右前照灯近光
F5	5A	左前照灯近光
F6	5A	前示宽灯
F7	5A	右尾灯、右示高灯、雾灯继电器、跷板开关指示灯
F8	5A	左尾灯、左示高灯、仪表照明灯
F9	5A	跷板开关、仪表(温度、燃油、油压)
F10	5A	制动灯、充电指示灯
F11	5A	暖风电动机、火焰预热继电器、空滤警告灯、低气压警告灯、机油压力警告灯、驾驶室锁止警告灯、驻车制动警告灯
F12	5A	转向信号灯、弱光继电器
F13	8A	刮水电动机、喷水电动机、喇叭
F14	8A	倒车灯、工作灯
F15	8A	室内灯、收音机、紧急闪光信号
F16	8A	点烟器

图 5-32 所示为新款车型熔丝与继电器的安装位置，其中除位置灯继电器 K2 是 30A 之

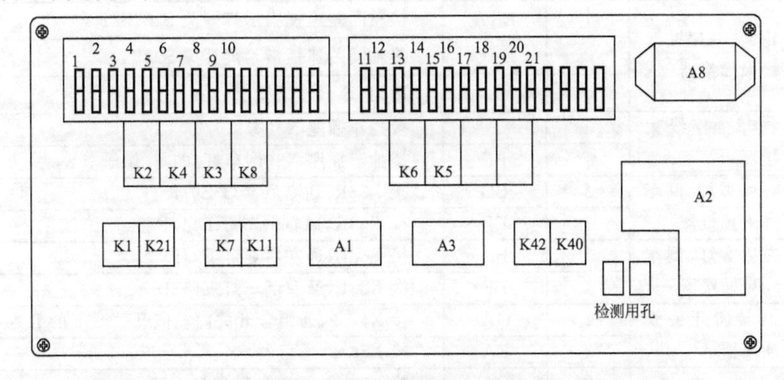

图 5-32　新款车型熔丝与继电器的安装位置

K1—电源继电器；K2—位置灯继电器；K3—近光灯继电器；K4—远光灯继电器；K5—喇叭继电器；K6—制动灯继电器；K7—辅助远光灯继电器；K8—前雾灯继电器；K11—排气制动继电器；K40—暖风二挡继电器；K42—暖风控制继电器；A1—转向闪光继电器；A2—火焰预热继电器；A3—间歇刮水继电器；A8—启动保护继电器

外，其余继电器均是20A的，可互换。

表5-5给出了新款车型各熔丝控制的电路及部件。

表5-5　新款车型各熔丝控制的电路及部件

熔丝编号	熔丝容量	熔丝控制的电路及部件
F1	10A	辅助远光灯
F2	10A	前雾灯
F3	5A	右后尾灯、右示高灯、仪表照明及踏板开关指示灯
F4	5A	示宽灯
F5	5A	左后尾灯、左示高灯
F6	5A	左前照灯远光、远光指示灯、远光控制
F7	5A	右前照灯远光
F8	5A	左前照灯近光
F9	5A	右前照灯近光
F10	5A	后雾灯
F11	7.5A	紧急闪光灯、室内灯、收音机、时钟、位置灯继电器、电子车速里程表、电源开关
F12	7.5A	点烟器
F13	25A	火焰预热控制器
F14	7.5A	空气干燥加热器
F15	7.5A	倒车灯
F16	7.5A	组合仪表
F17	5A	制动灯
F18	7.5A	转向信号灯、超会车警告灯
F19	7.5A	电喇叭
F20	7.5A	刮水电动机、第三制动装置、车速里程表、工作灯、蜂鸣器、差速锁、全轮驱动、取力踏板开关
F21	15A	暖风机

表5-6列出了底盘后围分线盒中的插接器接线明细。

表5-6　底盘后围分线盒中的插接器接线明细

插接器代号	名称	端子号	接线色标	连接电气元件
X12/1	轮、轴差速锁指示灯线束插接器	1	LKA	接X56/1，通轮间差速锁开关S6/12的8端子(指示灯)
		2	LKC	接X56/1，通轴间差速锁开关S6/11的8端子(指示灯)
		3	DFC	接X56/1，通熔丝F10
		4	BC	接X56/2，通熔丝F15
X12/2	轮、轴差速锁开关线束插接器	1	LKA	接轮间差速锁指示灯开关S20、S21
		2	LKC	接轴间差速锁指示灯开关S22
		5	L	接地、通㊹号搭铁点
X12/3	挂车插座线束插接器	3	B	接挂车插座X3(雾灯)
		4	BF	接挂车插座X3(倒车灯)的54端子
X12/4	右后雾灯、倒车灯线束插接器	3	BD	接X33R，通右后雾灯E9/R
		4	EF	接X33R，通右倒车灯E14/R
X12/5	左后雾灯、倒车灯线束插接器	3	BD	接X33L，通左后雾灯E9/L
		4	EF	接X33L，通左倒车灯E14/L
X12/6	右转向开关线束插接器	2	GA	接X56/2，通组合开关内转向开关S3b的R端子(右转向)
		3	EA	接X56/2，通熔丝F3
X12/7	右后组合灯线束插接器	2	GA	接X33/R，通右后转向灯E55
		3	EA	接X33/R，通右后尾灯E2
		4	BA	接X33/R，通右后制动灯E53
		5	L	接地，通㉛号搭铁点

续表

插接器代号	名称	端子号	接线色标	连接电气元件
X12/8	挂车插座线束插接器	1	BD	接挂车插座X1(第三制动)的54g端子
		2	GA	接挂车插座X1(右转向信号灯)的R端子
		3	EA	接挂车插座X1(右尾灯)
X12/9	挂车插座线束插接器	2	GF	接挂车插座X1(左转向信号灯)的L端子
		3	EF	接挂车插座X1(左尾灯)
		5	L	接挂车插座X1(接地)的31端子
X12/10	左后组合灯线束插接器	2	GF	接X33L,通左后转向信号灯E54
		3	EF	接X33L,通左后尾灯E1
		4	BA	接X33L,通左制动灯E52
X12/11	左转向开关、制动灯线束插接器	1	BD	接X56/1,通第三制动开关S11
		2	GF	接X56/2,通组合开关内转向开关S3b的L端子(左转向)
		3	EF	接X56/2,通熔丝F5
		4	BA	接X56/2,通制动灯继电器K6的87端子

底盘后围分线盒内部电气联通见表5-7，分线盒的插接器各端子接线色标如图5-33所示。

表5-7　底盘后围分线盒内部电气联通

端子号＼插接器	X12/1	X12/2	X12/3	X12/4	X12/5	X12/6	X12/7	X12/8	X12/9	X12/10	X12/11
1	○—	○—	○	○—	○—	○—	○—	○—	○—	○—	○
2	○—	○—	○—	○	○—	○—	○—	○	○—	○—	○
3	○—	○—	○—	○—	○	○—	○—	○	○—	○—	○
4	○—	○—	○—	○—	○—	○	○—	○—	○—	○—	○
5	○—	○—	○—	○—	○—	○—	○—	○—	○—	○—	○

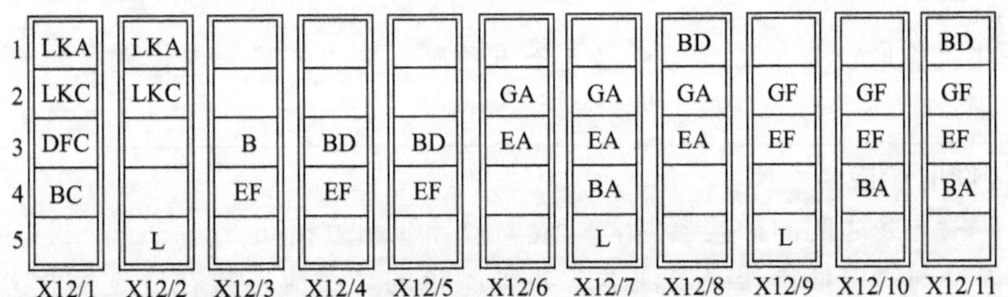

图5-33　底盘后围分线盒的插接器各端子接线色标

二、解放汽车全车线路

1. 导线系统色标

解放系列汽车所用的导线较多，为了便于分辨、维修查找和判断，在单色线不够用的情况下，多采用双色线。双色线即在同一条导线上有两种颜色，颜色重的为主色，螺旋形条纹的颜色为辅助色，这样就能容易地分辨出导线是汽车电气系统中哪一部分的配线。读导线颜色时先读主色再读辅助色，如红黑、红白、红黄、红蓝等。

以6t平头柴油系列汽车为例，配线规律见表5-8。

表 5-8　配线规律

电气系统	启动、预热	充电	照明	信号	仪表	辅助电器	搭铁
颜色	黑色(有辅助色)	白色	红色	绿色	黄色	蓝色	黑色(无辅助色)

2. 易熔线和熔断器

在主供电线束前端和预热器主供电电路中，装用了3根大电流的易熔线，起过电流保护作用，易熔线装在蓄电池电源线起始端附近，其外部包有氯硫化聚乙烯绝缘材料。过电流保护时熔断时间不超5s。使用中一旦发生熔断，应查找熔断原因，再换新件。

在熔断器盒内装有18路符合国际标准的片式熔断器。熔断器外壳用半透明耐热塑料制成，熔断器导电部分为低熔点锌钛合金。电路中选用的负荷电流应为熔断器额定电流的70%，熔断器额定电流与选用的负荷电流见表5-9。

表 5-9　熔断器额定电流与选用的负荷电流

熔断器壳体色标	红	浅蓝	黄	浅绿
额定电流值/A	10	15	20	30
负荷电流值/A	7	8～11	12～14	21～25

3. 中央配电盘

解放系列柴油车为了便于检修，多采用中央配电盘，在其上装有各种继电器和控制器。在汽车电气系统中多采用插接件连接电路，使汽车电气系统电路清晰，查找方便。

（1）继电器和控制器

在解放系列柴油车上几乎所有用电设备和它们的控制系统中都采用了继电器和控制器。其优点是以“小电流”控制“大电流”，减少了操作开关的容量，可使操作开关做得轻巧、美观，操作时手感舒适；控制器还可以增加许多控制功能和保护功能；使用可靠性增强。此外，还有保护灯光、音响等用电设备的作用，可以延长其使用寿命。

低速刮水继电器和高速刮水继电器相同；远光灯继电器、近光灯继电器、雾灯继电器、尾灯继电器、制动灯继电器、喇叭继电器也是相同的。

维修提示：

◆在查找故障时，为了证实继电器是否有故障，可以互换一下，或者用完好的继电器接上去试一下。

（2）插接件的连接要点

① 连接两根导线之间的插接器时，一般两根导线颜色相同。

② 连接导线与固定插接器时要注意，各种颜色的导线应连接在固定插接器的规定位置上。其位置非常重要，插错任何一个，都会出现故障。

维修提示：

◆固定插接器是指熔断器盒内（熔断器盒也称为控制盒）的所有插接器、仪表盘后面的圆形插接器、仪表盘上方的三个插接器、组合开关左右两个插接器、雾灯开关插接器和熔断器盒右侧固定在驾驶室上的两个插接器。

三、依维柯汽车全车线路

1. 全车线路

表5-10列出了电路图中标示的线束颜色代码；表5-11列出了电气零部件代码。

表 5-10　电路图中标示的线束颜色代码

字母	颜色	字母	颜色	字母	颜色	字母	颜色	字母	颜色	字母	颜色
单色											
A	淡蓝色	B	白色	C	橘色	G	黄色	H	灰色	L	淡褐色
M	棕色	N	黑色	R	红色	S	粉红色	U	深蓝色	V	绿色
Z	紫色										
双色											
AB	淡蓝-白色	AN	淡蓝-黑色	AR	淡蓝-红色	BN	白-黑色	CN	橘-黑色	GN	黄-黑色
HN	灰-黑色	HR	灰-红色	HV	灰-绿色	RN	红 -黑色	SN	粉红-黑色	VN	绿-黑色

表 5-11　电气零部件代码

代码	部件名称	代码	部件名称	
1	蓄电池	256	发动机冷却液温度指示器传感器	
2	起动机	260	机油压力过低指示器传感器	
3	交流发电机	261	倒车灯开关	
4	预热器	262	燃油储量指示器传感器	
5	电压调节器	267	燃油表传感器	
10	发动机停车电磁阀	269	驾驶室照明按钮开关	
22	起动机限制继电器	273	转向柱开关	a. 转向信号灯开关
57	转向信号闪光灯			b. 前照灯闪光器开关
58	电源插座			c. 双速风窗玻璃刮水器开关
79	风窗玻璃刮水器电动机			d. 喇叭按钮
82	风窗玻璃除霜装置电动机	276	制动器失效指示器传感器	
85	喇叭	277	制动油低油面指示器传感器	
86	前照灯远光继电器	302	变速器油温过高指示器传感器	
87	前照灯近光继电器	322	装有启动控制开关的变速器	
102	机油压力过低指示器	390	风窗玻璃洗涤器水泵	
105	水温表	401	前照灯	a. 远光
106	燃油表			b. 近光
108	充电指示器	402	前停车/转向信号灯	
111	车速里程表	403	两侧闪光信号灯	
112	转速表	404	前雾灯	
114	点火开关	406	后雾灯	
119	电加热装置开关	410	车尾灯/车后转向信号灯制动灯	
122	外部灯开关	411	牌照灯	
126	危险警告灯开关	412	倒车灯	
143	前雾灯开关	421	光导纤维灯泡	
149	后雾灯开关和指示器	422	变速杆光导纤维灯泡	
151	前制动摩擦片磨损指示器传感器	451	驾驶室内照明灯	
181	停车灯指示器	503	熔丝盒(16 根熔丝)	
182	远光指示器	620	收音机	
183	转向信号指示器	621	扬声器	
192	制动器失效指示器	622	天线	
204	变速器油温过高指示器	637	预热塞继电器	
219	燃油储量指示器	652	雾灯继电器	
222	危险警告指示器	660	加热反射器开关和指示器	
232	石英钟	661	加热反射器	
235	点烟器	665	发动机预热光学指示器	
248	指示灯检验继电器	667	发动机预热光学指示器电阻	
253	制动灯开关	911	单向接线装置	

2. 熔丝与中央控制盒

熔丝均放在中央控制盒中，中央控制盒的另一面是接触器。中央控制盒位于驾驶员的左侧，打开一小盖，即可找到，如图 5-34 所示。熔丝容量及用途见表 5-12。

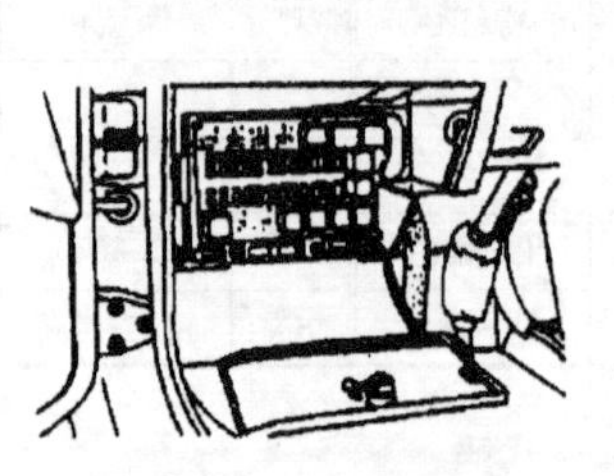

(a) 中央控制盒安装位置

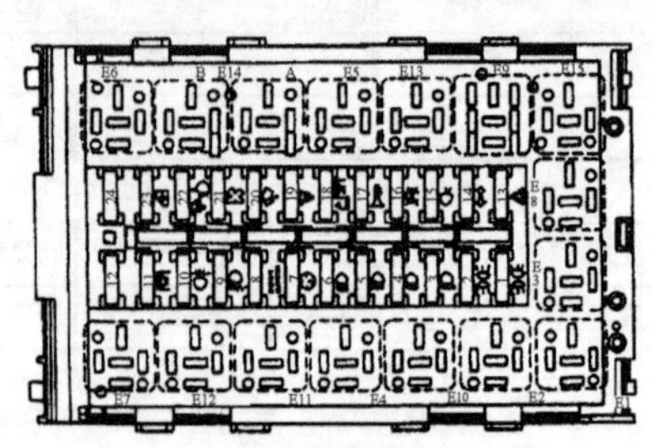

(b) 熔丝面

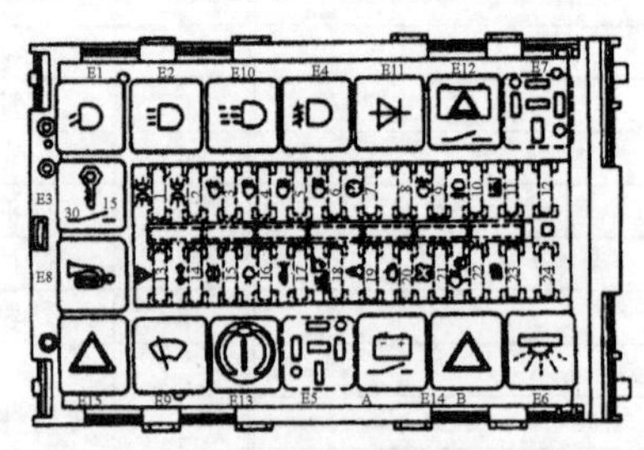

(c) 继电器面

图 5-34　中央控制盒

1～24—熔丝号；E1～E15—继电器号（接触器号）

表 5-12　熔丝容量及用途

熔丝号	容量/A	用　　途	熔丝号	容量/A	用　　途
1	5	左前和右后小灯、左牌照灯	13	10	警告灯
2	5	右前和左后小灯、右牌照灯	14	5	拖挂车指示灯
3	7.5	左近光灯	15	3	发动机断油阀
4	7.5	右近光灯	16	7.5	倒车灯、制动灯
5	7.5	左远光灯	17	10	喇叭
6	7.5	右远光灯	18	7.5	车内灯、点烟器
7	3	里程表	20	10	刮水器
8	3	仪表盘	21	15	电子加热器
10	3	后雾灯	22	7.5	点火开关

注：未列熔丝未使用。

参考文献

[1] 赵国富，等. 重型货车新技术与故障诊断. 北京：机械工业出版社，2015.
[2] 董宏国，等. 图解货车结构与维修. 北京：化学工业出版社，2013.
[3] 张国彬，等. 东风系列载货汽车构造与维修手册. 北京：化学工业出版社，2013.
[4] 杨智勇，等. 图解货车结构与维修1000问. 北京：化学工业出版社，2017.
[5] 管晓忙，等. 斯太尔系列柴油汽车结构与维修. 北京：机械工业出版社，2009.
[6] 魏建秋. 依维柯系列柴油汽车结构与维修. 北京：机械工业出版社，2009.
[7] 刘学贞. 解放系列柴油汽车结构与维修. 北京：机械工业出版社，2009.
[8] 夏礼作，等. 东风系列柴油汽车结构与维修. 北京：机械工业出版社，2009.
[9] 陆涛. 斯太尔重型载货汽车维修手册. 北京：金盾出版社，2009.
[10] 董宏国. 载货汽车电路识读与维修. 北京：化学工业出版社，2016.